Professionalisierungsbestrebungen im Coaching

D1662782

Liebe Frau Schöning,

nochmals vielen Dank für die Unterstützung
meines Projekts!

Nicht zuletzt danke Ihrer Beiträge ist
Coaching wieder ein Stück gewachsen.

Beste Grüße,
Daniel Berndt

Daniel Berndt

Professionalisierungsbestrebungen im Coaching

(Re-)Konstruktion von Forschungsansätzen

Mit einem Geleitwort von Prof. Dr. Dr. Rolf Haubl

Rainer Hampp Verlag   München, Mering   2011

Bibliografische Information der Deutschen Nationalbibliothek

Die Deutsche Nationalbibliothek verzeichnet diese Publikation in der Deutschen Nationalbibliografie; detaillierte bibliografische Daten sind im Internet über http://dnb.d-nb.de abrufbar.

ISBN 978-3-86618-649-1 (print)
ISBN 978-3-86618-749-8 (e-book)
DOI 10.1688/9783866187498
1. Auflage, 2011
Zugl.: Dissertation, Universität Frankfurt am Main, 2011, D.30

© 2011   Rainer Hampp Verlag   München und Mering
           Marktplatz 5   D – 86415 Mering
           www.Hampp-Verlag.de

Liebe Leserinnen und Leser!
Wir wollen Ihnen ein gutes Buch liefern. Wenn Sie aus irgendwelchen Gründen nicht zufrieden sind, wenden Sie sich bitte an uns.

Geleitwort

Die spätmoderne Gesellschaft ist längst zu einer beratenen Gesellschaft geworden. Der Beratermarkt expandiert, da mit der Hoffnung, eine bessere Orientierung werde Arbeit und Leben erfolgreicher machen, sehr viel Geld verdient werden kann, vor allem im Bereich von Beratungen im Profit-Sektor, die einer Aktivierung von Humanressourcen dienen. Für diese Dynamik ist „Coaching" zu einer vieldeutigen Chiffre geworden, deren Vieldeutigkeit ihren „Siegeszug" bislang eher begründet als behindert hat.

Aus professionstheoretischer Sicht hat man es mit dem „Scharlatanerieproblem" zu tun. Das heißt: Bestehen keine verbindlichen Standards, hängt es in erster Linie von der Kompetenzdarstellungskompetenz der einzelnen Anbieter ab, ob sie Aufträge akquirieren können oder nicht. Die Entwicklung einer Tätigkeit zu einem Beruf und die anschließende Entwicklung des Berufes zu einer Profession zielen auf die Regulierung dieses Problems. Ganz zu beseitigen ist es vermutlich nicht, da keine Beratung als personengebundene Dienstleistung ganz ohne Charismatisierung auskommt.

Während sich „Coaching" lange Zeit unreguliert entwickelt hat, werden in den letzten beiden Jahrzehnten weltweit Stimmen laut, die eine Professionalisierung einfordern und erste Anstrengungen dazu unternehmen. Die Motive dafür sind gemischt. Sie reichen von der Annahme, dass qualitätsgesicherte Verfahren zukünftig einen Konkurrenzvorteil auf dem Coaching-Markt bringen könnten, bis hin zu beratungsethischen Forderungen, Coachees vor einem möglichen Schaden zu schützen, was gesichertes Wissen über die Wirkfaktoren der Coaching-Praxis voraussetzt.

Eine Systematisierung des Wissens, das die verschiedenen Coaching-Agenten inzwischen angehäuft haben, sowie eine Beurteilung dieses Wissensbestandes fehlen bislang. Daniel Berndt, der selbst aus der Praxis kommt, strebt mit seiner Arbeit einen solchen Überblick an. Das verlangt ihm die Sichtung einer weiten, äußerst zerklüfteten Coaching-Landschaft ab, in der sehr verschiedene Interessengruppen unterwegs sind.

Nach einer Einführung, in der in Kapitel 1 die Ziele der Arbeit vorgestellt werden, dient Kapitel 2 ihrer professionstheoretischen Grundlegung. Dabei werden für die Arbeit wichtige Unterscheidungen wie die zwischen Professionalisierungsbedürftigkeit und Professionalisierungsfähigkeit beratender Berufe getroffen. Zudem fokussiert Herr Berndt auf Verwissenschaftlichung als zentrale Bedingung eines Professionalisierungsprozesses, die zu einer dauerhaften Konfliktspannung zwischen Wissenschaft und Praxis führt, die sich erkenntnisproduktiv machen lässt, allerdings nur, wenn sich beide „Gemeinden" auf gleicher Augenhöhe begegnen. Andernfalls ist eine wechselseitige Abwehr kaum zu vermeiden, die bestenfalls als institutionelle Arroganz imponiert.

Interessant ist im zweiten, coachingtheoretischen Teil des zweiten Kapitels vor allem die Sichtung von 60 empirischen Untersuchungen, die in den renommiertesten internationalen Fachzeitschriften publiziert worden sind. Mit ihnen versucht Herr Berndt, das bisherige Forschungsfeld abzustecken. Die Untersuchungen erweisen sich als sehr heterogen, eine einheitliche Strategie ist bislang nicht zu erkennen. Besonders im Bereich der Wirkungsforschung finden sich genau die Untersuchungsdesigns, die auch die Psychotherapieforschung dominieren. Und auch die dortigen Desiderate, wie etwa die Frage nach einer differenziellen Indikation, bezüglich der Nachhaltigkeit von Wirkungen oder bezüglich eines möglichen Schädigungspotenzials, sind auch hier Desiderate – und das in weit größerem Ausmaß.

Zur Aufstellung einer Forschungsprogrammatik führt Herr Berndt Experteninterviews. Nach dem ersten, allgemeinen Teil, kommt die eigentliche Innovation, die er in Kapitel 3 beschreibt: Herr Berndt hat vier publizierte Untersuchungen ohne Hinweis auf Forscher und Publikumsorgane ausgewählt, die typische Ansätze der Coaching-Forschung repräsentieren und die er frei kommentieren lässt. Aus der Darstellung der Ergebnisse in Kapitel 4 ergibt sich ein sehr heterogenes Diskursuniversum mit folgender Situationsdiagnose: Solange der Coaching-Markt anhaltende Verdienstmöglichkeiten für eine wachsende Zahl von Coachs bietet, wird Verwissenschaftlichung nur von einem kleinen Kreis von Coaching-Agenten reflektiert, begrüßt oder gar betrieben, entweder in Vorwegnahme einer Situation verschärfter Legitimationsnachfragen oder aus dem intrinsischen Motiv heraus, verstehen zu wollen, was man selbst und die anderen Coachs mit welchen Erfolgsaussichten tagtäglich tut.

Die Diskussion in Kapitel 5 findet im Spannungsfeld von Wissenschaft, Praxis und Profession statt. In diesem Spannungsfeld lassen sich eine Vielzahl von Interessenvertretern („Stakeholdern") identifizieren, die um einen Interessenausgleich bemüht sein müssten, wollen sie die Coaching-Szene systematisch weiterentwickeln. Dieser Ausgleich wird aber dadurch erschwert, dass sie – eben je nach Interesse – unterschiedliche Präferenzen setzen und folglich nicht mit einer gemeinsamen Agenda zu rechnen ist, weil keine Win-Win-Situation in Aussicht steht. Das Epizentrum des Kapitels bilden drei große Forschungsszenarien, die aufzeigen, wie eine zukunftsweisende Professionalisierung von Coaching aussehen könnte. Vergleicht man die Szenarien, dann ist eine beschleunigte Professionalisierung derzeit am wenigsten zu erwarten, weil es bisher keine Interessengruppe gibt, die einen hinreichend starken Professionalisierungsdruck entfalten könnte. Ohne Professionalisierung weiterzumachen, ist äußerst unwahrscheinlich, weil Coaching inzwischen unter Beobachtung steht, zum Beispiel durch den Verbraucherschutz. Damit erscheint ein Szenario im Sinne eines Weiter-so-wie-bisher als am wahrscheinlichsten, weil es keine scharfen Konfrontationen zwischen den Vertretern der konfligierenden Interessen provoziert und ihnen darüber hinaus die Möglichkeit lässt, Professionalisierung zu versprechen, ohne das Versprechen unbedingt halten zu müssen.

Ich bin sicher, dass Herr Berndt mit seiner Arbeit einen Nerv trifft: durch seinen erschöpfenden Überblick über die Aktivitäten der (internationalen) Coaching-Szene als ein Feld widerstreitender Interessen wird klar, wie wenig selbstverständlich eine Verwissenschaftlichung ist. Aufgrund wertvoller sozioökonomischer Überlegungen rund um Qualitätssicherung und Verbraucherschutz, aber auch unter wissens- und wissenschaftssoziologischer Perspektive kann man diese Arbeit mit Gewinn lesen.

Frankfurt am Main, im Juni 2011   Prof. Dr. Dr. Rolf Haubl

Vorwort

Schon während meines Studiums der Sozioökonomie und BWL an der Universität Augsburg hat mich das – damals noch etwas frischere – Beratungsformat „Coaching" mindestens ebenso fasziniert wie die einmalige Vermittlung wichtiger, praxisrelevanter Lerninhalte an der Schnittstelle von Wirtschafts- und Sozialwissenschaften. Es ist die Verbindung dieser beiden Wissenschaftsdisziplinen, an die ich glaube und die mich bis heute geprägt hat: ohne Ökonomie kann ein Unternehmen nicht geführt werden, aber noch weniger ohne Menschen. „Jedes Problem in einem Unternehmen ist letztlich ein Personalproblem" – diesen Satz von Alfred Herrhausen kann ich nach 15 Jahren in der Praxis und insgesamt mehr als zehn Jahren Erst- und Promotionsstudium nur unterstreichen.

Der Erfolg von Coaching ist durch sein Wirken an genau dieser Schnittstelle erklärbar, denn es füllt eine Lücke, die kein anderes Beratungsformat zu schließen vermag. Aber was macht diesen Erfolg aus, wie ist die Wirkung von Coaching erklär- und standardisiert messbar? Geht das überhaupt? Häufig ist es so, dass Erfolg nicht hinterfragt wird bzw. eine kritische Auseinandersetzung mit einer möglichen anderen Entwicklung nicht stattfindet. Systemtheoretisch gesprochen kann das System „Coaching" eben nur sehen, was es sehen kann und nicht sehen, was es nicht sehen kann **und** nicht sehen, dass es nicht sehen kann, was es nicht sehen kann. Einige Teile davon aufzuhellen und in einem psychosozialen Kontext aufzufächern wie in einem Prisma, d.h. dieses Licht zu brechen und zu reflektieren, hat mich zu einer tiefergehenden Auseinandersetzung mit Coaching motiviert.

Auf der Suche nach einem konkreten Forschungsgebiet habe ich schon während meines Studiums in Augsburg mit Marcel Hülsbeck einen Verbündeten gefunden, und unser geplantes Dissertationsvorhaben war ambitioniert: eine quantitativ-empirische Untersuchung von Coaching-Strukturen und -Prozessen, um Wirkfaktoren zu identifizieren und daraufhin Coaching-Wirkung zu erklären. Schnell mussten wir feststellen, dass die Coaching-Community an Transparenz und Evaluation nicht ernsthaft interessiert ist und einzuwenden hatte, dass dieses Vorhaben methodisch nicht leistbar wäre – aus unserer Sicht eher ein Vor- als ein Einwand und ein Symptom des „Scharlanerieproblems". Als wir über einen Großkonzern endlich den Feldzugang erreichten, verhinderte die Finanzmarktkrise durch damit einhergehende Budgetrestriktionen letztlich, dass die benötigten Fallzahlen für die geplante Studie zustande kommen konnten.

Aufgrund der vielfältigen Möglichkeiten, Forschungsfelder im Coaching zu bestellen, habe ich besonders diese Erfahrungen mit „Forschern", Verbänden, Coachs, Klienten und Organisationen zum Anlass genommen, im zweiten Anlauf die Professionalisierung von Coaching als Beratungsform auf einem akademisch-institutionellen Hintergrund zu untersuchen und dabei zu berücksichtigen, was Coaching für Menschen und Organisationen – d.h. stellvertretend für die Gesellschaft – leisten kann und was nicht. Herausgekommen sind interessante Forschungsgebiete und -Szenarien, die mehr oder weniger zur Professionalisierung von Coaching beizutragen vermögen. Ich hoffe, damit sowohl das Interesse bei der „Scientific Community", aber vor allem auch der „Community of Practice" zu wecken – selbst wenn es mir nur auf eine anspruchsvolle und ansprechende Weise gelungen sein möge, ihnen den Spiegel vorzuhalten.

Bedingt durch den zwischenzeitlichen Themenwechsel hat mein Promotionsstudium am Fachbereich Gesellschaftswissenschaften der Goethe-Universität Frankfurt am Main letztlich mehr als sechs Jahre gedauert, und es gab – nicht zuletzt auch aufgrund der Doppelbelastung durch meine Vollzeittätigkeit in der unternehmerischen Praxis – einige potenzielle Abbruchpunkte.

Mein Doktorvater, Prof. Dr. Dr. Rolf Haubl, der mir „Coaching" bereits während meines Studiums in Augsburg schmackhaft gemacht hat, hat mich ermutigt, mich den „Hürden" des Promotionsstudiums im Fachgebiet „Soziologie" zu stellen, in dem ich bis dato keinen akademischen Abschluss hatte. Auch nach dem gescheiterten ersten Projekt hat er mich stets bestärkt weiterzumachen und mich dadurch moralisch und in vielen Teilen meiner Arbeit auch inhaltlich sehr unterstützt. Prof. Haubl hat mich auf meinem gesamten akademischen Weg – über das Diplom zur Promotion – begleitet und geprägt, ich bin ihm zu großem Dank verpflichtet. Man könnte sagen, er hat mich immer wieder gecoacht – und das mit Erfolg! Danken möchte ich zudem Prof. Dr. Hans-Joachim Busch für die konstruktiv-kritische Begutachtung meiner Dissertationsschrift sowie Prof. Dr. Thomas Lemke für die Übernahme des Prüfungsvorsitzes.

Auf dem Weg der Entstehung meiner Dissertation bin ich von vielen Menschen begleitet und unterstützt worden. Allen voran von Marcel Hülsbeck, meinen „Coaching-Bruder im Geiste", der mich mit vielen anregenden Diskussionen und Hilfestellungen begleitet hat. Auch wenn wir am Ende getrennt marschiert sind, bin ich sicher, dass der ursprünglich eingeschlagene Weg richtig war und der passende Zeitpunkt, ihn wieder zu betreten noch kommen wird. Vielen Dank für die gemeinsame Wegstrecke!

Weiterhin möchte ich mich ganz herzlich bei meinen Vorgesetzten und Arbeitskollegen bedanken, die mir die Freiräume und Kraft gegeben haben, mein nebenberufliches Projekt erfolgreich zu gestalten. Ein herzliches Dankeschön auch all meinen Freunden, die mit viel Verständnis auf die ein oder andere „Entbehrung" der letzten Jahre reagiert und mich immer wieder seelisch und moralisch bestärkt haben weiterzumachen.

Ferner gilt mein Dank allen meinen Interviewpartnern und den Menschen, die diese Kontakte hergestellt haben. Sie haben durch ihre Expertise und ihre Offenheit maßgeblich zum Gelingen der Arbeit beigetragen. Dank dieser Reflexionselite ist es gelungen, ein differenziertes Bild von Coaching und Coaching-Forschung zu zeichnen.

Herzlich danken möchte ich meiner Frau Daniela, meinen Eltern und Schwiegereltern, meinem Bruder Markus, meiner Schwägerin Cornelia und meinem Schwager Tobias, die es mir in vielerlei Hinsicht ermöglicht haben, den Promotionsweg zu bestreiten und diese Arbeit zum Erfolg zu führen. Ihnen soll diese Arbeit gewidmet sein.

Frankfurt am Main, im Juni 2011   Daniel Berndt

Inhaltsverzeichnis

Abkürzungsverzeichnis[1]

Abb.	Abbildung
AC	Association for Coaching
Anm. d. Autors	Anmerkung(en) des Autors
BDS	Berufsverband Deutscher Soziologen
BMBF	Bundesministerium für Bildung und Forschung
BMELV	Bundesministerium für Ernährung, Landwirtschaft und Verbraucherschutz
BPS	British Psychological Society
bspw.	beispielsweise
BWL	Betriebswirtschaftslehre
bzgl.	bezüglich
CRS	Coach Referral Services
d.h.	das heißt
DBVC	Deutscher Bundesverband Coaching e.V.
Ders.	Derselbe
DGfB	Deutsche Gesellschaft für Beratung e.V.
DIN	Deutsche Industrie Norm
dvct	Deutscher Verband für Coaching und Training
e.V.	eingetragener Verein
Ebd.	Ebenda
EDV	Elektronische Datenverarbeitung
etc.	et cetera
f.; ff.	folgende; fort folgende
GCC	Global Coaching Community
HPC	Health Professions Council
HR	Human Resources
ICF	International Coach Federation
ICPR	International Coaching Psychology Review
ICRF	International Coaching Research Forum
MBTI	Myers Briggs Type Indicator
N; n	statistische Grundgesamtheit, Stichprobengröße
NLP	Neurolinguistische Programmierung
o. V.	ohne Verfasser

---

[1] Hierbei handelt es sich im Wesentlichen um mehrfach verwendete Abkürzungen. Einmalig verwendete Abkürzungen werden ausschließlich im Text bzw. in den Fußnoten erläutert und erscheinen daher nicht im Abkürzungsverzeichnis.

RCT	Randomised Controlled Trial
RoI	Return on Investment
s.; s.a.; s.o.	siehe; siehe auch; siehe oben
TCP	The Coaching Psychologist
TÜV	Technischer Überwachungs-Verein
u.a.	unter anderem
UK	United Kingdom (Vereinigtes Königreich)
USA	United States of America (Vereinigte Staaten von Amerika)
usw.	und so weiter
v.a.	vor allem
Vgl.; vgl.	Vergleiche
z.B.	zum Beispiel

Abbildungsverzeichnis

1 Einführung

"Before we know how we've done, we need to know what we're doing.[2]"

Nutzen und Notwendigkeit sozialwissenschaftlich fundierter Beratung sind von der soziologischen Theorie ebenso wie von der „Praxissoziologie" vor geraumer Zeit erkannt worden. Gleichzeitig steht die sozialwissenschaftliche Reflexion neuerer Beratungsformen in sozialen Kontexten noch aus. Das „Coaching" von Leitungskräften, als Beratung an der Schnittstelle von Mensch und Organisation, spiegelt das Spannungsfeld zwischen erkanntem Bedarf und qualifiziertem Angebot in besonderem Maße wider. Kann dieses Feld durch konsequente Beforschung des Phänomens „Coaching" aufgelöst werden, um dadurch einen Beitrag zur Professionalisierung der Beratungsform zu leisten?

In der Außenwahrnehmung ist Coaching eine stark nachgefragte Dienstleistung mit steigender Tendenz und verfügt bereits über einen breiten Zugang zu einem milliardenschweren Markt. Diese Beratung kostet für gewöhnlich viel Geld und verlangt noch relativ wenig Rechenschaft, insbesondere von und in Organisationen. Aus einer Binnenperspektive ist die Professionalisierung der noch recht jungen Beratungsform „Coaching" bereits in vollem Gange. So gibt es seit gut fünf Jahren zunehmend mehr Versuche die Wissensbasis über Coaching durch Forschung zu erweitern, ohne dass sich in dieser Phase zwischen „Storming" und „Norming" ein dominantes, allgemeinverbindliches Struktur- und Prozessmodell herauskristallisiert hat, das in der Lage wäre, die Funktionsweise von Coaching zu erklären. Und es ist auch nicht erkennbar, dass dies in absehbarer Zeit gelingen wird. Auf diesem Hintergrund stellen sich viele Fragen, warum Coaching angesichts dieses – vordergründig – komfortablen Zustandes überhaupt beforscht werden sollte oder wem Coaching-Forschung letztlich dient. Sind es lediglich selbstreferenzielle (im schlimmsten Fall autistische) Erkenntnisinteressen von Wissenschaftlern (z.B. Beratungs- und Professionsforschern) oder steckt viel mehr dahinter?

De facto gibt es heutzutage Coaching-Forschung in ebenfalls zunehmendem Maße – national wie international, ohne erkennbaren gemeinsamen Bezug, d.h. vielmehr eine „Nebeneinander-Forschung".[3] Und sie ist ein teures Unterfangen: sie verursacht Kosten wie z.B. Zeitaufwand der Forscher und Studienteilnehmer sowie materiellen Aufwand wie z.B. Reisen, EDV-Ausstattung und Material. Darüber hinaus entstehen Opportunitätskosten durch „Sackgassen"-Forschung, die zu nichts führt bzw. im schlimmsten Fall kontraproduktiv ist. Mithin ist höchst fraglich, welcher Erkenntnisgewinn einerseits etwa durch die Erforschung der Wirkung der

---

[2] Stewart/O'Riordan/Palmer (2008), S. 127
[3] Mittlerweile gibt es zunehmende Aktivitäten mit internationalem Bezug. So hat in 2008 das erste „International Coaching Research Forum" stattgefunden, aus einer Initiative des heutigen „Institute of Coaching" aus den Vereinigten Staaten heraus entstanden, das seit 2009 mit seinem „Center for Research Activities" jährlich 100.000 US-Dollar Preisgeld für Forschungsaktivitäten verausgabt (vgl. http://www.instituteofcoaching.org/Index.cfm?page=research); im Juni 2010 hat der 1. Internationale Coaching-Forschungskongress „Coaching meets Research ... für die Praxis der Zukunft" in der Schweiz getagt (s.a. www.coaching-meets-research.ch).

Krawatte des Coachs auf den Klienten entsteht.[4] Andererseits zeigt sich an Forschungsaktivitäten wie z.b. den Auswirkungen von Eltern-Coaching auf Erziehungsqualität und letztlich Kinderverhalten der fließende Übergang von Coaching und Therapie bzw. die Duplizität deren Evolution – viele Entwicklungsstufen aus der Therapie werden mittlerweile auf Coaching angewendet und um Facetten der (post-)modernen Gesellschaft erweitert. Denn schließlich ist Coaching im Gegensatz zu Therapie Beratung für gesunde Menschen. Es wird allerdings nicht klar, ob alle diese Aktivitäten lediglich zur Verkaufsförderung – sprich einer marktlichen Professionalisierung – oder zu einer substanziellen Professionalisierung von Coaching als Beratungsform beitragen.

1.1   Problemstellung

Das Angebot an psychosozialen Beratungsberufen wie z.b. Coaching oder Supervision ist bereits seit über 20 Jahren von unscharfen Konturierungen gekennzeichnet, was die berechtigte Frage mit sich bringt, ob Professionalisierung überhaupt zugelassen, möglich und erforderlich sei.[5] Gerade in Berufsfeldern wie Coaching, in denen der gesellschaftliche Weiterbildungsbedarf zwischenzeitlich erkannt und legitimiert worden ist, kann das Verhältnis von Forschung und Praxis national wie international nach wie vor nicht als ausbalanciert bezeichnet werden.[6] Diese Theorie-Praxis-Divergenz steht im Zentrum der soziologischen Professionalisierungsdiskussion und wird den makroebenenspezifischen Ansätzen zugewiesen.[7]

In Ermangelung dieser Balance ist der Mechanismus der sekundären Professionalisierung entwickelt worden. Sie gilt als Verbesserung der Wissensgrundlagen mittels Akademisierung und hat sich die Optimierung von berufsspezifischen Handlungsstrukturen auf Mikroebene zum Ziel gesetzt.[8] Demnach ist Professionalisierung der Weg zum Expertenhandeln, während Professionalität bereits die Erlangung des Expertenstatus umfasst. Im Gegensatz dazu dient die primäre (praktische) Professionalisierung der zielgerichteten Sicherung von Privilegien, Marktchancen und weiteren Vorteilen (z.B. Zertifizierungen). Bei der wissenschaftlichen Erschließung von Professionalität ist laut Nittel darauf zu achten, „dass weder Wissen noch Können verabsolutiert werden.[9]" Der strukturfunktionalistische Professionsansatz, maßgeblich geprägt von Talcott Parsons und Ulrich Oevermann, baut eine Brücke zwischen wissenschaftlicher (akademischer) und praktischer Professionalisierung, indem der akademisch ausgebildete und erfahrene Experte (Coach) stellvertretend die Perspektive des Klienten einnimmt. Dies macht Oevermann mit seinem Konzept der stellvertretenden Deutung zum zentralen Kriterium professionellen Handelns.[10] Theorie- und Praxiswissen stehen in einem gleichberechtigten Verhältnis zueinander; erst durch die Reduktion und Systematisierung von (wissenschaftlichen) Deutungen stellvertre-

---

[4] Vgl. Sue-Chan/Latham (2004)
[5] Vgl. Schlutz (1988)
[6] Vgl. Daheim (1992), Dewe/Ferchhoff/Radtke (1992), Dellori (2002)
[7] Vgl. Alisch (1990)
[8] Vgl. Nittel (2000)
[9] Ebd., S. 72
[10] Vgl. Oevermann (1997); zum strukturfunktionalistischen Professionskonzept s.a. Parsons (1968/1985), Oevermann (1996/2002)

tend bzw. mit Hilfe von Professionellen kann die gesellschaftliche Ordnung aufrechterhalten und damit der Aufbau und Erhalt von Autonomie bei Individuen (Klienten) geschaffen werden. Fragen nach der Möglichkeit (Fähigkeit) bzw. dem Erfordernis (Bedürftigkeit) einer Coaching-Professionalisierung müssen separat betrachtet werden. Professionalisierungsbedürftigkeit ist eine logische und daher notwendige – aber keine hinreichende – Bedingung für Ansatzpunkte zur Professionalisierung. Erst durch die Klärung der Professionalisierungsfähigkeit von Coaching wird dessen Professionalisierung erklär- und umsetzbar, d.h. tatsächlich zu einer Handlungstheorie im strukturfunktionalistischen Sinne.

Obwohl Coaching als Beratungsform seit Mitte der achtziger Jahre stetig an Bedeutung gewinnt – und weiter gewinnen wird – liegen bis heute keine fundierten Professionalisierungsnachweise dieser Beratungsform, z.B. in Form von Coaching-Forschung, vor. Es haben sich in diesem Zeitraum zwar gängige Coaching-Praktiken herausgebildet, trotzdem (oder gerade deswegen?) ist diese Beratungsform noch weit vom Status einer Profession entfernt, was beispielweise auch Stober und Grant bemängeln: "A meta-analysis of evaluation research in the field of coaching is a desirable vision.[11]" Es fehlen Standards sowohl für Coachs als auch das Coaching selbst, dessen Wurzeln psychosozialer (d.h. psychologischer und soziologischer) Natur sind. So existieren in den größten Coaching-Märkten (Vereinigtes Königreich, Australien, USA, Deutschland) nach wie vor keine nennenswerten Regulierungs- oder Lizensierungsmaßnahmen.[12] Zwar steht der Beruf „Psychologe" im Vereinigten Königreich seit Juli 2009 unter der Aufsicht der Regulierungsbehörde HPC („Health Professions Council"), d.h. es gelten definierte Standards und Klienten können sich bei Beschwerden dorthin wenden, doch sind die entsprechenden Berufsbezeichnungen (z.B. „Coaching Psychologist") auch dadurch rechtlich nicht geschützt.[13] Solche Rahmenbedingungen verschärfen das Scharlatanerieproblem am Coaching-Markt. Coaching als Beratungsform spielt in den bisherigen Forschungsarbeiten zwar eine Rolle, doch muten die einzelnen Studien oft wie Teilchenbeschleuniger an, bei denen die Möglichkeit zur Gesamtschau fehlt. Sie untersuchen entweder sehr spezifische Problemstellungen, deren Verallgemeinerbarkeit nicht möglich ist, oder werfen allgemeine Fragestellungen auf, die in philosophische Diskussionen ohne Ergebnis münden. Am Ende stehen die Forscher meist selber vor einem Berg ungelöster Fragestellungen, die sie in einer Art Ausblick zusammen mit (weiteren) Schwerpunktthemen als künftige Forschungsfragen deklarieren und der geneigten Leserschaft mit auf den Weg geben.[14]

Angesicht dieser unbefriedigenden Ausgangssituation für eine Professionalisierung von Coaching als Beratungsform bedarf es einer strukturierten Vorgehensweise, die im Folgenden beschrieben wird. Dabei gilt „[...] nicht zu sehen, wie komplex alles ist, ist die Voraussetzung für

---

[11] Stober/Grant (2006), zitiert nach Greif (2007), S. 242
[12] Vgl. z.B. Passmore/Gibbes (2007)
[13] Vgl. Allan/Law (2009)
[14] Es gibt zwar zunehmend mehr „Communities" für Coachs und Coaching-Interessierte, u.a. mit Visionen, Trends, Forschung oder Praxistipps, doch sind solche Austauschplattformen nicht mehr und nicht weniger als Tools des „Social Web", die keinen fundierten inhaltlichen Beitrag leisten (vgl. z.B. seit 2008 „The Coaching Commons" (http://coachingcommons.org/)).

das Inangriffnehmen großer Vorhaben, aber dieses Nicht-Sehen darf man nicht sehen: Ignoranz der Ignoranz ist die Bedingung des Anfangens.[15]"

1.2 Zielsetzung

Für die noch junge Beratungsform „Coaching" geht es darum, sich durch strukturierte Beforschung aus den Kinderschuhen zu befreien. Die Evidenzbasis ist heute eher anekdotisch, d.h. weit entfernt von Allgemeinverbindlichkeit. Nichtsdestoweniger wächst die Wissensbasis stetig an und verlangt gleichzeitig Systematisierung.[16] Fillery-Travis und Lane fordern die Forschergemeinschaft daher zu einer konzertierten Aktion auf: nur wenn akademisch und praktisch orientierte Forscher zusammenarbeiten, kann Coaching als Profession weiterentwickelt werden.[17] Grant und Cavanagh plädieren für mehr systematische und rigorose Forschung mit großen Fallzahlen, methodologisch vergleichbaren und kontrollierten Ergebnisstudien, wie z.B. die Studie von Grant und Zackon.[18] Dagegen ermutigt Drake Forscher, jenseits universalistischer, statischer, objektiver und neutraler Evidenz nach einer anderen Form zu suchen, die vielmehr kontextuell, dynamisch, subjektiv, politisch und sozial konstruiert ist.[19] Aufgrund des unter Professionalisierungsgesichtspunkten nicht existenten und mithin unbefriedigenden Forschungsstandes im Coaching bietet sich – insbesondere auf dem Hintergrund bisheriger Evaluationsbemühungen – ein Seitenblick auf die Psychotherapie- und Supervisionsforschung an. Dabei geht der Autor von der Grundannahme aus, dass berufsbezogene und therapeutische Beratung gewisse Analogien und Parallelen aufweisen, welche eine Übertragbarkeit zumindest einzelner Faktoren, Zusammenhänge und Wirkmechanismen sinnvoll erscheinen lassen.[20]

Coaching kann keine rein objektive Disziplin, sondern allenfalls eine intersubjektive sein, da sie sich mit psychosozialen Phänomenen befasst. Insofern wird ein Forschungsmodell benötigt, dem ein soziologisches Professions- bzw. Professionalisierungsverständnis zugrunde liegt. Darüber hinaus bedarf es eines psychosozialen Beratungsverständnisses, das die Zielsetzungen für Coaching festlegt, damit gar nicht erst die Gefahr einer Selbstzweck- bzw. Selbstwertdienlichkeit aufkeimt. Sowohl Professionalisierungs- als auch Beratungsmodell sind die Basis für ein evidenzbasiertes Coaching-Verständnis, das wiederum den Möglichkeitenraum für Forschungsaktivitäten aufspannt und auf dem Hintergrund einer professionssoziologischen Differenzierung in Mikro- (Schwerpunkt „Handlungsstrukturen") und Makroprofessionalisierung (Schwerpunkt „Gesellschaft") bzw. primäre (marktlich-praktische) und sekundäre (akademisch-wissenschaftliche) Professionalisierung den Fokus auf die sekundäre Mikroprofessionalisierung legt.[21] Dabei werden die anderen Formen jedoch keineswegs außen vor gelassen, sondern immer wieder Brücken gebaut, um die vielen Zusammenhänge zu berücksichtigen und zu würdigen.

---

[15] Neuberger (1997), S. 33
[16] Vgl. Harding (2009)
[17] Vgl. Fillery-Travis/Lane (2008)
[18] Vgl. Grant/Cavanagh (2004); siehe die Studie von Grant/Zackon (2004)
[19] Vgl. Drake (2008)
[20] Vgl. Schmidt-Lellek (2003), Rauen (2003)
[21] Vgl. z.B. Nittel (2000)

Als Konsequenz dieses Vorgehens hat sich die folgende zentrale Forschungsfrage ergeben:

„Wie müsste Coaching beforscht werden – sprich: die Anreicherung akademischen Wissens aussehen –, um einen nachhaltigen Beitrag für Wissenschaft, Praxis und damit die Professionalisierung von Coaching zu leisten?"

Daraus resultieren weitere, spezifische Teilfragen, die sich zum einen mit Inhalten von Coaching-Forschung – den Forschungsfeldern – befassen, zum anderen mit dem Beitrag von Coaching-Forschung zur Professionalisierung dieser Beratungsform, was sodann unter Berücksichtigung von unterschiedlichen Interessenlagen in verschiedene Forschungsszenarien mündet:

1. **Forschungsfelder: Inhalte zur Erforschung von Coaching als Beratungsform**

   a. *Konstituierende Faktoren von Coaching:*

   - „Was muss erfüllt sein, um die Funktionsweise von Coaching erklären zu können?"

   b. *Leistungs-/Erfolgsfaktoren von Coaching:*

   - „Woran kann diese Funktionsweise festgemacht werden – sprich: was kann Coaching leisten, was kann es nicht leisten und wie ist dieses erkenn- bzw. messbar?"

2. **Forschungsszenarien: interessengeleitete Übereinstimmung von Coaching-Forschung mit identifizierten Forschungsfeldern**

   a. *Funktion von Coaching-Forschung: Beitrag und Motive von Coaching-Forschung zur Professionalisierung von Coaching (Schwerpunkt Mikroprofessionalisierung):*

   - „Warum gibt es Coaching-Forschung und welche Funktion erfüllt sie für wen?"

   b. *Art der Coaching-Forschung:*

   - „Was wird erforscht und welche Forschung(sinhalte) wird (werden) bei welchen Interessenlagen benötigt?"

Die ersten spezifischen Teilfragen (1a und 1b) sollen helfen, eine Art „Forschungsprogrammatik" aufzustellen, die Coaching als Beratungsform durch gezielte, systematische Beforschung und damit einhergehendem Erkenntnisreichtum weiterentwickelt. Professionstheoretische Voraussetzungen dafür sind, ein einheitliches Verständnis und eine eingängige Nomenklatur für Coaching zu schaffen, sowie entsprechende Standards festzulegen. Die zweiten spezifischen Teilfragen (2a und 2b) bauen darauf auf und gehen noch einen Schritt weiter, indem sie untersuchen, inwieweit interessengeleitete Coaching-Forschung zur Professionalisierung dieser Beratungsform beiträgt, also auch ob es für bestimmte Coaching-Stakeholder überhaupt wichtig und notwendig ist zu forschen bzw. in welchen Feldern. Daraus ergeben sich Forschungsszenarien für Coaching, die gleichzeitig eine kritische Würdigung dieser Arbeit darstellen.

1.3   Vorgehensweise

Zur Erreichung der beschriebenen Zielsetzung gliedert sich diese Arbeit neben der Einführung in fünf weitere, d.h. insgesamt sechs Kapitel. Von diesem Vorgehen verspricht sich der Autor ein „rundes" Bild möglicher Forschungsszenarien im Coaching, welches unterschiedliche Sichtweisen einschließt und zur Professionalisierung dieser Beratungsform beiträgt.

Kapitel 2 stellt zunächst konzeptionelle Vorüberlegungen zur Professionalisierung beratender Berufe an und schafft auf der Basis soziologischer Theorien – insbesondere Strukturfunktionalismus – ein maßgebendes Professionalisierungsverständnis für diese Arbeit. Der Strukturfunktionalismus dient dabei als verbindendes Element zwischen akademischer und praktischer Professionalisierung. Die Bedeutung von Akademisierung – d.h. Wissensanreicherung – für die Professionalisierung wird darauf aufbauend am Beispiel der „Scientific Community" und der „Community of Practice" herausgestellt. Aufgrund der heterogenen sowie kontroversen Sichtweise der Literatur auf psychosoziale Beratung – im speziellen Coaching als Beratungsform – erscheint es ferner wichtig, ein grundlegendes Beratungsmodell als Handlungsstrukturmodell herauszuarbeiten, das sich an das Prinzip des „evidence-based Coaching" anlehnt. Damit erscheint es nun möglich, verschiedene Ansätze zur Professionalisierung von Coaching zu entwickeln, wobei die praxisnahe bzw. praxisrelevante Erforschung von Coaching als Beratungsform die Hauptrolle spielt. Aus einer Diskursanalyse von über 60 Studien – schwerpunktmäßig aus aktuellen Journals (vgl. Literaturverzeichnis) – hat sich ein Grundmodell an Forschungsfeldern herauskristallisiert, das sowohl konstituierende als auch Leistungs- bzw. Erfolgsfaktoren behandelt. Damit werden die ersten dominierenden Forschungs-Teilfragen zum Konzept „Coaching-Forschung" identifiziert, die für die Arbeit im Folgenden verwendeten inhaltlichen und strukturellen Bausteine festgelegt und somit in einem ersten Schritt das Untersuchungsdesign für die empirische Untersuchung spezifiziert, indem geklärt wird, welcher Ausschnitt der sozialen Wirklichkeit erfasst werden soll.

In **Kapitel 3** wird die Methodologie und Methodik der empirischen Untersuchung dargelegt. In einem ersten Schritt werden zunächst methodologische Regeln formuliert, die sich an dem Ansatz der Grounded Theory orientieren. Der Wissensbeitrag der Grounded Theory zur Coaching-Forschung entspricht den Anforderungen an eine Profession im soziologischen Sinne: Verständniswissen, Wissen zur kritischen Evaluation, Handlungswissen, Instrumentalismus und reflektierte Handlung.[22] Aufbauend auf dieser methodologischen Basis ergibt sich der sozialwissenschaftliche Forschungsansatz der problemzentrierten Experteninterviews. Aufgrund ihrer Rolle in der Professionalisierung bilden Institutionen wie Coaching-Ausbilder ein Scharnier zwischen Wissenschaft und Praxis. Mittels sieben Experteninterviews mit Personen, die institutionelle Verantwortung für Handlungsstrukturen im Coaching tragen, soll die Forschungsfrage allgemein sowie exemplarisch aufgefächert und mit Hilfe einer qualitativen Inhaltsanalyse kontrovertiert werden. Das Untersuchungsdesign stellt die Implementierung des Forschungsansatzes inklusive der propositionengenerierenden qualitativen Inhaltsanalyse dar und enthält alle zur

---

[22] Vgl. Hoyle/Wallace (2005)

Planung und Durchführung dieser empirischen Untersuchung gehörenden Punkte. Diese weisenden Schritte beziehen sich auf die Spezifizierung der zweiten Teil-Forschungsfragen und das Interviewdesign, die Datenerhebung und -erfassung sowie die Datenauswertung mit Blick auf die Aufstellung von interessengeleiteten Szenarien für Coaching-Forschung. Ein letzter Abschnitt befasst sich mit Gütekriterien des Forschungsprozesses. Anhand der vier Gütekriterien Konstruktvalidität, interne Validität, Reliabilität und Generalisierbarkeit werden die Qualität des gesamten Forschungsprozesses und der Untersuchungsergebnisse evaluiert. Dabei werden auch qualitätssichernde Maßnahmen vorgestellt, die zur Erzielung möglichst hochwertiger Ergebnisse herangezogen werden.

Kapitel 4 dient der Darstellung der empirischen Ergebnisse und erster Schlussfolgerungen. Im ersten Abschnitt wird anhand von aussagekräftigen Zitaten zunächst gezeigt, welche Charakteristika die Untersuchung aufgezeigt hat und welche allgemeinen Begriffsklärungen vorgenommen worden sind. Der nachfolgende Abschnitt widmet sich der Beschreibung der aus dem Interviewmaterial gewonnenen Forschungsfelder sowie der Diskussion exemplarisch ausgewählter Forschungsstudien. Ziel der Darstellung im letzten Abschnitt ist, einen Abgleich zwischen der Literaturanalyse und den Befragungsergebnissen herzustellen. Dabei wird bereits angedeutet, für welche Interessengruppe(n) welche Forschungsaktivitäten relevant sein können, nicht zuletzt, indem diejenigen Forschungsfelder näher beleuchtet werden, welche eine – unter Professionalisierungsaspekten relevante – Forschungsprogrammatik im Coaching maßgeblich unterstützen. Der Fokus des Kapitels 4 liegt in der nachvollziehbaren Aufbereitung der Ergebnisse, in dem diese anhand plastischer Interviewaussagen dargestellt werden. Aus der Darstellung und Diskussion der Forschungsfelder wird der erste spezifische Teil der Forschungsfrage beantwortet. Darüber hinaus wird dem Leser ermöglicht, eigene Schlussfolgerungen aus dem aufbereiteten Datenmaterial zu ziehen und diese anhand der Diskussionsergebnisse in Kapitel 5 zu evaluieren.

In **Kapitel 5** wird der zweite spezifische Teil der Forschungsfrage beantwortet. Dies mündet auf dem Hintergrund theoretischer und empirischer Erkenntnisse des Untersuchungsgegenstands in verschiedene Propositionen. Auf der Basis der in Kapitel 4 hergeleiteten professionalisierungsrelevanten Forschungsfelder kann gezeigt werden, dass gewisse Grundvoraussetzungen – allen voran ein gemeinsames Verständnis – innerhalb der Communities geschaffen werden müssen, um Coaching im Gleichschritt weiterzuentwickeln. Neben der Frage nach der Existenzgrundlage von Coaching-Forschung – warum wird überhaupt geforscht – geht es auch um die Interessenten („Stakeholder") von Coaching-Forschung. Darüber hinaus wird immer wieder auf die besondere Rolle der Coachs als mikrosoziologisches „Schmiermittel" innerhalb der Coaching-Beziehung eingegangen. Im zweiten Abschnitt werden Zulässigkeit und Erfordernisse von Coaching-Forschung mit Hilfe der professionssoziologischen Perspektive hergeleitet. Der dritte Abschnitt der Diskussion beschäftigt sich mit der Aufstellung möglicher generischer Forschungsszenarien und deren Ausprägungen unter Einbeziehung der Stakeholder und Forschungsfelder. Hierbei wird genauer darauf eingegangen, was erforscht wird und welche Forschungsinhalte bei welchen Interessenlagen benötigt werden. Letztlich werden damit die zweite spezifische Teilfrage der Forschungsfrage beantwortet und Propositionen formuliert.

In einem abschließenden **Kapitel 6** wird zunächst noch einmal kurz und zusammenfassend der Weg von der Fragestellung bis zu den Untersuchungsergebnissen dargestellt. Des Weiteren wird betrachtet, welche theoretischen Schlussfolgerungen aus den Ergebnissen für die Wissenschaft gezogen werden können und an welchen Punkten sich Bedarf für weiterführende Forschung zeigt. Darüber hinaus beantwortet dieser Teil die Frage, welche praktischen Implikationen die Untersuchungsergebnisse mit sich führen.

2 Professionalisierung von Coaching: ein Scheideweg?

"Whereas the ideal scientific statement denotes exactly something and connotes nothing, the ideal poetic statement denotes exactly nothing and connotes everything. Many statements about professionalization seem in this sense rather poetic.[23]"

Schon seit vielen Jahren ist der Begriff der Professionalisierung salonfähig und beschäftigt zahlreiche wissenschaftliche Disziplinen, häufig jedoch ohne sich aus rein deskriptiven bzw. selbstreferenziellen Erklärungsmustern befreien zu können. In nahezu allen dem Autor bekannten Veröffentlichungen – insbesondere professionssoziologischen – untersuchen Forscher die (Aus-)Wirkungen der Professionalisierung auf ihre eigene Zunft.[24] Fragen nach der Verlässlichkeit von empirischen Ergebnissen oder messbaren Gütekriterien zur Vergleichbarkeit können nicht hinreichend beantwortet werden, was auf ein erkenntnistheoretisches Problem bisheriger Professionalisierungsforschung hindeutet.

Die Professionalisierung psychosozialer Beratungsberufe stellt im Sinne Parsons die Lösung personaler Probleme in einen engen Kontext mit der Lösung gesellschaftlicher Probleme.[25] Luhmann hat das nötige Klientenvertrauen in die Expertiseleistungen des professionellen Beraters „Systemvertrauen" genannt: der Klient vertraut dem Experten nur bezüglich seiner Problembearbeitungskompetenz, nicht als ganzem Mensch.[26] Ferner gibt es in Anlehnung an Oevermann und dessen Konzept der objektiven Hermeneutik für die Probleme des Klienten bei personenzentrierter Beratung keine Lösungen, sondern allenfalls Problemdeutungen, deren Wirksamkeit der Klient selbst beurteilt.[27] In ihrer mehr als siebzigjährigen Geschichte hat die Professionssoziologie einige Konjunkturzyklen durchlaufen, in denen unterschiedliche Theorierichtungen prägend gewesen sind. Auf diese Entwicklung und ihre Auswirkungen auf psychosoziale Beratung wird in Kapitel 2.1 „Professionalisierung beratender Berufe" eingegangen.

Während Nutzen und Notwendigkeit einer professionalisierten Beratung von der soziologischen Theorie ebenso wie von der Praxissoziologie mittlerweile erkannt worden sind, steht die sozi-

---

[23] Beckman (1990), S. 115

[24] Dabei widerspricht Borchert der Aussage Burrages, wonach die Professionssoziologie innerhalb der Soziologie stets marginal gewesen sei: mit Weber (1973), S. 178, verweist Borchert auf Anknüpfungspunkte berühmter Soziologen an Webers Studien zu *„ Wirtschaftsverbänden", „ Ständen und Klassen"* ([u.a. den, Anm. d. Autors] „mit bevorzugten Fähigkeiten oder bevorzugter Schulung ausgestatteten ‚freien Berufen' [Anwälten, Ärzten, Künstlern]") (Borchert (2003), S. 269 (Hervorhebungen im Original)).
Ein zeitgenössisches Indiz gegen diese Marginalität ist die „Sektion Professionssoziologie, ein Zusammenschluß von derzeit ca. 120 an professionssoziologischen Fragestellungen interessierten Sozialwissenschaftlerinnen und Sozialwissenschaftlern aus Deutschland, der Schweiz, Großbritannien, Schweden und Norwegen. Die Sektion Professionssoziologie bildet ein Diskussionsforum zur grundlegenden Verständigung über die Möglichkeiten und Grenzen eines sozialwissenschaftlich fundierten Professionsbegriffs sowie über die allgemeinen Strukturen und Besonderheiten professionellen Handelns gegenüber anderen Handlungsformen. Ihr Zweck besteht darin, die sozialwissenschaftliche Befasstheit mit Professionen, Professionalismus und Professionalität – insbesondere im Rahmen von Tagungen und Workshops – (wieder-)zubeleben sowie die Abstimmung und Koordination von (Forschungs-)Aktivitäten in diesem Themenbereich zu ermöglichen" (http://www.professionssoziologie.de).

[25] Vgl. Parsons (1939/1968)

[26] Vgl. Luhmann (2000)

[27] Vgl. z.B. Oevermann (2001)

alwissenschaftliche Reflexion neuerer Beratungsformen in sozialen Kontexten noch aus. Das Coaching von Leitungskräften, als Beratung an der Schnittstelle von Mensch und Organisation, spiegelt dieses Spannungsfeld zwischen erkanntem Bedarf und qualifiziertem Angebot in besonderem Maße wider. Obwohl Coaching als Beratungsform seit Mitte der achtziger Jahre stetig an Bedeutung gewinnt – und weiter gewinnen wird – liegen bis heute keine fundierten Studien zu Wirkungsweise und Erfolg dieser Beratungsform vor: es mangelt an „wissenschaftlicher Legitimation [, allem voran an, Anm. d. Autors] empirischen Nachweisen ihres Nutzens.[28]" Es haben sich in diesem Zeitraum zwar gängige Coaching-Praktiken herausgebildet, trotzdem (oder gerade deswegen?) ist diese Beratungsform noch weit vom Status einer Profession entfernt. Dies wird auf der Basis eines Coaching-Verständnisses in Abschnitt 2.2 im weiteren Verlauf der Arbeit Thema sein.

In nahezu jeder professionssoziologischen Untersuchung wird zumindest einmal von der besonderen Leistung gesprochen, die in der professionellen Arbeit erbracht wird. Es handelt sich jedoch nicht um explizite Thematisierungen, sondern um implizite (Be-)Deutungen. Trotz dieser Tatsache und der Vielzahl an Veröffentlichungen zum Thema Professionalisierung ist bis heute die wichtige Frage nach der Messbarkeit professioneller Leistung ungeklärt.[29] Eng damit verbunden ist das Phänomen, dass sich die Professionssoziologie seit ihrem Bestehen schwerpunktmäßig mit der Abgrenzung von Professionen zu Nicht-Professionen befasst hat, was laut Borchert zwei Problemimplikationen mit sich führt[30]: zum einen sind fast ausschließlich die gemeinsamen Merkmale von Professionen in einem Land untersucht und anhand definierter Kriterien bewertet worden, ohne die Unterschiede herauszuarbeiten; zum anderen sind diese Kriterien aus der Analyse spezifischer Professionen (z.B. amerikanische Ärzte und Anwälte zwischen den 50er und 70er Jahren) gewonnen worden und nicht mittels einer breit angelegten länderübergreifenden Studie. Ein möglicher Ansatz über die bisher praktizierte reine Feststellung von Mängeln hinaus (z.B. es sind nicht alle Professionskriterien erfüllt worden) ist die Entwicklung von Qualitätskriterien zur Leistungsbewertung (z.B. was unterscheidet gute von schlechten Professionellen?). Dieser Ansatz wird bezogen auf Coaching in Abschnitt 2.3 „Ansätze zu einer Professionalisierung des Coaching" näher beleuchtet.

2.1 Professionalisierung beratender Berufe

Im Zuge von gesellschaftlicher Modernisierung und Expansion des Wohlfahrtsstaates hat sich vor allem in den letzten zehn Jahren nicht nur die Anzahl der Dienstleistungsberufe, sondern auch der jeweiligen Berufsangehörigen erheblich vermehrt.[31] Sind es im Gesundheitsbereich vor allem Berufe im Dunstkreis der ärztlichen Profession wie z.B. Krankenschwestern, medizi-

---

[28] Haubl/Daser (2008), S. 137
[29] Auch Kurtz (2003), S. 91 f. greift diese und andere Fragen auf, die im Herausgeberwerk „Professionelle Leistung – Professional Performance" (2003) von Mieg und Pfadenhauer thematisiert werden.
[30] Vgl. Borchert (2003)
[31] Vgl. z.B. die Statistiken des BMBF (s. Berufsbildungsbericht unter http://www.bmbf.de/de/berufsbildungsbericht.php) im Abgleich mit z.B. Baethge/Rock/Ochel/Reichwald/Schulz (1999); das BMBF hat angesichts der künftigen Herausforderungen am Arbeitsmarkt den „Innovationskreis berufliche Bildung" gegründet (nähere Infos unter http://www.bmbf.de/de/6190.php).

nisch-technische Assistenten etc., so haben sich etwa im Bildungsbereich neben und unabhängig vom Lehrerberuf Sozialpädagogen, Erzieher, Erziehungsberater, Erwachsenenbildner, Medienpädagogen etc. herausgebildet; für den Sozialsektor sei hier nur auf Sozialarbeiter und Altenpfleger verwiesen.[32] An der Schnittstelle von Therapie und Beratung ist zudem ein breites Beratungsgeflecht entstanden, zu dessen bekanntesten Formen in einem Eins-zu-Eins-Setting heute Coaching zählt.

Der wahrnehmbare dienstleistungsinduzierte Strukturwandel in Gesellschaft und Wirtschaft hat Sozialwissenschaftler wie z.B. Halmos und Inglehart bewogen den personenbezogenen sozialen Dienstleistungsberufen und damit auch psychosozialen Beratungsformen die größten Zukunftschancen einzuräumen. Deren Angehörige verkörpern Werte wie soziale Anteilnahme, Empathie und Altruismus und werden im kulturellen System moderner Gegenwartsgesellschaften die Führung übernehmen.[33] Obwohl die Euphorie der 60er und 70er Jahre – mit Schlagzeilen wie „Verbesserung der Lebensqualität" und „Bildungsreform" sowie einem Paradigmenwechsel in der Sozialpolitik von der Einkommenssicherung zum Sozial(dienst)staat – längst einer Diskussion um die finanziellen und sozialen Folgen dieser Expansionsphase Platz gemacht hat, gilt weiterhin, dass die Gruppe der personenbezogenen sozialen Dienstleistungsberufe quantitativ an Bedeutung zunimmt.[34] Indikatoren hierfür sind die nachhaltig steigenden finanziellen Aufwendungen sowie die wachsende Zahl der Beschäftigten in den Bereichen Bildung, Gesundheit und Soziales. Ob mit dem Wachstum auch der Grad der Professionalisierung dieser Berufe zunimmt, ist laut Merten und Olk an anderer Stelle zu klären.[35] Als eine Klärungshilfe soll die vorliegende Arbeit dienen, was voraussetzt sich intensiv mit dem Bezugsrahmen (2.1.1 und 2.1.2), dem theoretischen Fundament (2.1.3) sowie dem Stand der Professionsbildung psychosozialer Beratungsberufe (2.1.4) zu beschäftigen.

2.1.1   Professionstheoretische Annäherung an soziologisch orientierte Beratung

In der als einschlägig beschriebenen Literatur über Professionalisierung in Deutschland[36] werden Professionen als zumeist akademische Berufe dargestellt, die ein besonderes Verhältnis zwischen Körper und Geist aufweisen, personenzentrierte Dienstleistungen erbringen, erzeugtes Wissen auf außeralltägliche Probleme übertragen und ihr Handeln dem Allgemeinwohl unterordnen. Aus der Summe dieser Zuschreibungen wird einerseits deutlich, dass grundlagen- und handlungstheoretisches Wissen von Bedeutung ist und andererseits, dass das Soziale bzw. die Sozialwissenschaften eine große Rolle spielen.

Mit den pathetischen Worten „Die Soziologie hat eine Zukunft" eröffnete Ferdinand Tönnies am 20. Oktober 1910 in Frankfurt am Main den Ersten Deutschen Soziologentag im Namen des

---

[32] Vgl. Merten/Olk (1999)
[33] Vgl. z.B. Halmos (1970) und Inglehart (1989)
[34] Vgl. Karsten (1999)
[35] Vgl. Merten/Olk (1999)
[36] Vgl. z.B. Hartmann (1972), Hesse (1972), Rüschemeyer (1973)

Präsidiums.[37] Spätestens rund 60 Jahre danach ist diese Sichtweise jedoch nicht mehr unumstritten, was ein Zitat des späteren Bundeskanzlers Helmut Schmidt aus dem Jahre 1968 aufzeigt: „Wir haben zu viele Soziologen [...]. Wir brauchen mehr Studenten, die sich für anständige Berufe entscheiden, die der Gesellschaft nützen.[38]" In den 70er Jahren, dem Zenith der Ausbreitung der Soziologie in den deutschen Universitäten, hat zudem Badura beklagt, dass die soziologische Forschung in den Institutionen von Wirtschaft und Verwaltung nicht bloß kritisch, sondern höchst skeptisch behandelt wird, was ihre praktische Relevanz mehr als in Frage stellt.[39] Matthes und später Lange konstatieren zudem, dass die Soziologie als akademisches Fach den an sie gestellten Anspruch auf außerakademischen praktischen Bezug nie hat erfüllen können, obwohl das gesellschaftliche Handeln im Mittelpunkt ihrer Lehre und Forschung steht.[40] Es stellt sich demnach die Frage nach dem professionstheoretischen Bezug von Soziologie und sich daraus ergebenden möglichen Praxisfeldern.[41]

Die Berufspraxis von Soziologen hat heutzutage oftmals wenig mit soziologischen Inhalten und spezifischen Qualifikationen zu tun (Entsoziologisierung; Praxisschock), woraufhin schnell die Rede von Deprofessionalisierung ist. Die Soziologie als wissenschaftliche Disziplin vermittelt Schlüsselkompetenzen wie die Analyse von organisationalen Funktionsweisen, die ihre Absolventen in geeigneter Weise auf eine potenzielle Management- oder Beratungskarriere vorbereiten. Insofern sind auf technischer, lehr- und lernorientierter sowie reflexiver Ebene professionell ausgebildete Soziologen qua relevantem Wissen und Können prinzipiell fähig, Unsicherheiten der Subjekte zu erkennen, zu verstehen und zu regulieren.[42]

Eine der Hauptlinien der Mikrosoziologie beschäftigt sich in Anlehnung an Max Weber mit dem sozialen Handeln als soziologische Handlungspraxis. Danach sind die Menschen die Untersuchungsobjekte der Soziologie, weil bzw. indem sie handeln, d.h. sich intentional und mit Bezug auf andere Akteure verhalten. Der deutlich weiter gefasste Begriff des Verhaltens grenzt sich vom Handeln dadurch ab, dass er nicht sinnhaft orientiert ist; durch das Handeln soll mithin absichtlich ein bestimmter Zustand erreicht werden. Um die Problematik der subjektiven Sinnausdeutung zu umgehen, hat Weber typisch sinnhafte Handlungsorientierungen unterschieden. Damit lässt sich soziales Handeln eingerahmt in Normen (z.B. Spielregeln) und Deutungen antizipieren – Weber bezeichnet dies als wertrationales Handeln in Abgrenzung zu zweckrationalem Handeln –, das sich insbesondere mit und durch die klassischen Professionen in den Vordergrund soziologisch orientierter Forschung gespielt hat.[43]

---

[37] http://www.wiso.uni-hamburg.de/index.php?id=5247
[38] Schmidt (1968), zitiert nach Schomburg (2000), S. 65
[39] Vgl. Badura (1978)
[40] Vgl. Matthes (1981), Lange (1997)
[41] Vgl. hierzu auch die Herausgeberwerke von Blättel-Mink/Katz (2004) und Blättel-Mink/Briken/Drinkuth/Wassermann (2008)
[42] Vgl. Kühl/Tacke (2004)
[43] Vgl. Weber (1976)

Im Laufe der Zeit hat Habermas zentrale Handlungsorientierungen typologisiert, die Ähnlichkeiten mit Webers Handlungstypologie aufweisen und vier Typen von Beziehungen des handelnden Individuums zur Welt beschreiben[44]:

- **Teleologisches Handeln:** Der Handelnde bezieht sich zielgerichtet auf gegenwärtige oder zukünftige Sachverhalte in der objektiven Welt.

- **Normenreguliertes Handeln:** Der Handelnde richtet sein Verhalten nicht nur auf Sachverhalte der objektiven Welt aus, sondern gleichwohl auf Normen der sozialen (subjektiven) Welt.

- **Dramaturgisches Handeln:** Der Handelnde bezieht sein Handeln auf die ausschließlich ihm zugängliche subjektive Welt des Bewusstseins und der Emotionen.

- **Kommunikatives Handeln:** der Handelnde verbindet die ersten drei Handlungstypen, um mittels sprachlicher Äußerungen eine Verständigung zwischen zwei oder mehreren Personen herzustellen.

Akteure beziehen sich bei ihren Handlungen auf unterschiedliche Aspekte der Wirklichkeit. In der Regel spielen alle vier Handlungsaspekte eine Rolle, auch wenn häufig fallspezifisch nur einer besonders hervorgehoben ist, der in einen fortlaufenden Strom von beabsichtigten Handlungen – beeinflusst durch wechselhafte Umstände der Situation – eingebettet ist.[45] So ist nach Luhmann ebenfalls die funktionale Differenzierung bestimmter Handlungsorientierungen ein wesentliches Merkmal vieler Professionen.[46] Ausgangspunkt ist die Frage nach der Ordnung der modernen funktional differenzierten Gesellschaft durch z.B. Wirtschaft und Politik im Gegensatz zu einfachen traditionalen Gesellschaften. Zentrales Argument ist die Beobachtung und Annahme einer fortschreitenden funktionalen gesellschaftlichen Differenzierung als Gesetzmäßigkeit, weil funktionale Differenzierung erfolgreich Kontingenz[47] und Komplexität reduziert. Funktionale Differenzierung heißt in diesem Zusammenhang, dass sich bestimmte gesellschaftliche Funktionen auf Dauer in korrespondierenden Systemen wie z.B. Professionen differenzieren. Professionen sind nach Parsons ein Paradigma moderner, kognitiv-rationaler Formen der sozialen Integration und übernehmen darüber hinaus „Treuhänderfunktionen" für Wertorientierungen. Die wichtigste Funktion ist dabei die Kommunikation von Vertrauen zum Umgang mit der Wissens- und Kompetenz-Asymmetrie beispielsweise zwischen professionellen Experten und Laien. Diese Vertrauenskommunikation soll besonders den Laien bei der Bewältigung ihrer Unsicherheit helfen.[48]

Professionen stehen zwischen der alten und neuen Sozialordnung. Früher ist der Professionelle als öffentlicher Repräsentant der Probleme in seinem Zuständigkeitsbereich aufgefasst worden

---

[44] Vgl. Habermas (1981)
[45] Vgl. Giddens (1984)
[46] Vgl. Luhmann (1975)
[47] „Kontingent ist etwas, was weder notwendig ist noch unmöglich ist; was also so, wie es ist (war, sein wird), sein kann, aber auch anders möglich ist. Der Begriff bezeichnet mithin Gegebenes (zu Erfahrendes, Erwartetes, Gedachtes, Phantasiertes) im Hinblick auf mögliches Anderssein; er bezeichnet Gegenstände im Horizont möglicher Abwandlungen" (Ebd. (1993), S. 152).
[48] Vgl. Wenzel (2005)

(Altruismus, Dienstideal). Heute ist Ungewissheit strukturelle Grundlage der Asymmetrie zwischen Professionellem und Klient. Dies erfordert einerseits Vertrauen, andererseits aber auch Kontrolle, die zunehmend mehr von der Sozialform Organisation übernommen wird. Die Konsequenzen sind Institutionalisierung von Evaluation und Qualitätskontrollen hinsichtlich erbrachter professioneller Leistungen. Trotz oder gerade wegen der zunehmenden funktionalen Differenzierung der Gesellschaft bis hin zu einer Wissensgesellschaft schließen Professionen Versicherungen gegen Prozessrisiken ab (z.b. Ärzte, Rechtsanwälte, aber zunehmend auch Berater, siehe z.b. Beraterhaftung). Diese Ausdifferenzierung erhöht insbesondere in Organisationen die Spezifizierung von Wissen (z.b. „tacit knowledge"), was automatisch zu einer Begrenzung von Wilenskys „Professionalization of Everyone" führen müsste.[49]

Während sich in vielen Professionen klassischer Gesellschaftszweige insbesondere das zielgerichtete Handeln im Prozess fortlaufender Rationalisierung und weitergehender Steigerung der Handlungseffektivität durchsetzt, interagieren die Handelnden in beratenden Berufen in erster Linie unter Zuhilfenahme der Sprache. Dabei greifen sie auf ihr implizites Vorwissen zurück, das bestimmte Deutungen der Situation nahe legend angemessenes Verhalten suggeriert. Freidson hat auf die doppeldeutige Konnotation von „Profession" hingewiesen und unterscheidet mit Blick auf die gesellschaftliche Arbeitsteilung „Profession als eine besondere Art von Beruf"[50] und unter moralischen Gesichtspunkten „Profession als Bekenntnis oder Versprechen"[51].

Mit Blick auf die gesellschaftliche Funktion von Professionen hat der Berufsverband Deutscher Soziologen (BDS) im Jahre 1999 eine Fachgruppe „Beratung, Organisationsentwicklung, Personalentwicklung" gegründet, die zum Ziel hat, Soziologie als Beruf zu etablieren. Kernthemen dieser Arbeitsgruppe sind Professionalisierung, Evaluation und Erforschung von Beratung sowie der Erwerb bzw. die Vermittlung methodischer Kompetenzen. Diese Bemühungen dokumentieren zweierlei: 1. Die Erkenntnis des Nutzens von sozialwissenschaftlich fundierter Beratung in (Profit-)Organisationen. 2. Die Notwendigkeit der Exploration und Professionalisierung von Beratung in sozialen Kontexten.[52] Schon knapp zwei Jahrzehnte zuvor hat Oevermann vier Funktionen für den Soziologen in der Praxis formuliert: „die der **Beratung**, die der **Weiterbildung**, die der **Evaluationsforschung** und der **innovationsbegleitenden Forschung** und die der **Herstellung von planungsrelevanten Informationen**.[53]"

Pongratz zufolge haben Soziologen die Beratung von Organisationen nach diskrepanten Erfahrungen mit den Programmen zur Humanisierung der Arbeit in den 1970er Jahren verhältnismäßig spät wiederentdeckt. Während die Beratungsbranche seitdem boomt, ist das soziologische Interesse daran erst in den neunziger Jahren wiedererwacht.[54] Laut Pongratz bedeutet die Verbindung von Soziologie und Beratung eine große Herausforderung für beide Seiten, „da sich die sozialwissenschaftlichen Anforderungen der Analyse von Wandlungsprozessen bisher nur

---

[49] Vgl. Stichweh (2005)
[50] Freidson (1979), S. 1
[51] Ebd.
[52] Vgl. Koch/Petran (2002)
[53] Oevermann (1981a), S. 80 (Hervorhebungen im Original)
[54] Vgl. Pongratz (2003)

schwer mit den praktischen Erfordernissen der konkreten Umgestaltung von Organisationen vereinbaren lassen.[55]" Dabei liegen dem Verhältnis von Soziologie und Organisationsberatung, so Pongratz, fundamentale Probleme zugrunde, die noch in den Kapitalismusanalysen von Marx und Engels sowie in der von Weber initiierten Werturteilsdebatte verwurzelt sind.[56] Ein immer wiederkehrender Trugschluss ist allen voran die prinzipielle Steuerbarkeit sozialer Prozesse innerhalb von Organisationen. Es gibt Studien, die mittels empirischen Materials die Grenzen dieser Steuerbarkeit aufzeigen und kompromisslos die Tatsache dokumentieren, dass nicht nur staatlicher, sondern auch organisational verordneter Sozialismus nicht funktioniert.[57]

Ein Organisationskonzept, das die Selbstverwirklichung seiner Mitglieder – analog der Verwirklichung der gesamten Gesellschaft von Marx und Engels – in den Mittelpunkt rückt, ist Senges „Lernende Organisation". Anders als mechanistische Managementkonzepte wie Lean Management oder Business Process Reengineering hat Senge ein soziotechnisches Modell entwickelt, das u.a. auf eine Vision als gemeinsamer Grundlage setzt.[58] Trotz der Sinnhaftigkeit vieler Anregungen und Denkimpulse dieses Konzeptes besteht die Gefahr, dass die Ergebnisse (hier: die gemeinsame Vision) in eine selbstzweckdienliche, banale Oberflächlichkeit münden. Hochschild hat im Rahmen einer Motivationsveranstaltung beim Unternehmen Amerco gar eine religionsartige Verklärung der Mitarbeiter diagnostiziert.[59]

Eine sich daraus ergebende Herausforderung an soziologische Beratung ist die Verbindung ökonomischer Zielvorstellungen im Management mit dem soziologischen Verständnis psychosozialer Phänomene. Aber gerade auch Wissenschaftler, die als primäres Kriterium für Professionalisierung keine merkmalsbezogenen Modelle, sondern Art und Qualität der lokalen Arbeitsvollzüge sowie das berufliche Selbst- und Fremdbild nebst Kompetenzen der Betroffenen anerkennen, benötigen ein Grundverständnis darüber, was eine Profession ist und was daraus folgernd Professionalisierung bedeutet. Mit Blick auf die sozial- und erziehungswissenschaftliche Debatte der 70er Jahre lässt sich konstatieren, dass sich jenes Grundverständnis bei den Vertretern der beiden zentralen Richtungen „Strukturfunktionalistische Schule" und „Symbolischer Interaktionismus" deutlich angenähert hat, obgleich einzelne Wissenschaftler auf Unterschieden insistieren.[60] Insofern erscheint dem Autor wichtig, im Folgenden Professionalisierung mit seinen unterschiedlichen Facetten auf dem Hintergrund seines soziologischen Blickwinkels zu betrachten.

2.1.2   Theorieperspektiven auf Professionalisierung

Während früher Beruf und Profession oftmals gleich gesetzt worden sind, wird heutzutage zwischen Berufs- und Professionstheorien unterschieden. Erstere beschäftigen sich mit den Qualifikationen und Rahmenbedingungen der Berufsausübung, Professionstheorien zielen auf die

---

[55] Ebd., S. 80
[56] Vgl. Ebd.
[57] Vgl. z.B. die empirische Studie von Faust/Jauch/Notz (2000)
[58] Vgl. Senge (1996), S. 260 ff.; für Kritik am Konzept Senges vgl. z.B. Kühl (2000)
[59] Vgl. Hochschild (1998)
[60] Vgl. Schütze/Matthes (1981)

Aufhellung der spezifischen Handlungsgrammatik unmittelbar personenbezogener Dienstleistungen ab.[61] Die Professionstheorien tauchen demnach innerhalb eines eng gesteckten Rahmens tief in die Interaktion zwischen Berater und Klient ein, während die Berufstheorien dafür verantwortlich sind, diesen Rahmen zu stecken.

Um die Dimensionen der soziologischen Professionalisierungstheorien erfassen zu können, bietet sich an zunächst deren Komplexität aufzufächern. Der Autor nähert sich über den Gegenstand soziologischer Forschung (mikro- und makrosoziologische Ansätze[62]) und beleuchtet klassische und moderne Aspekte: Die Mikrosoziologie befasst sich mit dem sozialen Handeln zwischen Individuen (sozialen Akteuren) in kleineren sozialen Einheiten (z.B. Paarbeziehungen) und grundlegenden Feinstrukturen im zwischenmenschlichen Verhalten (z.B. der Frage, wie sich aus sozialem Handeln soziale Beziehungen entwickeln). Sie analysiert das Verhältnis zwischen Akteur und übriger Gesellschaft und setzt dabei auf dessen Ebene an. Beispiele für mikrosoziologische Theorien sind Handlungstheorien, Rollentheorien, Theorien der Interaktion und Kommunikation, Symbolischer Interaktionismus, Konflikttheorien, Theorien der Identitätsbildung, Entscheidungstheorien (bspw. rational choice) sowie konstruktivistische Ansätze. Einige dieser Theorien werden im weiteren Verlauf der Arbeit aufgegriffen, da sie mehr oder weniger eng mit dem Untersuchungsobjekt – der dyadischen Beziehung im Coaching – zusammenhängen.

Unter Makrosoziologie wird heute der Teil der Soziologie verstanden, der die Gesellschaft schlechthin zum Gegenstand hat. Voraussetzend für makrosoziologische Ansätze ist, dass die Gesellschaft als ein Gefüge von Sozialgebilden begriffen wird, die auf allgemein vorfindbare Muster gegründet sind und nicht notwendigerweise von unmittelbaren Wechselbeziehungen der Mitglieder abhängen, wie das bei (Klein-)Gruppen in der Mikrosoziologie der Fall ist. Mithin fallen der Makrosoziologie als Gegenstand alle die sozialen Gebilde zu, die dem Begriff des ritualisierten sozialen Systems entsprechen und als Institutionen bezeichnet werden können. Die Wechselwirkungen zwischen gesellschaftlichen Strukturen und individuellen Handlungen manifestieren sich spätestens seit dem Übergang von der Agrar- in die Industriegesellschaft in der Organisation sozialer Institutionen und dem Aktionsradius ihrer Vertreter.[63] Im Gegensatz zu den Gruppen im mikrosoziologischen Sinn bezieht sich das Handeln in solchen Institutionen also nicht auf einzelne Akteure, sondern auf eine abstrakt gedachte Ordnung mit normativem Charakter.

2.1.2.1   Soziologische Professionalisierungstheorien

Soziologische Professionalisierungstheorien richten ganz im Sinne des Gegenstands der Soziologie den Blick sowohl auf den einzelnen Berufsausübenden als auch auf die Institution „Profession". Angelehnt an die Entwicklungen insbesondere in der Literatur, Philosophie und Soziologie kann der Übergang von der klassisch-tradierten Professionalisierung hin zur modernen

---

[61] Vgl. Dewe/Ferchhoff/Radtke (1992)
[62] Vgl. Scheff (1994)
[63] Vgl. Tiefel (2004)

Professionalisierung[64] mit der Überwindung von Zeit, Raum und Deutungshierarchie charakterisiert werden. Foucault spricht im Kontext seiner These der Dezentrierung des Subjekts von diskontinuierlichen Wissensbrüchen und dem Recht auf Andersartigkeit, das sich aus dem Machtstreben durch Wissen insbesondere in der Wissenschaft ergibt.[65] Die dem Machtmythos inhärente Wissenshierarchie wird mittels der von Derrida entwickelten Methode der Dekonstruktion aufgespürt und zersetzt.[66] Unter anderem mit dieser Methode ist es modernen Professionalisierungstheoretikern wie Oevermann gelungen objektive, prinzipiell offene Deutungsschemata zu konstruieren und anzuwenden (siehe z.B. objektive Hermeneutik im strukturfunktionalistischen Professionskonzept).

Während in den klassischen Professionalisierungstheorien Sicherheitsbedürfnisse und soziale Anerkennung eine große Rolle gespielt haben, stehen die modernen Ansätze vielmehr für berufliche Selbstverwirklichung und ganzheitliche Strukturbildung. Teil dieser ganzheitlichen Betrachtung ist die professionale Differenzierung in komplementäre Experten- und Laienrollen unter Berücksichtigung der Komplexitätssteigerung in einer sich verändernden moderner werdenden Gesellschaft (v.a. in kultureller und struktureller Hinsicht). Die moderne Professionalisierung richtet den Blick nicht mehr so stark auf das einzelne Subjekt, dessen Berufsstatus und Dienstideal, sondern wendet sich einer berufspolitischen Metaebene zu, die über alle bisherigen und zukünftigen Berufsgruppen hinweg ganzheitlich und strukturbildend ist. Die Professionalisierung sozialer Berufe in der Moderne steht somit gleich vor zwei Herausforderungen: sie muss der Selbstverwirklichung des Berufsausübenden (Autonomie) und der Förderung der Gemeinschaft gerecht werden.

Bei der Untersuchung der Theorieperspektiven stellt sich ferner die Frage, inwieweit die verschiedenen Ansätze einen Beitrag zur Klärung der Professionalisierungsbedürftigkeit und Professionalisierungsfähigkeit psychosozialer Berufe leisten können. Oevermann vertritt bezogen auf pädagogisches Handeln die Auffassung, dass „zwischen der faktischen Professionalisiertheit [tatsächlicher Umsetzungsgrad einer Professionalisierungsfähigkeit in die berufliche Praxis, Anm. d. Autors] von Berufen und der Professionalisierungsbedürftigkeit ihrer Tätigkeit strikte unterschieden werden muss.[67]" Aufgrund einer fehlenden strukturtheoretischen Bestimmung von Professionalisierungsbedüftigkeit und -fähigkeit am Beispiel positiver (z.B. Ingenieuersberuf) sowie misslungener (z.B. Lehrerberuf) Professionalisierung[68] ist die Betrachtung der Professionalisierungsfähigkeit wichtig. Sie ergibt sich aus den Rahmenbedingungen, die in psychosozialen Berufen geschaffen worden oder noch zu schaffen sind, um die bereits beschriebenen Kriterien (z.B. Prozessphasen, Verständnis, Dimensionen und Facetten von Professionalisierung) zu erfüllen. Die Notwendigkeit eines bestimmten Berufes diese Kriterien (oder nur einen

---

[64] Beck unterscheidet modernisierungssoziologisch zwischen der ersten und zweiten Moderne: während die erste Moderne eine Weiterentwicklung der Gesellschaft in linearer Weise ist, ist die zweite Moderne durch die Gleichzeitigkeit von Fort- und Rückschritten gekennzeichnet (vgl. Beck (1996)).
[65] Vgl. Foucault (1986)
[66] Vgl. Derrida (1972)
[67] Oevermann (2002), S. 20 f.
[68] Vgl. Ebd. (1997)

Teil davon) zu erfüllen, um formell die Weihen einer Profession zu erlangen, kann als Professionalisierungsbedürftigkeit bezeichnet werden.

Seitdem sich Professionalisierung aus den Fängen antiquierter Gesellschaftsmuster gelöst hat, lässt sich von einer Konsolidierungsphase sprechen, in der speziellere Probleme weiterverfolgt werden. So ist der Verlust von Gewissheiten traditionaler Sozialstrukturen in der heutigen Gesellschaft paradoxerweise ein Gewinn an Möglichkeiten, wodurch eine hohe Dynamik auch innerhalb von Berufsständen entstanden ist. Gesamtgesellschaftliche Veränderungsprozesse im Großen haben neue Karrieremodelle (aus-)geprägt und im Kleinen einzelne berufliche Schritte im Lebenslauf beeinflusst. Moderne soziologische Phänomene wie Integration als eine mögliche Antwort auf Individualisierung und Desintegration als eine Folge von Vertrauensverlust wirken sich dabei genauso auf Berufsstände aus wie postmoderne Erscheinungen in Form von Identitätsdiskursen und Dekonstruktionen des Subjekts. Betrachtet man Professionalisierungsdiskurse dahingehend, wie Modernisierungsprozesse berücksichtigt werden, finden sich außerhalb der Gender-Professionsforschung – mit dem Fokus auf die gesellschaftliche Konstruktion des Geschlechterverhältnisses in Arbeitszusammenhängen wie z.B. die oben beschriebene Semi-Professionalität durch Verweiblichung – keine übergreifende konsistente Professionstheorie, die Mikro- und Makroperspektive miteinander in Beziehung setzt.[69] Daher rekonstruiert Tiefel ausschließlich solche Professionsdiskurse, die in ihren Ausführungen einen Zusammenhang zwischen professionellen Herausforderungen und gesellschaftlichen Veränderungen herstellen. Von den etablierten Professionstheorien bieten sich unter dieser Voraussetzung vornehmlich strukturfunktionalistische, systemtheoretische und interaktionistische Theorie- und Forschungsansätze an, da diese neben der Bezugnahme auf Modernisierung auch die Logik professionellen Handelns thematisieren.[70]

Moderne Professionen sind für die gesamtgesellschaftliche Entwicklung aus heutiger Sicht als spezifische Form der stellvertretenden Krisenbewältigung von zentraler Bedeutung, d.h. als fallspezifische Problemlösung auf der Basis eines kodifizierten, methodisierten Wissens. Sie bilden den eigentlichen Ort der Vermittlung von Theorie- und Praxiswissen, die sich durch eine nicht oder nur schwer standardisierbare Dienstleistung auszeichnet. Damit stehen moderne Professionen in einer Gegenposition zu den bisherigen Professionalisierungstheorien. Wird dort professionalisierte Praxis häufig nur an ihrer institutionellen Oberfläche abgelesen, so setzt die stellvertretende Krisenbewältigung[71] mit den Mitteln der fallrekonstruktiven Methodologie der objektiven Hermeneutik primär auf der Ebene der inneren Handlungslogik einer Tätigkeit an. In diesem Zusammenhang ist wichtig, im Rahmen der Krisenbewältigung zwischen Krise erster und zweiter Ordnung zu unterscheiden: während der Klient eine Krise erster Ordnung mit Hilfe seiner Lebenspraxis autonom bewältigen kann, weckt eine Krise zweiter Ordnung den Bedarf

---

[69] Vgl. z.B. Kessler/McKenna (1978), Gildemeister/Wetterer (1992), Gottschall (1995), Tiefel (2004)

[70] Vgl. Tiefel (2004)

[71] Die Kunst besteht darin, den Klienten dabei zu unterstützen andere Handlungsalternativen zu erarbeiten, die er anschließend selbst umsetzen muss. Insofern spricht Oevermann treffend von stellvertretender Deutung, nicht Handlung (vgl. Merten (2004)).

nach einer professionellen Dienstleistung wie Beratung. Ergo ist die Frage nach dem Anlass einer Beratung entscheidend, um eine autonomiehemmende Intervention zu vermeiden.[72]

Bei den herkömmlichen Bestimmungen wird das Verhältnis von Nicht-Standardisierbarkeit der professionellen Dienstleistung und dadurch erzwungener spezifischer kollegialer Kontrolle durch Rückgriff auf eine universalistische Professionsethik nicht genügend aufgehellt. Dadurch fehlt die Möglichkeit, einerseits Berufe, die institutionelle Eigenschaften von Professionen besitzen, ohne strukturell solche zu sein, von Professionen zu unterscheiden, und andererseits vor allem prinzipiell professionalisierungsbedürftige und -fähige, aber faktisch nicht vollständig professionalisierte Berufe (wie z.B. Pädagogik, Sozialarbeit, aber aufgrund des Fokus dieser Arbeit mithin psychosoziale Beratung), in der Modellbildung zu berücksichtigen.

Es wird davon ausgegangen, dass der gesellschaftliche Wandel zu einer Situation geführt hat, die den Angehörigen der sozialen Berufe ein gesteigertes Maß an Professionalität abverlangt. Das bedeutet, dass die klassischen sozial-strukturellen Indikatoren – soziale Herkunft, Geschlecht, Ethnie, Bildung und beruflicher Status –, ihre Determinationskraft weiterhin ausüben, nach wie vor als Mechanismen der Reproduktion sozialer Ungleichheit wirken und über die Verteilung von Lebenschancen und Risiken bestimmen. Andererseits – und gleichzeitig – herrscht Übereinstimmung dahingehend, dass, wenn man eine mikrosoziologische Perspektive einnimmt und den individuellen Lebenslauf, die Familie oder den Haushalt zum Gegenstand der Beobachtung macht, der Gesellschaftsprozess sehr wohl als dynamischer Prozess der Enttraditionalisierung und Individualisierung von Lebenslagen sichtbar wird.[73]

In dieser Betrachtung tragen die modernen Theorielinien genauso wie die klassischen Vertreter in unterschiedlichem Maße zur Klärung von Professionalisierbarkeit bzw. Professionalisierungsfähigkeit und Professionalisierungsbedürftigkeit beratender Berufe bei.

Klassische Professionalisierungstheorien:

- **Attributives Professionalisierungskonzept**[74]: Die undifferenzierte Allaussage jeder Beruf sei prinzipiell professionalisierbar führt dazu, dass dieses Konzept keinen relevanten Erklärungsbeitrag leisten kann.
- **Funktionales Professionalisierungskonzept**[75]: Dieses Konzept stellt die Professionalisierungsbedürftigkeit von Dienst leistenden Berufen – also auch Beratung – nicht in Frage. Für die Professionalisierbarkeit dagegen werden Kriterien definiert, die sog. Idealstandards („Dienstideal") entsprechen, so z.B. für Auswahl und Ausbildung von Nachwuchskräften. Dabei wird die Gemeinwohlorientierung des Funktionalismus hervorgehoben, die sich bei näherem Hinsehen selbst als Problem entpuppt.

---

[72] Vgl. Bauer (2001)
[73] Vgl. Nagel (2000)
[74] Vgl. Greenwood (1957)
[75] Vgl. Goode (1957), Parsons (1968); Parsons Professionssoziologie ist insbesondere aufgrund ihrer angeblich harmonistischen Annahmen unter Vernachlässigung von Macht, Konflikten und egoistischen Motiven stark kritisiert worden (vgl. z.B. Larson (1977), Freidson (1979/1986)).

- **Machttheoretisches Professionalisierungskonzept**[76]: Die Professionalisierungs-bedürftigkeit beratender Berufe bewegt sich im Spannungsfeld zwischen der Ausbildung individueller Handlungsstrukturen und kollektiver Standardisierung. Dabei wird – so dieser Ansatz – Zweiteres, also ein Interesse am Gemeinwohl, nur vorgegaukelt; die Frage nach der Professionalisierbarkeit beantwortet sich vielmehr über eine mögliche Monopolisierung von Macht, Einkommen und Einfluss beratender Berufe. Dabei gründet die Macht, die ein Experte gegenüber einem Laien bzw. ein Berater gegenüber seinem Klienten hat, vornehmlich auf seinem Wissensvorsprung und erst hintergründig auf Differenzen im Sozialstatus.

Moderne Professionalisierungstheorien:

- **Strukturfunktionales Professionalisierungskonzept**[77]: Professionalisierungsbedürf-tig sind nach diesem Konzept alle beratenden Berufe, die als strukturgebende Kontroll- und Ordnungsinstanzen mit gesellschaftlicher Funktion dienen. Dieser Ansatz unterscheidet eine strukturfunktionalistische Form der Profession (Gesellschaft) von professionellem Handeln (Individuum), was beides in der Praxis erfüllt sein muss. Professionalisierungsfähig sind nur Berufe, denen das gelingt: Krisenbewältigung der Klienten mit Hilfe der Professionellen stellvertretend für die Gesellschaft und auf der Basis wissenschaftlicher Erkenntnisse – wissenschaftliches Problemlösen in der Praxis als doppelte Professionalisierung.

- **Systemtheoretisches Professionalisierungskonzept**[78]: Kontingenz ist ein gebräuchli-cher Begriff in der soziologischen Systemtheorie, um die prinzipielle Offenheit und Ungewissheit menschlicher Lebenserfahrungen zu bezeichnen. Professionalisierungs-bedürftig sind in diesem Kontext alle beratenden Berufe, die diese Kontingenz als ge-geben sehen und mit dieser bzw. an dieser arbeiten wollen. Professionalisierbar sind all jene, die im Kontext von Regel- und Fallverstehen Methoden der Komplexitätsreduk-tion und Rationalitätssteigerung nutzen.

- **Interaktionistisches Professionalisierungskonzept**[79]: Diesem Ansatz geht es mit Blick auf Professionalisierungsbedürftigkeit um die Bewältigung des Spagats zwischen formalisierten Ablaufmustern in Organisationen und den Anforderungen an eine Bera-tungstätigkeit im psychosozialen Bereich. Professionalisierungsfähig sind jene Bera-tungsberufe, die sich mikrosoziologischer Hilfsmittel wie z.B. professioneller Hand-lungsschemata bedienen, um das Zusammenspiel von strukturell-institutionellen und personal-sozialen Aspekten zu beleuchten.

Professionalisierungsbedürftigkeit ist eine logische und daher notwendige – aber keine hinrei-chende – Bedingung für Ansatzpunkte zur Professionalisierung. Erst durch die Klärung der Pro-

---

[76] Vgl. z.B. Johnson (1972), Jamous (1973), Berlant (1975), Freidson (1979), Abbott (1988), Lymbery (1998), Harris (1998)
[77] Vgl. z.B. Parsons (1968/1985), Oevermann (1996/2002); auf diesen Ansatz wird im nächsten Abschnitt näher eingegangen.
[78] Vgl. z.B. Stichweh (1992/1996)
[79] Vgl. z.B. Schütze (1983/1994/1996/2000)

fessionalisierungsfähigkeit beratender Berufe wird Professionalisierung erklär- und umsetzbar, d.h. tatsächlich zur Handlungstheorie. Auf dem Hintergrund des Untersuchungsfokus scheinen die modernen Ansätze, allen voran mikrosoziologische, am ehesten im Stande einen großen Erklärungsbeitrag für Professionalisierung in psychosozialen Beratungsberufen zu leisten. Dabei wird auch die Reflexion der Berater zu einem zentralen Gegenstand professioneller Handlungskompetenz, in erster Linie mit Hilfe der Eigenanwendung von Beratungsformen wie Coach the Coach, Supervision, Reflecting Team oder etwa Balintgruppen.[80]

Eingedenk dieser Beiträge zur Erklärung von Professionalisierungsbedürftigkeit und -fähigkeit erscheint problematisch, dass ebenjene Entstehung neuer professioneller und professionalisierungsbedürftiger Felder oftmals unzureichend begründet wird. Dies hat den Zustand der soziologischen Professionalisierungstheorien in ihrem durchaus fruchtbaren Entwicklungsstadium seit einigen Jahren quasi schockgefroren:

„Es mangelt an einer strukturtheoretischen Bestimmung der Professionalisierungsbedürftigkeit bestimmter gesellschaftlich institutionalisierter Tätigkeiten und an einer strukturellen Bestimmung der diese Professionalisierungsbedürftigkeit positiv füllenden Professionalisiertheit bestimmter Berufe einerseits, sowie, komplementär dazu, einer Bestimmung der misslungenen Professionalisierung prinzipiell professionalisierungsbedürftiger Tätigkeiten andererseits.[81]"

2.1.2.2　Strukturfunktionalismus als Brücke

Parsons zufolge sind Professionen im Zuge zunehmender Komplexität in der modernen Gesellschaft zum Stützpunkt bei der Bewältigung der Probleme und (Wieder-)Herstellung der Ordnung des sozialen Lebens geworden. Dabei stehen die für Professionen notwendige Institutionalisierung disziplinärer Wissenshorizonte und die Etablierung professioneller Praxis nach Parsons in einem hierarchischen Verhältnis. Professionelles bzw. akademisches Wissen stellt nicht nur als Wissens- und (Er-) Kenntnishorizont, sondern auch als Wertesystem und Kontrollinstanz die Basis für professionelles Handeln dar.[82] Zu einem solchen Wissens- und Wertesystem gehört mithin auch die Orientierung am Klientenwohl, nicht nur am Eigeninteresse der Professionellen. Für Nagel spielt insbesondere die Berücksichtigung des funktional spezifischen Wissensbestands eines Berufs sowie die Adaption der Leistung oder Intervention auf den lebenspraktischen Ausschnitt des Klienten eine große Rolle.[83]

Anders als Parsons, der erst bei genauerem Hinsehen die Problematik dieser hierarchischen Bezugnahme zwischen Theorie- und Praxiswissen auf der Ebene professionellen Handelns thematisiert, versucht Oevermann die gesellschaftliche Funktion von Professionen über die institutionelle Erscheinungsform hinaus durch die Analyse der Strukturlogik professionalisierten Handelns von Anfang an differenzierter zu fassen. Ausgehend von der These, dass ein geregelter Ablauf (Routine) im Verhältnis zu einem gestörten Ablauf (Krise) eher den Ausnahmefall der

---

[80] Vgl. Tiefel (2004)
[81] Oevermann (1997), S. 9 f.
[82] Vgl. Parsons (1968)
[83] Vgl. Nagel (1997)

Lebenspraxis darstellt, sind Professionen nach Oevermann in ihrer Funktion als Kontroll- und Ordnungsinstanzen einerseits durch den steten Zwang, stellvertretend Neues generieren zu müssen und andererseits durch die Bewältigung der durch Strukturveränderungen provozierten Krisen gleich doppelt gefordert.[84]

In der Weiterentwicklung von Parsons ergeben sich nach Oevermann für die professionalisierte Praxis aus der stellvertretenden Lösung von Problemen durch Professionen (stellvertretende Krisenbewältigung) drei Problemfelder[85]:

– **Aufrechterhaltung von psycho-somatisch-sozialer Integrität** (im weitesten Sinn bearbeitet durch Medizin, Theologie, Erziehung und Soziale Arbeit): Die Therapeutin sorgt sich stellvertretend für ihren Klienten um dessen Gesundheit.

– **Aufrechterhaltung von Recht und Gerechtigkeit** (Konsens, repräsentiert in Justiz und Politik): Der Bundesgerichtshof befasst sich stellvertretend für die Gesellschaft mit Rechtsfragen des Staates.

– **Überprüfung von Geltungsfragen** (Wahrheit, vor allem durch die Wissenschaft begründet): Sie befasst sich stellvertretend für die Gesellschaft mit Erkenntnisfragen.

Wenngleich das Alltagshandeln durch diese drei Handlungstypen (Therapeut, Bundesgerichtshof, Wissenschaft) beeinflusst ist, verdichtet es sich im professionellen Handeln durch die Dichotomie von Theorie- und Praxiswissen. Jeder dieser drei Handlungstypen geht laut Oevermann mit unterschiedlichen Herausforderungen insbesondere an professionelle Akteure einher, die er ähnlich wie Evetts duale Charaktere in der klassischen Professionalisierungstheorie als dialektische Entitäten begrifflich fasst.[86]

Der erste Handlungstyp zur Aufrechterhaltung von psycho-somatisch-sozialer Integrität repräsentiert am deutlichsten die professionelle Funktion der sozialen Kontrolle. Auch dieser Handlungstyp ist mit den Schwierigkeiten des Theorie-Praxis-Transfers verquickt, die sich in der „widersprüchlichen Einheit zwischen universalisierter Regelanwendung auf wissenschaftlicher Basis und hermeneutischem Fallbezug bzw. -verstehen"[87] wiederfinden. Um dieser ambivalenten Anforderung von Nähe und Distanz bzw. fallspezifischem Einfühlungsvermögen und allgemeinem Regelwissen gerecht zu werden, müssen professionelle Akteure laut Wagner neben der fachlichen Ausbildung auch beruflich sozialisiert werden, d.h. einen professionellen Habitus[88] ausbilden. In diesem Zusammenhang spricht Wagner von einer zweifachen Professionalisierung der therapeutisch Tätigen: die erste Professionalisierung bezieht sich auf die Aneignung

---

[84] Vgl. u.a. Helsper/Krüger/Rabe-Kleberg (2000)
[85] Vgl. Oevermann (1996)
[86] Vgl. Ebd.
[87] Ebd., S. 109 f.
[88] Die Habitus-Definition rekurriert in diesem Kontext auf Oevermann: Habitus „ist ein Ergebnis von Charaktermerkmalen, die immer sozialisatorisch bedingt sind und den jeweiligen, spezifischen Handlungsproblemen, denen sich die Person u.a. in einem beruflichen Alltag stellen muss" (z.B. Ebd. (2000), S. 82).

kognitiver und erfahrungswissenschaftlicher Wissensgrundlagen, die zweite meint eine spezifische dyadische Handlungspraxis für das Arbeitsbündnis zwischen Therapeut und Klient.[89] Bereits die Herstellung von Konsens, dem zweiten Handlungstyp, der maßgeblich für die Aufrechterhaltung gesellschaftlicher Ordnung ist, erfordert trotz Zweifel und Handlungsdruck Entscheidungen, die durch spezifisches Wissen oder Erfahrungen begründet sein müssen. Für die Generierung von neuem Wissen finden sich nicht immer Begründungen, die an tradiertes, bekanntes oder gar ritualisiertes Wissen anknüpfen können – folglich nimmt Oevermann eine Einordnung von Innovationen in den professionstheoretischen Kontext vor:

„Innovationen zeitigen also immer auch Geltungskrisen, in dem sie legitimierende und normalisierende Überzeugungen, Prinzipien, Weltbilder, Wertprämissen und Praktiken in ihrer Geltung erschüttern oder auf je schon eingetretene Erschütterungen reagieren und Bezug nehmen.[90]“

In der Alltagspraxis – hier insbesondere der professionellen – wird die zeitliche Chronologie, nach der zuerst Begründungen gesucht und dann Entscheidungen getroffen werden, oftmals ins Gegenteil verkehrt: Entscheidungen werden häufig erst im Nachhinein begründet – Annahmen, Einstellungen oder Prämissen werden auf diese Weise auch unbedacht oder ungewollt verändert oder manifestiert. Für professionelle Akteure bedeutet dies, dass sie bei der Herstellung von Konsens bzw. zeitweiser Stabilität folglich einerseits den eher anerkannten Weg über eine wissenschaftlich-theoretische Erkenntnis zur Handlung beschreiten müssen. Im Zuge des Handlungsdrucks in der Praxis scheint andererseits aber auch das umgekehrte Verfahren der nachträglichen Begründung von Handlungen durchaus probat. Durch die Notwendigkeit zum Konsens entsteht damit auch unbewusst Neues, das die Stabilität wiederum gefährdet. Oevermann spricht in diesem Zusammenhang vom widersprüchlichen Spagat zwischen kurzfristigem Entscheidungszwang und einer sorgfältigen Begründungsverpflichtung.[91] Mit dem dritten Handlungstyp, den wahrheitsgetreuen Geltungsfragen, verweist Oevermann deshalb noch einmal auf die Aufgabe von Professionen, die von Interessen und Handlungsdruck freien wissenschaftlichen Erkenntnisse als Problemlösungsmöglichkeiten in die Praxis zu transferieren. Wichtig ist in diesem Zusammenhang der Verweis auf Möglichkeiten, nicht konkrete Lösungen, denn auch Kurtz hat festgestellt, dass es in der personzentrierten Arbeit keine Problemlösungen, sondern allenfalls Problemdeutungen geben kann.[92]

Nach Oevermann ist professionalisiertes Handeln schließlich der soziale Ort der Vermittlung von Theorie und Praxis mit verwissenschaftlichter Rationalität als condicio sine qua non – wissenschaftliches Problemlösen in der Praxis also. Die Schwierigkeit zwischen systematisierten Wissensbeständen und komplexen lebenspraktischen Bedingungen zu vermitteln, stellt sich auf der Ebene der professionellen Akteure in der dialektischen Einheit von Rollenhandeln und Handeln als ganzer Person dar, was Weber als widersprüchliche Einheit von neugieriger Lei-

---

[89] Wagner (1998), S. 67
[90] Oevermann (1996), S. 84
[91] Vgl. Ebd. (1996)
[92] Vgl. Kurtz (2003)

denschaft und regelgeleiteter Subordination gefasst hat.[93] Dies führt zu der Folgerung, die auch Stehr formuliert hat, indem er Professionswissen und Expertenwissen als interpretationsbedürftig, kontingent und fortwährend zu reproduzieren bezeichnet hat, das keineswegs eindeutige und optimale Lösungen herbeiführt.[94] So gesehen ist die Unterscheidung nach einer strukturfunktionalistischen Form der Profession (Gesellschaft) und professionellem Handeln (Individuum) obligatorisch.

Erst die doppelte Professionalisierung – durch die wissenschaftliche Disziplin und die Praxis – ermöglicht den professionellen Akteuren sich in ihre Klientel hineinzuversetzen und für sie bzw. mit ihnen Entscheidungen und Entwicklungen zu planen und durchzusetzen. Oevermann nennt diese Form der Professionellen-Laien-Interaktion stellvertretende Deutung und fasst darunter verschiedene Facetten eines Arbeitsbündnisses von einem psychoanalytisch geprägten Verständnis der Deutung der Interaktionsstruktur über die Auslegung und Erklärung von Lebenspraxis bis hin zu konkreten Stellvertretungsaufgaben bei Dritten.

„Für Oevermann ist die professionelle Praxis eine gesteigerte Praxisform, da sie stellvertretend deutend und damit in hohem Maße verantwortlich auf die Stärkung der Autonomiepotenziale der Lebenspraxis anderer zielt. Und zwar auf Personen, die entweder lebenspraktische Autonomie noch nicht erreicht haben oder aber vorübergehend, situativ oder irreversibel darin beeinträchtigt sind.[95]"

Die Professionellen müssen Empathie verkörpern, sich folglich in die Lage ihrer Klientel hineinversetzen, deren Sinnhorizonte und Bewältigungsbedürfnisse intuitiv erfassen und gleichzeitig auf der Basis ihres Professionswissens stellvertretend adäquate Lösungen entwickeln.

Tiefel stellt fest, dass im wissenschaftlichen Kontext Zweifel, für das Fallverstehen jedoch Vertrauen, konstitutiv seien und somit die Gefahr bestünde, durch die stellvertretende Deutung die Autonomie der Klienten zu gefährden und Abhängigkeitsverhältnisse aufzubauen, was Oevermann allerdings nicht thematisiere.[96] Obwohl Oevermann in der Tradition Parsons steht und beide die Funktion von Professionen im Prinzip als gesellschaftliche Reproduktion und Weiterentwicklung definieren, zeigen sich in Oevermanns Ansatz besonders bezogen auf das Verständnis des professionellen Handelns Unterschiede zu Parsons. Professionen sind nach Parsons Paradigmen moderner, kognitiv-rationaler Formen der sozialen Integration und übernehmen darüber hinaus Treuhänderfunktionen für Wertorientierungen. Die wichtigste Funktion ist dabei die Kommunikation von Vertrauen zum Umgang mit der Wissens- und Kompetenz-Asymmetrie zwischen Experten und Laien. Diese Vertrauenskommunikation soll beiden bei der Bewältigung von Unsicherheiten in der Praxis helfen.[97]

Der Experte nimmt stellvertretend die Perspektive des Klienten ein, was Oevermann mit seinem Konzept der stellvertretenden Deutung zum zentralen Kriterium professionellen Handelns

---

[93] Vgl. Oevermann (1996)
[94] Vgl. Stehr (1994)
[95] Helsper/Krüger/Rabe-Kleberg (2000), S. 7
[96] Vgl. Tiefel (2004)
[97] Vgl. Wenzel (2005)

macht.[98] Theorie- und Praxiswissen stehen in einem gleichberechtigten Verhältnis zueinander und erst durch die Reduktion und Systematisierung von (wissenschaftlichen) Deutungen stellvertretend bzw. mit Hilfe von Professionellen kann die gesellschaftliche Ordnung aufrechterhalten und damit der Aufbau und Erhalt von Autonomie bei Individuen (Klienten) geschaffen werden. Die Schwierigkeiten, die sich bei der Vermittlung von Theorie und Praxis auf der Ebene der professionellen Akteure ergeben, können dabei laut Tiefel erstaunlicherweise mit den Erkenntnissen von Beck und Giddens verglichen werden[99]: In einer kontextualen Betrachtung der von Oevermann genannten dialektischen Einheiten (Entscheidungzwang und Begründungspflicht; Rollenhandeln und Handeln als ganzer Person, universalisierte Regelanwendung auf wissenschaftlicher Basis und hermeneutischer Fallbezug) wird deutlich, dass alle im Spannungsfeld „situativ angemessene Berücksichtigung von nachvollziehbarem Wissen" und „erfahrungsbasierte Intuition" liegen. Des Weiteren resultiert für Professionelle aus strukturfunktionalistischer Perspektive die ambivalente Aufgabe, sowohl Neues generieren als auch Krisen bewältigen zu müssen, was zu einem Pendeln zwischen prinzipieller Offenheit (hermeneutisches Fallverstehen) und Standardisierung (Regelbefolgung) führt.

Beratung im Allgemeinen und Coaching im Besonderen beruhen bisher weniger auf theoriegeleiteter Reflexion als auf praxeologisch orientiertem Benchmarking: Berater schöpfen ihr Wissen vor allem von ihren Klienten, die erwarten, dass sie über Beratung anderes, neues Wissen erwerben können.[100] Auf dem Hintergrund der soziologischen Bedeutung von Beratung im Lichte dieser Arbeit stellt sich die Frage nach dem Beitrag von Coaching für bzw. stellvertretend für die Gesellschaft. Dies bedeutet, dass Coaching die Aufgabe hat, Wissen stets in Handlungswissen umzuwandeln. Das strukturfunkionalistische Professionalisierungskonzept schlägt eine Brücke zwischen akademischer und praktischer Professionalisierung: institutionelle und akademische Merkmale[101] dienen als Bestandsvoraussetzung (Struktur), damit Coaching als Profession gesellschaftliche Aufgaben erfüllen kann (Funktionalismus).

Um diese Erkenntnisse im Beratungskontext anwenden zu können, wird zunächst ein eigenes Verständnis von Professionalisierung entwickelt.[102] Dabei wird Professionalität bewusst nicht auf Expertise reduziert, da eine reine Expertisierung in Anlehnung an Oevermann nicht in der Lage ist, das Arbeitsbündnis zwischen Experten und Klienten in strukturanalytischen Kategorien zu erfassen, was letztlich zu einer Deprofessionalisierung führt.[103]

---

[98] Vgl. Oevermann (1997)
[99] Vgl. Tiefel (2004)
[100] Vgl. Thinnes (1999)
[101] Institutionelle Merkmale werden in Abschnitt 2.1.3.1 eingeführt, akademische in Abschnitt 2.3.1.
[102] Das Fehlen einer konsistenten, psychosozialen Anforderungen genügenden, Theorie der Beratung scheint in den letzten Jahrzehnten kaum aufgefallen zu sein. So hat es bislang ausgereicht, dass Beratung als verkürzte Therapie auf deren elaborierte Theorien Rückgriff genommen hat (vgl. Nestmann (1999)).
[103] Vgl. Oevermann (1997)

2.1.3   Professionelles Handeln auf Basis von akademischem Wissen

Auf der Suche nach einer Definition von Professionalisierung bzw. professionellem Handeln findet man eine Vielzahl an Merkmalen und Bedingungen.[104] In der Professionssoziologie gelten Professionen als eine besondere Klasse von Berufen. Ein zentrales Merkmal solcher Berufe wie z.b. Ärzte und Juristen ist ihre Autonomie, da sie in ihrer klassischen Ausprägung weitgehend von sozialer Kontrolle durch die soziale Umwelt – auf der Grundlage freier Märkte bzw. administrativer Regulierung – entlastet sind. Stattdessen bilden diese Berufe spezifische professionsinterne Kontrollmechanismen aus, was die Bindung an eine Professionsethik umfasst, der ebenso auch die Kollegen verpflichtet sind.

2.1.3.1   Grad der Professionalität als Indikator für professionelles Handeln

Eine fundamentale Problemstellung der Professionssoziologie besteht darin, die Entstehung von professioneller Autonomie basierend auf der Definition relevanter Professionalisierungsbegriffe im Rahmen einer allgemeinen soziologischen Theoriebildung zu erklären, die zwei alternative Ansätze berücksichtigt: den rationalen Ansatz der inneren Handlungslogik und den politischen Ansatz der Privilegierung im Kontext historischer Machtverhältnisse. Professionelle Autonomie können Berufsausübende demnach erlangen, indem ihr Beruf einen entsprechenden Professionalisierungsgrad nach innen und außen aufweist, ohne dadurch automatisch eine Profession zu sein. Einen Erklärungsansatz bieten z.b. Netz und Schwendenwein über das Orientierungsmuster der Semi-Professionen an, da mit diesem Ansatz das Spannungsverhältnis zwischen Professionalisierungsanspruch und sozialer Wirklichkeit aufgezeigt und bewertet werden kann.[105] Semi-Professionen unterscheiden sich in Anlehnung an Dewe und Otto von vollwertigen Professionen durch einen großen Teil weiblicher Mitglieder[106], bürokratischen Organisationsformen, kürzeren Ausbildungszeiten, geringerem Status, weniger spezialisiertem Wissen – kurzum der Erfüllung dieser und der Nichterfüllung aller oben genannter Kriterien, die eine Profession erfüllen muss.[107] Aber gerade semi-professionelle Tätigkeiten sind es, die laut Terhart zunehmend an Bedeutung gewinnen. So werden an diese Berufstätigkeiten immer stärkere Anforderungen in Richtung wissenschaftlicher Ausbildung herangetragen. Darüber hinaus unterliegt ihre Tätigkeit einer zunehmenden Strukturierung, was auch der Tatsache geschuldet ist, dass sich das Verhältnis zwischen Aufwand und Ertrag schlecht kontrollieren lässt und vermutlich eher ungünstig ausfällt.[108]

Nachdem sozialen Berufen häufig das Etikett der Semi-Professionalität angeheftet wird, lässt sich in Bezug auf die untersuchten Paradigmen eine gewisse Inkommensurabilität feststellen. So ist zum einen das Berufsbild in sozialen bzw. helfenden Berufen im Unterschied zu technischen Berufen (z.B. in der Industrie) geprägt durch eine hohe Diffusität der beruflichen Fähig-

---

[104] Vgl. z.B. Schwendenwein (1990) und das Herausgeberwerk von Mieg/Pfadenhauer (2003)

[105] Vgl. Schwendenwein (1990), Netz (1998)

[106] In heutigen Zeiten der Gleichstellung und Gleichbehandlung wäre ein solches Unterscheidungskriterium wohl kaum mehrheits- bzw. gesellschaftsfähig.

[107] Vgl. Terhart (1992)

[108] Vgl. Ebd.

keitsmuster. Elemente sozialer und kommunikativer Fähigkeiten wie z.b. Empathie, Intuition und Sensibilität sowie emotionale Qualitäten wie z.b. Spontaneität, Kreativität und Geduld scheinen für die berufliche Tätigkeit geradezu konstitutiv zu sein, während sie aus den technischen Berufsbildern weitgehend ausgeschlossen sind.[109] Zum anderen müssen Ausübende sozialer Berufe im Gegensatz zu technischen Experten ihr Wissen auch ohne die vorherige Überwindung hoher Zugangsbarrieren einsetzen können. Im Verhältnis zu Laien entwickeln diese „Sozialexperten" angemessene Hypothesen, wenden erfolgreichere Lösungsstrategien an und erwerben an konkreten Fällen weiteres Wissen und Kompetenzen. Bezieht man diese Erkenntnisse wiederum auf Erzieherinnen, dann können diese ihre Kindergartenarbeit nur erfolgreich gestalten, wenn sie die Kompetenz der Eltern als Erzieher akzeptieren und gemeinsam individuelle Handlungsstrategien für das einzelne Kind entwickeln. Von den Eltern werden sie allerdings nur dann als Professionelle anerkannt, wenn diese sich gleichzeitig ihrer Inkompetenz(en) bewusst sind.[110] Insofern hängt Verberuflichung weder automatisch mit Professionalisierung noch mit der Anerkennung als professionell Handelnde zusammen, was auch ein Ausdruck professionstheoretischer Entwicklungen ist.[111]

Die modernen Professionalisierungstheorien haben die klassischen Ansätze abgelöst. Sie sind eine Folge der bürgerlichen Entwicklung von der Klassik über die Moderne bis zur Postmoderne, die das Individuum wieder mehr in den Mittelpunkt rückt. Die modernen Professionalisierungstheorien thematisieren weniger existentiell-materialistische, sondern psychosoziale Bedürfnisse wie Selbstsicherheit, soziale Anerkennung und Selbstverwirklichung. Besonders in der psychosozialen Profession geht es um die Arbeit an der Veränderung von Personen („people processing"). Parsons unterscheidet drei Ebenen – die Interaktionsebene („technical level"), die Ebene der Ressourcenbeschaffung („managerial level") und die Ebene der Werte und Sinnfragen („institutional level"). Luhmann spricht bei der zweiten Ebene von Lernen und bei der dritten von Reflexion. Bei der Differenzierung der Ebenen werden zugleich die Umweltbeziehungen der Profession miterfasst (z.B. Wissenschaft). So kann eine Verwissenschaftlichung der Lernebene dazu führen, dass der Kontext zur Interaktionsebene abreißt (Praxisschock) oder die Reflexion überhaupt nicht zur Interaktion passt. Insofern hat Luhmann vorgeschlagen, die Ausbildung für Professionen – sprich deren Professionalisierung – entsprechend der Ebenen zu serialisieren: Technik, Lernen, Reflexion.[112]

Reduziert man professionelles Handeln nur auf dessen Strukturmerkmale, dann handelt der Professionelle nach den Regeln der Wissenschaft, dem sprichwörtlichen Lehrbuch. Schwendenwein hat aus der erziehungswissenschaftlichen Reflexionskompetenz Faktoren abgeleitet, die professionellem Handeln einen konkreten Praxisbezug geben und darüber hinaus den Grad der Professionalität ermitteln[113]:

---

[109] Vgl. Gildemeister (1983)
[110] Vgl. Netz (1998)
[111] Vgl. Müller (1993)
[112] Vgl. Kieserling (1998)
[113] Vgl. Schwendenwein (1990)

- **Berufsethische Reflexion:** Berücksichtigung gesellschaftlicher Werte, professionsspezifischer Ziele und Verhaltensregeln im Entscheidungsprozess
- **Subjektivitätsbezogene Reflexion:** Diagnose und Einschätzung von Arbeits- und Handlungsvoraussetzungen bei sich selbst und anderen
- **Wissenschaftsbezogene Reflexion:** Erklärungs-, Orientierungs- und Entscheidungskompetenz durch das Kennen, Verstehen und Anwenden der für die eigene Profession relevanten Theorien inkl. deren Entwicklungen und Grade der wissenschaftlichen Validität
- **Praktisch wissenschaftliche Kompetenz:** Verfügung über ein standardisiertes weiterzuentwickelndes Methodenrepertoire an Fähigkeiten und Fertigkeiten in der jeweiligen Profession
- **Autobiografische Reflexion:** Zurückgreifen auf eigene Erfahrungen (vor, während oder nach dem Erfahrungsgewinn) aus der bisherigen Tätigkeit zur Problemlösung
- **Kritische Reflexion:** Nachweis der Reflexion (und ggf. Revision) professionsspezifischer Handlungen von Professionseigenen oder -fremden

Wenn seine Leistungen von Professionsfremden geschätzt werden, genießt der Professionelle ein hohes soziales Ansehen.[114] Dies ist insbesondere beim handlungstheoretischen Bezug von Professionalisierung der Fall, häufig auch Alltagsgebrauch genannt: Der Professionelle geht systematisch und effizient vor, wird in seinem Handeln nicht von Emotionen beeinflusst – sprich: er zeigt Professionalität.[115] Fraglich bleibt ferner, wodurch sich Handeln als professionell qualifiziert. So wäre es nach Meinung des Autors z.B. nicht prinzipiell unprofessionell, zumindest in einem gewissen Rahmen Emotionen zu zeigen (innere Handlungslogik bzw. Tiefenhandeln), da Professionalität über die Inszenierung z.B. mit Hilfe von Berufskleidung wie einem Arztkittel (äußere Handlungslogik bzw. Oberflächenhandeln) hinausgehen sollte.

In der Wissenschaftssoziologie ist nach wie vor strittig, ob sich das wissenschaftliche Handeln als Gegenstand einer Theorie professionalisierten Handelns konstituieren lässt.[116] Ein Hauptproblem besteht insbesondere darin, dass die Wissenschaft anders als Medizin und Recht nicht über einen konkreten Klienten verfügt. Dieser Klientenbezug professionellen Handelns wird jedoch häufig als ein wesentliches Merkmal professionellen Handelns betrachtet, das die spezifischen Struktureigenschaften dieses Handelns – im Sinne der Oevermann'schen Strukturlogik professionalisierten Handelns – bedingt. Seit den 70er Jahren wenden sich die Soziologen nicht von ungefähr mehrheitlich gegen das damals übliche Abhaken von Professionsmerkmalen mittels Checklisten, was einer jahrzehntelangen sattelfesten Praxis in der Tradition von Carr-Saunders entsprochen hat. Waddington nennt diesen Ansatz „checklist approach" oder auch „trait approach"[117]. Zum Umschwung der Professionssoziologie in den 70er Jahren gehörte neben einer neuartigen Ablehnung von Professionsselbstdarstellungen auch die Quasi-Abschaffung der

---

[114] Vgl. Ebd.
[115] Vgl. Mieg (2003)
[116] Vgl. z.B. Weingart (2003)
[117] Waddington (2003), S. 677

Checkliste. Kornbeck beschreibt Entwicklungsstufen auf dem Weg zu einer Profession: Vereinigung der Professionsausübenden, Lizenzierung dieser Professionellen sowie Monopolisierung des gesamten Tätigkeitsfeldes.[118] Die Vereinigung verläuft bei weniger regulierten Professionen wie z.b. beratenden Berufen eher schleppend.

Viele Professionsmerkmale, die aus der Soziologie bekannt sind, finden sich u.a. in der Commission Européenne aus dem Jahr 1999. Dort sind z.b. auch weitere Einzelheiten zu den Regelungen der Mitgliedstaaten der Europäischen Union (EU) enthalten. Der Professionalisierungsprozess ist erst dann abgeschlossen, wenn bestimmte Berufe bzw. Berufsgruppen das Monopol ihrer Angehörigen sind. Das ist in allen Ländern bei Medizin und Jura seit Jahrhunderten der Fall, in beratenden Berufen wie z.b. der Sozialen Arbeit hingegen meistens nicht.[119] Dieser Professionsschutz liegt z.b. auch für Coaching in Deutschland bis heute noch nicht vor. Im Gegenteil: Die Landschaft beratender Berufe entwickelt sich seit den achtziger Jahren zu einer Zerfaserung von Praxisfeldern und wirft damit die Frage auf, ob Professionalisierung überhaupt zugelassen, möglich und erforderlich sei.[120]

2.1.3.2 Professionalisierung von Beratung durch Akademisierung

Während der gesellschaftliche Weiterbildungsbedarf in Berufsfeldern wie Coaching und Supervision zwischenzeitlich erkannt und legitimiert worden ist, kann das Verhältnis von Forschung und Praxis auch im internationalen Vergleich nach wie vor nicht als ausbalanciert bezeichnet werden.[121] Diese Theorie-Praxis-Divergenz steht im Zentrum der Professionalisierungsdiskussion und wird den makroebenenspezifischen Ansätzen subsumiert.[122] In Ermangelung besagter Balance ist der Mechanismus der sekundären Professionalisierung entwickelt worden. Im Gegensatz zur primären (praktischen) Professionalisierung, welche auf die zielgerichtete Sicherung von Privilegien, Marktchancen und weiteren Vorteilen (z.B. Zertifizierungen) abzielt[123], hat sich die sekundäre Professionalisierung als Verbesserung der Wissensgrundlagen mittels Akademisierung entwickelt.[124] Diese hat sich die Optimierung von berufsspezifischen Handlungsstrukturen auf Mikroebene zum Ziel gesetzt. Demnach ist die Professionalisierung der Weg zum Expertenhandeln, während die Professionalität bereits die Erlangung des Expertenstatus umfasst. Bei der wissenschaftlichen Erschließung von Professionalität ist laut Nittel darauf zu achten, „dass weder Wissen noch Können verabsolutiert werden.[125]" Nach Gieseke ist die Forschung das „Fundament, auf dem sich Professionalität entwickeln kann.[126]" Darauf lässt sich beispielsweise mit Fach- und Erfahrungswissen bzw. symbolischem Wissen (Normen, Werte,

---

[118] Vgl. Kornbeck (2000); im weiteren Verlauf der Arbeit werden diese als institutionelle Merkmale bezeichnet.
[119] Vgl. Ebd.
[120] Vgl. Schlutz (1988)
[121] Vgl. Daheim (1992), Dewe/Ferchhoff/Radtke (1992), Dellori (2002)
[122] Vgl. Alisch (1990)
[123] Nach Siegrist ist Professionalisierung eine „Strategie, mit der eine Berufsgruppe, die spezifische Dienstleistungen anbietet, in einer kapitalistischen Markt- und Klassengesellschaft ihre ökonomische und soziale Stellung anzuheben versucht" (Siegrist (1985), S. 329)).
[124] Vgl. Nittel (2000)
[125] Ebd., S. 72
[126] Gieseke (1997), S. 282

Rituale) aufbauen. Nittel unterscheidet Wissen nach Herkunftsarten, die er machttheoretisch beschreibt: Speist sich eine professionelle Wissensbasis aus mehreren wissenschaftlichen Disziplinen („gespaltene Wissensbasis"), so teilt sie das Machtpotenzial und begrenzt den Spielraum einer Professionalisierungsstrategie.[127] Ähnlich wie in der Erwachsenenpädagogik kommt auch in der psychosozialen Beratung die akademische Perspektive bislang zu kurz. So sind z.B. auch im Coaching – in Anlehnung an Nittel – die Methoden und Interventionen eher im beruflichen Können als im akademischen Wissen verortet, was die Theorie-Praxis-Divergenz weiter verschärft. Zur gespaltenen Wissensbasis kommt also letztlich noch hinzu, dass Berufskompetenzen wie z.B. Methodenkompetenz nicht auf der Ebene des Wissens, sondern des Könnens, lokalisiert sind und daher in der akademischen Ausbildung als Gegenstand wissenschaftlicher Reflexion unterbewertet werden.[128]

Bei der Betrachtung professionellen Handelns sind Makro- und Mikroebene zu unterscheiden: Die Makroebene beschreibt die gesellschaftliche Arbeitsteilung, während es auf der Mikroebene um Arbeitszerlegung innerhalb einer rational strukturierten Organisation nach deren spezifischen Interessen geht. In Ländern mit einer historisch hohen Bedeutung der Professionssoziologie (v.a. England, USA) führt der Wandel vom Selbstständigen (z.B. Anwalt) zum Angestellten (z.B. in einer großen Anwaltskanzlei) dazu, dass neben die Orientierung an professionellen Kollegen und Verbänden jene an organisationalen Zielen und Erfordernissen tritt. Eine verhältnismäßig starke Regulierung in Deutschland führt neben Absicherung aber auch zu einer Einschränkung der professionellen Handlungsautonomie. Künftig werden sich Deregulierung und Vermarktlichung zunehmend durchsetzen, was sich zunächst kostensenkend und schlimmstenfalls auch qualitätssenkend auswirken wird (z.B. „Aldisierung" auch bei Rechtsanwälten). Für die Professionalisierung in Deutschland bedeutet dies die Übernahme des angelsächsischen Modells, in dem Organisationen die Standards definieren und für die Qualität von Dienstleistungen selbst einstehen.[129]

Millerson hat bei seiner Untersuchung so genannter „old established professions" schon in den sechziger Jahren Merkmale professioneller Handlungsstrukturen abgeleitet, die er als Distinktionskriterien in Form von Hürden definiert hat:

"a) A profession involves a skill based on theoretical knowledge. b) The skill requires training and education. c) The professional must demonstrate competence by passing a test. d) Integrity is maintained by adherence to a code of ethics. e) The service is for public good. f) The profession is organized.[130]"

Darauf aufbauend hat Oevermann eine professionalisierungstheoretische Interpretation der psychosozialen Beratung, im Speziellen der Supervision, vorgenommen, die auf sein Konzept der

---

[127] Vgl. Nittel (2000)
[128] Vgl. Ebd.
[129] Vgl. Littek/Heisig/Lane (2005)
[130] Millerson (1964), zitiert nach Nittel (2000), S. 55

objektiven Hermeneutik[131] rekurriert[132]: Er kommt zum Ergebnis, dass die Supervision als professionalisierungsbedürftige Dienstleistung nicht standardisierbar ist, d.h. jede Supervision ist
eine Einzelbehandlung, in der nur thematisiert werden sollte, was innerhalb der Behandlung
verändert werden kann. Es ist nämlich „sinnlos in einer professionalisierten Praxis mit einem
Klienten in der Dynamik von Übertragung und Gegenübertragung Probleme zu bearbeiten, die
nicht objektiv innerhalb der Beeinflussbarkeit und Kontrollierbarkeit des Klienten liegen.[133]"
Des Weiteren definiert Oevermann die expertenhafte Intervention der stellvertretenden Krisenbewältigung – Hilfe zur Selbsthilfe – unter Einbeziehung spezifischer (rollengebundener) und
diffuser (ganzheitlicher) Arbeits- bzw. Sozialbeziehungen als Merkmal für Professionalisierung.
Übertragen auf die psychosoziale Beratungspraxis stellt sich eine solche Arbeits- bzw. Sozialbeziehung wie folgt dar:

Struktur des Arbeits- bzw. Sozialbündnisses	Berater	Klient
Spezifische Komponente	Abstinenzregel	
Diffuse Komponente		Grundregel

Abb. 1: Schematisierung der Arbeits- bzw. Sozialbeziehung Berater – Klient[134]

Während die Grundregel den Klienten daran erinnert, dass er sich als ganzer Mensch bedin-
gungslos öffnen und anvertrauen soll, mahnt die Abstinenzregel den Berater in seiner Rolle zur
Spezifität im Sinne einer Kontrolle etwaiger Gefühle, die Auslöser psychodynamischer Prozesse sein können und die Arbeits- bzw. Sozialbeziehung dadurch belasten. Abstinenz in diesem
Sinne bedeutet „Abstandhalten", während die Grundregel scharf kontrastierend mit „Dahinter-
stehen" umschrieben werden kann. Hierin kann man jedoch in Anlehnung an Hughes die Gefahr der marginalen Professionalität sehen, die grob mit Vereinseitigung erklärt ist.[135] In einer
psychosozialen Beziehung ist Vertrauen das Non-plus-Ultra, d.h. beide Beteiligten – Berater
und Klient – sind gefordert, nicht nur als Rollenträger, sondern als vertrauenswürdige Personen
zu agieren – insbesondere der Berater, der Hilfestellung leistet. So sollte er seine eigene Persönlichkeit und Erfahrung nutzen, um zwischen emphatischen Deutungen und kontrollierten Interventionen zu pendeln. Kontrolle wird angesichts der Grenzen bzw. Fehlerquellen persönlicher
Erkenntnisressourcen auch im Sinne einer Intra-Rollen-Distanz zum Gegenstand professioneller
Beratung. Bourdieu hat diese kontrollierte Balance als „modus operandi" des Handelns bezeichnet, der im Falle von professionalisiertem Handeln in einem eigenen intrapersonalen So-
zialisationsprozess verwachsen ist und mittels Supervision in Gang gesetzt und aufrechterhalten
werden kann.[136] Der „modus operandi" hängt konzeptionell sehr eng mit Adornos Überlegungen

---

[131] Die Theorie der objektiven Hermeneutik stellt auf die Sinnauslegung objektiver Bedeutungsstrukturen ab;
näheres zu dieser Methode ist z.B. nachzulesen in Oevermann (1979), Oevermann/Allert/Konau/Krambeck
(1983), Leber/Oevermann (1994), Oevermann (2001).
[132] Vgl. Oevermann (2001)
[133] Ebd., S. 257
[134] Eigene Darstellung in Anlehnung an Oevermann (2001/2002)
[135] Vgl. Hughes (1971)
[136] Vgl. Bourdieu (1991)

zur Dialektik des Engagements zusammen, der die wissenschaftliche Rationalität der professionstypischen Wissensgrundlagen und Arbeitstechniken gegen bloße Intuition und Laienhelfertum gesetzt hat.[137] Wenn beispielsweise ein Laie einen Geistesblitz hat, unterscheidet dieser sich von der Intuition eines Professionellen nicht durch einen untergeordneten wissenschaftlichen Belang, sondern dadurch, dass dem Laien „die feste Sicherheit der Arbeitsmethode fehlt und daß er daher den Einfall meist nicht in seiner Tragweite nachzukontrollieren und abzuschätzen oder durchzuführen in der Lage ist.[138]" Das „dialektische Engagement" setzt einerseits die Arbeitstechniken als Leitdifferenz zwischen professioneller Beratung und Laienhilfe in Form einer generalisierten Ressource auf wissenschaftlicher Basis voraus.[139]

Diese Verwissenschaftlichung bzw. Akademisierung ist laut Müller in jedem Fall ein wichtiger Aspekt der Professionalisierung und beschreibt den Prozess von der Berufsausbildung zum Studium, insgesamt jedoch überbewertet. Er nennt Verwissenschaftlichung im Gleichklang mit den Prozessen Institutionalisierung (vom de-facto- zum de-jure-Status) und Kommodifizierung (vom Ehren- zum Hauptamt). Durch die Institutionalisierung erlangt eine Tätigkeit ein Ansehen, das sie vorher nicht in der Form genossen hat. Dies ist auch ein universelles Merkmal in der nicht-sozialarbeitsspezifischen Professionsforschung. Durch die Kommodifizierung wird die Tätigkeit kommerzialisiert, was nicht von allen Autoren der soziologischen Professionsforschung berücksichtigt wird und, so Müller, in der Sozialarbeitsforschung nicht aufzutreten scheint. Nach seiner Ansicht ist der Kommodifizierungsaspekt bei der Sozialen Arbeit besonders wichtig, weil die Grundgesamtheit sozialer Tätigkeiten sehr viel Laienarbeit und Ehrenamt umfasst.[140]

Effinger stößt ins selbe Horn: Berufsausübung bleibt notwendiger Weise ein Stück weit immer Kunstlehre. Es ist der subjektive Faktor, der einer Verwissenschaftlichung professionellen Handelns Grenzen setzt. Wie z.B. Psychotherapie sich nicht von der Subjektivität der Psychotherapeuten trennen lässt, so Coaching nicht von der Subjektivität der Coachs. Während der Nutzen von Medikamenten weitgehend unabhängig von der Subjektivität der verschreibenden oder verabreichenden Ärzte ist, gibt es eine solche Trennung von Intervention und Person in der Psychotherapie nicht und auch nicht im Coaching. Das Gegenteil ist der Fall: Es zeigt sich sogar, dass die Überzeugung von Psychotherapeuten – und von Coachs – vom Nutzen ihrer Interventionen ihre Interventionen erst nützlich macht. Insofern handeln Professionelle immer auch nach den Regeln der Kunst, nicht ausschließlich nach den Regeln der Wissenschaft wie bei der Logik der Strukturmerkmale. Dies spiegelt sich am Beispiel der Sozialarbeit ebenfalls in den Worten Effingers wider:

> „Konkrete professionelle Handlungen (Interventionen) in der sozialen Praxis sind immer eklektisch (auswählend), poetisch [siehe auch das Eingangszitat von Beckman, Anm. d. Autors], einmalig oder konstruktivistisch. Bei den Adressaten und bei den Professionellen

---

[137] Vgl. Adorno (1973)
[138] Weber (1973), S. 312
[139] Vgl. Adorno (1973)
[140] Vgl. Müller (1993)

vermischen sich Alltagswissen und wissenschaftliches Wissen. Auch die Sozialarbeitswissenschaft und ihre Theorien verhalten sich gegenüber den Bezugswissenschaften auswählend, reduktionistisch und konstruktivistisch. Darin sehe ich keine Schwäche, sondern eine potentielle Stärke. Die Wissenschaftlichkeit eines Professionellen zeigt sich weniger in seiner Handlung als vielmehr in der nachvollziehbaren – oft nur nachträglichen, fachlichen und ethischen Begründung seines Handelns![141]"

Verwissenschaftlichung wird in der Sozialen Arbeit wie auch in anderen (v.a. psychosozialen) Tätigkeitsfeldern häufig als das Haupt- bzw. Alleinstellungsmerkmal von Professionalisierung dargestellt, was auch laut Kornbeck definitiv zu kurz greift.[142] Auch wenn insbesondere nach dem zweiten Weltkrieg ein beträchtlicher Entwicklungsrückstand gegenüber den USA bezogen auf die wissenschaftliche Fundierung vorgelegen hat, ist Professionalisierung nicht mit Verwissenschaftlichung gleichzusetzen. Hat ein Beruf sich letztlich als Profession etabliert, so ist dies immer auch Resultat einer interessengeleiteten Machtpolitik. Der Status einer Profession ist an ein stimmiges Verhältnis zwischen der Typik des Grundproblems (v.a. Gerechtigkeit im Statusvergleich) und der Typik der Arbeit (klientenorientierte und fallorientierte Arbeit, wissenschaftliche Wissensbasis usw.) gekoppelt.

Auch die Beratungsforschung muss immer wieder den Nachweis erbringen, dass Beratung eine wissenschaftlich gerechtfertigte Leistung ist. Denn in modernen Gesellschaften gilt wissenschaftliches Wissen als bestmögliches Wissen, weshalb sie auf eine Verwissenschaftlichung von Beratungsleistungen drängen – auch wenn Einigkeit darüber besteht, dass die Berufung auf wissenschaftliches Wissen lediglich zu den notwendigen, aber nicht hinreichenden Bedingungen einer Professionalisierung gehört. Insofern gibt es jenseits aller wissenschaftstheoretisch motivierten Streitigkeiten eine Übereinstimmung, dass eine Berufung z.B. auf Traditionen oder auf persönliche Autoritäten nicht ausreicht. „Wissenschaftlich" ist nur ein Wissen, dessen Wahrheitsanspruch gegen den Zweifel (was für wahr gehalten wird, könnte auch falsch sein) empirisch geprüft ist. Den Umkehrschluss hat Popper formuliert: „Ein empirisch-wissenschaftliches System muß an der Erfahrung scheitern können.[143]" Daher sollte die Ausbildung für Professionen (Professionalisierung) im Sinne eines Theorie-Praxis-Fits serialisiert und synchronisiert werden.

Die Professionalisierung von psychosozialen Beratungsberufen bewegt sich im Spannungsfeld „Einzelberatung – Persönlichkeitsdisposition – stellvertretendes Handeln" und steht somit vor der Herausforderung, sowohl die theoretischen Konzepte als auch die Arbeits- bzw. Sozialbeziehungen zu vereinen. Vor diesem Hintergrund versteht der Autor unter der Professionalisierung psychosozialer Beratung wie z.B. Coaching den nicht-standardisierbaren Prozess[144], in

---

[141] Effinger (2004), S. 42
[142] Vgl. Kornbeck (2000)
[143] Popper (1989), S. 15
[144] Vgl. Oevermann (2001)

dessen Verlauf eine Handlungsstruktur entwickelt wird, „die es ermöglicht, Praxisprobleme stellvertretend wissenschaftlich reflektiert zu bearbeiten"[145]:

- **Professionalisierung ist ein Prozess**, der sich über den gesamten Zeitraum der Berufsausbildung und -ausübung erstreckt.
- **Professionalisierung zielt auf die Praxis**, d.h. die Bearbeitung, Bewältigung und Lösung von alltagsweltlichen Aufgaben.
- **Professionalisierung bedeutet stellvertretendes Handeln für Andere**, d.h. die zeitweise Übernahme einer bestimmten Haltung, Rolle, Verantwortung und/oder Leistung.
- **Professionalisierung basiert auf wissenschaftlicher Reflexion**, d.h. einem Höchstmaß an Angemessenheit und Effizienz, wobei die einzelnen Maßnahmen jeweils rational nachvollzogen und begründet werden können.

Zur Erlangung eines solchen Professionsstatus ist die Kenntnis entsprechender Merkmale bzw. Erfolgsfaktoren beraterischen Handelns notwendig; ferner ist entscheidend, dass die bestimmbar relevanten Elemente, Einflussfaktoren und Methoden definiert, (weiter-)entwickelt und kritisch hinterfragt werden. Diese Form der wissenschaftlichen Reflexion stellt einerseits die Angemessenheit und Effizienz in der Beratung sicher, andererseits trägt sie dazu bei, dass Maßnahmen rational nachvollzogen und begründet werden können. Daraus lassen sich drei Dimensionen zur Messung beraterischer Professionalität ableiten:

- **Ergebnisqualität:** theoretisch begründete und auf definierte Leistungen bezogene Ziele und Ergebnisse gewährleisten einen zuverlässigen Praxistransfer.
- **Prozess- und Strukturqualität:** mess- und vergleichbare Prozesse über die gesamte Berufsausbildung und -ausübung beruhen auf einer theoretischen Fundierung von Handlungsstrukturen und deren Evaluation.
- **Beraterqualität:** erlernbare und persönliche Kompetenzen auf der Basis eines verantwortungsbewussten Berufsethos bilden die Grundlage für eine fachliche, methodische und persönliche Eignung des Beraters.

Eine professionalisierungstheoretisch angeleitete Klärung von Bedingungen für die Arbeitsbeziehung und -voraussetzung scheint bei psychosozialen Berufen also vordringlich zu sein, um deren Erfolg zu gewährleisten.[146] Jedoch hat eine wissenschaftliche Auseinandersetzung mit Beratungsformen wie z.B. Coaching bislang kaum stattgefunden, was sich in der Quantität und Qualität der methodisch fundierten Arbeiten bzw. Forschungsprojekten widerspiegelt, die sich mit dieser Thematik beschäftigen.[147] So nimmt es nicht wunder, dass bisherige Evaluierungs- und Erfolgsmessungsversuche auch keinen wissenschaftlich begründeten Beitrag zur berufssoziologischen Professionalisierungsdebatte rund um das Coaching geleistet haben und damit im strukturfunktionalistischen Sinne gescheitert sind.

---

[145] Alisch (1990), S. 55; s.a. Dewe/Ferchhoff/Radtke (1990), S. 305
[146] Vgl. Oevermann (2001)
[147] Ausnahmen sind z.B. die deutschsprachigen Arbeiten von Jansen, Mäthner und Bachmann (z.B. Evaluation von Coaching, 2003) sowie Schmidt und Keil (Erfolgsfaktoren beim Einzel-Coaching, 2004).

Eine wissenschaftliche Fundierung der personenbezogenen Dienstleistung „Beratung" soll persönlichen Meinungen, willkürlichen Prinzipien und subjektiven Erfahrungen entgegenstehen und in erster Linie die Qualität entsprechend fachlich definierter Leitlinien und Standards fördern und sichern.[148] In Anlehnung an Forderungen, wie sie exemplarisch auf die wissenschaftlich begründete Psychotherapie bezogen werden und auf die gesundheitsfördernde, präventive und rehabilitierende Intervention übertragbar sind, werden für wissenschaftlich fundiertes Handeln in der Beratung Einzelfall-, Prozess und Gruppenstudien zur Wirksamkeitsprüfung verlangt, was ein Plädoyer für das hier behandelte Forschungsprojekt ist.[149]

2.1.4 Stand der Professionsbildung und Elemente einer Theorie psychosozialer Beratung

Beratung ist ein weites Feld, das zur näheren Betrachtung einer Eingrenzung bedarf. In dieser Arbeit wird ein theoretisch fundiertes Beratungsverständnis herausgearbeitet, um die Anschlussfähigkeit für Coaching herzustellen.

Mindestens seit es Kommunikationsformen gibt, in denen es Unerfahrene gibt, die bei denjenigen, die mehr Erfahrung haben, Rat suchen, kann man auch davon sprechen, dass es Beratung gibt. Jedes Beratungsfeld hat seine Wurzeln in der Kommunikation – doch wie können verschiedene Beratungsformen gegeneinander abgegrenzt werden? Durch Segmentierung in Rogerianer, Systemiker, Gestalt- und Verhaltenstherapeuten sowie ihre jeweiligen Unterteilungen und Abspaltungen ist die Beratungslandschaft unübersichtlich geworden. Es ist oft mit viel Mühe verbunden, zwischen den zahlreichen „Schulen" zu differenzieren, was die Auswahl des erfolgversprechendsten Beratungsansatzes für das zu lösende Problem schier unmöglich macht.[150]

2.1.4.1 Basis beraterischen Handelns

Trotz mangelnder wissenschaftlicher Fundierung sowie wechselnder ökonomischer Rahmenbedingungen in der Vergangenheit ist die Beratungsindustrie im Allgemeinen weder ernst- noch dauerhaft zu Schaden gekommen – im Gegenteil: es wird immer wieder von einem „Beratungsboom" gesprochen.[151] Die Freude über den wirtschaftlichen Aufschwung der Branche wird begleitet von einem historisch gewachsenen und bis heute anhaltenden Unmut über die theoretische Fundierung der Beratungsansätze.[152] Eine solche theoretische Begründung erscheint nicht nur aus wissenschaftlicher Sicht wünschenswert, um etwa mögliche von theoretisch nicht „gedeckten" oder ableitbaren Interventionen ebenso wie Erfolgswirkungen identifizieren zu können. Auch Berater wissen um den Nutzen der Wissenschaftlichkeit, die als Legitimations- oder Gütesiegel und damit als Verkaufsargument dient.

---

[148] Vgl. Kühl (2006)
[149] Vgl. u.a. Perrez (2005)
[150] Vgl. Murgatroyd (1994)
[151] Vgl. z.B. das Ergebnis der Studie „Facts & Figures zum Beratermarkt 2005/2006" des Bundesverbandes Deutscher Unternehmensberater (BDU: größter europäischer Wirtschafts- und Berufsverband der Management- und Personalberater) (vgl. Schönig/Brunner (1990)).
[152] Vgl. z.B. Hruschka (1969), Brunner/Schönig (1990), Kieser (2002), Neuberger (2007/2009)

Die Deutsche Gesellschaft für Beratung e.v. (DGfB), auch German Association for Counseling genannt, hat sich als Dachorganisation von insgesamt 31 Verbänden[153] zur Aufgabe gemacht, der Fachöffentlichkeit, der Politik und dem Verbraucher einen Orientierungsrahmen für die Qualität von Beratungsleistungen anzubieten. Die Deutsche Gesellschaft für Supervision (DGSv) ist Mitglied der DGfB und hat das Beratungsverständnis der DGfB mitentwickelt. Dort heißt es einführend:

> „[...] Diesem Beratungsverständnis liegt ein sozialwissenschaftlich und interdisziplinär fundiertes Handlungskonzept zu Grunde, das tätigkeitsfeld- und aufgabenspezifisch aus-differenziert wird. Deshalb ist Kooperation und Vernetzung unterschiedlicher Berufsgruppen und Einrichtungen notwendiger Bestandteil der Beratungstätigkeit. Beratung ist subjekt-, aufgaben- und kontextbezogen. Sie ist eingebettet in institutionelle, rechtliche, ökonomische und berufsethische Rahmenbedingungen, innerhalb derer die anstehenden Aufgaben, Probleme und Konflikte dialogisch bearbeitet und geklärt werden. Ein Ergebnis des Beratungsprozesses ist nur kooperativ erreichbar. Beratung ist eine personen- und strukturbezogene soziale Dienstleistung. Sie setzt somit eine gemeinsame Anstrengung und Leistung aller Beteiligten (BeraterIn / Beratene und ggf. Kostenträger) und klare Zielvereinbarungen voraus.[154]"

Ziel ist es, so Straumann, eine allgemeine Beratungsqualifikation auf wissenschaftlicher Grundlage mit einer berufsrechtlich noch klarer zu reglementierenden Tätigkeit „Beratung" in Einklang zu bringen, um die zunehmend benötigten personenbezogenen Dienstleistungen qualitativ abzusichern und zukunftsgerichtet zu steuern. Hier sind Dienstleistungen für Menschen in beruflich-privaten Überforderungssituationen genauso wie in anderen besonders schwierigen psychosozialen Problemlagen gemeint.[155]

Forderungen nach einer wissenschaftlichen Fundierung von Beratung[156] haben nicht nur bezogen auf eine insgesamt heterogene Beratungsbranche einen professionsimmanenten Charakter. Wie Mollenhauer und Uhlendorff festgestellt haben erlauben fachlich definierte Ansprüche und wissenschaftlich fundierte Erkenntnisse den Beratern, die Möglichkeiten und Grenzen ihrer Hilfeleistungen besser einzuschätzen und somit die ihnen entgegengebrachten unrealistisch hohen Ansprüche oder Machbarkeitswünsche einzuschränken oder gar zurückzuweisen.[157] Um zu einer reflektierten Einschätzung beraterischen Handelns zu gelangen, gehört laut Straumann[158]:

 – die Bereitschaft zu interdisziplinärer, öffentlicher Diskussion des eigenes Tuns und Denkens, insbesondere auch seiner Grenzen,

---

[153] Davon übrigens nur ein Coaching-Verband (Deutsche Gesellschaft für Coaching e.V., Berlin), Stand 31.08.2008
[154] http://www.dachverband-beratung.de/beratungsv.php
[155] Vgl. Straumann (2001)
[156] Dies ist in der Supervision bereits teilweise erfolgt, siehe z.B. die Broschüre „Der Nutzen von Supervision. Verzeichnis wissenschaftlicher Arbeiten" der Deutschen Gesellschaft für Supervision e.V. (DGSv), in der exemplarisch wissenschaftliche Supervisionsprojekte vorgestellt werden.
[157] Vgl. Mollenhauer/Uhlendorff (1992)
[158] Vgl. Straumann (2001)

- die kritische Auseinandersetzung mit dem aktuellen Stand wissenschaftlicher Erkenntnisse und praktischer Erfahrungen in Richtung Vereinbarkeit und Weiterentwicklung von etabliertem Wissen,
- ausgewiesene Regelsysteme im Sinne von Verfahrensregeln bzw. Methoden und Techniken,
- die ethische Legitimierbarkeit der Ziele (in Bezug auf das Berufsethos des Klienten),
- die ethische Vertretbarkeit der Methode selbst (in Bezug auf das Berufsethos des Beraters),
- die Kosten-Nutzen-Relation, die bei der Anwendung der Beratungsmethode gegeben ist.

Aus den vorstehenden Ausführungen wird erkennbar, dass es trotz einer diversifizierten Beratungslandschaft eine gemeinsame Basis für Beratung gibt – die Kommunikation bzw. Interaktion ausgerichtet auf ein bestimmtes Ziel. Mit anderen Worten: es kommt weniger auf die Auswahl einer konkreten Methode, sondern auf die Anwendung im professionellen Kontext an, dessen Kriterien wie z.B. eine theoretische Fundierung bereits diskutiert worden sind.

In der Definition der DGfB[159] geschieht Beratung in verschiedenen Tätigkeitsfeldern und ganz unterschiedlichen Einrichtungen und Unternehmen. In speziellen Beratungsinstitutionen der öffentlichen oder freien Trägerschaft oder in selbständigen Praxen bzw. multiprofessionellen Praxisgemeinschaften wird Beratung für gewöhnlich durch einzelne Berater oder in Teams von mehreren Beratern durchgeführt. Die Tätigkeitsfelder und Aufgabenbereiche von Beratung sind gekennzeichnet durch:

- **Unterschiedliche Beratungsfelder und/oder Adressaten** (z.B. Erziehungs-, Partnerschafts-, Familienberatung, Berufsberatung, Bildungsberatung Schwangerschaftskonfliktberatung, Schülerberatung, Suchtberatung, Schuldnerberatung)
- **Unterschiedliche Beratungsansätze und Beratungsanliegen** (z.B. psychologische und psychosoziale, sozialpädagogische und sozialarbeiterische, pädagogisch-edukative, gemeinwesen- und gemeindeorientierte, betriebliche und personalentwickelnde, sozialökologische, seelsorgerische oder gesundheitsbezogene Ansätze, Anliegen und Aufgaben)
- **Unterschiedliche Beratungskonstellationen und -settings** (z.B. Einzel-, Paar-, Familien-, Gruppen-, Teamberatung)

Auf der Grundlage einer professionellen Beratungsbeziehung fördern die Beratungsfachkräfte das verantwortungsvolle Handeln einzelner Personen und Gruppen in individuellen, gesellschaftlichen sozialen, beruflichen, kulturellen, organisatorischen, ökonomischen und ökologischen Kontexten.

---

[159] Vgl. das Beratungsverständnis des DGfB vom 19.06.2003: Es ist als Grundsatzpapier „Psychosoziales Beratungsverständnis" durch das offene Forum „Arbeitsgemeinschaft Beratungswesen" – die Quellorganisation der DGfB – in einem breiten Diskurs entwickelt, verabschiedet und von allen Gründungsmitgliedern ratifiziert worden (http://www.dachverband-beratung.de/beratungsv.php).

2.1.4.2   Psychosoziales Beratungsverständnis

Psychosozialen Dienstleistungsberufen ist gemein, dass für, mit und an Personen gearbeitet wird, um deren Lage durch prozessuale Beratung, (Weiter-)Bildung, Erziehung, Pflege und Therapie zu verändern bzw. zu verbessern.[160] Mit „psychosozial" ist das Erleben und Verhalten einer Person gemeint, soweit es ihre Interaktion(en) mit anderen Personen oder Personengruppen betrifft, d.h. eine diesbezügliche Beratung ist person(en)zentriert wie z.b. Coaching und Supervision. Dieser Zusammenhang zeigt den Einfluss der Klienten als Koproduzenten sozialer Dienstleistungen und läutet mithin eine neue Ära für Gesellschafts- und Wirtschaftspolitik ein.[161]

Als Folge der professionstheoretischen Weiterentwicklung von Beratung formulieren Verbände wie z.b. die DGfB eigene Vorstellungen zur Berufsausübung – mithin ein eigenes Selbstverständnis –, das z.b. auf theoretische Wissensgrundlagen einerseits und die Beziehung zwischen Berufsausübenden und Leistungsempfängern andererseits abstellt. Das psychosoziale Beratungsverständnis der DGfB enthält im Speziellen bedeutsame Punkte wie Vertrauensverhältnis und Beratungsbeziehung, Wert- und Zielorientierung, Standards für die Qualifikation von Beratungsfachkräften, wissenschaftliche Fundierung der Beratungskonzepte, Beratungswissen/Expertenwissen, Qualitätssicherung und Evaluation.[162] Diese Kriterien lassen sich tätigkeitsfeldübergreifend anlegen und genügen den Anforderungen an eine Profession im Grunde, ohne jedoch ausreichend operationalisiert zu sein.

Steyrer hat ein rollentheoretisches Interaktionskonzept mit Schwerpunkt Organisationsberatung entwickelt und operationalisiert, das strukturell-systemische Faktoren von Beratung einschließt und sich auch auf psychosoziale Beratungskontexte übertragen lässt. Dabei geht es in erster Linie um die Segmentierung und mehr oder weniger tief schürfende Untersuchung der einzelnen Elemente, weniger um die Beleuchtung von deren Interdependenzen[163]:

- **Beraterrolle:** Rollenerwartungen, Beteiligungsintensität (Einfluss auf Problemlösungsprozess), zugrundeliegende Werte und Normen (z.B. Umgang mit Widersprüchen), Kommunikationsverhalten
- **Klientenrolle:** Beraterauswahl/Auftragserteilung, Lern- und Kooperationsbereitschaft, Problemlösungsdruck
- **Interaktionszusammenhang:** Beratungsinhalte, Diagnose, manifeste/latente Ebene, Kontexte, Problemsicht und Lösungstyp
- **Interaktionsunterstützende Methoden:** Beratungsorganisation, Arbeitsteilung, Beraterkompetenz, Umgang mit Klientenanliegen/Interventionen
- **Interaktionshintergrund:** Beraterspezifische Determinanten (Qualifikation, Normen- und Wertesystem der Organisation, wirtschaftliche Situation); Klienteninterne Determinanten (finanzielle Möglichkeiten, Machtstrukturen, Einstellungen gegenüber Beratung,

---

[160] Vgl. hierzu Halmos (1970), Badura/Gross (1976), Gross (1983)
[161] Vgl. z.B. Fuchs (1968), Gartner/Riessmann (1978)
[162] http://www.dachverband-beratung.de/beratungsv.php
[163] Vgl. Steyrer (1991)

Normen- und Wertesystem); Beratungsumwelt (soziokulturelles, wirtschaftliches, rechtliches Umfeld; Restriktionen)

Die Grenzen psychosozialer Beratungsangebote zur Therapie sind oftmals fließend, doch gibt es neben vielen verwandter Eigenschaften eine klare (definitorische) Abgrenzung.[164] Die folgende Grafik gibt einen Überblick über die Entwicklung psychosozialer Beratungsformen in Deutschland – nicht zuletzt auch vor dem Hintergrund der zunehmenden organisationalen Bedeutung und Kommerzialisierung von Beratungsangeboten wie v.a. Coaching und Supervision. So wird beispielsweise die früher häufig praktizierte Studien- und Bildungsberatung heute oftmals durch den Begriff der Karriereberatung ersetzt. In einer weiteren Ausbaustufe wird anstelle des Begriffs „Frauenberatung" Karriereberatung (oder Career Coaching) speziell für Frauen angeboten, in deren Kontext dann auch Familienfragen geklärt werden.

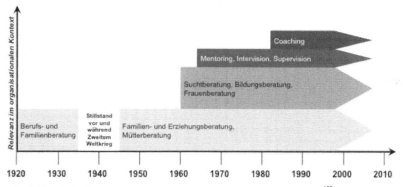

Abb. 2: Historische Entwicklung psychosozialer Beratungsformen in Deutschland[165]

Personenzentrierte Beratung versteht sich der Argumentation von Müller-Zadow folgend nicht zuletzt wegen ihrer interaktionstheoretischen Grundannahmen (vgl. z.B. auch Abschnitt 2.1.2 in dieser Arbeit) in einem ganzheitlichen Zusammenhang.[166] Sie will in komplexen Problembewältigungs- und Entscheidungsprozessen die zunehmende Differenzierung und Pluralisierung von Lebenskonzepten berücksichtigen und auf die zunehmende Individualisierung von Lebensläufen eingehen, ohne dabei die gesellschaftliche Einbettung außer Acht zu lassen. Auch im arbeitsweltlichen Einsatz will personenzentrierte Beratung auf den Wertewandel von Mitarbeitern und Führungskräften eingehen, die inmitten organisationaler Vorgaben zunehmend jede Arbeitskraft als einzelne Person mit individuellen Erfahrungen, Fähigkeiten und Möglichkeiten sowie subjektiven Sichtweisen, Deutungen und Bewältigungen von Arbeit, Konflikten und Kri-

---

[164] Vgl. hierzu z.B. Rauen (2003), Schmidbauer (2007); einige Institutionen grenzen ihre Angebote auf ihrer Homepage ab, so z.B. der DBVC
(http://www.dbvc.de/cms/index.php?id=361&PHPSESSID=1caa1199fe7f4fe9d34132be0a6606cb).
[165] Eigene Darstellung in Anlehnung an Großmaß (2001)
[166] Vgl. Müller-Zadow (1963), zitiert nach Hruschka (1969), S. 14; auf dieses Konzept wird im weiteren Verlauf noch eingegangen.

sen sieht. Straumann fasst diese Form der subjektbezogenen Beratung in ganzheitlichen Bezügen als Counselling:

> Dieses „erfolgt auf der Grundlage von einer für die Beratenen transparenten, berufsethisch und rechtlich gesicherten Vertrauensbeziehung und definierten Qualifikations- und Qualitätsstandards. Unter Anwendung theoretischen Wissens und methodischen Könnens suchen die Fachkräfte [Berater, Anm. d. Autors] gemeinsam mit den Beratenen nach Entscheidungen und Wegen zur Problemlösung. Sie stärken kontextgebunden und zielorientiert persönliche Kompetenzen, erschließen soziale Potentiale und verändern – je nach Möglichkeiten und Grenzen – problemverursachende Verhältnisse. Das Ziel der Beratung ist erreicht, wenn Entscheidungen und Alternativen zur Problem-, Konflikt- oder Krisenbewältigung erarbeitet sind, die die Beratenen bewusst und eigenverantwortlich in ihrem Umfeld treffen und umsetzen können.[167]“

Bestandteile dieses Beratungsfeldes sind sowohl bewusste als auch unbewusste Erfahrungen sowie emotional geprägte Erlebenszusammenhänge des Klienten in seiner problembehafteten Beziehung zu sich selbst, seinen zwischenmenschlichen Beziehungen[168] (z.B. zu Kollegen, Klienten, Vorgesetzten oder Untergebenen) sowie in den strukturell-dynamischen Bedingungen der Organisation:

> „Die Abhängigkeit der Berater vom "richtigen" Verstehen der Ratsuchenden und von der Klärung, ob das Bild, das sie sich von ihrem Gegenüber machen, "wahr" ist, ist letztendlich nur durch das ständige Bemühen um Konsens möglich, der sich immer wieder als falsch erweisen kann. Dies zeigt den hohen Stellenwert von theoretisch und methodisch fundierter Gesprächsführung innerhalb der personenzentrierten Beratung, die sich stets nach denselben Standards einer allgemeinen professionell zu verantwortenden Beratung richten sollte.[169]“

Wendet man sich nun näher dem Einfluss des Beraters auf eine Problemlösung zu, dann zeichnen sich unterschiedliche Grade der Beteiligung im Sinne von Einflussnahme ab, wobei die Grenzen fließend sind. Die folgende Grafik typologisiert verschiedene Beraterrollen in einem Kontinuum von direktiv bis non-direktiv. Je non-direktiver die Beraterrolle ist, desto tiefer ist der Einfluss des Klienten auf die Lösung seines Problems. In dieser Arbeit geht es um den Coach als Prozessberater[170], der die Prozesshoheit innehat, sich aber im Sinne der Non-Direktivität beim Einfluss auf die Problemlösung zurückhält.

---

[167] Straumann (2001), S. 61 f.

[168] Für eine Vertiefung des unbewussten Zusammenspiels zwischen Menschen bietet sich z.B. die Lektüre zum Kollusionsmodell von Willi (2003) an.

[169] Schneider (1997), zitiert nach Straumann (2001), S. 86 (Hervorhebungen im Original)

[170] Für nähere Ausführungen zum Prozessberater eignen sich z.B. Argyris (1970) und Schein (1987).

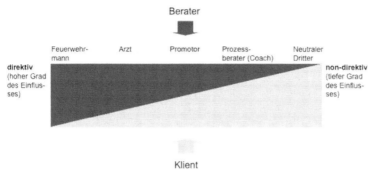

Abb. 3: Typologien von Beraterrollen[171]

Der Prozessberater unterstützt den Klienten vielmehr dabei, Prozesse, Verhaltensmuster und Grundwerte sowie deren Auswirkungen in gemeinsamer Arbeit zu erkennen, um selber Handlungsalternativen zu seinem bisherigen Verhaltens entwickeln zu können: „Der Prozessberater bietet keine Lösungen, sondern Prozesse an.[172]" Damit möchte er etwaigen Abhängigkeiten des Klienten vorbeugen, die diesen in der Entwicklung eigener Lösungsansätze beeinträchtigen könnten. Eigener Erfolg wird dem Prozessberater zuteil, wenn der Klient tatsächlich von ihm unabhängig geworden ist. Dadurch ist es jedoch gerade am Anfang einer solchen Beratungsbeziehung schwierig für den Klienten, die Qualifikation des Beraters zu beurteilen und dessen Rolle zu akzeptieren. „Der Prozessberater ist somit eine Art Katalysator, er gibt „Hilfe zur Selbsthilfe" oder, mit anderen Worten, er „coacht" seinen Klienten.[173]" Wohlgemuth ist es auch, der gemeinsam mit seiner Projektgruppe die Auswirkungen verschiedener Beraterrollen auf die Höherqualifikation der Klienten gemessen hat. Seine Untersuchung kann zeigen, dass insbesondere in Bezug auf die Förderung sozialer Kompetenz die Prozessberater-Rolle am besten abschneidet – auch wenn es, so Wohlgemuth, stets auf den richtigen Mix der unterschiedlichen Beraterrollen ankommt.[174]

Idealtypisch besteht jedes Beratungskonzept – so auch ein psychosoziales – aus den drei Bestandteilen Praxeologie, Theorie und Evaluation, was Haubl am Beispiel der Supervision dargestellt hat: Die Praxeologie identifiziert bestimmte Probleme, die sie in einem bestimmten institutionellen Rahmen mit bestimmten Mitteln zu lösen beansprucht. Die Theorie erklärt, warum die Praxeologie ein Erfolg versprechender Beitrag zur Lösung der Probleme ist, wobei sie in ihre Begründung die Bedingungen der Entstehung und Aufrechterhaltung der Probleme einbezieht. Die Evaluation zeigt, ob und in wie weit die Praxeologie die Lösung der Probleme tatsächlich voranbringt und zwar genau so, wie es die Theorie erklärt. Nicht selten wird Supervisi-

---

[171] Eigene Darstellung in Anlehnung an Wohlgemuth (1991)
[172] Müller (1981), S. 46
[173] Wohlgemuth (1991), S. 145 (Hervorhebungen im Original)
[174] Vgl. Ebd.

onsforschung, so Haubl, mit Evaluation gleichgesetzt, dabei aber vergessen, dass Evaluation erst als integraler Bestandteil einer Supervisionskonzeptforschung angemessen platziert ist.[175]

2.1.4.3   Integratives Beratungsmodell[176]

Eine ganzheitliche, subjektorientierte Beratung mit dem Ziel der Herstellung bzw. Erhöhung der beruflichen Selbstwirksamkeit des Klienten verlangt auf der Basis eines psychosozialen Handlungsrahmens nach einem gemeinsamen Verständnis. Ein interdisziplinär angelegtes Fundament ist entscheidend, um die Theorien und Methoden in ihren Auswirkungen auf den Menschen zu erfassen und letztlich nachvollziehen zu können. Dabei werden schulenübergreifend u.a. organisationssoziologische, systemische, sozialpsychologische, rollen- und gruppenspezifische Orientierungen berücksichtigt, um einseitige bzw. unkritische Standpunkte zu verhindern und den Beratern das Feld realistischer Möglichkeiten für Interventionen zu öffnen.[177]

Berater denken und handeln häufig geprägt durch eine bestimmte Schule – gehen bspw. systemisch vor – und meist ist es so, dass für die Erklärung von Beratung eine „Theorie, die ursprünglich für die Psychotherapie entwickelt wurde"[178], herangezogen wird. Im Falle der Beratung handelt es sich vordergründig unter Professionalisierungsgesichtspunkten um ein Analogon zur Therapie.[179]

Im Beratungsprozess werden die handelnden Personen in komplexen Beziehungsabhängigkeiten gesehen. Habermas hat trotz oder gerade wegen dieser rollentheoretisch geprägten Handlungsbezüge Dimensionen möglicher Freiheitsgrade des Denkens und Handelns entwickelt, in denen das Verhältnis der handelnden Subjekte (Klienten) zu ihren Rollen gefasst werden kann. Er unterscheidet soziale Rollen nach den Graden ihrer Repressivität (Unterdrückungsgehalt), ihrer Rigidität (Dichte der Verhaltensvorgaben, Spielräume und Interpretationen) und der Verhaltenskontrollen.[180] Bezogen auf den Beratungsprozess bedeutet dies: je höher diese Grade sind, umso stärker ist dann auch der direktive Charakter der Beratung. Umgekehrt lässt sich konstatieren, dass bei niedrigen Graden der non-direktive Charakter der Beratung zunimmt, so z.B. im Coaching und in der Supervision.

Diese Annahmen finden sich ebenso im Beratungsverständnis des Autors wieder, mit dessen modellhafter Skizzierung dieser Abschnitt schließt. Über die Kategorisierung Freys hinaus nimmt der Autor bei Steyrer Anleihen zu den Elementen einer Theorie der Beratung.[181] Neben den Spezifika, die sich jeweils aus der Berater- und Klientenrolle ergeben, sowie den Beratungsinhalten und -methoden beleuchtet der Interaktionshintergrund Determinanten, die auf das Umfeld der Beratung abzielen (z.B. Rolle des Klienten-Arbeitgebers in der Beratung). Auf dem Hintergrund der angestrebten Professionalisierung werden schließlich die oben beschriebenen

---

[175] Vgl. Haubl (2009)
[176] Vgl. dazu die Ausführungen in Bezug auf die supervisorische Beratungsforschung in Berndt/Hülsbeck (2009)
[177] Vgl. Straumann (2001)
[178] Stefflre/Grant (1972), zitiert nach Sander (1999), S. 33
[179] Vgl. Oevermann (2001), Kühl (2006)
[180] Vgl. Habermas (1984)
[181] S.a. das weiter vorne beschriebene Interaktionsmodell von Steyrer (1991)

Qualitätsdimensionen in das Modell eingearbeitet und mit Blick auf die Ziel-Prozess-Kategorien exemplarische Beratungsansätze angeboten.

Strukturqualität in der Beratung zeichnet sich nicht nur durch Identifikation und Analyse (berufs- und ausbildungs)biographischer sowie persönlichkeitsbezogener Merkmale von Berater und Klient aus, sondern besonders durch die prädispositive Lern- und Kooperationsbereitschaft des Klienten. Liegt diese vor, dann ist der Weg für den Beratungsprozess geebnet. Es ist ein schwieriges Unterfangen für den Berater gegen Reaktanz des Klienten ankämpfen zu müssen – selbst wenn er die Handlungskompetenz dazu besitzt. Der erfolgreiche Start eines Beratungsprozesses hängt im Wesentlichen davon ab, welches Ziel erreicht werden soll und ob ein Vertrauensverhältnis zwischen Berater und Klient besteht. Für den Berater bedeutet dies zunächst eine Meta- oder zumindest eine Multiperspektive der Zielfindung gemeinsam mit dem Klienten einzunehmen, auf ihn einzugehen und sich nicht sofort in Interventionen zu flüchten. Das von Straumann und Zimmermann-Lotz weiterentwickelte multidimensionale klientenzentrierte Konzept von Rogers basiert ebenso wie unser Modell auf interaktionstheoretischen Ansätzen und „will weder das Individuum an die Umwelt noch die Umwelt an das Individuum anpassen, sondern eine Übereinstimmung (Kongruenz) von individuellen, organisationalen und gesellschaftlichen Zielen ermöglichen.[182]"

Erst wenn klar ist, welche Ziele der Klient in seiner beruflichen Praxis erreichen will, ist die Richtung für die Beratung vorgegeben. Fortan begleitet der Berater bspw. einen Erkenntnisprozess (Ziel: Einsicht als Basis für eine Verhaltensänderung), der sich entweder selbst auf die emotionale Ebene des Klienten auswirkt und/oder Verständnis für die Emotionen anderer schafft, was sich dann im Klientenverhalten widerspiegeln sollte. Eine Möglichkeit dies zu erreichen, ist z.B. die soziologisch geprägte Beratungsmethode des Symbolischen Interaktionismus und der dadurch entstehenden sozialen Identitätsbildung, die Mead durch Perspektivenwechsel analysiert hat. Bereits im Kindesalter bildet der Klient ein Selbstbild (Identität) aus, das sowohl individuell als auch sozial ist – sozial aufgrund der Entstehung in der Interaktion und individuell, weil sich Personen in der Interaktion wechselseitig aufeinander einstellen.[183] Innerhalb des symbolisch vermittelten, zunächst rein kognitiven, Prozesses der Interaktion und Kommunikation kommt es in der Beratung demzufolge auf Emotionalisierungstechniken wie Empathie an.

Sollte der Beratungsauftrag nicht dem Kompetenzrahmen des Beraters entsprechen – so z.B., wenn eine Therapie erforderlich ist und der Berater keine adäquate Ausbildung hat – wäre eine Weiterleitung an einen Experten der einzig richtige Weg. Um eine nachhaltig hohe Prozess- und Ergebnisqualität zu erreichen, ist eine Evaluation der Beratung hinsichtlich der Erfüllung der Erwartungen von Klient und Berater, Erfolg und Transfer in die Berufswelt des Klienten unverzichtbar – letztlich sollten alle Beteiligten von der Beratung profitieren, mithin aus ihr für ihre eigene (berufliche) Zukunft lernen eigenverantwortlich zu handeln.

---

[182] Straumann/Zimmermann-Lotz (2006), S. 28
[183] Vgl. Mead (2008)

Für das theoretische Grundlagenwissen von Beratung haben interaktions-, sozialisations-, und systemtheoretische Ansätze eine große Bedeutung.[184] Hierbei werden die Personen im Beratungsprozess in komplexen Beziehungsabhängigkeiten gesehen. Habermas hat trotz oder gerade wegen dieser rollentheoretisch geprägten Handlungsbezüge Dimensionen möglicher Freiheitsgrade des Denkens und Handelns entwickelt, in denen das Verhältnis der handelnden Subjekte zu ihren Rollen gefasst werden kann. Er unterscheidet soziale Rollen nach den Graden ihrer Repressivität (Unterdrückungsgehalt), ihrer Rigidität (Dichte der Verhaltensvorgaben, Spielräume und Interpretationen) und der Verhaltenskontrollen.[185] Bezogen auf den Beratungsprozess bedeutet dies, dass je höher diese Grade sind, umso stärker dann auch der direktive Charakter der Beratung ist; umgekehrt lässt sich konstatieren, dass bei niedrigen Graden der non-direktive Charakter der Beratung zunimmt.

Eine eingängige Einteilung von Beratungsverfahren ist das zweidimensionale Ordnungsschema von Frey mit „Einsicht versus Verhalten" und „Kognition versus Emotion" als Ziel- und Prozesskategorien.[186] Im Mittelpunkt psychosozialer Beratung steht demnach die zielgerichtete Veränderung von Einsicht und/oder Verhalten sowie Kognition und/oder Emotion mit Hilfe der Aktivierung bestimmter Prozesse qua Beratungsansatz.[187] Allen Beratungsansätzen ist dabei eine lernpsychologische Sichtweise gemein, die sowohl die Aktivierung einer Lernbereitschaft

---

[184] Vgl. z.B. Straumann (2001); Ursula Straumann leistet einen zentralen Beitrag zur Legitimation und Standardsicherung der Beratung und zeigt auf, wie eine sozialwissenschaftlich fundierte Beratung als Beruf – Counsellor (Master of Arts (M.A.)) – auszusehen hat. Ausgangspunkt ist das berufsbegleitende Weiterbildungskonzept, das sie an der Fachhochschule Frankfurt am Main in interdisziplinärer Kooperation entwickelt hat und das auf dem klientenzentrierten Konzept von Carl Rogers beruht.

[185] Vgl. Habermas (1984), für „soziales Handeln" s.a. Abschnitte 2.1.1 und 3.1.1 dieser Arbeit

[186] Vgl. Frey (1972)

[187] **Einsicht** wird durch Deutung, Wiederholung, Vertiefung und Bearbeitung problembehafteter Vorstellungen des Klienten erzeugt. Ziel ist es, innerhalb einer Lernsituation neue Informationen mit bereits vorhandenem Wissen zu verknüpfen, um sie so in eine eigene kognitive Struktur einzubinden. Durch Einsicht in die Ähnlichkeit von Situationen werden die Generalisierung von erwünschtem Verhalten ermöglicht und Lernerfolge stabilisiert. **Verhalten** wird in der Soziologie danach unterschieden, ob es um soziales Verhalten oder soziales Handeln geht. Bei ersterem werden die sozialen Prozesse (Kommunikationen, Interaktionen) von Meta-Einheiten (Systemen) aus untersucht. Im zweiten Fall – dem des sozialen Handelns – sind die Theorien akteurzentriert. Psychologisch ausgedrückt ist Sozialverhalten zunächst das Aussehen und Verhalten eines Menschen gegenüber seinen Mitmenschen: das Sprechen, der Blickkontakt, die Körpersprache. Es wird zum Beispiel durch Gefühle (Zuneigung oder Abneigung) beeinflusst, durch persönliche Erlebnisse und durch das Verhalten anderer Personen. **Kognition** bezeichnet die mentalen Prozesse eines Individuums wie Gedanken, Meinungen, Einstellungen, Wünsche und Absichten. Kognitionen können auch als Informationsverarbeitungsprozesse verstanden werden, in dem Neues gelernt und Wissen verarbeitet wird. Sie beinhalten ferner, was Individuen über sich selbst, ihre (soziale) Umwelt, ihre Vergangenheit, Gegenwart und Zukunft denken. Kognitionen können dabei Emotionen (Gefühle) beeinflussen und/oder durch sie beeinflusst werden. Man kann demzufolge festhalten, dass Kognitionen all die internen Vorstellungen sind, die sich ein Individuum von der Welt (subjektive Realität) und sich selbst konstruieren kann (im Sinne des Radikalen Konstruktivismus). Die Systemtheorie der Kognition (Santiago-Theorie) geht auf Humberto Maturana und Francisco Varela zurück, die in den 1960er Jahren Geist als den eigentlichen Prozess des Lebens definierten. Außenreize werden als Störeinflüsse gesehen, welchen ein Lebewesen entgegensteuert, um seinen Fortbestand zu ermöglichen. Ein Beobachter schreibt dem Lebewesen Kognition zu. Eine **Emotion** ist ein psychophysiologischer Prozess, der durch die mentale Bewertung eines Objekts oder einer Situation ausgelöst wird und mit physiologischen Veränderungen, spezifischen Kognitionen, subjektivem Gefühlserleben und einer Veränderung der Verhaltensbereitschaft einhergeht. Die Sozialpsychologie erforscht im weitesten Sinne die Auswirkungen sozialer Interaktionen auf Gedanken, Gefühle und Verhalten des Individuums. Gegenstandsbereiche sind z.B. soziale Aspekte von Emotionen (vgl. z.B. Huber (1990), Keupp/Weber (2001)).

und deren Begleitung seitens des Beraters, insbesondere jedoch die willentliche Umsetzung von Lernprozessen durch den Klienten voraussetzt. Insofern kann man bei besagten Kategorien von lernpsychologischen Kategorien sprechen. Um zu diesen Kategorien zu gelangen, hat Frey Inhalte zu Aussagen über Beratungsziele und -prozesse aus einschlägigen Publikationen von Vertretern diverser psychosozialer Beratungsansätze analysiert. In der Folgezeit haben einige Autoren diese Kategorisierung übernommen.[188]

Exemplarische Beratungsansätze können in folgende Dimensionen unterschieden werden[189]:

- **Psychoanalytische Beratungsansätze**[190]**:** Identifikation von Ansätzen, die Lerngesetzesmäßigkeiten beinhalten und damit ihre optimale Wirkung im Hinblick auf Verhaltensänderungen des Klienten entfalten können; Beispiele: Ansätze nach Freud und Adler (Lernen am Erfolg (Verstärkungsprinzip), Lernen am Modell, Lernen durch Einsicht); Logotherapie bzw. Existenzanalyse nach Frankl.

- **Humanpsychologische Beratungsansätze**[191]**:** Ansätze, die zurückgehen auf Maslow, Rogers, Perls und Allport und Selbstverwirklichung von Individuen durch die Entwicklung einer eigenen Entscheidungsgewalt zum Ziel haben. Ihre soziologisch-philosophischen Wurzeln finden sich insbesondere im Humanismus und darauf aufbauend im Existentialismus Heideggers und Sartres sowie in der Phänomenologie Husserls. Beispiele: Gestalttherapie nach Perls; Gesprächspsychotherapie nach Rogers; Themenzentrierte Interaktion nach Cohn.

- **Soziologische/Sozialpsychologische Beratungsansätze**[192]**:** Mikrosoziologische Ansätze, die soziales Handeln als soziologische Handlungspraxis verstehen und Menschen als die Untersuchungsobjekte der Soziologie begreifen sowie makrosoziologische Ansätze, die ihr Augenmerk auf eine größere, soziale Ordnung mit normativem Charakter legen. Beispiele für mikrosoziologische Ansätze: Symbolischer Interaktionismus nach Mead; Konflikttheorien. Beispiele für makrosoziologische Ansätze: Strukturalistische Theorien nach Durkheim und Lévi-Strauss; Poststrukturalistische Soziologie nach Bourdieu; Soziologische Systemtheorien nach Parsons und Luhmann.

- **Individualpsychologische Beratungsansätze**[193]**:** Tiefenpsychologische Ansätze, die das positive Menschenbild Adlers voraussetzen, wonach Verfehlungen Ergebnis einer irrtümlichen Meinung vom Leben sind und der Mensch im Laufe der Zeit mittels eines kognitiven Prozesses über die Einsicht zu einer Verhaltensänderung geführt werden kann. Beispiele: Rational-Emotive Verhaltenstherapie (REVT) nach Ellis; Transaktionsanalyse (TA) nach Berne und Harris; Neurolinguistische Programmierung (NLP) nach Bandler und Grinder.

---

[188] Vgl. z.B. Hansen/Stevic/Warner (1979), Hansen/L'Abate (1982)
[189] Für eine Übersicht vgl. Hugo-Becker/Becker (2000)
[190] Vgl. z.B. Skinner (1963), Thorndike (1964), Truax (1966), Bandura (1977), Heigl/Triebel (1977), Huber (1990)
[191] Vgl. z.B. Rogers (1959), Perls (1995), Cohn (2000), Hugo-Becker/ Becker (2000)
[192] Vgl. z.B. Luhmann (1970), Parsons (1985), Mead (2008)
[193] Vgl. z.B. Bandler/Grinder (1987), Harris (1989), Ellis (1993), Berne (2001)

Wichtiger als die Überprüfung, ob die vorstehenden Beratungsansätze zutreffend eingeordnet sind, ist das Schema von Frey selbst.[194] Die beschriebenen Dimensionen Einsicht – Verhalten sowie Kognition – Emotion sind der Dreh- und Angelpunkt psychosozialer Beratung. Sie sind bei der Beurteilung der Ergebnisqualität von Beratung in jedem Falle anzulegen und helfen, die Spreu (semiprofessionelle oder Laien-Beratung) vom Weizen (professionelle Beratung) zu trennen. Weitere Merkmale professioneller Beratung ergeben sich aus der Mess- und Vergleichbarkeit von Struktur- und Prozessebene durch Evaluation im Verlauf der Beratungsbeziehung. Die folgende Abbildung versucht die Beratungsdimensionen zu strukturieren:

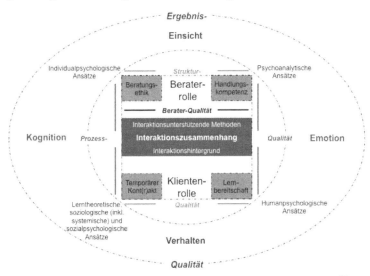

Abb. 4: Dimensionen eines professionellen Verständnisses psychosozialer Beratung[195]

Die Prozessqualität bemisst sich in ihren Hauptkategorien Interaktionshintergrund (v.a. Persönlichkeit und Berufsbiografie von Berater und Klient), -zusammenhang (v.a. Anlass und Inhalte der Beratung) und -methoden (v.a. Interventionen, Arbeitsteilung von Berater und Klient) nach dem weiter vorne beschriebenen Interaktionsmodell von Steyrer. Wichtig bei der Strukturqualität ist auf Seiten des Beraters die Beratungsethik bzw. das Berufsethos, nämlich seinen Wissensvorsprung gegenüber dem Klienten nicht auszunutzen. Negative Folgen daraus wären z.B. Überteuerung, Überbehandlung oder Unterbehandlung. Gerade aus dem Aspekt der Unterbehandlung könnte ein dauerhaftes Abhängigkeitsverhältnis des Klienten vom Berater entstehen, das nicht im Sinne eines temporären Kontrakts mit dem Ziel der Hilfe zur Selbsthilfe im Einklang mit der Lernbereitschaft des Klienten ist. Die Beraterqualität ergibt sich neben der Ethik

---

[194] Vgl. Huber (1990)
[195] Eigene Darstellung in Anlehnung an Frey (1972), Huber (1990), Steyrer (1991)

aus der Umsetzung des Lehr-Lern-Konzepts. Dies umfasst gemäß Huber neben der Fähigkeit des Lehrens durch den Berater insbesondere[196]:

- **Definition angemessener Ziele und Inhalte des Lernens**
- **Aufdecken vorhandener Fertigkeiten**
- **Planung von Lernaktivitäten und -gelegenheiten**
- **Realisierung von Lernvorhaben**
- **Erfassung und Bewertung von Lernergebnissen**

Entscheidend bei jeder guten Unterweisung (Lehrprozess) ist, den Klienten in die Lage zu versetzen, sich selbst weiterzuhelfen (Lernprozess). Lehren und Lernen impliziert quasi „Hilfe zur Selbsthilfe" und ist Ziel einer psychosozialen Beratung mit Hilfe des vorliegenden Beratungsverständnisses, das für den weiteren Verlauf dieser Arbeit zugrunde gelegt wird.

2.1.4.4 Professionelle Beratung als Herausforderung für die Soziologie

Pongratz hat sich mit der Frage nach soziologischer Praxisrelevanz beschäftigt, die um die Übernahme von Verantwortung in der Gestaltung von Organisationsstrukturen kreist, ohne gleichzeitig ideologiekritische Ansprüche und das professionelle Reflexionspotenzial der Soziologie aufzugeben. Bezogen auf die bisher diskutierten Aspekte der Organisationsberatung macht er zwei zu berücksichtigende Problembereiche aus[197]:

1. Welche Rolle können Soziologen in der großen Masse jener Beratungsprojekte einnehmen, die von „harten" oder „weichen" Sozialtechnologien geprägt sind?

Die Aufgabe von Soziologen liegt in dem Fall in der analytischen Reflexion solcher Projekte, z.B. in Form von begleitender Forschung mit der Dokumentation des Ablaufs, der Validierung der Resultate und der Ermittlung von Nebenwirkungen.

2. Inwieweit lassen sich alternativ dazu geeignete Beratungskonzepte entwickeln und vermarkten, die dem Reflexionspotenzial der Soziologie gerecht werden?

Ein Rückgriff auf soziologisch fundierte Beratungskonzepte als Alternative ist schwierig, da kaum ausgearbeitete Ansätze vorliegen, die spezifisch und originär der Soziologie zuzurechnen sind.

Es gibt jedoch adaptive Konzepte wie z.B. die systemische Beratung – der Familientherapie entstammend –, die anschlussfähig an die soziologische Systemtheorie (insbesondere Luhmannscher Prägung) und heute in der Beratungspraxis weit verbreitet ist. Die Kritik an der systemischen Organisationsberatung wendet sich laut Mingers vor allem gegen die unzureichende Berücksichtigung der Machtkomponente im Beratungsprozess sowie gegen ihre Theorielastigkeit.[198] Vor diesem Hintergrund drängt sich die Frage auf, inwieweit die Beratungstätigkeit von Soziologen mit einer Loyalitätsbindung an Herrschaftspositionen im Betrieb vereinbar ist, wo

---

[196] Vgl. Ebd.
[197] Vgl. Pongratz (2003)
[198] Vgl. Mingers (1996)

doch die Machtausstattung der Unternehmensleitung heute unumstritten ist – und das zunehmend unter tätiger Mithilfe von Beratung. Ebenso formuliert Bollinger als besondere Qualität
soziologischer Beratung „das Denken von der Arbeitssituation her" [und, Anm. d. Autors] „das
Verständnis der subjektiven Bedeutung von arbeitspolitischen Regelungen für die Arbeitenden.[199]" Er sieht soziologische Beratung als Balanceakt zwischen unterschiedlichen Rollen, z.b.
Analytiker, Kritiker und Manager, Moderator, Mediator und Experte. Darüber hinaus gibt es
einige neuere soziologisch orientierte Beratungskonzepte wie z.b. die Aktionsforschung, die in
den 70er Jahren in der herrschaftskritischen Sozialforschung populär geworden ist und heute
vorwiegend in den skandinavischen Ländern zur Anwendung gelangt.[200]

Trotz vorhandener Anknüpfungspunkte steht die Ausarbeitung theoretisch reflektierter und pra-
xistauglicher soziologischer Beratungskonzepte noch am Anfang. Noch fehlen systematische
Überblicksarbeiten und sich daraus weiterentwickelnde Ansätze. Ausnahmen stellen die Arbeiten von Pongratz dar, der zwei Dinge unterscheidet: erstens die Frage, wie Soziologen im Beratungsfeld Erwerbssicherung betreiben können und zweitens die Aufgabe, soziologisch orientierte Beratungsansätze zu entwickeln. Seine Lösung liegt in einer konzertierten aktiven Professionalisierung, die Praxissoziologen wie Sozialforscher gleichermaßen einschließt und eine Beratung anbietet, die den Standards soziologischer Professionalität entspricht. Zu nennen ist dabei
insbesondere die Vertretung einer kritischen engagierten Haltung zur Entwicklung von echten
Beratungsalternativen.[201]

Als Grundlage dafür ist soziologische Forschung über Beratung unentbehrlich, speziell im Sinne einer empirischen Untersuchung von Beratungsprozessen. Dabei zeigt sich, dass die soziologische Beratungsforschung noch wenig entwickelt ist und es insbesondere an empirischen Studien wie z.b. von Mingers und Iding mangelt.[202] Aus der Sicht der soziologischen Beratungsforschung ist auf dem Hintergrund der Gestaltung sozialer Strukturen durch soziales Handeln besonders von Interesse, wie der Beratungsprozess mit dem betrieblichem Sozialgeschehen verbunden ist. Die Initiative dazu müsste laut Pongratz vor allem von Universitäten und Forschungsinstituten ausgehen mit dem klaren Ziel, soziologisches Wissen über Beratungsprozesse
zu generieren und professionelle Standards der Soziologie im Praxisfeld Beratung zu überprüfen. Türöffner hierfür könnten die Praxissoziologen sein, die den Prozess zudem mit ihrem Erfahrungswissen konstruktiv begleiten und Unterstützung dabei leisten, entsprechende Bil-
dungsmaßnahmen zu entwickeln.[203]

Kurzfristig wird eine solche Professionalisierungsstrategie die Chancen einer soziologisch fundierten Beratung kaum verbessern können. Langfristig betrachtet bestehen jedoch einige Optio-
nen:

---

[199] Bollinger (1998), S. 43 ff. (Hervorhebung im Original)
[200] Zur Aktionsforschung vgl. Fricke (1997); für neuere soziologische Beratungskonzepte siehe z.b. Beh-
rend/Wienke (2001), Howaldt/Kopp (2001) und Moldaschl (2001)
[201] Vgl. Pongratz (1998)
[202] Vgl. die Dissertationen von Mingers (1996) und Iding (2000)
[203] Vgl. Pongratz (2003)

- Dauerhafte Etablierung von Beratung in der Wissensgesellschaft macht damit eine langfristig angelegte Professionalisierungsstrategie erfolgreich.
- Moden der Beratung wechseln in rascher Folge und stellen damit die Glaubwürdigkeit in Frage.[204] Die Fähigkeit zur Reflexion sowie ideologiekritisches Engagement als Instrumente soziologisch angelegter Beratung könnten sich im Gegensatz dazu als Qualitätsmerkmale von Beratung festigen und damit langfristig Raum schaffen für Realismus als Vertrauensgrundlage in der Beratung.

Letztlich ist es für Soziologen nicht hilfreich gängigen Managementkonzepten nachzujagen oder diese gar zu soziologisch einzufärben. Die soziologische Theorietradition und eine intensivierte empirische Beratungsforschung können – als Grundlegung soziologischen Wissens über Beratungsprozesse – langfristig ein solides Fundament für Beratungsarbeit nach professionellen Standards der Soziologie bilden. Eine Professionalisierungsstrategie, die Organisationsberatung als zentrales Berufsfeld einer angewandten Soziologie zu erschließen versucht, ist vor allem dann Erfolg versprechend, wenn sie von Forschern und Praxissoziologen gleichsam erarbeitet und umgesetzt wird.[205]

Die Aufgaben professioneller soziologischer Berater orientieren sich an gesellschaftlicher Integration sowie individueller Autonomie und zielen darauf, gemeinsam mit ihren Klienten nach adäquaten Problemlösungen zu suchen.[206] Die vielfach geforderte Kompetenz solcher Berater geht demzufolge weit über Techniken der Gesprächsführung hinaus und umfasst vielmehr ein (fundiertes und erfahrungsgesättigtes) sozial- und erziehungswissenschaftliches Wissen über die Probleme spezifischer Klienten. Idealerweise sollte die Kompetenz soziologisch orientierter Berater ein Wissen über die in sozialen Milieus anerkennungsfähigen Muster des Umgangs mit lebenspraktischen Problemen umfassen.[207] Dies ist die Kritik des metatheoretischen Modells, das zugleich die Lösung parat hält: die Metakompetenz „Beratung", die bezeugt, dass ein isolierter Ansatz allein zu wenig ist.

Das Netzwerkkonzept im Sinne von „sich gegenseitig beraten", d.h. der Arbeit im kooperativen Verbund mit Kollegen und spezialisierten Fachkräften oder mit Fachkräften und Experten aus anderen Disziplinen sowie mit Personen des sozialen Netzwerkes der Klienten, ist integraler Bestandteil des soziologisch-systemischen Beratungskonzeptes. In einer netzwerk- und unterstützungsorientierten Beratung werden die sozialen Strukturen und Beziehungen des Einzelnen zu einem wesentlichen Bezugspunkt beraterischen Handelns.[208] Dieses Netzwerkkonzept kann mithin als Lösung für das „metatheoretische Meta-Dilemma" dienen, indem es die kompetenzbasierte Verteilung von Beratungsmandaten vorsieht. Soziologisch-systemische Beratung will den einzelnen Klienten bedarfs- und bedürfnisgemäß in den Mittelpunkt stellen und damit inmitten ganzheitlicher Bezüge den Weg für ein positives Vertrauensverhältnis ebnen. Vertrauen

---

[204] Vgl. u.a. Kieser (1996)
[205] Vgl. Pongratz (2003)
[206] Vgl. Dewe/Ferchhoff/Scherr (2001)
[207] Vgl. Ebd.
[208] S.a. das Netzwerkkonzept im Coaching (Verbände etc.) z.B. in managerSeminare (2004b) und Kühl (2006)

sieht Luhmann hierbei als einen „Mechanismus der Reduktion sozialer Komplexität".[209] So sollen personenzentrierte Beratungen den Klienten zunächst ermöglichen, sich inmitten undurchschaubarer Strukturen, Systeme und Prozesse vertrauensvoll zu öffnen und auf Hilfe einzulassen. Dieses Vertrauensverhältnis indes hängt neben der geforderten Fachkompetenz und Glaubwürdigkeit der Berater auch von persönlichkeitsbedingten Faktoren (Disposition) ab, die sich nicht nur aus kognitiven und/oder methodischen Qualifikationen ableiten lassen.[210] Wichtig für die ganzheitliche Betrachtung von Beratung ist, diese wie in der Pädagogik auch als Instruktionsprozess zu betrachten – sonst lässt sich der Prozess nur schwer analysieren, konzeptualisieren und verstehen. Diese häufig unvollständige Sichtweise hat die Entwicklung von Beratungsrollen, Forschung, Training und Praxis behindert, weil die Berater die Vorteile nicht haben sehen können, die sich ihnen bieten, wenn sie die Gesetze und Merkmale des Lehrens und Lernens anwenden.[211]

2.2   Coaching-Verständnis

Aus der professionssoziologischen Debatte zu psychosozialen Beratungsformen sowie der Entwicklungsgeschichte des Coaching selbst lässt sich durchaus plausibel ableiten, warum es heute keine allgemeingültige Definition für Coaching gibt. Die Unterschiede ergeben sich vor allem durch Entwicklungsstufen und -phasen, Arten, Schulen, Ansätze und Standards sowie regionale Zuschnitte und Erkenntnisinteressen. Im Sinne einer Professionalisierung dieser Beratungsform ist es unerlässlich ein gemeinsames Verständnis – einen gemeinsamen Ausgangspunkt quasi – zu setzen, um damit einen produktiven Rahmen für eine theoretische und praktische Weiterentwicklung zu schaffen.

In den folgenden Unterkapiteln soll ein aktueller Einblick in das Phänomen „Coaching" – im Speziellen Führungskräfte-Coaching – erfolgen, um darauf aufbauend das für diese Arbeit grundlegende Coaching-Verständnis vorzustellen.

2.2.1   Annäherung an das Phänomen „Coaching"

Arbeiten über Coaching beginnen üblicherweise mit einer Auflistung diverser bzw. diversifizierter Definitionen, aus denen dann ein dediziertes Coaching-Verständnis bzw. eine eigene Definition abgeleitet wird. Unter Professionalisierungsaspekten ist ein solches Vorgehen opportun, solange es auf die Erweiterung theoretischen Wissens im Hinblick auf den Untersuchungsgegenstand abzielt. Diesen Untersuchungsgegenstand gilt es zunächst zu konkretisieren, was gerade beim Coaching nicht zuletzt aufgrund dessen semantischer Elastizität dringend geboten ist. Angesichts der sprachlichen Beliebigkeit „Alles ist Coaching" (im Umkehrschluss: „Nichts ist Coaching") und der Tatsache, dass sich der Coaching-Markt rasant entwickelt, stellt sich zudem die Frage, ob Coaching nicht einfach nur ein neuer Name bzw. ein Substitut für Training

---

[209] Vgl. Niklas Luhmanns erstmalig 1968 erschienenes gleichnamiges Werk „Vertrauen – ein Mechanismus der Reduktion sozialer Komplexität"
[210] Dies deckt sich mit dem Verständnis dieser Arbeit von Disposition als abhängige (intervenierende) Variable.
[211] Vgl. Hiebert/Martin/Marx (1981)

ist.[212] Um dies zu beantworten, ist es wichtig zu verstehen, dass Coaching ein personenzentrierter Prozess zur gezielten Weiterentwicklung jenseits von Lern- bzw. didaktischen Techniken ist und damit klar abgrenzbar von Training. Diese Techniken wie z.b. Frageformen sind im Gegensatz zum Prozess nicht coachingspezifisch und werden in vielen anderen interpersonalen Beratungs- und Weiterentwicklungsformen eingesetzt, so auch im Training.[213]

In der psychosozialen Beratung – so auch im Coaching – geht es in Anlehnung an Straumann situativ und fallbezogen um folgende Aufgaben[214]:

- **Problemanalyse und Auftragsklärung** (worum geht es im konkreten Fall? Welche Dienstleistung wird von wem in wessen Auftrag und mit welcher Absicht erwartet?)
- **Zielanalyse** unter Einbeziehung von Grenzziehungen und Präzisierung der Erwartungen (was muss erreicht werden? Welche Grenzen werden von wem oder wodurch gesetzt?)
- **Mittelanalyse und Entwicklungsplanung** (welche Mittel/Ressourcen stehen zur Verfügung? Welche Maßnahmen sind notwendig, um das Ziel zu erreichen?)
- **Kontraktbildung** (schriftliches Festhalten der Ziele und Coaching-Vereinbarungen)
- **Dialogisch gestaltete Bearbeitung des Problems und Identifikation der Handlungsalternativen** als Kernstück des theoretisch und methodisch geleiteten Prozesses (wie integriert der Klient Hilfen in das Selbstbild und das Selbstkonzept bezogen z.B. auf seine Arbeit, Partnerschaft oder Familie?)
- **Differenzielle Problemanalyse** (Diagnostik) und Indikation von Handlungsalternativen
- **Festhalten von Konsens oder Dissens und Festlegung von persönlich zu verantwortenden Entscheidungen** (besteht Konsens zwischen den am Problembewältigungsprozess Beteiligten und sind die getroffenen Entscheidungen, die geplanten Handlungsschritte und Hilfsmaßnahmen dergestalt, dass sie eigenverantwortlich im sozialen und strukturellen Kontext getragen werden können? Besteht Dissens und werden die möglichen Konsequenzen gesehen und selbstverantwortlich getragen?)
- **Erfolgskontrolle** mit ggf. erneuten Zielvereinbarungen und Maßnahmenplanungen (wie sind die Entscheidungen handelnd umgesetzt worden, d.h. wie hat es funktioniert und wie zufrieden sind Beratener und Berater mit der Entscheidung?)
- **Qualitätssicherung** bezogen auf Struktur, Prozess und Ergebnis (welche Maßnahmen/Verfahren können die Struktur-, Prozess- und Ergebnisqualität im konkreten Kontext sichern?)

---

[212] Laut einer Studie der International Coach Federation (ICF), durchgeführt von PricewaterhouseCoopers, aus dem Jahr 2007 beträgt der jährliche globale Coaching-Umsatz ca. 1,5 Milliarden US-Dollar (wovon in den USA ca. die Hälfte umgesetzt wird) (vgl. Brennan (2008)); im Rahmen dieser ICF Global Coaching Study ist zudem ermittelt worden, dass gut 45 Prozent der befragten Coachs zwischen 2006 und 2009 eine Umsatzsteigerung von mehr als 30 Prozent erwarten (vgl. http://www.coachfederation.org/includes/docs/GlobalTrendsinCoachingColin.pdf).

[213] Vgl. Lawton-Smith/Cox (2007)

[214] Vgl. Straumann (2001)

Die Bearbeitung von Problem-, Konflikt- und Krisensituationen sollte in kleinen Schritten erfolgen und Coachs sollten dabei auch stets die Veränderung struktureller Gegebenheiten im
Blick haben, denn es geht hierbei um eine schrittweise Integration neuer Erkenntnisse in das
Verhalten der Klienten in allen für die Problembearbeitung relevanten Zusammenhängen. Dementsprechend kann ein Coaching-Konzept unter Berücksichtigung aller genannten prozessbegleitenden Zielsetzungen und Erfolgskontrollen nicht allein auf die dialogisch gestaltete Beratung setzen, sondern es geht darum, dass sie auch ganz konkret handelnd umgesetzt werden
müssen. Dabei kann es sein, dass der Coach ggf. den ersten Schritt zur Veränderung gemeinsam
mit dem Klienten einleitet, ihn auf bestimmte Aufgaben vorbereitet und neue Erfahrungen zur
Grundlage weiterer Reflexionen macht. Da Straumann ihre Erkenntnisse auf Beratung allgemein bezieht, stellt sich die Frage, ob überhaupt bzw. welche Elemente tatsächlich coachingspezifisch sind.[215]

Im Rahmen des Versuchs einer Ausdifferenzierung von Beratungsformen im organisationalen
Kontext haben Hamlin et al. jeweils eine qualitative Analyse zu Konzeptualisierungen und De-
finitionen von Coaching, Organisations- und Personalentwicklung durchgeführt und sind zum
Ergebnis gekommen, dass alle drei Formen in Bezug auf beabsichtigte Wirkungen und Prozesse
sehr ähnlich sind.[216] Dies ist einerseits ein Rückschlag für alle Coaching-Professionalisierer auf
der Suche nach einer eigenen Identität und empirisch begründetem einzigartigem Wissen über
Coaching, andererseits jedoch Ansporn, dieses Feld zu bestellen. Cavanagh und Grant sehen
Coaching ebenfalls an einem Punkt, an dem Ausdifferenzierung notwendig ist und machen dies
an drei miteinander verbundenen Treibern fest: 1.) durch Coaching-Erfahrungen gelangen Coachs zu der Erkenntnis, dass ihre Praxis durch theoretische Grundlagen und empirisch valide
Modelle manifestiert werden muss; 2.) eine Zunahme von Quereinsteigern z.B. aus Psychologie, Psychotherapie, Erwachsenenbildung und Organisationsentwicklung; 3.) ein steigendes
Bewusstsein im Management und bei Personalabteilungen, dass sich in deren Wahrnehmung
immer mehr Coachs mit Pseudo-Qualifikationen tummeln. Coaching muss sich von einer reinen, industrialisierten Personaldienstleistung zu einer echten Profession entwickeln und sich
von anderen Beratungsformen klarer abgrenzen.[217] Den Versuch einer solchen Abgrenzung
nimmt die folgende Abbildung vor. Sie ist gleichzeitig der erste Schritt zu einer Definition von
Coaching.

---

[215] Vgl. Ebd.
[216] Vgl. Hamlin/Ellinger/Beattie (2009)
[217] Vgl. Grant/Cavanagh (2004)

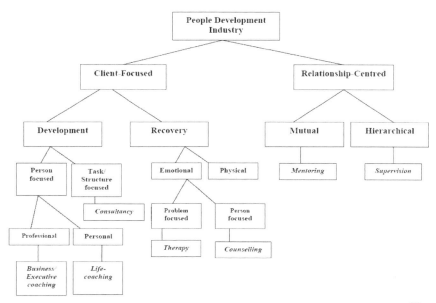

Abb. 5: Induktive Einordnung von berufsbezogenem Coaching in die Industrie psychosozialer Beratung[218]

Coaching lässt sich weiter differenzieren in internes Coaching (der Coach stammt aus der Organisation, z.b. die eigene Führungskraft) und externes Coaching (der Coach stammt von außerhalb der Organisation) sowie Einzel- und Team-Coaching. Coaching-Anlässe können vielfältig sein: Wunsch nach beruflicher Veränderung bzw. Verbesserung (z.b. Erweiterung der Führungskompetenzen), akute berufliche Krisen (z.b. Stress, Burnout, Boreout, Mobbing) oder vieles mehr.

Die sprachliche Beliebigkeit von Coaching führt allerdings immer wieder zu Konfusionen: Der Begriff ist weder geschützt noch genau abgegrenzt, was dazu führt, dass Coaching zunehmend schwieriger zu definieren ist.[219] Ives hat den Versuch unternommen am Beispiel von zielorientiertem (versus verhaltensorientiertem) Coaching in einem non-direktiven (reflexiven), zielfokussierten und leistungsorientierten Setting distinkte Coaching-Paradigmen zu untersuchen. Er kommt zu dem Ergebnis, dass nicht die Dysfunktionalität des Klientenverhaltens (therapeutischer Ansatz), sondern die Lösungsorientierung gemäß Zieldefinition im Vordergrund stehen sollte. Dabei stellen die nachfolgend aufgeführten Coaching-Typen auf der Basis psychologischer und soziologischer Theorien Angebote dar, die weder besser noch schlechter sind, sondern situationsadäquat angewendet werden sollten.

---

[218] Walker (2004), S. 18
[219] Vgl. Stober/Grant (2006)

Type of coaching	Objective of coaching
Humanist	"Coaching is above all about human growth and change" (Stober, 2006 p. 17)
Behaviourist	"The purpose of coaching is to change behaviour" (Peterson, 2006 p.51)
Adult development	Coaching is about helping clients develop and grow in maturity
Cognitive coaching	Coaching is foremost about developing adaptive thoughts
Goal-focused	"Coaching is a goal-oriented, solution-focused process" (Grant, 2006 p. 156)."
Positive psychology approach	"Shift attention away from what causes and drives pain to what energises and pulls people forward" (Kauffman, 2006 p. 220)
Adventure coaching	Stretching the client through entering into challenging situations and the learning that arises.
Adult learning	A learning approach that helps self-directed learners to reflect on and grow from their experiences
Systemic coaching	"Coaching is a journey in search of patterns" (Cavanagh, 2006 p. 313)

Abb. 6: Annäherung an Coaching mittels verschiedener Paradigmen[220]

Um den Erfolg von Coaching zu bewerten, ist eine Vereinbarung zwischen Coach und Klient hinsichtlich einer Zielsetzung unerlässlich. Eine Antwort auf die Frage, ob Coaching funktioniert (hat), ist nicht möglich, ohne sich vorher mit den direkten und indirekten Erfolgsparametern zu befassen. Fillery-Travis und Lane haben im Rahmen ihrer Studien festgestellt, dass Ergebnisse im Coaching tangible und intangible Elemente aufweisen: tangible Elemente sind leicht messbare Kennzahlen wie z.B. Produktivitätssteigerungen oder höhere Verkaufszahlen, während intangible Elemente wie z.B. verbesserte Führungs- oder Relationshipfähigkeiten höchst individuell bewertet werden müssen.[221] Sutherland hat eine Reihe von intangiblen Leistungen identifiziert, darunter Karrierefortschritt für mehr als 25 Prozent der Klienten, 50 Prozent haben Verbesserungsprojekte lanciert, 43 Prozent Job Enrichment.[222] Parker-Wilkins hat herausgefunden, dass Coaching für sieben von acht erfolgskritischen Geschäftsfeldern intangible und tangible Leistungsverbesserungen bringt.[223]

2.2.2   Das Paradigma „Führungskräfte-Coaching"

Im deutschsprachigen Raum hat Coaching angelehnt an den Sport ursprünglich eine zielgerichtete und entwicklungsorientierte Mitarbeiterführung durch Vorgesetzte bedeutet, das zu einem

---

[220] Ives (2008), S. 102
[221] Vgl. Fillery-Travis/Lane (2006)
[222] Vgl. Sutherland (2005)
[223] Vgl. Parker-Wilkins (2006)

Instrument der internen Personalentwicklung im Sinne des Mentoring von neu eingetretenen Organisationsmitgliedern erweitert worden ist. Mitte der 80er kann sich das „externe Coaching" entwickeln und etablieren. Rauen beschreibt diese Form als „Beratungsdienstleistung durch einen organisationsexternen 'Coach', wie sich die Berater dafür nun nennen, für einzelne Manager in Spitzenpositionen"[224], bei der nun erstmals nicht nur berufliche, sondern auch private Kriterien berücksichtigt werden.

Die zunehmende Auseinandersetzung mit Coaching und die gestiegene Anzahl an Veröffentlichungen führen zur systematischen Personalentwicklung innerhalb der Organisation in Form einer Etablierung des innerbetrieblichen Coachings. Diese Form wird gezielt zu einem entwicklungsorientierten Führen durch den Vorgesetzten im Rahmen der allgemeinen Personalentwicklung eingesetzt, wobei sich hier die Zielgruppe nicht nur auf Top-Führungskräfte beschränkt, sondern vor allem das mittlere und untere Management angesprochen wird. Anfang der 90er Jahre kommt es dann zu einer regelrechten Ausschlachtung des Begriffs Coaching, in dem die unterschiedlichsten „Bindestrich-Coaching-Konzepte"[225] (z.B. EDV-Coaching, Telefon-Coaching, Selbst-Coaching) eingeführt werden und das Managementtool zu einem regelrechten Modeartikel verkommt.

Was das so genannte „Workplace Coaching" für „Executives" oder „Non-Executives" von anderen (Bindestrich-)Coaching-Konzepten, die in ihrer Form möglicherweise ähnlich erscheinen, unterscheidet, ist "[...] a collaborative solution-focused, results-orientated systematic process, used with normal, non-clinical populations, in which the coach facilitates the enhancement of work performance and the self-directed learning and personal growth of the coachee.[226]" Dieses Wachstum lässt sich konkretisieren in Form von "working one-on-one to develop the executive as a leader while also helping that leader to achieve business results.[227]" Im Zuge eines strukturierten Beratungsprozesses werden im Sinne der Hilfe zur Selbsthilfe durch Interventionen des Coachs Lösungen für Probleme der Führungskraft angestoßen, die diese in und mit ihrer Organisation erlebt. Die Coaching-Beziehung ist befristet, beruht auf den Prinzipien persönliche Akzeptanz, Vertraulichkeit und Freiwilligkeit und wird durch einen vertraglichen Rahmen institutionalisiert. Zum Begriff Führungskraft kann festgehalten werden, dass es keine allgemeingültige und vor allem anerkannte Definition, jedoch eine Einteilung in obere, mittlere und untere Führungskräfte und deren allgemeine Handlungsfelder gibt. Technische Fähigkeiten haben im oberen Management eher geringere, analytische Fähigkeiten hingegen sehr hohe Bedeutung. Soziale Fähigkeiten wie Motivation und Führung von Mitarbeitern sind auf allen drei Ebenen in gleicher Weise bedeutsam.[228]

Im Zuge der Weiterentwicklung ist Coaching immer populistischer geworden – weitere Coaching-Varianten werden geschaffen, allerdings findet der Begriff Coaching an sich Akzeptanz

---

[224] Rauen (2001), S. 23 (Hervorhebung im Original)
[225] Geßner (2000), S. 28
[226] Grant (2001), S. 21
[227] Stern (2004), S. 157
[228] Vgl. Staehle (1999)

und hat sich neben dem Einzug in den allgemeinen Sprachgebrauch vor allem auch in den Unternehmen verbreitet.[229] Darüber hinaus hat sich die Zielgruppe in den letzten Jahren stark vergrößert und verändert, so dass heute neben Führungskräften aus den unterschiedlichsten Ebenen auch andere Berufsgruppen wie Lehrer, Sozialarbeiter etc. zu ihnen zählen.[230] Diese Arbeit fokussiert auf das Einzel-Coaching von Führungskräften der oberen Managementebene durch einen organisationsexternen Coach, was die folgende Abbildung im Rahmen der Entwicklungsphasen des (Führungskräfte-)Coaching beinhaltet:

1. Phase	2. Phase	3. Phase	4. Phase	5. Phase	6. Phase	7. Phase
Der Ursprung	Erweiterung	Der „Kick"	Systematische Personalentwicklung	Differenzierung	Populismus	Vertiefte Professionalisierung
			Interne Beratung von mittleren und unteren Führungskräften / Entwicklungsorientiertes Führen durch die Vorgesetzten / Einzelbetreuung von Top-Managern durch externe Berater / Karrierebezogene Betreuung / Entwicklungsorientiertes Führen durch den Vorgesetzten	• **Gruppen-Coaching:** Beratung in Seminaren durch die anderen Teilnehmer • **Coaching im Führungskräfte-Training:** Transferunterstützung durch den Trainer nach dem Seminar • **Coaching als:** intensives Selbsterfahrungstraining • **Team-Coaching:** (gemeint ist die Teamentwicklung einer Gruppe zum besseren gemeinsamen Verständnis, Konfliktverhalten und damit zu einer verbesserten Zusammenarbeit) • **Projekt-Coaching:** Begleitung eines Projektes, inhalts- und/oder prozessbezogen • **EDV-Coaching:** Beratung bezüglich verschiedener IT-Fragestellungen	• **Vorstands-Coach:** im Vorstand vertritt ein Vorstand ein laufendes Unternehmensprojekt politisch bzw. verantwortlich • **Konflikt-Coaching:** Beratung, wie man sich in Konflikten richtig verhält • **TV-Coaching:** Training des Verhaltens vor der Kamera • **Jeder Berater macht sich zum Coach** ↓ Jeder Unternehmensberater „coacht" einen Gesprächspartner (nach Selbsteinschätzung) schon dann, wenn er mit ihm redet	• Zielgruppenspezifische und methodisch **differenzierte Anwendungen** • Erhöhung der Qualitätsanforderungen in der Praxis • Beginnende **Markttransparenz** bei zunehmender Unübersichtlichkeit des Marktes • Anfänge von **Standardisierungen** in Praxis und Ausbildung • Intensivierung der **Forschung** • **Kongresse**, Fachtagungen und internationale Vernetzung nehmen zu • Spätphase der 1. Coach-Generation, **junge Coachs** rücken nach • Jede beliebige Tätigkeit wird zum „Coaching" gemacht ,wenn sie eine Form des Gesprächs oder der Beratung umfasst (z.B. Dance-Coaching, Astrologie-Coaching)
70er bis Mitte 80er Jahre in den USA	Mitte 80er Jahre in den USA	Mitte 80er Jahre in Deutschland	Ende 80er Jahre in Deutschland	Anfang der 90er Jahre	Mitte/Ende der 90er Jahre	Ab 2002

Abb. 7: Entwicklungsphasen von Coaching[231]

Im Hinblick auf die Professionalisierung von Coaching kann man seit der Jahrtausendwende sicherlich von einem Anfang sprechen, keinesfalls jedoch von einer Vertiefung, wie es Böning tut. Darüber hinaus halten die Phasen 5 und 6 an, d.h. es kommt zu einer weiteren Ausdifferenzierung, häufig allerdings ohne klare Abgrenzung. Populismus wird auch weiterhin betrieben – mithin tragen diese Entwicklungen zur anhaltenden Verwässerung von Coaching bei.

In den USA hat die „American Executive Coach Academy" (ECA) eine lange Liste mit Definitionen veröffentlicht, die aufzeigt, dass Führungskräfte-Coaching organisationale Beratungsansätze nicht nur bereichert, sondern selbst Anleihen aus z.B. der Organisationsentwicklung, der

---

[229] Der Begriff „Coaching" ist in Deutschland seit März 1996 im Brockhaus eingetragen, wo er im weiteren Sinne eine Förderung von Mitarbeitern und im engeren Sinne eine individuelle, meist längerfristige Beratung von Führungskräften bedeutet (vgl. Angermeyer (1997)).
[230] Vgl. Looss/Rauen (2005)
[231] Böning (2005), S. 29

Systemtheorie und der Organisationsberatung nimmt. In einem aktuellen Artikel differenziert Sperry Führungskräfte-Coaching nach der Förderung von Fähig-/Fertigkeiten, Leistung und Weiterentwicklung der Klienten.[232] Insbesondere der Leistungsaspekt wird immer wieder dem RoI-Diktat unterworfen. Im so genannten „Manchester Review" haben McGovern et al. erläutert, dass ein RoI von 545 Prozent für ein Coaching-Programm eine eher konservative Schätzung sei und haben dies mit den üblichen Zielanforderungen von 25 Prozent verglichen.[233] Kurioserweise wird hier ein Einmaleffekt mit einem Nachhaltigkeitsziel verglichen. Diese und ähnliche Zahlenspiele sind ungeachtet der Hebelwirkung vieler Führungskräfte und womöglich deren Coachs für Organisationen mit extremer Vorsicht zu genießen.

Führungskräfte-Coachs stehen nicht selten vor der schwierigen Aufgabe ein Coaching womöglich nicht anzunehmen. Die Gründe dafür sind vielschichtig und häufig in den Eigenschaften der Klienten zu finden. Die Coachs müssen besonders aufpassen nicht in organisationale Machtkämpfe verwickelt zu werden und dadurch in eine Opferrolle zu geraten.[234] Denn je höher die Hierarchieebene, desto größer der Anteil an Narzissten. Maccobi zeigt beispielhaft auf, wie viele sog. produktive Narzissten als Führungskräfte – nicht selten Einzelgänger bzw. -kämpfer – Fehlentscheidungen treffen, weil sie nicht genügend auf ihr Umfeld hören.[235] Auf der anderen Seite könnten gerade Top-Manager durch zuviel Empathie am Geschäftserfolg gehindert werden, weil sie durch zuwenig Distanz die Kontrolle über die Situation verlieren, z.B. in der Interaktion mit Mitarbeitern oder Kunden.[236] Nichtsdestoweniger spielt die Persönlichkeit im Coaching eine wichtige Rolle, doch um richtig akzeptiert zu werden, benötigen die Coachs Kompetenzen außerhalb des reinen Coachings wie v.a. Feldkompetenz, Führung (inkl. systemisches Denken und Handeln, dialogische Kompetenzen), Gruppen- und Organisationspsychologie.[237] Langfristig geht es für den Coach jedoch auch darum, entsprechend seiner fachlichen Qualifikation die Grenzen eigener Aktivitäten zu erkennen und zu akzeptieren. Insbesondere hierzu ist ein theoretisch-analytisches, wissenschaftlich fundiertes Arbeitsverständnis erforderlich. Berglas hat festgestellt, dass Führungskräfte-Coachs ohne fundierte psychologische Grundkenntnisse mehr Schaden anrichten als ihren Klienten etwas Gutes zu tun, was mittlerweile in einer alarmierend hohen Zahl von Coaching-Fällen vorkommt.[238] Diese Entwicklungen haben Williams und Irving veranlasst, Executive Coaching als unregulierten, unstrukturierten und möglicherweise gar unethischen Prozess zu bezeichnen.[239]

Nicht nur die Aufgaben und der Erfolgsdruck verändern sich mit einem Aufstieg in die oberste Managementebene – auch das gesamte soziale Umfeld vollzieht sich einem umfassenden Wandel. Dem Manager wird dabei vermehrt Aufmerksamkeit sowohl aus der Öffentlichkeit als auch

---

[232] Vgl. Sperry (2008)
[233] Vgl. McGovern/Lindemann/Vergara/Murphy/Barker/Warrenfeltz (2001)
[234] Vgl. z.B. Berglas (2002), Khurana (2003), Sherman/Freas (2004)
[235] Vgl. Maccoby (2003)
[236] Vgl. Walker (2004)
[237] Vgl. Stalinski (2004)
[238] Vgl. Berglas (2002)
[239] Vgl. Williams/Irving (2001)

aus den Reihen des Unternehmens selbst entgegengebracht.[240] Aus diesen Veränderungen heraus resultieren erste Ansatzpunkte für Coaching. Ergebnisse von Studien ergeben, dass potenzialorientierte Themen (wie Leistungsoptimierung, Verbesserung der Arbeitsqualität) am häufigsten Anlass zum Coaching geben, gefolgt von Motiven der Problemlösung und der persönlichen Überforderung.[241] Den höchsten Stellenwert nimmt dabei das Gelingen von Mitarbeiterführung ein. Darüber hinaus sind vor allem Veränderungen in Bezug auf Arbeitsfelder und Ziele Anlass für die Inanspruchnahme von Coaching. Schlussendlich liegen beim Führungskräfte-Coaching die Ziele vor allem im Wunsch nach persönlichem Wachstum, wohingegen individuelle Krisen eine geringe Bedeutung haben. In diesem Zusammenhang hat sich aus einer wissenschaftlichen Vergleichsstudie von Böning aus den Jahren 1989 und 1998 ergeben, dass ein neuer Trend bzgl. der Ziele im Coaching zugunsten der Ziele von Organisationen vorliegt und damit die Ziele der Unternehmen deutlich in den Vordergrund getreten sind:

> „Wurde 1989 vor allem dann gecoacht wenn 'einfach' individuelle Persönlichkeitsentwicklungen angestrebt wurden, so ist es heute im Wesentlichen die Unterstützung von (zahlreichen) individuellen Persönlichkeitsentwicklungen im Rahmen von Veränderungsprozessen in Unternehmen, bei denen Coaching eingesetzt wird.[242]"

Schmidt und Keil finden in ihrer empirischen Studie (59 Prozent der Teilnehmer sind Führungskräfte, 15 Prozent Freiberufler, 11 Prozent Angestellte und 15 Prozent Sonstige) über Erfolgsfaktoren im Einzel-Coaching heraus, dass die Gesamtbewertung des Coaching durch die Prädiktoren Klarheit und Ziele, Beteiligung des Coachs sowie das Coaching-Setting gut vorhergesagt werden kann. Darüber hinaus ergibt sich, dass die Zielerreichung nur durch die Beteiligung des Coachs und Verhaltensintention nur durch die Qualifikation des Coachs bestimmt wird. Interessanterweise hängt der Coaching-Gesamterfolg nur von der Qualifikation und der Beteiligung des Coachs ab.[243] Eine andere Sichtweise auf erfolgreiches Coaching erlaubt die Studie von Wasylyshyn. Sie findet heraus, dass Führungskräfte Coaching als erfolgreich ansehen, wenn sich ihr Verhalten ändert und sie ihr Verhalten nach dem Coaching besser verstehen.[244] Dementsprechend lässt sich aus den Ergebnissen ableiten, dass gerade die Beziehung und vor allem die Rolle des Coachs einen wichtigen Stellenwert einnehmen, da er einen hohen Beitrag zum Coaching-Erfolg leistet.

Im Zuge der zunehmenden internationalen Verflechtungen von Organisationen und sozialen Netzwerken nimmt das so genannte „Global Coaching" einen immer wichtigeren Stellenwert ein. Gerade Führungskräfte sind in diesem komplexen Umfeld im Rahmen ihrer gesellschaftspolitischen Verantwortung gefragt. Coaching kann beispielsweise helfen interkulturell-ethische Rahmenbedingungen mit den Überzeugungen und Wertegerüsten der Führungskräfte in Ein-

---

[240] Vgl. Echter (2005)
[241] Vgl. z.B. Stahl/Marlinghaus (2000), Echter (2005), Jüster/Hildenbrand/Petzold (2005)
[242] Böning (2005), S. 34 (Hervorhebungen im Original)
[243] Vgl. Schmidt/Keil (2004)
[244] Vgl. Wasylyshyn (2003)

klang zu bringen, um sie zu befähigen in einem herausfordernden globalisierten Umfeld Höchstleistungen zu bringen und ihrer Unternehmung zum Erfolg zu verhelfen.[245]

2.2.3   Evidenzbasierter Coaching-Ansatz

Die Coaching Psychology Unit der University of Sydney hat im Rahmen einer Konferenz im Jahre 2003 auf der Suche nach einem Coaching-Ansatz, der weit über bisherige Bemühungen des Personal- und Persönlichkeitsentwicklungs-Genres hinausgeht und sich von den in den 90er Jahren gültigen forschungsbasierten Paradigmen „cognitive coaching" und „developmental coaching" abgrenzt, einen klaren Anspruch formuliert: evidenzbasiertes Coaching, das in den Verhaltens- und Sozialwissenschaften fest verankert und auf der Basis neuester wissenschaftlicher Erkenntnissen zu einer Profession weiterentwickelt wird. Als die drei größten Herausforderungen hat sie die Herstellung einer theoretische fundierten gemeinsamen Basis über Coaching (was ist Coaching und was passiert im bzw. durch Coaching), die benötigten Kompetenzen, Fähig- und Fertigkeiten für Coachs sowie (Weiter-)Entwicklung einer akademischen Wissensbasis zu Coaching-Theorien und -Techniken identifiziert. In diesem Zusammenhang stellt sich immer wieder die Frage, ob Coaching eine eigene Theorie bzw. Theorien benötigt oder ob es eine Schnittfelddisziplin ist, die auf unterschiedliche Grundlagentheorien zurückgreift. Greif nennt an erster Stelle die Zielsetzungstheorie von Locke und Latham, die um die von Ives bereits weiter oben dargestellten theoretischen Zugänge – Erwachsenen-Lernen, Positive Psychologie, kulturelle Perspektive, adventure-based, systemische Perspektive und Kontext-Ansatz – ergänzt werden. Eingerahmt sind diese Theorien in fünf verschiedene Perspektiven (humanistische, behavioristische, entwicklungspsychologische, kognitive und psychoanalytische Ansätze) aus dem „Evidence Based Coaching Handbook" von Stober und Grant, die Teil des Beratungsverständnisses sind; weitere Theorien enthält das „Handbook of Coaching Psychology" von Palmer und Whybrow.[246]

Unabhängig von der konkreten theoretischen Basis muss Coaching von einer praxeologischen Aktivität zu einer theoretisch fundierten Intervention reifen und kann erst dann als evidenzbasiert bezeichnet werden. Nach Grant und Stober sowie Palmer und Whybrow umfasst dieser Prozess Theorieperspektiven wie z.B. kognitives Coaching und gleichermaßen theorieübergreifende Aspekte im Coaching, z.B. aus der Positiven Psychologie, und grenzt sich durch eine empirische wie theoretische Fundierung kategorisch vom populärwissenschaftlichen bzw. populärpsychologischen Genre der Entwicklung von Person und Persönlichkeit ab.[247] Sackett et al. haben evidenzbasierte Praxis aus dem medizinischen Bereich abgeleitet als "the conscientious, explicit and judicious use of current best evidence in making decisions about the care of individual patients, [which] means integrating individual clinical expertise with the best available external clinical evidence from systematic research.[248]" Nach Grant und Stober ist evidenzbasiertes Coaching "the intelligent and conscientious use of best current knowledge inte-

---

[245] Vgl. Abbott/Rosinski (2007)
[246] Vgl. Greif (2009)
[247] Vgl. Grant/Stober (2006), Palmer/Whybrow (2007)
[248] Sackett/Haynes/Guyatt/Tugwell (1996), S. 71 (Hervorhebung im Original)

grated with practitioner expertise in making decisions about how to deliver coaching to individual coaching clients and in designing and teaching coach training programmes.[249]" Bachkirova und Kauffman haben angemerkt, dass es drei Forschungsperspektiven mit jeweils eigenen Arten von Evidenz gibt: sensorisch-empirisch (hard facts: konkret messbare Ergebnisse), geistig-phänomenologisch (soft facts: Bilder, Gedanken, Gefühle) und transpersonal-spirituell (übersinnliche Natur). Während die ersten beiden Arten – insbesondere die erste – von großer Bedeutung sind, hat die transpersonal-spirituelle nahezu keine praktische Relevanz.[250] Die Essenzen dieser Definitionen und bisheriger Erkenntnisse münden in folgende Elemente eines evidenzbasierten Coaching-Verständnisses:

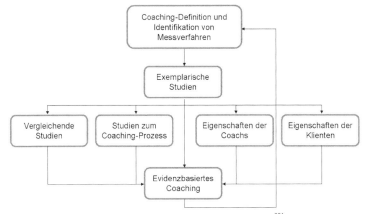

Abb. 8: Elemente eines evidenzbasierten Coaching-Verständnisses[251]

Um Coaching standardmäßig zu definieren sind interdisziplinäre Anstrengungen zwischen Forschern und Praktikern notwendig. Ziel ist es Klarheit darüber zu erlangen, welches die Teilbereiche von Coaching sind (z.B. Executive Coaching, Life Coaching) und wodurch (Methodologien, Methoden) es konstituiert wird. Exemplarische Studien zur Definition können durchaus tiefer gehende Analysen von Coaching-Sitzungen beinhalten, aus denen die eingesetzten Coaching-Methoden bzw. Interventionen, aber auch die Sprache bzw. Wortwahl des Coachs (im Vergleich zu anderen Beratungsformen) sowie Wahrnehmungen von Coach und Klient hinsichtlich des Coachings hervorgehen. Gleichzeitig ist es wichtig, dedizierte Maßstäbe und Messverfahren für Coaching zu entwickeln, um coachingspezifisch evaluieren zu können. Viele validierte Skalen entstammen einem klinisch-therapeutischen Paradigma und sind daher nur bedingt verwendbar, weswegen eigene Coaching-Skalen gefunden werden müssen. Coaching-Evaluation darf jedoch kein Selbstzweck sein, sondern muss klare Ziele im Sinne von Effektivität und Effizienz verfolgen. Dabei sollte zwischen messbaren Ergebnissen (z.B. geschäftliche

---

[249] Grant/Stober (2006), S. 6
[250] Vgl. Bachkirova/Kauffman (2008)
[251] Eigene Darstellung in Anlehnung an Stober/Parry (2005); dieses Coaching-Verständnis ist Grundlage für die vorliegende Arbeit.

Zielerreichung) und einer Art Selbsteinschätzung des Klienten (z.b. hinsichtlich Zufriedenheit, Wohlbefinden, Selbstwirksamkeit) unterschieden werden. Darüber hinaus sollten diese Ergebnisse angereichert werden um bzw. verglichen werden mit 360-Grad-Feedback-Elemente(n), themen-/branchen-/ unternehmensübergreifende Daten sowie verschiedene Coaching- und Beratungsformen. Alle diese Studien sollten langfristig und mit großen quantitativ-empirischen Datensätzen inklusive Kontrollgruppen, Zufallsauswahlen und standardisierten Methoden angelegt sein sowie qualitativ validiert werden.

Prozessstudien sind wichtig, um intrapersonale, interpersonale, systemische und organisationale Veränderungen zu identifizieren, zu analysieren und daraus Erkenntnisse für Coaching abzuleiten. Dabei spielt die Beziehung zwischen Coach und Klient eine zentrale Rolle: welches sind die Bedingungen, unter denen Coaching (nicht) funktioniert (z.b. Eigenschaften von Coach und Klient, Umweltfaktoren wie Unternehmenskultur etc.) und welche Interventionen sind daraufhin (un-)wirksam? Den Eigenschaften von Coach und Klient sollte ebenfalls vertiefender Forschungsraum gewidmet werden: welches sind die Charakteristika bzw. Muster, aufgrund derer Erfolg oder Misserfolg vorausgesagt werden kann? Welche Motivation bringen Coach und Klient mit, welche Persönlichkeitsmerkmale weisen sie auf? Welche Veränderungsbereitschaft hat der Klient? Welchen Hintergrund hat Coach? Dies alles sind Fragen, deren Beantwortung für eine Maßschneiderung von Coaching-Mustern von großer Bedeutung ist.

Trotz zunehmender Bemühungen klafft eine große Lücke zwischen dem Erkenntnisgewinn durch Coaching-Research und einem evidenzbasierten Coaching-Ansatz, der zielgerichtete Forschung und Evaluation ermöglicht.[252] Bevor wir nicht wissen, was wir eigentlich tun (was ist Coaching?), können wir keine Aussagen zu dessen Erfolg (wie wirkt Coaching?) treffen. Erst die nähere Betrachtung aller Felder – einzeln und im Zusammenhang – bildet das Grundgerüst für evidenzbasiertes Coaching im Lichte dieser Arbeit. Wo die Coaching-Forschung in ihren Professionalisierungsbemühungen steht bzw. inwieweit es bereits Studien und Ergebnisse zu diesen Feldern gibt, wird im Abschnitt 2.3 beleuchtet. Denn nicht zuletzt auch im Sinne von Cox und Ledgerwood ist es angesichts des Milliarden-Marktes „Coaching" für die breite Akzeptanz und Glaubwürdigkeit einer Coaching-Profession geboten evidenzbasiert zu forschen.[253]

2.3 Ansätze zu einer Professionalisierung des Coaching

In den vorigen Abschnitten ist ein für diese Arbeit maßgebendes Professionalisierungs- und Beratungsverständnis als Basis für den evidenzbasierten Coaching-Ansatz hergeleitet worden. Daraus ergibt sich die Frage, wie Coaching als Beratungsform im professionssoziologischen Sinne weiterentwickelt werden kann. Dazu wird zunächst ein Handlungsstrukturmodell von Coaching entwickelt, das aus der Mikroprofessionalisierung hergeleitet ist. Anschließend wird

---

[252] Vgl. Jackson (2005): Der Autor hat in Ermangelung passender Definitionen eine eigene fünfdimensionale Coaching-Typologie entwickelt (1. Systematische vs. flexibel personale Methodologie, 2. Explizite vs. weniger explizite Praxisnachweise, 3. Pragmatische Coaching-Kompetenzen vs. prinzipielle Offenheit des Kompetenz-Sets, 4. Menschenorientierte vs. ablauforientierte Ergebnisse, 5. Konkret faktengetriebene vs. philosophische Untermauerung).

[253] Vgl. Cox/Ledgerwood (2003)

aufgezeigt, wie Coaching-Forschung zur Professionalisierung beiträgt und wie sich diese Forschung entwickelt hat, bevor sich der Autor den beiden Paradigmen „Coaching als Markt" und
insbesondere „Coaching als Beratungsform" zuwendet. Ein Ausblick wird den Abschnitt 2.3
und damit den Theorieteil dieser Arbeit abrunden.

2.3.1 Handlungsstrukturmodell als Forschungsbasis

Voraussetzung für eine Professionalisierung von Coaching ist die Schaffung eines evidenzbasierten Wissensbestandes über Handlungsstrukturen und Beziehungsgestaltung mittels verschiedener Forschungsmethoden. Professionelles Coaching durch geschulte Fachkräfte unterscheidet sich durch ein erlerntes, erprobtes und strukturiertes Vorgehen sowie eine systematische, kontrollierte Erkenntnisgewinnung von der Beratung durch ungeschulte Kräfte. Nach
Schrödter liegt die besondere Kunst in Coaching-Gesprächen darin, „sich für viele Perspektiven
und Sichtweisen gleichmäßig offen zu halten, ohne den lebendigen Dialog mit Klienten durch
fixierte Meinungen und Urteile zu versteinern.[254]" Jedes fallspezifische Einzel-Coaching sollte
in Anerkennung eines Restbestandes an Unsicherheiten und Fehlerquellen und in Form einer
individualisierten Ressource durchgeführt werden. Der distanzierte Coach ist indessen kein bes-
serwisserischer Unbelehrbarer, der sich für seinen Klienten nicht interessiert oder gar, wenn
man so weit gehen will, mit seinem Beruf nicht identifiziert – dies wäre wohl noch nicht einmal
marginal professionell. Vielmehr praktiziert er mit einer engagiert-distanzierten Haltung das
mittelbar Machbare, um dem Klienten – eigenem Fehlerpotenzial und Leiden zum Trotze – zum
unmittelbar Machbaren zu verhelfen. Das Rezept zur Vermeidung marginaler Professionalität
klingt paradox: Die Hinwendung zum professionellen Handeln erfordert engagierte Rollendistanz. Vertrauen ist die Voraussetzung für das Zustandekommen der Beratungsbeziehung, kontrollierte Balance als „modus operandi" die Voraussetzung für den Erfolg, das mittelbar Machbare umzusetzen. Abstandhalten ist des Professionellen Soll, es kommt jedoch auf die Dosie-
rung an.[255]

Mit Blick auf die Erweiterung der Wissensbasis über Handlungsstrukturen im Coaching bietet
sich neben der Grundlagenforschung die angewandte Forschung (im Speziellen Evaluationsforschung) an. Grundlagenforschung erfolgt zumeist ohne Zwang und bestimmten Zweck an Forschungseinrichtungen. Sie dient einzig der Erweiterung wissenschaftlicher Kenntnisse und legt
keinerlei Fokus auf technische Anwendung, sondern ist die Basis für die angewandte Forschung
und Entwicklung. Angewandte Forschung oder auch Zweckforschung verfolgt eine wissenschaftliche Anwendung und findet sowohl an Forschungsinstituten, Hochschulen und in der
freien Wirtschaft statt. Sie kann wiederum als Ideen- und Impulsgeber für die Grundlagenforschung dienen.[256] Das Feld der Evaluationsforschung ist vielfältig und beinhaltet quantitative
sowie qualitative Methoden. Bortz und Döring unterscheiden drei methodische Gruppen[257]:

---

[254] Schrödter (1997), S. 87
[255] Vgl. Straumann (2001)
[256] Vgl. z.B. Brockhoff (1999)
[257] Vgl. Bortz/Döring (2006)

- **Explorative Methoden** dienen der Erkundung von Interventionsprozessen und deren Wirkungen. Sie zielen auf die Formulierung bzw. Konkretisierung von Wirkhypothesen ab und tragen dazu bei die relevanten Variablen zu identifizieren und zu operationalisieren.

- **Populationsbeschreibende Methoden** ermöglichen eine Abschätzung der Verbreitung und der Hintergründe eines Sachverhaltes und erleichtern die Definition der Zielpopulation.

- **Hypothesenprüfende Methoden** testen den Einfluss der untersuchten Intervention auf sinnvoll operationalisierte Wirkkriterien.

Gütekriterien der Evaluation sind dann nicht mehr primär nur Validität, Reliabilität und Objektivität, sondern Kommunikation, Intervention, Transparenz und Relevanz. Evaluationsforschung spielt in den Überlegungen dieser Arbeit eine zentrale Rolle, denn unabhängig von einem formativen oder summativen Fokus benötigt Evaluation ein gemeinsames Verständnis von der Intervention im Coaching selbst. In der landläufigen Literatur zu evidenzbasiertem Coaching findet sich eine Vielzahl an Coaching-Modellen, die diverse epistemologische Grundlagen haben. Jedes dieser Modelle beruht auf unterschiedlichen Annahmen, bietet mannigfaltige Definitionen von Coaching an und legt eine andere Betonung auf das Paradigma „direktiv versus non-direktiv". Nach Spinneli und Horner gibt es Coaching-Ansätze, die sich auf Interventionen mit dem Ziel der Veränderung kaprizieren.[258] Dagegen hilft Coaching mit Lösungsfokus, so O'Connell und Palmer, Klienten ihre Ergebnisse durch das Evozieren von Lösungen für ihre Probleme – nicht zuletzt dadurch, dass Coachs als Architekten auftreten.[259] Obwohl diese und andere Coaching-Ansätze viele Gemeinsamkeiten wie z.B. Zielsetzung und Aufbau einer guten Coach-Klienten-Beziehung haben, erschweren ihre einzigartigen Züge (z.B. unterschiedlicher Interventionsfokus) die Evaluationsbemühungen im bereits beschriebenen Sinne.

Ein erster Schritt auf der Suche nach einem professionellen Coaching-Modell als Grundlage für Evaluation wäre eine Beschreibung des Konzepts und der Grenzen für die Erforschung von Coaching. Grant und Stober haben Coaching wie folgt beschrieben: eine gemeinschaftliche und gleichberechtigte Beziehung zwischen einem Coach, nicht zwangsläufig Experte auf dem Fachgebiet des Klienten, und einem Klienten, was einen systematischen Prozess der gemeinsamen Zielvereinbarung und -erreichung mit der Absicht selbstgesteuertes Lernen und persönliches Wachstum des Klienten zu unterstützen.[260] Um die Grundlage für Evaluation zu schaffen, muss sowohl das Wesen der Beziehung zwischen Coach und Klient geklärt als auch eine systematische Vorgehensweise für Coaching festgelegt werden. Beides hat bis heute keine nennenswerte Aufmerksamkeit in Forschung und Entwicklung erfahren.[261] O'Broin und Palmer konstatieren, dass es einige wenige Forschungsergebnisse zur Coach-Klient-Beziehung gibt, wohingegen die Beschaffenheit des Coaching-Prozesses bislang kaum beforscht worden ist. Ferner stellen sich

---

[258] Vgl. Spinelli/Horner (2007)
[259] Vgl. O'Connell/Palmer (2007)
[260] Vgl. Grant/Stober (2006)
[261] Vgl. Stewart/O'Riordan/Palmer (2008)

die Autoren die Frage, warum – statt zu behaupten, es wäre nicht möglich die Natur des Coaching-Prozesses zu ergründen – niemand Anleihen verwandter Beratungsformen nimmt.[262] So haben z.b. Saury und Durand auf dem Hintergrund ihrer empirischen Studie im Bereich des Sport-Coaching behauptet, dass Coaching weder anlassbezogen noch geplant abläuft und der Coaching-Prozess weder systematisch noch mittels Regulatorien und Verfahrensweisen aus Trainings für Coachs replizier- bzw. reproduzierbar ist.[263] Dies ist unter wissenschaftlichen Aspekten keinesfalls befriedigend, zumal Rink Jahre zuvor bereits berechtigterweise festgestellt hat, dass "to suggest that one cannot know anything because he or she cannot know everything would seem to condemn the field to a perspective of chaos and relativism.[264]"

Im Verlauf des Coaching-Prozesses soll der Klient durch eine erhöhte Selbstaufmerksamkeit dabei unterstützt werden, ein bestimmtes Verhalten auszuüben. Ergo hat der Klient wertrationale Selbstwirksamkeitserwartungen an das Coaching. Dieses bestimmte Verhalten dient allerdings keinem Selbstzweck, sondern hat eine Verbesserung der beruflichen Leistung zum Ziel (Zweckrationalität) – entweder durch Veränderung z.b. des eigenen Verhaltens oder durch Lösung z.b. von konkreten Problemen. Die nachfolgende Abbildung zeigt ein sich daraus ergebendes Handlungsstrukturmodell – abgeleitet aus der Mikroprofessionalisierung –, das den Ausgangspunkt für die Erweiterung der Wissensbasis von Coaching als Beratungsform darstellt:

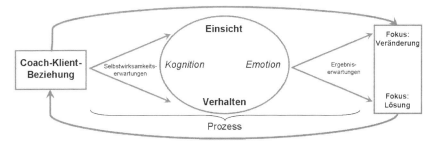

Abb. 9: Handlungsstrukturmodell von Coaching (abgeleitet aus der Mikroprofessionalisierung)[265]

Es folgt die professionstheoretische Würdigung der Rahmenbedingungen von Coaching als Beratungsform[266]:

– Professionalisierung ist ein Prozess, der sich über den gesamten Zeitraum der Berufsausbildung und -ausübung erstreckt. Für die Professionalisierung des Coaching be-

---

[262] Vgl. O'Broin/Palmer (2006)

[263] Vgl. Saury/Durand (1998)

[264] Rink (1993), S. 312

[265] Eigene Darstellung in Anlehnung an Frey (1972), Bandura (1977), Spinelli/Horner (2007), O'Connell/Palmer (2007)

[266] Vgl. Alisch (1990), Dewe/Ferchhoff/Radtke (1990); im weiteren Verlauf der Arbeit werden diese Rahmenbedingungen als akademische Merkmale bezeichnet.

deutet dies, dass neben einer theoretischen Fundierung der Ausbildung auch eine laufende Evaluation der Berufsausübung (Qualitätsmanagement) notwendig ist.
- Professionalisierung zielt auf die Praxis, d.h. die Bearbeitung, Bewältigung und Lösung von alltagsweltlichen Aufgaben. Für die Professionalisierung des Coaching bedeutet dies, dass im Coaching als klar abgrenzbarer Beratungsform definierbare Leistungen erbracht und messbare Ergebnisse erzielt werden.
- Professionalisierung bedeutet stellvertretendes Handeln für Andere, d.h. die zeitweise Übernahme einer bestimmten Haltung, Rolle, Verantwortung und/oder Leistung. Für die Professionalisierung des Coaching bedeutet dies, dass der Coach über eine entsprechende persönliche Disposition, Ausbildung sowie Berufs- und Lebenserfahrung verfügen muss, die ihn zu einem solchen Handeln befähigt.
- Professionalisierung basiert auf wissenschaftlicher Reflexion, d.h. einem Höchstmaß an Angemessenheit und Effizienz, wobei die einzelnen Maßnahmen jeweils rational nachvollzogen und begründet werden können. Im Vergleich zu anderen Berufsgruppen lässt gerade in psychosozialen Berufen die geforderte Nachvollzieh- und Begründbarkeit zu wünschen übrig:

„Wie am Beispiel des Chirurgen und des Psychiaters zu sehen ist, sind die einzelnen Segmente im Hinblick auf ihre Ideologien, Techniken und wissenschaftlichen Grundlagen auf ganz unterschiedlichen Fundamenten aufgebaut: Sowohl in Bezug auf Kernaufgaben und Tätigkeitsmerkmale als unverrückbare Bestandteile der Berufsidentität als auch in Bezug auf Methodik und Technik sind widerstreitende Orientierungen vorherrschend.[267]"

Für die Professionalisierung des Coaching bedeutet dies, dass die bestimmbaren und relevanten Elemente, Einflussfaktoren und Methoden von Coaching als Beratungsform definiert, (weiter-)entwickelt und kritisch hinterfragt werden müssen.

Die Professionalisierung des Coaching zielt demnach auf die Ausbildung, Entwicklung und Festigung spezieller Handlungskompetenzen beim Coach, die von der Strukturlogik der jeweils spezifischen professionellen Handlung erfordert werden. Determinanten einer solchen Handlungsstruktur können persönliche Disposition, Ausbildung, Berufserfahrung des Coachs, angewandte Arbeitstechniken und Methoden sowie der Verlauf der Beziehung zwischen Coach und Klient sein. Die erfolgreiche Bearbeitung des Klientenanliegens ist ein Indikator für den Erfolg und damit auch für die Professionalität des Coaching. Insbesondere in psychosozialen Berufen wie dem des Coachs ist der erlernte Beruf ein wesentlicher Bestandteil der persönlichen Identität: „Persönliche Eigenschaften wie z.B. Empathie, Verständnis, Konfliktfähigkeit, Sensibilität, Offenheit, Geduld und Spontaneität werden aufgrund dieses Sinnbezuges zu zentralen Bewertungskriterien, wohingegen sie in anderen Berufen nur von zweitrangiger Bedeutung sind.[268]"

Die Ansprüche an die Professionalisierung von Coaching sind hoch und setzen Maßstäbe für die (Er-) Forschung dieses Phänomens. Zwar gibt es ermutigende Initiativen, doch bedarf es

---

[267] Nittel (2000), S. 25
[268] Netz (1998), S. 13

noch großer Anstrengungen, um Coaching-Forschung einmal als „gereift" und erfolgreich bezeichnen zu können.[269]

2.3.2   Coaching-Forschung

Der Strukturfunktionalismus eignet sich wie in Abschnitt 2.1.2.2 beschrieben als Brücke zwischen wissenschaftlichem und praktischem Wissen[270]; er nimmt infolgedessen eine Vermittlungsfunktion zwischen den jeweiligen Lagern („Communities") ein, die dieses Wissen erzeugen. Moderne Gesellschaften erachten akademisches Wissen als bestmögliches Wissen, weswegen sie auf Professionalisierung durch Verwissenschaftlichung setzen. Dennoch ist es im Sinne des bereits beschriebenen Dreiklangs „Praxeologie – Theorie – Evaluation" das Ineinandergreifen wissenschaftlicher und praktischer Wissensbestände, das mithilfe der Evaluation Professionalisierung erst ermöglicht. Das Zusammenspiel der verschiedenen Wissensprovinzen kann als evidenzbasierter Ansatz bezeichnet werden.

Auf der Basis bisheriger Erfahrungen wird klar, dass über Coaching als relativ junge Beratungsform nicht viel Wissen existiert und so kann in Anlehnung an Raimy, der vor ca. sechs Jahrzehnten den Forschungsstand in der Psychotherapie charakterisiert hat, generell bemerkt werden: "Psychotherapy [Coaching, Anm. d. Autors] is a set of undefined techniques, applied to unspecified problems, with unpredictable outcome. For this approach rigorous training is recommended.[271]" In dieser unbefriedigenden Situation suchen Stakeholder und Communities nach Antworten und fokussieren dabei besonders auf Nutzenaspekte von Coaching in Anlehnung an die Psychotherapieforschung. Dabei gilt es zunächst gemeinsame Ziele zu definieren, bevor Evaluationsinstrumente zum Einsatz kommen. Haubl hat aus der Supervisionsforschung insgesamt sechs Nutzenaspekte hergeleitet, die auch für die verwandte Beratungsform Coaching passen[272]:

– **Wirksamkeit (Effizienz)**: generell ist Coaching wirksam, wenn die Ziele erreicht, d.h. das oder die Anliegen geklärt werden. Die Wiederholbarkeit in vergleichbaren Fällen – vor allem unter Laborbedingungen wie z.B. beim RCT-Paradigma – ist wichtig, wobei es durchaus sein kann, dass das Coaching hoch wirksam ist, obwohl die Erklärung dieser Wirkung falsch ist. Je mehr die lebensweltliche Komplexität der Probleme reduziert werden kann, desto größer ist die Chance die Wirksamkeit von Coaching nachzuweisen. Hinsichtlich der Praxisrelevanz von Wirksamkeitsnachweisen muss beachtet werden, dass sich z.B. im Labor wirksames Handeln praktisch nicht automatisch bewähren muss, da die entsprechenden Situationen in der Praxis nicht auftreten oder sich die Randbedingungen von Coaching nicht wie im Labor kontrollieren lassen.

---

[269] Vgl. z.B. Spence (2007)
[270] Wissenschaftlich im Sinne dieser Arbeit ist ein Wissen dann, wenn es gültig ist, d.h. aus theoretisch hergeleiteten Aussagen besteht, die in der Praxis auf ihre Gültigkeit überprüft worden sind und nicht falsifiziert werden können.
[271] Raimy (1950), S. 93
[272] Vgl. Haubl (2009)

- **Praktische Bewährung (Effektivität):** Bei aller Berechtigung der Kritik an Kontroll-
gruppenvergleichen müssen verschiedene Zugänge zu Untersuchungen von Coaching
gefunden werden, nicht zuletzt auch um den Forderungen nach einer Einheitswissen-
schaft und (praxisfernen) Eigeninteressen von Forschern Einhalt zu gebieten.

- **Nachhaltigkeit:** Hierbei geht es um die Effizienz und Effektivität von Coaching über
das Ende des Coaching-Prozesses hinaus. Am nachhaltigsten sind Coachings mit ka-
tamnestischer Langzeitwirkung; idealerweise wird auch das Optimum zwischen Dauer
und Wirkung des Coachings gefunden.

- **Wertbindung:** Aufgrund der Wertrationalität menschlicher Entscheidungen (von Coach und Klient) ist es wichtig ein Coaching-Konzept zu wählen, das eine Kongruenz
zwischen Effizienz, Effektivität und den Werten herstellt. Sollten diese drei Ebenen
positiv korrelieren, dann erhöht ein Wertbindung einschließendes Konzept gar die Erfolgswahrscheinlichkeit des Coachings.

- **Wirtschaftlichkeit:** Die Einschätzung der Nachhaltigkeit eines Coachings sollte ein
grundlegendes Entscheidungskriterium für ein Coaching-Konzept sein. So genügt es in
Zeiten der Knappheit von Ressourcen nicht mehr, alleine das auf den ersten Blick wirt-
schaftlichste Konzept auszuwählen, wenn seine Wirkungen weniger nachhaltig sind.

- **Unbedenklichkeit:** Es gilt unerwünschte Nebenfolgen von Coaching zu vermeiden
und nicht intendierte positive Wirkungen künftig intendiert zu erreichen. Am unbe-
denklichsten sind sicher Konzepte, die sowohl wirksam als auch praktische bewährt
und möglichst arm an unerwünschten Nebenfolgen sind.

Je größer das akademisch verwendbare Wissen über Coaching desto höher auch dessen erwart-
barer Nutzen. Die Antwort auf die Frage, wie dieses Wissen erzeugt werden kann, interessiert
vorneweg die „Scientific Community". Laut Haubl sind hierfür vier Schritte immer wieder zu
durchlaufen, was er am Beispiel der Supervisionsforschung verdeutlicht: erstens das *wissenschaftlich forschende Handeln* einzelner Forscher oder Gruppen, dessen Ergebnisse zweitens
durch *kollegiale wissenschaftliche Kritik* z.B. im Rahmen von Veranstaltungen oder Printmedi-
en method(olog)isch und theoretisch reflektiert werden; im dritten Schritt entsteht durch Metaanalysen ein *Wissensbestand*, der bis auf weiteres als *wissenschaftlich gesichert* gilt und der
viertens – durch die *Wissenschaftstheorie* gestützt – Interessenskonflikte im forschungspoliti-
schen Sinne integriert.[273] Die Grenzen von Verwissenschaftlichung liegen in der eingeschränk-
ten Möglichkeit praktische Probleme durch Deduktion aus wissenschaftlichem Wissen zu lösen.
Vielmehr ist der abduktive Schluss die zielführende Logik, mit der fallspezifische Probleme im
Sinne des Oevermann'schen und Stichweh'schen professionstheoretischen Modells von Regel-
und Fallverstehen gelöst werden können. Neben dem expliziten Wissen, das Professionelle im
Rahmen ihrer Ausbildung erlangen, verkörpern sie stets auch implizites Wissen, das auf Erfahrungen und Können bzw. Anwendung beruht und nicht standardisierbar ist. Bezogen auf die
Evaluationsforschung im Coaching würde dies bedeuten, dass nicht Coaching als Beratungsform standardisierbar ist, sondern dass das Phänomen Coaching mit all seinen Formen, Struktu-

---

[273] Vgl. Ebd. (Hervorhebungen im Original)

ren und Wirkungen standardisiert evaluiert werden sollte. Damit entstünde die Grundlage, gutes von schlechtem Coaching bzw. gute von schlechten Coachs zu unterscheiden, was wiederum Auswirkungen auf den Markt für Coaching und letztlich die (professionellen) Handlungsweisen von Coachs hätte.

Coaching ist damit auch eine „Community of Practice". Der Versuch einer reinen Verwissenschaftlichung hätte kontraproduktive Folgen, da etwa die Kreativität der Professionellen unter Verzicht auf ihre praktischen Erfahrungen stark eingeschränkt würde. Das Ziel muss sein – so Haubl –, dass sich die Wissensbestände aus Forschung (Wissenschaftswissen) und Praxis (Erfahrungswissen) gegenseitig anerkennen und komplementär zueinander verhalten. Nutzer dieser Wissensbestände und damit Mitglieder dieser Community sind Berufsverbände und Ausbildungsinstitute, die übertragen auf Coaching durch *Selbsterfahrung* als Klient, *eigene Praxis* als Coach – auch unter *Supervision* –, *technisch-kasuistische Seminare* sowie *Theorieseminare* professionsrelevantes Wissen erzeugen und damit zu einer qualitativ hochwertigen Professionalisierung des Berufsstandes sowie der Institutionen gleichermaßen beitragen. Die Coaching-Forschung benötigt Protagonisten, die durch eine forschende Haltung gegenüber ihrer eigenen Praxis die Wissenschaft befruchten, praktisch verwendbares Wissen zu erzeugen und damit letztlich Coaching-Handeln zu optimieren bzw. zu professionalisieren.[274]

Im Kontext des evidenzbasierten Coaching-Ansatzes geht es um zwei Arten der Forschung: Forschung **im** Coaching und Forschung **über** Coaching. Beim ersten Typus geht es um qualitative Untersuchungen der Beziehung, der Phasen und der Ergebnisse des Coaching-Prozesses. Der zweite wählt einen eher quantitativen Ansatz als Mix aus Soziologie, Marktforschung und evidenzbasierter Legitimität. Die Kombination aus beiden Ansätzen bringt Coaching dem Wunsch näher, eine anerkannte Profession zu werden.[275]

2.3.3   Akademische Bedeutung und Entwicklung von Coaching

In einer von Bayer durchgeführten Untersuchung ist herausgefunden worden, dass der Begriff Coaching im deutschsprachigen Raum bis zum Jahr 1993 in keiner wissenschaftlichen Arbeit, weder in Büchern noch in Zeitschriften, auftaucht.[276] Auch im englischsprachigen Raum ist der Thematik Führungskräfte-Coaching im Sinne einer theoretischen Überprüfung wenig Beachtung geschenkt worden. Seit dem Jahrtausendwechsel hingegen erfreuen sich Veröffentlichungen über die Thematik Coaching sowohl in Büchern als auch in Zeitschriften immer größerer Beliebtheit,[277] die sogar darin mündet, dass es eigenständige Zeitschriften und Magazine mit Fokus auf Coaching gibt.

So lässt sich feststellen, dass in den letzten Jahren im internationalen Vergleich deutlich mehr Forschungsstudien über Coaching veröffentlicht worden sind als in den Jahren und Jahrzehnten

---

[274] Vgl. Ebd. (Hervorhebungen im Original)
[275] Vgl. Laske (1999), Passmore/Gibbes (2007)
[276] Vgl. Bayer (1995)
[277] Z.B. führt Geßner (2000) in seinem Literaturverzeichnis bereits 238 Quellen zur Thematik „Coaching" auf. Heute gibt es laut Greif (2009) ca. 80.000 englischsprachige und ca. 1.000 deutschsprachige Bücher über Coaching.

zuvor.[278] Zwischen 1937 und 1994 sind nur 50 überwiegend englischsprachige Papers oder Dissertationen in PsychInfo und Dissertation Abstracts International (DAI) zitiert worden, während es zwischen 1995 und 1999 insgesamt 29 und zwischen 2000 und November 2003 schon 49 Zitationen gewesen sind. Von diesen insgesamt 128 Zitationen sind 73 Artikel über Coaching, Coaching-Theorien oder -Techniken; 55 beziehen sich auf verschiedene empirische Studien mit Schwerpunkt auf unkontrollierte Gruppen- oder Fallstudien. Die folgende Abbildung zeigt diese Entwicklung.

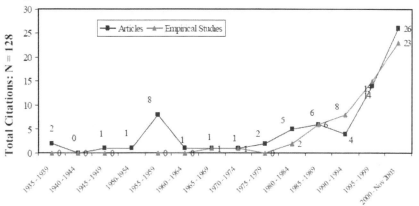

Abb. 10: Zitationen von Coaching-Artikeln und Studien ausgewählter Quellen im Zeitvergleich[279]

English hat im Rahmen einer Literaturanalyse herausgefunden, dass die Zahl wissenschaftlicher Artikel über Executive Coaching zwischen 2000 und 2004 um 300 Prozent gegenüber dem Zeitraum 1994 bis 1999 gestiegen ist.[280]

Aus Deutschland heraus widmen sich vor allem die Zeitschrift „Organisationsberatung – Supervision – Coaching" (OSC) sowie das „Coaching-Magazin" dem Thema Coaching. Die Zeitschrift OSC ist ein internationales Diskussionsforum für eine qualifizierte Beratungspraxis und konzentriert sich auf Innovationen in der Organisationsberatung, Supervision und im Coaching. Das Ziel des Coaching-Magazins ist es, in Form von Szene-Infos, Hintergrundberichten, Konzepten, Portraits, Praxiserfahrungen, handfesten Tools und humoristischen Einlagen über das Thema Coaching und die Coaching-Branche zu informieren. Der selbstformulierte Anspruch ist dabei, inhaltlich auf das Coaching als professionelle Dienstleistung fokussiert zu sein und „nicht schon jedes kleine Kunststückchen aus dem Kommunikationstraining in Verbindung mit Lifestyle-Themen zum Coaching hochzujubeln.[281]"

---

[278] Vgl. Grant/Cavanagh (2004)
[279] Ebd., S. 6
[280] Vgl. English (2006)
[281] http://www.coaching-magazin.de/

Die Forschungslinien rund um die „Australian Psychological Society" und die „British Psychological Society" (BPS)[282] – gemeinsamer Herausgeber der „International Coaching Psychology Review" (ICPR) – sowie die Autoren des Fachjournals „International Journal of Evidence Based Coaching and Mentoring", herausgegeben von der „Oxford Brookes University Business School", befassen sich seit gut fünf Jahren intensiv mit Coaching-Forschung, insbesondere mit Evaluation im Sinne der sekundären Professionalisierung. Seit 2008 erscheinen zudem in Kooperation mit der „Association for Coaching" (AC) das von Carol Kauffman (Harvard Medical School, USA) und Tatjana Bachkirova (Oxford Brookes University, UK) herausgegebene international ausgerichtete Journal „Coaching: An International Journal of Theory, Research and Practice" sowie die Zeitschrift „Coaching Psychology International", herausgegeben von Siobhain O'Riordan (Vorsitzende der „Society for Coaching Psychology", UK). Während Kauffman und Bachkirova einen akademischen Anspruch verfolgen und sich damit – genauso wie die australischen und britischen Forschungslinien – von der schwerpunktmäßig praxeologischen Ausrichtung der OSC und des Coaching-Magazins abzugrenzen versuchen, stellt O'Riordan internationale Praxismodelle und -berichte in den Vordergrund, um den weltweiten Coaching-Dialog zu fördern.

Auch bei den Buchveröffentlichungen handelt es sich eher um Praktikerberichte sowie Fallstudien und weniger um wissenschaftliche Forschungsarbeiten. Forschungsliteratur zum Thema Führungskräfte-Coaching ist im Moment noch dürftig angesiedelt. Einen guten ersten Überblick über Forschungsstudien ergibt sich aus der Arbeit von Riedel aus dem Jahr 2003.[283] Riedels Recherche erfolgt vor allem über die Datenbanken PSYNDEX, PsycINFO, Sociological Abstracts, Digital Dissertations und Subito und bezieht die vier Forschungsebenen Rahmenbedingung und Definition, Angebot und Nachfrage, Evaluation sowie Untersuchung der Wirkungsweise und Wirkungsmechanismen von Coaching mit ein.[284] Eine wissenschaftliche Auseinandersetzung mit den Wirkfaktoren des Coaching – so kritisiert auch Riedel – hat bislang kaum stattgefunden, was sich in der Quantität und Qualität der methodisch fundierten Arbeiten bzw. Forschungsprojekten widerspiegelt, die sich mit dieser Thematik beschäftigen. Denn bis vor wenigen Jahren sind neben Riedel sind nur die deutschsprachigen Arbeiten von Jansen, Mäthner und Bachmann (z.B. Evaluation von Coaching, 2003) sowie Schmidt und Keil (Erfolgsfaktoren beim Einzel-Coaching, 2004, s.o.) bekannt gewesen. So nimmt es nicht wunder, dass bis dato bekannte Evaluierungs- und Erfolgsmessungsversuche auch keinen wissenschaftlich begründeten Beitrag zur berufssoziologischen Professionalisierungsdebatte rund um das Coaching leisten können.

---

[282] Die British Psychological Society ist zudem Herausgeberin des seit 2005 existierenden Fachjournals „The Coaching Psychologist" (TCP), das sich ebenfalls u.a. der Erforschung von Coaching widmet.

[283] Vgl. Riedel (2003)

[284] Vgl. Ebd.; die Internetquellen zu den einzelnen Datenbanken lauten wie folgt: PSYNDEX (http://www.zpid.de/index.php?wahl=PSYNDEX), PsycINFO (http://www.apa.org/pubs/databases/psycinfo/index.aspx), Sociological Abstracts (http://www.csa.com/factsheets/socioabs-set-c.php), Digital Dissertations (http://www.proquest.co.uk/en-UK/) und Subito (http://www.subito-doc.de/)

Laut Grant und Cavanagh gibt es seit 1937 fünf breite Forschungstrends im Coaching, die anhand von Artikeln und empirischen Analysen basierend auf Fall- und Gruppenstudien näher untersucht werden[285]:

1.) Internes Coaching durch Führungskräfte oder Fachverantwortliche wird in der Literatur v.a. zwischen 1937 und den späten 60er Jahren behandelt. Schwerpunkt ist die Erhöhung der Profitabilität bzw. Verkaufsförderung von Organisationen durch effiziente Coachs – entweder direkte Führungskräfte oder auch erfahrene Mitarbeiter, die jüngere heranführen. In den 50er Jahren werden die ersten Coach-Training-Programme zur Schärfung interpersonaler Fähigkeiten für Manager angeboten, was von der Zeit an immer größere Bedeutung erlangt hat, bspw. Ende der 90er Jahre durch Golemans „Emotionale Kompetenzen" aufgenommen wird und auch heute eine wichtige Rolle spielt.

2.) Die akademische Beforschung von internem Coaching und dessen Auswirkungen auf Arbeitsleistung wird in den späten 60er Jahren erstmals im Rahmen von Dissertationen aufgegriffen. Dabei wird z.B. evaluiert, wie sich Coaching auf Verhaltensänderungen und Erhöhung beruflicher Leistungen auswirkt und Coaching in das Aufgabenfeld von Human Resources-Experten aufgenommen wird. Erst in den 80er Jahren lösen zunehmend empirische Studien rein deskriptive Studien ab.

3.) In den 90er Jahren wird die Forschung auf externes Coaching durch einen professionellen Coach zur Herbeiführung individueller und organisationaler Veränderungen ausgeweitet. Im Rahmen von Case Studies werden defizitäre Eigenschaften von Managern im Rahmen von Coaching aufgegriffen und die Ergebnisse dargestellt (siehe z.B. Abbildung 11 auf der folgenden Seite).

Ende der 90er Jahre werden zunehmend mehr Gruppenstudien herangezogen und mit der Jahrtausendwende auch Studien mit großen Stichproben (n > 300) zur Untersuchung der Wirksamkeit von Coaching. Mit der Komplexität solcher Studien nehmen auch die Probleme zu – Störvariablen wie organisationale Veränderungsprozesse und kulturspezifische Eigenschaften erfordern eine Weiterentwicklung der Methodologie und Methoden im Coaching.

4.) Coaching-Forschung zur Überprüfung psychologischer Mechanismen und Prozesse und deren Wirkung bei personalen und organisationalen Veränderungen findet seit den späten 90er Jahren statt. Im Mittelpunkt steht die Untersuchung intra- und interpersonaler Faktoren wie z.B. Persönlichkeitsmerkmale, Emotionen und Kommunikation im Zusammenspiel.

5.) Seit den 90er Jahren erfolgt ein Ausbau von theoretischem Wissen über den professionellen Coach, einhergehend mit der Ausdifferenzierung von Coaching-Ansätzen wie z.B. psychodynamisches und systemisches Coaching. Kognitiv-behavioristische Rahmenbedingungen, lerntheoretische Modelle sowie Ansätze aus der konstruktivistisch-entwicklungsorientierten Psychologie, Familientherapie und Organisationspsychologie spie-

---

[285] Vgl. Grant/Cavanagh (2004)

len bei der Differenzierung von Coaching-Formen und deren Abgrenzung von anderen Beratungsformen eine wichtige Rolle. Doch trotz des raschen Wachstums der Coaching-Literatur bleibt die empirische Evidenz hinsichtlich der Wirksamkeit dieser theoretischen Modelle, Techniken und Methodologien schwer fassbar.

Author	Key points
Foster & Lendl (1996)	A review of the impact of EMDR (Eye Movement Desensitization and Reprocessing) procedures on four executive coaches, which suggested that EMDR was an effective intervention for desensitising workplace experiences.
Olivero, Bane & Kopelman (1997)	A comparative study of training and training complemented by behavioural coaching to enhance performance in a public sector agency. The study was based on a sample of 31 participants. The results suggested that coaching increased performance by 88% while training only intervention resulted in an increase of only 22%.
Judge & Cowell (1997)	A study of managers using a variety of interventions (behavioural to psychodynamic coaching).
Gerger (1997)	A masters level study based on a sample of 48 participants reviewing the impact of coaching on management behaviour, in particular the adoption of a coaching management style. The results suggested that between 70 to 93% of executives made a change in behaviour.
Hall, Otazo & Hollenbeck (1999)	A study consisted of interviews with 75 executives who had received coaching. The results of the study was a list of coaching behaviours which coachee's found help and less helpful, and a comparison with coaches perceptions of coaching behaviours. A fuller review is set out in Table 2.
Laske (1999)	A study is also an unpublished dissertation. He interviewed a small sample of six executives. His conclusion was that executive coaching is only of value if the executive is ready for development. This implies a need for a stronger assessment stage prior to commencing coaching.
Garman, Whiston & Zlatoper (2000)	The study involved a content analysis of coaching publications and thus failed to demonstrate based on primary empirical research clear evidence of the impact of an executive coaching intervention.

Abb. 11: Exemplarische Studien zu Coaching mit externem Coach[286]

Es folgt eine Auswahl an Studien, insbesondere zu den letzten beiden Trends.

- **Untersuchung der Coaching-Wirkung auf Führungsverhalten:** 27 Coachs und 50 Klienten sind anhand des „Multi-factor leadership questionnaire" zur Coaching-Wirkung befragt worden. Im Ergebnis wird Coaching eher als Methode zur Förderung von Verhaltensstärken, weniger zur Thematisierung von Defiziten charakterisiert. Es gibt einen Zusammenhang zwischen Coaching-Wirkung und verbesserter Führung im Hinblick auf charismatisches Verhalten sowie positiven Einfluss auf die Mitarbeiter.[287]
- **Leistungssteigerung:** über 400 Manager (direkte Berichtslinie nach oben und unten) haben im Rahmen einer Längsschnittstudie mit multilateralem Feedbackmodus Füh-

---

[286] Passmore/Gibbes (2007), S. 117
[287] Vgl. Kampa-Kokesch (2001)

rungskräften, die mit einem Coach arbeiten, Leistungssteigerungen gegenüber vorher bescheinigt.[288]

- **Einfluss von Coachs:** diese Studie greift eine Arbeit aus den 50er Jahren auf und fokussiert die Fähig- und Fertigkeiten von Coaching-Beteiligten in Bezug auf personale Veränderungen. Sie bestätigt die wichtige Rolle des Experten (Coachs), wobei eine wichtige Komponente zum Aufbau von Vertrauen das äußere Erscheinungsbild des Coachs ist. Die Studie zeigt, dass die Einflussnahme um 35 Prozent höher ist, wenn der Coach eine Krawatte trägt.[289]

- **Wirksamkeit von Langzeit-Coaching:** Diese Studie misst die Wirksamkeit von Coaching bei Klienten, die ihren Coach seit mindestens sechs Monaten in jeweils 30- bis 60-minütigen Sitzungen in Anspruch nehmen. In diesem Rahmen wird mittels „Peoplemap" der Persönlichkeitstyp der Klienten bestimmt, was zum Schluss führt, dass Coachs ihren Coaching-Stil an die Präferenzen ihrer Klienten anpassen müssen.[290]

- **Beiträge zum Coaching-Prozess aus Klientensicht:** in dieser Studie werden zwölf Klienten (davon die Hälfte weiblich) nach einem Coaching im kooperativen Umfeld mittels eines halbstrukturierten Fragebogens interviewt. Für einen positiven Prozess sollte der Coach respekteinflößend, kooperativ, diskursiv (anstatt instruktiv) und authentisch sein. Eine gesunde Mischung von Aktion und Reflexion in Verbindung mit sanftem „Nachbohren" fördert die Lernergebnisse zudem.[291]

- **Wirksamkeit von Coaching aus Klientensicht:** Mittels eines phänomenologischen Ansatzes soll die Effektivität von Coaching durch die Wahrnehmung der Klienten bewertet werden. Letztlich haben Coachs einen großen Einfluss auf die Wirksamkeit von Coaching insgesamt – insbesondere aufgrund ihrer Erfahrung aus der Sicht der Klienten, der Anwendung eines strukturierten Prozesses sowie ihres Fokus auf Weiterentwicklung des Klienten. Darüber hinaus zeigen die Forschungsergebnisse, dass die Klientenorganisation eine wichtige Rolle in Bezug auf Selektion des Coachs, Organisationskultur und Commitment des Klienten spielt.[292]

- **Potenzial von Coaching zur Reduzierung von Stress am Arbeitsplatz:** diese Kontrollgruppen-Studie mit insgesamt 103 Teilnehmern aus UK und Skandinavien untersucht Coaching als Intervention zur Reduktion von Stress am Arbeitsplatz. Coaching ist keine signifikante Form zur generellen Vorhersage von Depressionen, Angst und Stress am Arbeitsplatz. Dennoch haben viele Teilnehmer dem Arbeitsplatz-Coaching eine hohe Wirksamkeit bescheinigt, da Kontrollverlust und Rollenambiguität als signifikante Vorboten für Stress ausgemacht worden sind.[293]

- **Theoretisches Modell vom Coaching-Prozess:** im Rahmen einer Studie werden mit Hilfe der Grounded Theory zunächst die Wahrnehmungen der Coaching-Beziehung

---

[288] Vgl. Smither/London/Flautt/Vargas/Kucine (2003)
[289] Vgl. Sue-Chan/Latham (2004)
[290] Vgl. Dawdy (2004)
[291] Vgl. Gonzalez (2004)
[292] Vgl. Bush (2005)
[293] Vgl. Gyllensten/Palmer (2005)

und deren Schlüsselfaktoren aus Klientensicht herausgearbeitet. Auf dieser Basis wird ein theoretisches Coaching-Modell entwickelt, das die bisherigen Erfahrungen des Coachs im Erwartungsmanagement, das Coach-Verhalten im Ausbalancieren von Zielerreichung und Beziehung sowie die Vorbereitungen des Coachs unter Berücksichtigung von Rolle und Präferenzen des Klienten hervorhebt.[294]

– **Wirksamkeit von Coaching in Prä-Post-Messung mit Kontrollgruppe:** in dieser Studie wird eine Kontrollgruppe von 60 Managern aus dem öffentlichen Sektor einer Experimental-Gruppe gegenübergestellt. Die Teilnehmer an der Kontrollgruppe profitieren dabei von einer behavioristischen Coaching-Intervention aus dem Co-Active Coaching-Modell. Am Ende treten zugunsten der Experimental-Gruppe deutliche Unterschiede zwischen beiden zutage, insbesondere bei den Ergebniserwartungen verglichen mit dem tatsächlichen Verhalten sowie bei den Selbstwirksamkeitserwartungen verglichen mit den eigentlichen Zielsetzungen. Die Autoren würdigen den positiven Effekt von Coaching, warnen jedoch vor einer Überinterpretation der Ergebnisse, da es sich ausschließlich um Selbstbeurteilungen der Teilnehmer handelt.[295]

– **Wirksamkeit von Coaching bei einem einzelnen Manager durch Peer-Befragung:** Nach einem Coaching wird ein Manager anhand des „Empathic Organic Questionnaire" von 20 Kollegen hinsichtlich der Veränderungen beurteilt. Erwartungsgemäß treten die größten Veränderungen bei jenen Verhaltensweisen auf, die Gegenstand des Coachings gewesen sind, während sich Verhaltensweisen außerhalb des Coachings am wenigsten verändert haben.[296]

– **Erfolgsfaktoren im Coaching:** Die Forscher haben 21 Leistungsträger aus Unternehmen und Sport sowie sieben Coachs interviewt und dabei versucht herauszufinden, welches die kritischen Erfolgsfaktoren im Coaching sind. Als Strukturvariablen sind Vertrauen, Glaubwürdigkeit und wirkliche Herausforderungen genannt worden. Darüber hinaus sollte der Coach wie ein „Schwamm" agieren, freundlich sein, ohne zum Freund zu werden, schnell Lösungsräume anbieten können und sich selbstbewusst den Bedürfnissen des Klienten stellen. Diese Studie ist eine gute Ergänzung zu den Wirksamkeitsuntersuchungen.[297]

– **Praktiken von Coachs mit unterschiedlicher Provenienz:** Es werden Praktiken von 928 Coachs aus der klinischen Psychologie, Arbeitspsychologie und aus Unternehmen in den USA anhand deren Verhaltensbeschreibungen untersucht. Unterschiede treten vor allem bei Häufigkeit und Länge von Sitzungen, Einsatz von Bewertungstools und Methoden, Wahrnehmungen bzgl. Ethik der Ausübung sowie Meinungen zu Zertifizie-

---

[294] Vgl. Passmore (2008)
[295] Vgl. Evers/Brouwers/Tomic (2006); für Näheres zum Co-Active Coaching-Modell siehe Whitworth/Kimsey-House/Sandahl (1998)
[296] Vgl. Orenstein (2006)
[297] Vgl. Jones/Spooner (2006)

rungen auf. Die Studie zeigt quasi eine Ausdifferenzierung in mehrere Märkte in den USA auf.[298]

– **Erfahrungen mit Coaching:** Zunächst werden im Rahmen einer qualitativen Studie 13 Teilnehmer zu ihren Erfahrungen mit Coaching befragt. Anschließend werden 66 Coachs interviewt. Das Ergebnis zeigt, dass Vertrauen die wichtigste Komponente im Coaching ist, was wiederum bestätigt, welche Bedeutung die Beziehung zwischen Coach und Klient für Veränderungen hat. Am zweitwichtigsten sind die Fähig- und Fertigkeiten des Coachs bezogen auf Prozesskompetenz, Förderung der Unabhängigkeit und der Selbstaufmerksamkeit des Klienten sowie den Aufbau einer Partnerschaft mit der Klientenorganisation. Weiterhin wichtig ist die Rolle der Klientenorganisation in puncto Rollenklarheit und Matching von Coach und Klient.[299]

– **Coaching als „Schmiermittel" für Lerntransfer:** Diese Studie untersucht die Wahrnehmung von Managern bzgl. der Bedeutung von Coaching-Verhalten beim Lerntransfer von Inhalten aus einem Führungsprogramm in den Arbeitsalltag. Die Manager nehmen an einem zweiwöchigen Führungsprogramm (Strategie, Marketing und Mitarbeiter-Involvement) teil und werden währenddessen und danach von einem Coaching begleitet. Im Ergebnis ist der Prozess am wirksamsten bei der Vermittlung von Coaching-Verhalten zum Mitarbeiter-Involvement und etwas weniger wirksam beim Lerntransfer von fachlichen Inhalten.[300]

Diese Studien auf dem Hintergrund entsprechender Trends zeigen, dass es Forschungsbedarf zu Handlungsstrukturen im Coaching gibt. Dieser Bedarf ist jedoch nirgends systematisiert worden und die Trendforschung alleine reicht dafür nicht aus. Trends zeigen im Grunde genauso wie Innovationen Geltungskrisen, indem sie die klare Sicht zwischen dem was ist und dem was sein soll vernebeln – sie analysieren und beschreiben „nur" und arbeiten noch nicht an einer Lösung. Die Ignoranz dieses Umstandes, also die Loslösung des Blickes vom Trend hin zu einer Formulierung von Anforderungen, ist nun geboten, um den Anfang zu einer weitergehenden Professionalisierung von Coaching zu machen. Hierzu ist eine Wissenserweiterung notwendig, und um einen systematischen Wissenspool über Coaching aufzubauen, sind nach Grant und Cavanagh einige Anstrengungen in der Forschung nötig, deren größte drei Herausforderungen sie benennen[301]:

– Erstens ist eine klare Definition von Coaching erforderlich, die gleichzeitig Abgrenzung gegenüber allem ist, was nicht Coaching ist. Coaching benötigt eine eigene Identität und Kriterien zur Beurteilung, was darunter fällt und ab wann nicht (mehr) von Coaching gesprochen werden sollte.

– Zweitens müssen theoretisch fundierte Coaching-Ansätze ausgearbeitet werden, was nicht bedeutet, dass alle Coachs sich auf die selben Ansätze berufen, sondern dass an

---

[298] Vgl. Liljenstrand (2004)
[299] Vgl. Luebbe (2005)
[300] Vgl. Turner (2004)
[301] Vgl. Grant/Cavanagh (2004)

die theoretischen Grundlagen strenge wissenschaftlich Kriterien angelegt werden, so wie dies in vielen anderen wissenschaftlichen Disziplinen der Fall ist. Coaching kann sich nur weiterentwickeln, wenn gemeinsam an Methodologien und Methoden gearbeitet wird. Ein Professionsmerkmal ist der Austausch von Praxiserfahrungen und deren kritische wissenschaftliche Reflexion, was nur möglich ist, wenn „best practice" thematisiert und nicht tabuisiert wird.

- Drittens muss die heute überschaubare empirische Forschungsbasis deutlich ausgeweitet werden und sich stärker auf Langzeit-Ergebnisstudien mit großen Grundgesamtheiten konzentrieren als auf Diskussionsartikel und Einzelfallstudien. Wichtig ist eine methodologisch saubere, systematische Vorgehensweise mit zuverlässigen Ergebnissen bspw. durch Kontrollgruppen. Zur wissenschaftlichen Reflexion der Ergebnisse sind z.b. Symposien, Forschungskonferenzen oder eigene Printmedien geeignet, was deutlich ausgebaut werden müsste.

Coaching kostet Geld und verlangt daher Rechenschaft. Diese Rechenschaft wirft wiederum Fragen auf, die in Forschungsaktivitäten münden. Coaching-Forschung muss sich an praktischen Herausforderungen wie z.B. dem Wissen, welcher Coach am besten zu welchem Klienten passt oder wann welche Intervention die beste ist, messen lassen. Im Rahmen der professionstheoretischen Debatte werden solche und andere Fragestellungen nun aufgefächert.

2.3.4   Makroprofessionalisierung: Coaching als Markt

Schwerpunkt der Makroprofessionalisierung ist nach Nittel die primäre Professionalisierung, d.h. machttheoretisch die Schaffung von Privilegien und die Erhöhung von Marktchancen.[302] Dabei ist Macht weder gut noch schlecht, sondern eine stets mitlaufende Komponente, die erst dann als schlecht einzustufen ist, wenn sie missbraucht bzw. zweckentfremdet wird. Macht ist bei der Marktregulierung unabdingbar, so auch im Coaching.

In Deutschland existiert mittlerweile eine Vielzahl von Coaching-Verbänden mit Coachs als Mitgliedern, die große Teile des Marktes abdecken.[303] Die meisten von ihnen haben so genannte Eintrittsbarrieren im Sinne von Kriterien für die Aufnahme von Coachs oder Senior-Coachs als Verbandsmitglieder geschaffen.[304] Diese Mitgliedschaften suggerieren geprüfte Qualität – bei näherem Hinsehen entpuppen sie sich jedoch nicht selten als machttheoretisches Instrument im negativen Sinne, was folgender Zusammenhang zu zeigen vermag:

- Informationsdefizit am Coaching-Markt: Qualitätsbeurteilung durch Klienten ist nicht möglich.
- „Gute" Coachs durchstoßen die Lücke und gründen einen Verband: Aufnahmekriterien (inkl. persönlichen Empfehlungen) entsprechen Markteintrittsbarrieren.

---

[302] Vgl. Nittel (2000): Macht wird hier definiert als die Verfügung über Ressourcen, die soziale Akteure nutzen können, um andere Akteure zu gezielten Aktivitäten oder Zugeständnissen zu bewegen.
[303] Für eine Übersicht von Coaching-Verbänden vgl. z.B. http://www.coaching-lexikon.de/Verbände
[304] Vgl. z.B. den DBVC unter
http://www.dbvc.de/cms/index.php?id=364&PHPSESSID=792c05438f6a02374638bc37953e229c

- Suggerierte Qualität am Markt steigt dadurch: Honorarerhöhungen für Coachs durchsetzbar.

- Coachs empfehlen Coachs für Verbandsaufnahme: Suggerierte Qualität am Markt hängt von der Verbandsgröße und vom „First Mover-Effekt" ab; immer mehr Verbände entstehen und differenzieren sich aus.

- Verbandswachstum ist Voraussetzung für höhere Honorare und Surrogat für Qualität: immer mehr Coachs treten bei („Scharlatanerieproblem"). Das vielzitierte „Scharlatanerieproblem" – nämlich dass sich aufgrund fehlender Qualitätskriterien und weiterer Hürden wie z.B. Markenschutz oder Jurisdiktionen[305] wie Lizenzen und Mandate jeder „Coach" nennen darf – führt zu einer Verwässerung des Berufsbildes bzw. im professionssoziologischen Sinne gar zu einer Deprofessionalisierung.[306]

- Tatsächliche Qualität sinkt: ist jedoch durch die Klienten nicht beurteilbar, da klare Kriterien fehlen.

Bei näherer Betrachtung dieser Kausalkette stellt sich die Frage, ob die Regulierung durch Verbände wirklich dem Coaching dient oder nur den Coachs selbst. Müssten die in ihrer Gesamtsumme und Zahl der Mitglieder ständig wachsenden Coaching-Verbände nicht richtigerweise „Coach-Verbände" heißen?[307] So geht es doch häufig viel mehr um Lobbyarbeit der Coachs als um eine Weiterentwicklung des Produktes „Coaching". Dies wird jedenfalls auch an den Normierungs- und Standardisierungsbemühungen in der deutschen Coaching-Szene deutlich: im Jahre 2004 sind die ersten Schritte für eine DIN-Zertifizierung von Business Coachs eingeleitet worden.[308]

Auch international gibt es zunehmende Regulationsbemühungen: Versuche, Coaching zu standardisieren und Rahmenbedingungen für die Akkreditierung von professionellen Coachs zu schaffen, nehmen scheinbar in gleichem Maße zu wie die Coaching-Industrie selbst wächst. Ausbildungsinstitute, Verbände und Universitäten entwickeln Kompetenzvorgaben und Standards zur Regulierung der gesamten Branche, wobei die allermeisten dieser Maßnahmen nicht evidenzbasiert, geschweige denn empirisch überprüft, sind.[309] Die International Coach Federation (ICF), aktuell führend in der Förderung und Regulierung von professionellen Coaching-Standards, ist die weltweit größte Akkreditierungsstelle für Coaching und hat eine Reihe von Kernkompetenzen für Coachs formuliert. Für einen internationalen Durchbruch in der Regulierung von Coaching ist allerdings eine länder- und institutionenübergreifende Zusammenarbeit unabdingbar. Die evidenzbasierte Erforschung und Entwicklung eines globalen Coaching-Standards ist daher aus heutiger Sicht nicht mehr als eine Vision.

Auch die sekundäre Professionalisierung spielt bei der Makroprofessionalisierung eine Rolle. So ist für die zukunftsorientierte Weiterentwicklung des Coaching-Angebots sicherlich ent-

---

[305] Vgl. Abbott (1988)
[306] Vgl. Kühl (2006)
[307] Vgl. managerSeminare (2004b)
[308] Vgl. managerSeminare (2004a),
http://www.dincertco.de/de/produkte_und_leistungen/personen/business_coach/index.html
[309] Vgl. Griffiths (2008)

scheidend, wie sich Coaching von anderen Beratungsformen am Markt abgrenzt, wie der inflationäre Marktauftritt „Alles ist Coaching" künftig gestaltet wird und welche Berufsbilder sich
nach der nötigen Ausdifferenzierung inklusive dazugehöriger Aus- und Weiterbildungsangebote
herauskristallisieren. Auf der Suche nach dem Coaching-Angebot von morgen nehmen des
Weiteren Fragen nach Organisations- und Beteiligungsformen (Coaching-Sozietäten, Vermitt-
lungsagenturen, Konzerngesellschaften, internes versus externes Coaching, etc.) und Finanzierungsformen (Coaching-Darlehen, arbeitgeber-, arbeitnehmeranteilige Finanzierung (inkl. er-
folgsabhängiger Komponenten), etc.) einen wichtigen Stellenwert ein. Mit Blick auf die zunehmende Virtualisierung und Automatisierung der Arbeitswelt werden Coaching-Formate wie
virtuelles, klassisches oder blended Coaching sowie Medien wie e-, m- oder Coaching im Kontext des "social web" nicht zuletzt vor dem Hintergrund der Frage nach den nächsten Trends
immer interessanter. Hinsichtlich der Weiterentwicklung von Coaching wird sich herausstellen,
inwieweit zeitliche, räumliche, inhaltliche oder sozioökonomische Faktoren[310] die größten Treiber sind und mit welcher Geschwindigkeit dies vonstatten geht.

Mithin am spannendsten wird sein, welches die Forschungs- und damit die Investitionsfelder
der Zukunft sind und wie diese besetzt werden. In diesem Zusammenhang liegt die professionssoziologische Logik zugrunde, dass es zunächst aller Forschungsanstrengungen hin zu einem
besseren Verständnis des Wesens von und der Handlungsstrukturen im Coaching bedarf –
sprich: Mikroprofessionalisierung –, bevor es lohnt, Regulierungs- und Entwicklungsthemen
von Coaching als Markt zu beforschen.

2.3.5   Mikroprofessionalisierung: Coaching als Beratungsform

Fragen wie „Was ist Coaching" und „Wie wirkt Coaching" bilden die Nahtstelle zwischen einem evidenzbasierten Coaching-Ansatz – wie in Abschnitt 2.2 beschrieben – und einer Mikroprofessionalisierung dieser Beratungsform. Dies bedeutet, dass mit der konsequenten Anwendung des evidenzbasierten Coaching-Ansatzes auch die Weiterentwicklung der Handlungsstrukturen im Coaching und damit dessen Professionalisierung vorangetrieben wird. Im Vordergrund
steht dabei die Akademisierung von Wissen über jene Handlungsstrukturen im Coaching im
Sinne der Nittel'schen sekundären Professionalisierung.

Aus diesem mikrosoziologischen Blickwinkel betrachtet geht es um die konstituierenden Faktoren von Coaching: was ist Coaching und was muss erfüllt sein, um die Funktionsweise von
Coaching erklären zu können? Beim Heranzoomen stellt sich die Frage zu den Leistungs-
/Erfolgsfaktoren von Coaching: woran kann diese Funktionsweise festgemacht werden – sprich:
was kann Coaching leisten, was kann es nicht leisten und wie ist dieses erkenn- bzw. messbar?

Diese beiden Komplexe als Teilfragen der Forschungsfrage zu konstituierenden Faktoren und
Leistungs-/Erfolgsfaktoren werden folgend mit Hilfe einer Sekundäranalyse bestehender Litera-

---

[310] Sozioökonomische Faktoren wie z.B. Überteuerung von Coaching-Leistungen oder Über- bzw. Unterbehandlung von Klienten können zu Marktversagen führen. So ist es aufgrund der Intransparenz des Marktes häufig so,
dass der Klient diese Faktoren nicht wahrnimmt bzw. trotzdem mit dem Coaching zufrieden ist, weswegen die
Klientenzufriedenheit alleine kein hinreichender Maßstab für Coaching-Leistung sein kann.

tur bearbeitet. Ziel ist es, konkrete Felder zur Erforschung von Coaching als Beratungsform zu identifizieren.

2.3.5.1   Konstituierende Faktoren

In Beratung und Psychotherapie ist viel darüber geforscht worden, was wann mit wem und wie am besten funktioniert.[311] Im Coaching gibt es bis dato nur wenige, qualitativ ansprechende Untersuchungen, weswegen Passmore und Gibbes zur Würdigung von 16 Studien Parallelen aus der Beratungspsychologie heranziehen müssen.[312] Um mit einer strukturierten und fundierten Wissensanreicherung über Coaching beginnen zu können, wird zunächst ein erkenntnistheoretisches Modell benötigt, welches das Wesen von Coaching klärt. „Was ist Coaching" ist demnach die Grundfrage, nach deren Beantwortung die Forschung erst weiter verzweigen kann, ohne sich in eine Sackgasse zu verrennen. Die Antwort ist eher in einem gemeinsamen Coaching-Verständnis bzw. in einem theoretische fundierten, übergreifenden Coaching-Modell („Meta-Modell") zu suchen als in einer integrierten bzw. integrierbaren Coaching-Theorie. Anschließend geht es darum zu eruieren, was erfüllt sein muss, damit Coaching eine „funktionierende" Beratungsform ist bzw. wird.

Cushion et al. unterscheiden sog. „models of coaching" und „models for coaching". Ersteres meint empirisch abgeleitete Modelle angewandter Forschung durch Experten bzw. erfolgreiche Coaching-Praxis, während zweites ein idealistisches Bündel von Annahmen zum Coaching-Prozess darstellt.[313] „Models of coaching" werden kritisiert, weil sie davon ausgehen, dass zum einen Expertenwissen reproduzierbar bzw. ohne Aufwand anwendbar ist und zum anderen lediglich die Perspektive des Coachs eingenommen wird. „Models for Coaching" wird nachgesagt, dass sie den Coaching-Prozess zu sehr vereinfachen, indem sie die Komplexität von Leistungen, die Eigenschaften der Coaching-Beziehung und den Kontext nicht wahrnehmen sowie nicht plausibel aufzeigen können, wie Coaching in der Praxis funktioniert. Benötigt wird daher ein holistisches Modell, das sowohl theoretische als auch empirische Forschungsansätze vereint und den Coaching-Prozess begreift "as a set of interpersonal relationships that are subject to contextual factors and exist within a cultural dimension.[314]" Nicht in diesem Sinne entwickelte Modelle wie z.B. das GROW-Modell von Whitmore, das in erster Linie auf praxeologischer Reflexion beruht und lediglich einen theoriegeleiteten Zielvereinbarungsprozess beinhaltet, sind quasi als atheoretische Modelle zu bezeichnen.[315]

Meta-Modelle entstammen übergeordneten Prinzipien. Sie greifen komplexe Ideen auf und versuchen diese zu erklären, ohne jedoch eigene Theorien im eigentlichen Sinne zu sein, da sie keine überprüfbaren Propositionen anbieten, mit deren Hilfe präzise Prognosen möglich wären.[316] Stober und Grant schlagen auf dem Hintergrund der Analogien zwischen Psychotherapie

---

[311] Vgl. Paul (1967), Fonagy/Target/Cottrell/Phillips/Kurtz (2002), Roth/Fonagy (2005)

[312] Vgl. Passmore/Gibbes (2007)

[313] Vgl. Cushion/Armour/Jones (2006)

[314] Ebd., S. 87

[315] Vgl. Stewart/O'Riordan/Palmer (2008)

[316] Vgl. King (2004)

und Coaching – nicht zuletzt auch in der Forschung – vor, dass ein allumfassender gemeinsamer Rahmen passender ist als die spezifische Betrachtung von Einzelanforderungen.[317] Meta-Modelle resultieren aus Metaanalysen, d.h. aus einer Synthese von Forschungsergebnissen einer Vielzahl empirischer Studien. Coaching-Meta-Modelle basieren demnach auf der Überprüfung und dem Vergleich von evidenzbasierten Coaching-Theorien, die bis zu ihrer empirischen Evidenz besser als Meta-Theorien bezeichnet werden. Diese Meta-Theorien unterliegen unabhängig von ihrer empirischen Überprüfung der Gefahr, dass Fehler und Unterlassungen einzelner Theorien Einzug erhalten haben.[318] Mit Blick auf Evaluationsbemühungen muss sich Coaching-Forschung jedoch auch ein Stück weit von der Therapie-Forschung abgrenzen: Es ist unstrittig, dass Coaching viel von der Therapie lernen kann, wobei ein Transfer der Annahmen und Befunde nicht ohne Untersuchung ihrer Richtigkeit im Coaching-Kontext erfolgen kann, da die Coaching-Forschung selbst die aktiven Bestandteile des Prozesses bis hin zu einem erfolgreichen Ergebnis identifizieren muss.[319] Joseph konstatiert im Rahmen seiner Ausführungen zur Professionalisierung der Coaching-Psychologie, dass es auf metatheoretischer Ebene nur zwei Möglichkeiten gibt: entweder die Coachs bzw. Berater sind die Experten, was vor allem in der klinisch-medizinischen Psychologie so ist, oder die Coachs bzw. Berater halten die Klienten für ihre eigenen und besten Experten, die sich letztlich selber helfen können. An diesem Punkt muss sich die psychologisch orientierte Professionalisierung von Coaching weiterentwickeln, was einerseits bedeutet, sich klar abzugrenzen und andererseits ein eigenes, scharfes Profil zu entwickeln.[320]

Einer der bislang wohl elaboriertesten Versuche, Ergebnisse im Coaching übersichtlich und vergleichbar zu machen ist das Orientierungsmodell von Greif, eine Art „Patchwork-Arbeit" mit Ansatzpunkten für die Forschung auf der Basis einer Meta-Analyse.[321] Greif – gleichwohl Unsicherheit äußernd, ob es angesichts der „dünnen" Datenlage überhaupt schon möglich sei, ein Meta-Modell aufzustellen[322] – arbeitet in Anlehnung an psychologische Grundlagentheorien Voraussetzungen für und Erfolgsfaktoren von Coaching heraus. Voraussetzungen sind Faktoren, die den Weg für Coaching-Erfolg bereits vor oder zu Beginn der ersten Coaching-Sitzung ebnen: professionelle Glaubwürdigkeit des Coachs, Klarheit der ersten Ziele, Klientenerwartungen in der Konversation vor Beginn des Coachings, Veränderungsbereitschaft der Klienten sowie deren Beharrlichkeit bei der Umsetzung der Ziele. Erfolgsfaktoren im Coaching sind Faktoren, die positive Ergebnisse vorhersagen. Sie können entweder während der Coaching-Sitzungen oder dem Kontext entsprechend aus Interventionen, Eigenschaften und deren Aus-

---

[317] Vgl. Stober/Grant (2006)
[318] Vgl. Wilson (1981)
[319] Vgl. Linley (2006)
[320] Vgl. Joseph (2006)
[321] Vgl. Greif (2007): Greif entwickelt in seiner dreiteiligen Studie „Advances in Research on Coaching Outcomes" vom Allgemeinen zum Speziellen ein Forschungsmodell auf der Basis von Standard-Ergebnismessungen, spezifischen Messmethoden und Studien, die Bedingungen für Coaching-Erfolg erheben, sowie acht experimentellen Studien mit Einzel-, Peer-, Selbst-Coaching und Kontrollgruppen.
[322] Für Passmore/Gibbes (2007) ist es angesichts fehlender Evidenz zum jetzigen Zeitpunkt ebenfalls unmöglich ein fundiertes Meta-Modell zu entwickeln.

wirkungen erschlossen werden: Wertschätzung und emotionaler Support durch den Coach, Ermöglichung von zielorientierter Problem- und Selbstreflexion, Klärung der Klientenziele, Aktivierung der Klientenressourcen, individuelle Analyse und Adaption. Die Bewertung der meisten dieser Faktoren im Zusammenhang mit Verhaltensstudien bedingt die Bereitschaft aller Beteiligten die Coaching-Sitzungen aufzeichnen zu lassen. Nur auf diesem Wege ist es möglich, spezifische Ergebniskriterien für Evaluation zu identifizieren. Im Rahmen der Untersuchung mit Studenten der Wirtschafts- und Rechtswissenschaften sind folgende fünf Gruppen von Variablen extrahiert worden: Problemklarheit und Griffigkeit von Zielen, soziale Kompetenzen (z.b. durch Befragung ermittelte soziale Fähigkeiten, Beobachtung von Teamleistungen, Einsicht und Offenheit für Neues, emotionale Stabilität im Umgang mit anderen), Leistungsverbesserungen (z.b. Verbesserung von Noten), Selbstregulierung (z.b. Umgang mit Hindernissen, Selbstwirksamkeit, Selbstkontrolle), generelle Eigenschaften und Fähigkeiten (z.b. Messung durch metrische Verfahren). Auch diese spezifischen Kriterien müssen anhand verschiedener Methoden und Kriterien mithilfe von Verhaltensdaten und Leistungsmessungen überprüft werden. Allgemeine Ergebniskriterien für die Wirksamkeit von Coaching sind nicht etwa die Zielspezifität[323], sondern der Grad der Zielerreichung, die Zufriedenheit mit dem Coaching, affektive Veränderungen sowie das generelle Wohlbefinden.

Das Modell von Greif, das in Abbildung 12 auf der nächsten Seite dargestellt ist, beschreibt lediglich einfache Zusammenhänge zwischen Voraussetzungen, Erfolgsfaktoren für den Coaching-Prozess und Kriterien. Wie Mäthner et al. herausgefunden haben, verändern Erfolgsfaktoren ihre Wirkungen bei unterschiedlichen Kriterien.[324] So laden bspw. kulturelle Differenzen oder die Persönlichkeit des Klienten als Kriterien die Erfolgswahrscheinlichkeit des Coachings mit zusätzlicher Komplexität auf, weswegen Greif schlussfolgert, dass im Zuge der Evaluationsforschung nicht nur eine Betrachtung der Erfolgsfaktoren, sondern gleichwohl eine kritische Würdigung der Misserfolgsfaktoren vonnöten ist.[325]

Coaching-Evaluation sollte an einem einheitlichen Verständnis dessen, was Coaching konstituiert ansetzen. Idealiter wird Coaching-Evaluation in einem holistischen evidenzbasierten Rahmen verankert, der die bekannten und spezifischen Besonderheiten evidenzbasierter Modelle berücksichtigt und darüber hinaus das dynamische, relationale und konstruierte Wesen des Coaching-Prozesses einbezieht. Nur wenn es möglich ist, den Coaching-Prozess – das, was im Coaching passiert – greifbar zu machen, wird die Leistung von Coachs messbar, was zu erhöhten Anstrengungen führen wird, die einzigartigen Bedürfnisse der Klienten noch besser zu erfüllen.[326]

---

[323] Vgl. Grant (2006): Grant hält fest, dass es Fälle geben mag, in denen es besser ist abstrakte, vielleicht sogar vage Ziele zu setzen.
[324] Vgl. Mäthner/Jansen/Bachmann (2005)
[325] Vgl. Greif (2007/2008)
[326] Vgl. Stewart/O'Riordan/Palmer (2008)

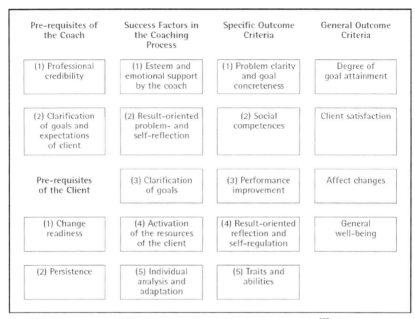

Pre-requisites of the Coach	Success Factors in the Coaching Process	Specific Outcome Criteria	General Outcome Criteria
(1) Professional credibility	(1) Esteem and emotional support by the coach	(1) Problem clarity and goal concreteness	Degree of goal attainment
(2) Clarification of goals and expectations of client	(2) Result-oriented problem- and self-reflection	(2) Social competences	Client satisfaction
Pre-requisites of the Client	(3) Clarification of goals	(3) Performance improvement	Affect changes
(1) Change readiness	(4) Activation of the resources of the client	(4) Result-oriented reflection and self-regulation	General well-being
(2) Persistence	(5) Individual analysis and adaptation	(5) Traits and abilities	

Abb. 12: Voraussetzungen, Erfolgsfaktoren und Ergebniskriterien von Coaching[327]

Mittlerweile ist Coaching eine globale Dienstleistung geworden, die jedoch nicht standardisierbar ist, sondern neben generellen Aussagen zur Funktionsweise – was funktioniert und was nicht – immer auf anekdotische Evidenz[328] angewiesen sein wird:

> "Global coaching as a concept and practice is work-in-progress. The nature of change suggests that it always will be. [...] There is no 'one-size-fits-all' model. Individual coaches working with individual clients in diverse situations will need multiple resources drawn from multiple perspectives and disciplines in line with the principles of evidence based coaching.[329]"

Es bedarf laut Abbott und Rosinski vielmehr groß angelegten Langzeitstudien zur Untersuchung von globalem Coaching mit länderübergreifendem Charakter unter Inkaufnahme von Nachteilen wie mangelnder Individualität bzw. schwieriger Vergleichbarkeit der Ergebnisse.[330]

Kemp untersucht den Einfluss auf und von Coaching am Beispiel von Führung und stellt die Frage, ob es sich bei Coaching nicht etwa um eine (Weiter-)Entwicklung von Führung handele. Er kommt zu dem Schluss, dass der Zusammenhang von Führung, Coaching und Führungs-Coaching als eine der nächsten Forschungswellen über uns hereinschwappen wird. Diese „For-

---

[327] Greif (2007), S. 243

[328] Olson (2008) stellt fest, dass durch die inflationäre Verwendung anekdotischer Evidenz eine Art zirkuläre Evidenz entsteht: aus n=1 wird eine Allaussage, die Anekdote wird durch vielfache Zitationen zu einer Art Dogma – leider jedoch niemals zur „echten" Evidenz.

[329] Abbott/Rosinski (2007), S. 74 (Hervorhebungen im Original)

[330] Vgl. Ebd.

schungsallianz" sollte sich auf Klientenerfolg und organisationale Leistungsergebnisse fokussieren und vermag so die Lücke zwischen Coaching-Psychologie und gezielter Führungskräfteentwicklung zu schließen.[331]

Ein weiterer wichtiger Einflussfaktor im Coaching und zugleich wenig erforscht ist die Persönlichkeit des Klienten. In der Arbeitspsychologie werden Persönlichkeitsmerkmale immer wieder als „Vorboten" für Lernfähigkeit und Arbeitsleistung herangezogen, was genauso gut auf den Lern- und Transfererfolg im Coaching übertragbar ist. Autoren wie z.b. Stewart, Palmer, Wilkin und Kerrin stellen die Frage, ob bzw. wie sich die Persönlichkeit auf Coaching-Erfolg auswirkt.[332] Unter Verwendung des Fünf-Faktoren-Modells der Persönlichkeit sowie dem Konstrukt der generellen Selbstwirksamkeit untersuchen sie in ihrer Studie die Beziehung zwischen Klienten-Persönlichkeiten und deren Selbsteinschätzung in Bezug auf einen erfolgreichen Praxistransfer des Coachings. Positive Korrelationen haben sie zwischen der Anwendung von Coaching zur Weiterentwicklung und Gewissenhaftigkeit, Offenheit für Erfahrungen, emotionale Stabilität sowie allgemeine Selbstwirksamkeit identifiziert. Ihren Ergebnissen zufolge sind Persönlichkeitsmessungen durchaus wertvoll, um Klienten auszuwählen, bei denen erfolgreiche Veränderungen bzw. Verhaltensänderungen durch Coaching eher stattfinden. Es sind jedoch nicht nur Persönlichkeitsmerkmale der Klienten interessant, sondern gleichwohl der Coachs. So haben Scoular und Linley herausgefunden, dass Unterschiede zwischen Coachs und Klienten im Ergebnis der MBTI-Dimension „Temperament" mit besseren Coaching-Ergebnissen einhergehen.[333] Auch andere psychometrische Verfahren wie z.B. Saville Consulting Wave eignen sich für den Coaching-Prozess, doch muss klar konstatiert werden, dass es keinen „Best Test" gibt und dass es nicht um das Verfahren selbst und den daraus ermitteltem Ergebniswert geht, sondern vielmehr darum, eine outputbezogene Grundlage und Ansatzpunkte für das Coaching zu schaffen.[334] Es soll Coachs möglich sein "technically sound tests that are appropriate for the situation in which they intend to use them"[335] auszuwählen und durch die Verwendung des Verfahrens auch die eigene Selbstaufmerksamkeit zu erhöhen.

Eine erfolgreiche Beziehung zwischen Coach und Klient wird durch verschiedene Prinzipien geprägt, die sowohl zu Beginn als auch während der gesamten Dauer der Beratung gewährleistet sein sollen, denn ohne sie wird die „Inanspruchnahme eines Coaching faktisch sinnlos.[336]" Dies bedeutet jedoch nicht, dass bei Nichtbeachtung von derartigen Prinzipien keine guten Ergebnisse zustande kommen können. Hierzu lässt sich z.B. bei Heß und Roth unter dem Stichwort Strukturqualität eine ganze Reihe von Attributen (wie z.B. Veränderungsbereitschaft, Freiwilligkeit, Ehrlichkeit, Passung etc.) finden, die einer erfolgreichen Beziehung zugrunde liegen sollten.[337] Darüber hinaus werden auch von Rauen sog. Erfolgsfaktoren (Konzept, Kom-

---

[331] Vgl. Kemp (2009)
[332] Vgl. Stewart/Palmer/Wilkin/Kerrin (2008)
[333] Vgl. Scoular/Linley (2006)
[334] Vgl. McDowall/Kurz (2007)
[335] Passmore (2008), S. 8
[336] Rauen (2001), S. 163
[337] Vgl. Heß/Roth (2001)

petenz, Kooperation) angeführt, die kennzeichnend für eine konstruktive Zusammenarbeit sind.[338] Reiners beschränkt sich bei seiner Definition von Beziehungsqualität auf die Merkmale persönliche Akzeptanz, Freiwilligkeit, Vertraulichkeit und Diskretion, Institutionalisierung sowie Befristung.[339] Gyllensten und Palmer haben im Rahmen ihrer phänomenologischen Analyse von neun Feedbacks zu Coaching-Beziehungen neben der Werthaltigkeit der Beziehung selbst noch Vertrauen und Transparenz als oberste Maximen identifiziert. Als weitere Erfolgsfaktoren sind Zielorientierung und Leistungssteigerung genannt worden. Die Autoren sehen in ihrer Studie jedoch nur einen Anfang, dem die Untersuchung von Fragen z.b. nach der Entwicklung der Beziehung durch die verschiedenen Stagen, der Messbarkeit von Vertrauen und Transparenz, negativer Aspekte der Beziehungsgestaltung oder etwa Beziehung im Vergleich zu Wirksamkeit generell und am Beispiel verschiedener Klienten folgen müssen.[340] Nelson-Jones hat auf dem Hintergrund der Positiven Psychologie so genannte „relationship skills" wie z.B. Zuhören und Verständnis zeigen oder Managen von Nähe und Distanz identifiziert, die sowohl für Coachs als auch für Klienten gelten. Wichtig ist demnach im Coaching hierfür Aufmerksamkeit zu erzeugen und den Klienten in die Lage zu versetzen, sich mit Hilfe von Selbst-Coaching sicher auf dem Gebiet des Beziehungsmanagements zu bewegen.[341]

Nicht zuletzt dabei kommt dem Coach eine sehr signifikante Rolle in der Beziehung zum Klienten zu:

> „Kennzeichen eines solchen Beraters ist – entsprechend der Aufgabe – eine interdisziplinär angelegte Schnittfeldqualifikation, die ihre Wurzeln in einem humanwissenschaftlichen Zugang einerseits (Psychologie, Pädagogik, Philosophie) und einem sachrationalen, technisch-wirtschaftlich orientierten Vorverständnis von Management andererseits hat.[342]"

Dabei gehören in den humanwissenschaftlichen Bereich vor allem Kenntnisse der Organisationspsychologie sowie der klinischen Psychologie über Menschen und Gruppen. Ergänzend dazu hat Kemp herausgefunden, dass durch das regelmäßige Screenen, Verstehen und Selbstmanagen der inhärenten Komplexität („inner world") die Coachs erst in die Lage versetzt werden, einen klientenzentrierten Fokus einzunehmen. In der Coaching-Beziehung wird das Prinzip der „inner world" dann quasi explizit und auf den Klienten angewendet. Zur Unterstützung dieses Prozesses sind Instrumente von innen (v.a. Selbstreflexion, Selbstanalyse bzw. Introspektion) und außen (v.a. Supervision) unerlässlich.[343]

> Auf dem Sektor der (Betriebs-)Wirtschaft sollte ein Coach über „Kenntnisse betriebswirtschaftlicher Abläufe und Gegebenheiten, insbesondere Fachverständnis für Managementprozesse, die Erfahrung mit betriebswirtschaftlichen Instrumenten, die Kenntnis

---

[338] Vgl. Rauen (2001)
[339] Vgl. Reiners (2004)
[340] Vgl. Gyllensten/Palmer (2007)
[341] Vgl. Nelson-Jones (2006)
[342] Looss (1997), S. 14
[343] Vgl. Kemp (2008)

gängiger Führungskonzepte und die Kenntnis des betrieblichen Umfeldes und seiner Funktionsträger (Geschäftsführer, Abteilungsleiter, Betriebsrat usw.)"[344] verfügen.

Inwieweit Coachs zu einer positiven Beziehungsgestaltung beitragen können und in welchem Maße die Beziehung an die Bedarfe der Klienten angepasst werden sollte, ist definitiv maßgebend für Effektivität und Erfolg sowie Aus- und Weiterbildung im Coaching und sollte näher untersucht werden.[345]

Für Stelter ist Coaching ein Prozess personaler und sozialer Sinnstiftung mit der Absicht, der fokalen Person – dem Klienten – Raum für Entwicklung durch Selbstreflexion und neues Selbstverständnis zu geben. Theoretisch geht es um die Verbindung einer phänomenologisch-empirischen mit einer sozial-konstruktivistischen Perspektive zur Sinnvermittlung im Coaching-Prozess. Durch neue Perspektiven und neues Wissen sollen neue dedizierte Praktiken ins Coaching implementiert werden, wodurch neue Qualität in die Beziehung zwischen Coach und Klient kommt.[346] In Bezug auf die Praktiken bzw. Interventionen spielt die Positive Psychologie eine bedeutende Rolle: empirisch validierte – sprich evidenzbasierte – positive Interventionen wie z.B. die Schaffung einer zusagenden Grundstimmung und der effektive Umgang mit Negativerlebnissen (Reframing) können zu einer höheren Klientenzufriedenheit und damit zu einer erhöhten Leistungsfähigkeit sowie mehr unternehmerischem Erfolg führen.[347]

Eine der größten Erkenntnisse aus der Organisationspsychologie ist der positive Zusammenhang von Zielsetzung und Leistung: je klarer die Ziele, desto höher die Leistung. Erstaunlicherweise kann die Studie von Scoular und Linley diese Korrelation nicht zeigen – im Ergebnis ihrer Untersuchungen von 120 Coaching-Sitzungen, davon 50 Prozent mit gesetzten Zielen, 50 Prozent ohne, ist kein Unterschied erkennbar. Ebenso können die Autoren beim Matching durch die Anwendung von MBTI und NEO (Neurotizismus-Extraversion-Offenheit) keine Signifikanz nachweisen – mit Ausnahme der bereits oben beschriebenen Differenzen in der MBTI-Dimension „Temperament".[348] Zur Erzielung positiver Ergebnisse im Coaching kann auch Kurzzeit-Coaching führen. Gerade in Zeiten zunehmender Effizienzbestrebungen zeigt die Untersuchung von Beddoes-Jones und Miller, dass für die Wirksamkeit von Coaching keinesfalls ausschließlich längerfristig angelegte und/oder Face to Face-Coachings erforderlich sind, sondern auch alternative Formate wie kognitive Kurzzeit-Interventionen am Telefon signifikanten Nutzen stiften können. Die so gecoachten Führungskräfte haben angegeben, eine höhere metakognitive Aufmerksamkeit sowie mehr Vertrauen in ihre eigenen Entscheidungsprozesse zu haben und sich authentischer zu fühlen bzw. mehr „sie selbst" zu sein.[349]

Zwischen kognitiven und rational-emotiven Verhaltensansätzen existieren wie bereits im Abschnitt „Integratives Beratungsmodell" beschrieben elementare Unterschiede, die sich auch auf Coaching auswirken. Ellam und Palmer haben herausgefunden, dass je nach „mind set" der

---

[344] Rauen (2004), S. 210
[345] Vgl. O'Broin/Palmer (2006)
[346] Vgl. Stelter (2007)
[347] Vgl. Britton (2008)
[348] Vgl. Scoular/Linley (2006)
[349] Vgl. Beddoes-Jones/Miller (2007)

Klienten eine unterschiedlich ausgeprägte Frustrationstoleranz vorliegt, die sich wiederum auf den Coaching-Erfolg auswirkt. Klienten mit irrationalen Glaubenssätzen verfügen tendenziell über eine niedrige Frustrationstoleranz in Verbindung mit einer eher niedrigeren oder schwierigeren Zielerreichung und umgekehrt, d.h. je rationaler die Glaubenssätze, desto höher die Frustrationstoleranz und auch die Erfolgschancen. Die beiden Verhaltensansätze üben einen unterschiedlichen Umgang mit der Klassifizierung und dem Umgang solcher Glaubenssätze.[350]

Ein aktueller Trend im Coaching ist das passgenaue Matching von Coachs und Klienten als Grundvoraussetzung für eine funktionierende Beziehungsgestaltung. Deren Vermittlung übernehmen immer häufiger sog. Coach Referral Services (CRS), woraus ein eigener Industriezweig entstanden ist. Aus dem Matching-Grad durch CRS stellt sich jedoch die Frage nach deren eigentlichen Absichten bzw. dem tatsächlichen Mehrwert für Coachs und Klienten sowie deren Beziehung – zumal nur zwei der von Carr untersuchten CRS sowohl Interviews mit Klienten führen, um Ansätze und Anlässe für Coaching zu eruieren als auch Coachs auf deren Kompetenzen zu durchleuchten; die restlichen CRS sind mehr oder weniger „Coach-Warenhäuser" bzw. computergestützte Datenbanken.[351]

Die maßgeblichen konstitutionellen Faktoren für Coaching sind neben einer breit akzeptierten Coaching-Definition und einem Orientierungsmodell (Meta-Modell) für Coaching – inkl. dazugehöriger Abgrenzung zu anderen Beratungs- und Begleitungsformen – als Mindeststandards v.a. die Coaching-Struktur bzw. Beziehung, der Coaching-Prozess sowie erreichbare Ziele als Basis für ein zufriedenstellendes, nachvollziehbares und nachhaltiges Ergebnis. Diese konstituierenden Faktoren stellen quasi die unabhängigen Variablen für Coaching-Erfolg auf dem Weg zu einer Mikroprofessionalisierung von Coaching dar.

2.3.5.2   Leistungs-/Erfolgsfaktoren

Coaching-Erfolg ist ein viel gebrauchter Begriff, für den es jedoch keine allgemein gültige Bestimmung gibt. Eine Annäherung kann über das Funktionieren bzw. die Leistung von Coaching erfolgen: Coaching ist dann erfolgreich, wenn es bestimmte Potenziale freisetzt bzw. Leistungen ermöglicht. Dabei stellt sich direkt die Frage, woran dieses Funktionieren festgemacht werden kann – was Coaching zu leisten vermag und was nicht und wie dieses erkenn- bzw. messbar gemacht werden kann. Insbesondere im Trainingsbereich bzw. Settings von „eins zu n" hat sich das ursprünglich von Donald Kirkpatrick entwickelte vierstufige Evaluationsmodell verbreitet, das den Erfolg bzw. die Leistung von Weiterbildungs- bzw. Entwicklungsmaßnahmen misst.[352]

Auf der ersten Stufe wird die Zufriedenheit der Teilnehmer mit der Maßnahme gemessen, die zweite Stufe bestimmt den Lernerfolg, die dritte den Transfererfolg und die vierte Stufe schließlich den Erfolg für die Einheit bzw. Organisation. Übertragen auf Coaching wird dort sicherlich häufig die Zufriedenheit des Klienten ermittelt – sei es durch den Coach oder den Auftraggeber –, doch bereits auf den Stufen zwei bis vier gibt es wenig überzeugende Ansätze (siehe z.B. die

---

[350] Vgl. Ellam/Palmer (2006)
[351] Vgl. Carr (2008)
[352] Vgl. Kirkpatrick/Kirkpatrick (2006)

RoI-Diskussion für Stufe vier weiter oben). Nicht selten wird damit argumentiert, dass aufgrund der Komplexität von Coaching- und Umweltfaktoren nicht klar sei, welcher Teil der Maßnahme tatsächlich ausschlaggebend für den Erfolg ist. Schmitt et al. führen ihrem Modell für Mitarbeiterleistungen entsprechend Coaching-Erfolg auf bessere individuelle und organisationale Ergebnisse (z.b. Erhöhung der Produktivität) zurück, die auf verbessertem individuellen Leistungsverhalten (z.b. Führung, Selbstmanagement) in Verbindung mit dem direkten Transfer von Coaching-Entwicklungen (z.b. höheres Selbstvertrauen) in den Arbeitsalltag basieren.[353] Dennoch ist keineswegs geklärt, was Coaching-Erfolg ausmacht, was Coaching zu leisten im Stande ist und wie dies festgestellt bzw. gemessen werden kann.[354]

Das dieser Arbeit zugrundeliegende Handlungsstrukturmodell (siehe Abschnitt 2.3.1) stellt Erwartungen an Coaching – zum einen Selbstwirksamkeitserwartungen des Klienten, d.h. die Fähigkeit ein bestimmtes Verhalten auszuführen, zum anderen Ergebniserwartungen, d.h. die Übersetzung dieses Verhaltens in Leistung und positive Ergebnisse. Das „Cognitive Information Processing Model" von Sampson et al. zeigt, dass es für den Klienten nicht nur wichtig ist, sich selbst und seine Handlungsoptionen zu kennen, sondern vielmehr zu verstehen, wie er Entscheidungen trifft und dies reflektieren zu können – die so genannte Metakognition.[355] Erst in der Retrospektive wird es dann möglich sein, die Zusammenhänge zwischen diesen Faktoren und dem tatsächlichen Ergebnis zu untersuchen und festzustellen, wie wirksam das Coaching tatsächlich gewesen ist.

Die Wirksamkeitsforschung sollte dabei jedoch nicht den Fehler machen, Erfolgsfaktoren des einen automatisch auf andere oder gar alle Coachings zu übertragen. Dies konstatiert Silberman am Beispiel seiner Studie zur Wirksamkeit von selbst gewählten Interventionen: solche Interventionen, die generell als ineffektiv gelten, funktionieren dennoch in einigen Coachings; im Umkehrschluss: allgemein effektive Interventionen wirken nicht in allen Coachings.[356] Ferner hat Silberman herausgefunden, dass selbst gewählte positive Interventionen für eine Fokusgruppe keineswegs wirksamer als für die entsprechende Kontrollgruppe sind, weswegen deren Bedeutung als (generalisierbarer) Erfolgsfaktor stark angezweifelt werden muss.

Libri und Kemp haben die Wirksamkeit eines kognitiv-behavioralen Coaching-Programms mit einem Teilnehmer untersucht und sind zum Schluss gekommen, dass Coachs kognitiv-behaviorale Interventionstechniken in ihr Repertoire aufnehmen sollten, da im Ergebnis sowohl die Leistung (Messung und Selbsteinschätzung) als auch die zentrale Selbstbewertung[357] („Core Self-Evaluation") gesteigert werden können. Gleichzeitig weisen sie auf weiterhin benötigte empirische Validierung hin.[358] Moen und Skaalvik haben dies aufgegriffen und im Rahmen ei-

---

[353] Vgl. Schmitt/Cortina/Ingerick/Wiechmann (2003)
[354] Vgl. z.B. Stewart/Palmer/Wilkin/Kerrin (2008)
[355] Vgl. Sampson/Lenz/Reardon/Peterson (1999)
[356] Vgl. Silberman (2007)
[357] Die zentrale Selbstbewertung stellt ein fundamentales, breites Persönlichkeitskonstrukt dar, das sich durch ein positives Selbstwertgefühl, eine positive Selbstwirksamkeitserwartung, internale Kontrollüberzeugung sowie hohe emotionale Stabilität auszeichnet (vgl. Stumpp/Maier/Hülsheger (2005)).
[358] Vgl. Libri/Kemp (2006)

ner größer angelegten empirischen Studie (144 Teilnehmer) ähnliche Ergebnisse erzielt. So sind durch externes Coaching Selbstwirksamkeit, Zielsetzung, Kausalattributionen für Erfolg und Bedürfnisbefriedigung verändert bzw. verbessert worden – übrigens in einem höheren Maße als bei der Vergleichsgruppe durch coachingbasierte Führung.[359] Riedel hat ebenfalls den empirischen Nachweis erbracht, dass Zielsetzung bzw. deren Anpassung ein bedeutsamer Erfolgsfaktor ist. So ergibt sich durch die Veränderung der klienteneigenen subjektiven Theorien im Coaching-Prozess, dass insbesondere das Auflösen von Zielkonflikten bzw. der Austausch von Zielen die Effektivität erhöht.[360] Dank der Reflexion des Verhaltens bzw. einer Situation durch wirksame Coaching-Interventionen wird die Wahrnehmung der eigenen Person verändert, was letztendlich zu einem veränderten Verhalten führen kann einhergehend mit positiven Auswirkungen auf die Organisation.

Initiator dieser Interventionen ist ein Coach, der über ein entsprechendes Repertoire verfügen sollte. So muss er z.B. in der Lage sein, die Selbstreflexionsprozesse des Klienten zu verstehen, um ihm möglichst effektiv helfen zu können. Hall und Duval haben das Profil eines Meta-Coachs entworfen, der sich zusätzlich zur gängigen Anwendung von Interventionen aller Coachs (z.B. aktives Zuhören und Unterstützen, präzises Fragen, Feedback geben und nehmen, Klienten „challengen" und in die Verantwortung nehmen) auf die Metaebene begibt. Dort kann er aus bis zu weiteren 26 Meta-Coaching-Skills wie z.B. Erkennung und Anwendung von Denk- und Sprachmustern, Meta-Fragen und Change Management wählen.[361] Linder-Pelz und Hall haben eine Meta-Coaching Methodologie entworfen, der das Meta-States-Modell – vornehmlich aus den Bereichen des Neurolinguistischen-Programmierens (NLP), der kognitiven Verhaltenspsychologie und der Logotherapie entwickelt – zugrunde liegt. Damit ermöglicht ein solches evidenzbasiertes Coaching die Art und Qualität persönlicher Stärken durch Metakognition zu entwickeln.[362]

Immer noch wenige, jedoch zunehmend mehr empirische Coaching-Studien, gehen bei der Untersuchung der Wirksamkeit nach dem Fokus- und Kontrollgruppen (Vergleichsgruppen)-Schema vor und bedienen sich dem sog. RCT-Ansatz. Die randomisierte kontrollierte Studie (englisch RCT: randomized controlled trial) ist in der medizinischen Forschung das nachgewiesen beste Studiendesign, um bei einer eindeutigen Fragestellung eine eindeutige Aussage zu erhalten und die Kausalität zu belegen. Randomisierung bedeutet, dass die Zuordnung zu einer Gruppe nach dem Zufallsprinzip erfolgt, um Befangenheit auszuschließen und die gleichmäßige Verteilung von bekannten und nicht bekannten Einflussfaktoren auf alle Gruppen sicherzustellen. Dazu muss die Anzahl der zu untersuchenden Personen ausreichend groß sein. Alle randomisierten Studien sind auch kontrollierte Studien, weil die Ergebnisse in der Studiengruppe mit denen der Kontrollgruppe (der Gruppe mit einem Referenzwert) ohne Intervention oder einer Kontrollintervention verglichen werden. Die Kontrollintervention ist entweder die bisher wirk-

---

[359] Vgl. Moen/Skaalvik (2009)
[360] Vgl. Riedel (2003)
[361] Vgl. Hall/Duval (2004)
[362] Vgl. Linder-Pelz/Hall (2008)

samste Maßnahme oder eine Scheinintervention, bei Medikamenten als Placebo bezeichnet.[363] Ellam-Dyson und Palmer haben sich mit den Herausforderungen solcher RCT im Coaching befasst und herausgefunden, warum diese Methode noch nicht zahlreich eingesetzt wird. So haben Forscher bspw. oft nicht die Freiheiten, eine Experimentalgruppe nach Zufallsauswahl zusammenzustellen (nicht selten auch Auswahl durch Assessment Center). Eine weitere Schwierigkeit stellen Ausfallquoten dar, bspw. wenn die Teilnahme aufgrund von Zeitmangel nicht lückenlos erfolgen kann – ein häufiges Problem bei Führungskräften. Der Erfolg von RCT hängt in hohem Maße vom Commitment der Coachs ab. Schlecht gebriefte Coachs, die dazu noch befürchten einzeln evaluiert zu werden, sind kritisch für die Umsetzung – genauso Coachs, die nicht in der Lage sind, ihre Interventionstechniken zu erläutern und man keine Rückschlüsse auf Verhaltensänderungen (Erfolgsfaktoren) beim Klienten bspw. aus einer kognitiven Technik versus einer rein lösungsfokussierten Technik ziehen kann. Ressourcenmängel wie vor allem Zeit, Budget und Arbeitskraft für eine elaborierte Evaluation lassen RCT damit häufig zu einem schwierigen Unterfangen werden.[364]

Wichtige Voraussetzungen für ein qualitativ hochwertiges Coaching liegen bereits im Auswahl- bzw. Matching-Prozess von Coach und Klient. Nur wenn beide arbeitsfähig sind und sich eine funktionierende Coaching-Beziehung ergibt, wird das Coaching letztlich erfolgreich sein. Aus Matching-Mustern, beispielsweise wie oben beschrieben durch CRS bzw. weitergehende Untersuchungen im Rahmen der Auswahl bzw. Zuordnung von Coachs und Klienten, könnten dann Qualitätskriterien abgeleitet werden, die eine zielgenaue Vermittlung von Coachs und Klienten nicht länger wie ein Wunder anmuten lassen und ein erster Indikator für Erfolg sind. Laske hat bei evidenzbasierten Coaching-Ansätzen von sechs Top-Managern über ein Jahr untersucht, inwieweit sich unterschiedliche theoretisch begründete Entwicklungsstadien von insbesondere Coachs auf den Coaching-Erfolg auswirken, den sie in Form von Verhaltensänderungen auf der Basis von Weiterentwicklungsschritten bei den Klienten als RoI bezeichnen. Im Unterschied dazu definieren Passmore und Gibbes den Coaching-RoI als Ergebnis der drei generischen Coaching-Prozesse „Aufmerksamkeit unterstützen und fördern", „Ergebnisse vergegenwärtigen", „neue Erfahrungen und neues Verhalten zulassen", in dem es nicht nur um die Momentaufnahme „nackter" Ergebnisse geht, sondern um erklärbare Nachhaltigkeit einer im Coaching erlernten Selbstwirksamkeit. Solange der Coach mindestens auf dem Entwicklungslevel des Klienten ist, sind die Aussichten auf einen positiven RoI gut – andernfalls kann das Coaching kontraproduktiv ausgehen, d.h. gar mit negativem RoI.[365]

Die Ausgangsbasis für jedwede RoI-Diskussion ist das Ziel bzw. die Ziele im Coaching: "the goal defines for the person what constitutes an acceptable level of performance.[366]" Aufgrund dieser Erkenntnis hat Spence den so genannten „Goal Attainment Score" entwickelt, der die summierten Zielgewichtungen (durch unterschiedliche Schwierigkeitsgrade von Einzelzielen)

---

[363] Vgl. Windeler/Antes/Behrens/Donner-Banzhoff/Lelgemann (2008)
[364] Vgl. Ellam-Dyson/Palmer (2008)
[365] Vgl. Laske (1999), Passmore/Gibbes (2007)
[366] Latham/Locke (1991), S. 234

und erreichten Werte (ermittelt durch Likert-Skalen) ins Verhältnis zu durchschnittlichen Inter-korrelationen von erreichten Werten setzt und damit eine Art neutrale Zielerreichungskontrolle ermöglicht. Davon verspricht sich der Autor eine fruchtbare Diskussion zwischen Praktikern und Forschern im Sinne der Weiterentwicklung dieses Ansatzes.[367] So ist vor allen Dingen of-fen, welche (Stör-)Variablen den Erfolg bzw. die Leistung bzw. den RoI von Coaching in posi-tiver wie negativer Hinsicht beeinflussen. Leedham definiert Leistung im Coaching als Potenzi-al abzüglich Beeinflussung wie z.B. Mangel an Zuversicht, Motivation oder Klarheit bzw. Fo-kussierung oder eine Kombination dieser Faktoren. Daraus leitet sie ein Coaching-Scorecard-Modell ab, das Humankapital-Treiber (Motivation, Zuversicht, Klarheit und Fokussierung), Humankapital-Fähigkeiten (Kompetenzen und Verhaltensweisen), dazwischen liegende Key Performance Indicators (Produktivität, Kundenzufriedenheit) und finanzielle Leistungsdaten wie z.B. Gewinn oder Umsatzwachstum zu verbinden versucht. Ihre Untersuchung zeigt, dass es sehr schwierig ist, den direkten Einfluss von Coaching auf Geschäftserfolg zu messen.[368]

Eine durchaus effektive Variante der Leistungsmessung kann das 360-Grad-Feedback darstel-len. Adäquat eingesetzt kann dieses Instrument Coachs und Klienten aufschlussreiche und diffe-renzierte Einblicke in die Bewertung der Veränderungen durch verschiedene Stakeholder ge-währen. Wichtig ist, dass das Feedback der einzelnen Teilnehmer immer in Bezug auf eine be-stimmte Rolle bewertet wird, die der Klient je nach Konstellation einnimmt. Die Wirksamkeit kann noch erhöht werden, wenn das 360-Grad-Feedback im Coaching-Prozess mit bestimmten Potenzialen (z.B. Talent-Management, Eignungstests, etc.) gekoppelt wird.[369]

2.3.6   Ausblick

Das bemerkenswerte Wachstum des Coaching-Marktes wird nicht gestützt von einem ver-gleichbaren Wachstum der Coaching-Forschung. Linley hat in Anlehnung an die Positionierung von Coaching auf einer Ebene mit Organisations-/Unternehmensberatung und angewandter Psychologie so genannte „competing imperatives" zwischen Coaching und Coaching-Forschung ausgemacht, d.h. kontroverse Interessen, die im Spannungsfeld von ökonomischem (marktlichem) Wachstum und akademischer Professionalisierung dieser Beratungsform liegen. Bei funktionierendem Marktwachstum stellt sich die Frage, weshalb Mittel für eine teure Coa-ching-Forschung aufgebracht werden sollten. Eingedenk dieser Hürden ist es erstaunlich, dass überhaupt geforscht wird.[370] Coaching-Forschung ist ein professionstheoretisches Petitum, das jedoch keineswegs selbstzweckdienlich sein darf, sondern eine klare Fokussierung auf relevante Interessengruppen und Forschungsfelder gebietet. Deswegen ist entscheidend, die richtigen (Forschungs-)Fragen zu stellen, um letztlich das berufs- bzw. professionspraktische Erkenntnis-interesse von und für Coaching zu steigern.

---

[367] Vgl. Spence (2007)
[368] Vgl. Leedham (2005)
[369] Vgl. McDowall/Kurz (2008)
[370] Vgl. Linley (2006)

Das Scientist-Practitioner-Modell[371], welches der Grundidee des Strukturfunktionalismus und des evidenzbasiertes Ansatzes entspricht, ist kein Klebstoff zwischen Wissenschaft und Praxis, sondern ein Ausgangspunkt professioneller Praxis, der Stringenz, Wissenschaft, Kunstlehre und Scharfsinn miteinander verbindet. Der moderne Scientist-Practitioner verfügt über Fähig- und Fertigkeiten, die auch professionelle Coachs ausmachen, wie z.B. schulenübergreifende psychologische Grundlagen, effektives Handeln durch die Übersetzung theoretischer Konstrukte in Interventionsstrategien oder Evaluation und Reflexion als Basis für persönliche und berufliche Weiterentwicklung.[372]

Die meisten Forschungsstudien über Coaching sind defizitär in Bezug auf ihr Forschungsdesign, Methoden, Ergebnisse sowie Implikationen für Wissenschaft und Praxis. Selbstkritische Forscher zeigen sich daraufhin selber an und führen aus, wo die Schwachstellen ihrer Untersuchung liegen und welche Aspekte künftig zusätzlich, genauer oder besser erforscht werden müssten.[373] Da Coaching noch eine relativ junge Beratungsform ist, wird häufig auf die Notwendigkeit von Vergleichsstudien, größeren Grundgesamtheiten, längeren Untersuchungszeiträumen, Methoden-Vielfalt u.v.m. verwiesen, um den Forschungsstand im Coaching zu objektivieren und zu validieren. Ob es irgendwann eine eigene Theorie oder Theorien für Coaching geben wird, kann nur über einen evidenzbasierten Forschungsansatz beantwortet werden. Dies bedeutet jedoch, dass sich alle – insbesondere Coachs, Klienten, Auftraggeber bzw. Organisationen – beteiligen, d.h. zunächst bereit sind sich evaluieren zu lassen und darüber hinaus eigene Beiträge leisten, z.B. im Rahmen von 180- oder 360-Grad-Feedbacks.

Ellam-Dyson und Palmer haben Voraussetzungen für Forschung und Evaluation im organisationalen Kontext formuliert. Für die Forschung werden Daten benötigt, um die Beziehung zwischen Überzeugungen (Einsicht) und Verhaltensweisen zu untersuchen, insbesondere deren Unterschiede nach dem Coaching. In der organisationalen Evaluation geht es um die Beziehung zwischen Coaching-Techniken und Leistungen der Klienten, d.h. Wirksamkeit des Coachings.[374] Wirkfaktoren-Forschung im Coaching ist ein aktueller Trend, der im Sinne eines evidenzbasierten Ansatzes erweitert werden sollte, um Wirkung nicht nur zu erklären, sondern deren Treiber ausfindig zu machen. Anstrengungen sollten in die Richtung gehen, auf den bereits bestehenden Fundus ausgewählter therapeutischer und supervisorischer Wirkfaktoren[375] zurückzugreifen, um diese auf Coaching zu übertragen und ihre Erfolgsvalidität zu überprüfen. Dies beinhaltet die Entwicklung geeigneter Methoden zur quantitativen und qualitativen Untersuchung. Die in der Psychotherapie-Forschung übliche Unterscheidung in spezifische Wirkfakto-

---

[371] Das „Scientist-Practitioner-Modell" stammt ursprünglich aus der klinischen Psychologie und ist im Rahmen der „Boulder Conference on Graduate Education in Clinical Psychology" im Jahre 1949 entwickelt worden. Ziel ist es, berufspraktische Entscheidungen auf der Basis wissenschaftlicher Methoden bzw. Methodologien zu treffen und somit die Forschungsaktivitäten noch praxisnaher auszurichten (vgl. z.B. Lane/Corrie (2006/2009)). Eine nähere Betrachtung des Modells erfolgt in Kapitel 5.

[372] Vgl. Ebd.

[373] Vgl. z.B. Peel (2005), Stewart/Palmer/Wilkin/Kerrin (2008)

[374] Vgl. Ellam-Dyson/Palmer (2008)

[375] Vgl. z.B. Bozok (1986), Lang (1990), Huf (1992), Tschuschke (1993), Kaminski (1998), Bassler (2000), Hain (2000), Englert-Seel (2001), Grawe/Donati/Bernauer (2001), Jüngst (2002), Koch (2003) und viele andere mehr

ren (Faktoren, welche die „spezifische" Wirkung therapeutischer Verfahren und Schulen erklären) und unspezifische Wirkfaktoren (allgemeine, zwischenmenschliche und schulenübergreifende Faktoren, z.b. authentisches Verhalten des Therapeuten) ist im nachstehenden Modell dargestellt, angereichert um die Trennung von Prozess- und Strukturebene.

	...auf Strukturebene	...auf Prozessebene
Spezifische Wirkfaktoren...	Ausbildung	Technik & Methoden
Unspezifische Wirkfaktoren...	Disposition, Erfahrung	Beziehung

Abb. 13: Einordnung von Faktoren der Professionalisierung am Beispiel des psychotherapeutischen Wirkfaktorenkonzeptes[376]

Mit Blick auf Mikroprofessionalisierung im Coaching muss das Ziel von Coaching-Forschung sein, Coaching-Erfolg und dessen Zusammenhänge zu erklären. Coaching-Erfolg ist letztlich eine abhängige Variable seiner Wirkfaktoren, bestehend aus konstituierenden (bestimmenden, begründeten) Faktoren und Leistungs-/Erfolgsfaktoren (Ergebnissen). Nur, wenn dieser erklärbar ist bzw. wird, kann sich Coaching im Sinne einer sekundären Professionalisierung auch als Profession etablieren und durch weitergehende Forschungsbemühungen seinen Wirkfaktoren eine Identität geben. Die folgende Übersicht auf der nächsten Seite stellt ein Arbeitsmodell für Coaching-Forschung dar, das die relevanten Felder auf der Basis des bisherigen Forschungsstandes aufzeigt, in einen Zusammenhang bringt und weiterführende Fragen aufwirft. Dieses Modell ist die Grundlage für die empirische Untersuchung in dieser Arbeit. Auffällig dabei ist, dass insbesondere die Forschungslinien der British und der Australian Psychological Society relativ therapienah sind und sich daher viele Gemeinsamkeiten aus der Psychotherapie-Forschung erkennen lassen, was die Ausbildung einer eigenen Forschungsidentität für Coaching erschwert.

Diese Forschungsfelder mit Schwerpunkt „Coaching als Beratungsform" werden einer qualitativ-empirischen Überprüfung unterzogen und sublimiert, bevor dann Forschungsszenarien aufgestellt werden. Im Lichte der Professionalisierungsbedürftigkeit und -fähigkeit von Coaching sind die beiden wichtigsten weiterführenden Fragen für die Szenarien erstens, wer sich überhaupt für Coaching-Forschung interessiert und warum (Funktion von Coaching-Forschung) und zweitens, welche Forschung bei welcher Interessenlage richtig ist (Arten von Coaching-Forschung). Die entscheidende Frage von Schlutz (s.o.) ist heute bezogen auf Coaching und im Lichte dieser Arbeit aktueller denn je: von wem und für wen ist Coaching-Professionalisierung überhaupt zugelassen, möglich und erforderlich und welche Rolle spielt dabei Forschung?[377]

---

[376] Eigene Darstellung in Anlehnung an Berndt/Hülsbeck (2009)
[377] Vgl. Schlutz (1988)

Coaching als Markt
Makroprofessionalisierung

Regulierung

- **Eintrittsbarrieren** (z.B. über Verbände: sind die „Hürden" vergleichbar bzw. handelt es sich um wirkliche „Hürden"?)

- **Standardisierung/ Normierung** (z.B. über Akkreditierung, DIN-Zertifizierung: Vision „Globale Coaching-Standards"?)

- **Austrittsbarrieren** (z.B. „Scharlatanerieproblem": was differenziert „gute" von „schlechten" Coachs und wie funktioniert Marktausschluss für Zweitere?)

Entwicklung

- **Coaching-Angebot** (z.B. Berufsbilder, Aus- und Weiterbildung, Abgrenzung zu anderen Beratungsformen, Marktauftritt „Coaching", Organisations-, Beteiligungs- und Finanzierungsformen: wie sieht das Coaching-Angebot von morgen aus?)

- **Formate und Medien** (z.B. virtuelles, klassisches, blended Coaching: was setzt sich wo durch und welches sind die nächsten Trends?)

- **(R-)Evolution von Coaching** (z.B. Investitionsfelder (nachfrage- vs. angebots-induziert): wie wird sich Coaching entwickeln (zeitlich, räumlich, inhaltlich, gesellschaftlich)?)

Coaching als Beratungsform
Mikroprofessionalisierung

Konstituierende Faktoren

- **Definition und Meta-Modell** (z.B. evidenzbasiertes Coaching-Modell: was ist Coaching?)

- **Einflussfaktoren** (z.B. „Schulen", Beratungsformen, Kultur, Veränderungsprozesse, Ethik, Führung: was beeinflusst Coaching?)

- **Struktur, Beziehung, Prozess** (z.B. Disposition, Bildung, Passung, Ziele, Evaluation: welche Struktur-, Beziehungs- und Prozess-Muster gibt es im Coaching?)

Leistungs-/Erfolgsfaktoren

- **(Selbst-)Wirksamkeit** (z.B. Beziehungs-/Transaktionsebene, Kompetenz, Ergebnis- und Selbstwirksamkeitserwartungen: wie kann der Klient ein bestimmtes Verhalten ausüben (Faktoren für Lern- und Transfererfolg)?)

- **Qualitätsmanagement** (z.B. richtige Auswahl und Einsatz von Coachs, Prozess- und Ergebnisevaluation, Definition von Qualitätsstandards: wie kann Qualität gemessen und gemanagt werden?)

- **Bildungscontrolling** (z.B. Betrachtung von ROI und Kosten von Coaching: wie kann Coaching-Erfolg gemessen und bewertet werden (z.B. Unternehmenserfolg über Scorecard, 360°-Feedback)?)

Coaching-Forschung

Abb. 14: Felder für Coaching-Forschung aus Sicht der Professionalisierungstheorie[378]

---

[378] Eigene Darstellung resultierend aus einer Sekundäranalyse von Coaching-Literatur

3 Methodik und empirische Untersuchung

Jeder empirischen Untersuchung liegen Fragen zugrunde, die sich aus der zu schließenden Wissenslücke ergeben. Crotty hat festgestellt, dass der Startpunkt einer Studie nicht in der Methodenwahl für die Datenerhebung liegt, sondern in der epistemologischen Grundhaltung des Forschers, da dieser herauszufinden versucht, welche Art von Wissen legitim und adäquat zur Beantwortung der Forschungsfrage ist. Diese Stellung, so Gray, beeinflusst die theoretische Perspektive und daher die Methodologie, die wiederum Einfluss auf die Methodenwahl nimmt.[379]

Wie in Kapitel 1 dargelegt, soll diese Arbeit einen Beitrag leisten, wie Szenarien für Coaching-Forschung aussehen, aus welchen Kategorien diese bestehen und wie diese professionssoziologisch eingeordnet werden können. Die theoretischen Überlegungen in Kapitel 2 dienen dazu, das für diese Forschungsfragen relevante und bereits vorhandene Wissen zusammenzutragen und zu strukturieren. Damit ist in den beiden vorangegangenen Kapiteln geklärt worden, welcher Ausschnitt der sozialen Wirklichkeit erfasst (Spezifizierung des Untersuchungsdesigns) und warum dieser beobachtet werden soll (Entstehungs- und Verwertungszusammenhang).[380] Diese Erkenntnisse geben jedoch auch Hinweise darauf, welche Daten erhoben werden müssen, um die Forschungsfragen zu beantworten. Wie und warum die benötigten Daten nun genau erhoben werden, soll Gegenstand dieses Kapitels sein. Dabei ist die Wahl der Forschungsmethode nicht allein durch die Forschungsfragen determiniert, sondern auch die wissenschaftstheoretische bzw. methodologische Grundposition des Forschers beeinflusst die Forschungsmethode. Der detaillierten Darlegung der Methodologie und Methodik kommt dabei eine wichtige Aufgabe zu:

> „Nur diese Kodifizierung und Explizierung der Forschungsmethoden, die es dem Leser erlaubt, die Schlussfolgerungen des Untersuchers, seinen Weg von den Daten zur Theorie, nachzuvollziehen, kann die Glaubwürdigkeit empirisch begründeter Theorien sicherstellen und damit die forschungspolitische Reputation qualitativer Verfahren stärken.[381]"

Das Vorgehen der empirischen Untersuchung soll demnach im folgenden Kapitel transparent gemacht werden, indem zunächst die methodologischen Regeln formuliert sowie der konkrete Forschungsansatz dargelegt werden (3.1). Aufbauend auf diesen grundsätzlichen Überlegungen und Entscheidungen schließt sich die Entwicklung eines Untersuchungsdesigns an, in dem festgelegt wird, welche Daten über welche Untersuchungsobjekte bzw. Befragungsteile wie erhoben werden (3.2). Der letzte Abschnitt befasst sich mit ausgewählten Gütekriterien sowie qualitätssichernden Maßnahmen, die die Qualität sowohl des Forschungsprozesses als auch der - ergebnisse der vorliegenden Untersuchung sicherstellen (3.3).

---

[379] Vgl. Crotty (1998), Gray (2004)
[380] Vgl. Atteslander (2006)
[381] Kelle (1997), S. 288

3.1 Methodologie und Forschungsansatz

Im Folgenden soll in einem ersten Schritt die methodologische Basis festgelegt sowie der verfolgte Forschungsansatz aufgezeigt werden. Dabei kann demonstriert werden, dass sich die Grounded Theory als Basis dazu eignet, die Konstruktion einer Theorie für Coaching-Forschung im Lichte dieser Arbeit anzuleiten (3.1.1). Aus ihr können mittels problemzentrierten Experteninterviews konkrete Forschungsszenarien deduziert werden (3.1.2).

3.1.1 Grounded Theory als methodologische Basis

Grundsätzlich steht bei der empirischen Sozialforschung die Beantwortung dreier zentraler Fragen im Mittelpunkt des Interesses: Was soll erfasst, warum soll es erfasst und wie soll es erfasst werden?[382] Während die ersten beiden Fragen bereits beantwortet worden sind, konzentriert sich dieser Abschnitt auf die Beantwortung der dritten Frage nach der methodologischen Herangehensweise an die Untersuchung und legt das Forschungsdesign dar.

Mit dem Ziel einer möglichst unverfälschten Erfassung der sozialen Wirklichkeit hat der Autor die Herangehensweise der qualitativen Sozialforschung gewählt.[383] Um sich weniger auf eine subjektive Beschreibung sozialer und organisationaler Verhältnisse zu beschränken und vielmehr den Kriterien der Wissenschaft zu genügen, soll ausschlaggebend für die Wahl der geeigneten Methode die Beantwortung der Frage sein, welche Zielsetzung die Untersuchung eigentlich verfolgt. Wie bereits durch die Problemstellung und die Forschungsfrage dargelegt, handelt es sich bei der Beforschung von Coaching um ein sehr weites Feld ohne einheitliche Konzeptualisierung und Operationalisierung. Diese Tatsache setzt der Untersuchung bezüglich der Auswahl geeigneter Methoden relativ enge Grenzen. Um eine einheitliche Konzeptualisierung von Forschungsszenarien im Coaching zu generieren, disqualifiziert sich eine quantitative Betrachtungsweise durch ihren Anspruch aus der theoretischen Literatur, aus bereits vorhandenen empirischen Ergebnissen abgeleitete Hypothesen oder Theorien bestätigen beziehungsweise ablehnen zu wollen.[384] Im Mittelpunkt der Arbeit steht die verallgemeinerte Abbildung und Beschreibung von Forschungsfeldern, was eine möglichst unvoreingenommene Erfassung individueller Handlungen und subjektiver Wahrnehmungen voraussetzt. Um ein ganzheitliches und nur damit realistisches Bild der sozialen Welt zu zeichnen, wird die qualitative Sozialforschung, durch deren Einsatz gerade in nicht direkt messbaren, lebensweltlichen und innerpsychischen Bereichen sinnvolle Aussagen möglich werden, bevorzugt.

Als methodologische Basis soll der „Grounded Theory"-Ansatz von Strauss und Corbin herangezogen werden, der ein tieferes Verständnis von sozialen Phänomenen ermöglicht und dabei zudem das Miteinbringen von theoretischen Annahmen und Zusammenhängen in die Untersuchung zulässt.[385] Die Grounded Theory ist ursprünglich vor allem aus dem Impuls heraus for-

---

[382] Vgl. Atteslander (2006)
[383] Vgl. Lamnek (2005)
[384] Vgl. Schnell/Hill/Esser (1993)
[385] Vgl. Strauss/Corbin (1996)

muliert worden, eine Annäherung von theoretischer und empirischer Forschung einzuleiten und verfolgt dabei den Grundsatz, Theorien in enger Tuchfühlung mit sozialen Tatsachen zu erarbeiten. Um dem Explorationscharakter einer qualitativen Untersuchung im Rahmen der Grounded Theory gerecht zu werden, d.h. für unerwartete Informationen empfänglich zu bleiben und auf ungeahnte Umstände reagieren zu können, wird vom Interviewer Offenheit und der Verzicht auf eine konkrete Hypothesenbildung im Vorfeld verlangt.[386] Erst im Laufe des Prozesses werden Hypothesen generiert, wobei der implizite Austausch zwischen den qualitativ erhobenen Daten und dem zunächst noch theoretischen Vorverständnis zu ihrer fortwährenden Präzisierung, Modifizierung und Revision führt.[387] So sollen die Forschungsszenarien mehr Substanz erlangen. Die Betrachtung des Interviewpartners als prinzipiell orientierungs-, deutungs- und theoriemächtiges Subjekt rückt die Kommunikation und Interaktion zwischen dem Interviewpartner und Interviewer in den Mittelpunkt der Untersuchung.[388] Dem Befragten wird eine gewisse Eigenleistung abverlangt und somit die Möglichkeit gegeben, aufgrund seines erhöhten Gestaltungspotenzials die Untersuchung in eine Richtung zu lenken, die vorher aufgrund des unvollständigen Vorverständnisses nicht bedacht worden ist. Da der Prozesscharakter der Vorgehensweise das Aufdecken von Mustern und Entwicklungspfaden unterstützt, kann so ein zunächst weiter Blickwinkel im Laufe der Untersuchung zugespitzt werden. Wichtig hierbei ist eine iterative und reflektierte Vorgehensweise.

Die Erkenntnisse sollen aus den Daten emergieren, die in die Bildung von Propositionen münden und zur Theoriebildung beitragen. Ausgehend von verschiedenen ontologischen, epistemologischen und methodologischen Basisannahmen[389] zeichnet sich die Sozialwissenschaft allgemein durch unterschiedliche Sicht- und Vorgehensweisen aus, die oftmals durch die prägnante Entgegensetzung eines „quantitativ-normativen" und eines „qualitativ-interpretativen" Paradigmas reflektiert werden.[390] Der Unterschied zwischen den beiden Vorgehensweisen liegt auf der Ebene der Erklärungsstrategie, d.h. die Art und Weise, in der die angestrebten Erklärungen menschlichen Handelns erreicht werden sollen.[391] Vertreter des quantitativ-normativen Paradigmas gehen von einer konkreten, objektiv vorgegebenen sozialen und organisationalen Welt

---

[386] Vgl. Kleining (1982); bei der Konzipierung des Forschungsprojektes muss zunächst die Entscheidung für eine der Themenstellung angemessene Methodologie getroffen werden. Ausgangspunkt sind dabei Forschungsziel und Forschungsfragen. Da es sich bei Coaching-Forschung um einen theoretisch nur wenig strukturierten und empirisch dürftigen erkundeten Gegenstandsbereich handelt, kann nicht die Modellbildung mit anschließender Hypothesenprüfung angestrebt werden – zumal Coaching-Forschung heute meist qualitativ-empirisch stattfindet, basierend auf kleinen Fallzahlen bzw. Fallstudien (vgl. z.B. Grant/Cavanagh (2004)).

[387] Vgl. Lamnek (2005)

[388] Vgl. Schütze (1978)

[389] Ontologische Basisannahmen können durch die Frage widergespiegelt werden: "What is the form and the nature of reality and, therefore, what is there that can be known about it?" Epistemologische Annahmen durch: "What is the nature of the relationship between the knower or would-be knower and what can be known?" und methodologische durch: "How can the inquirer (would-be knower) go about finding out whatever he or she believes can be known?" (Guba/Lincoln (1994), S. 108; Denzin/Lincoln (2000), S. 19).

[390] Vgl. Rist (1977), Burell/Morgan (1979), Morgan (1983), Lamnek (2005); in Bezug auf diese Basisannahmen kann noch eine weitaus größere Anzahl von Grundpositionen identifiziert werden. Diese können jedoch auf einem Kontinuum der oben genannten Extrempunkte angesiedelt werden (vgl. Morgan/Smircich (1980); für die Darstellung von verschiedenen Grundpositionen siehe u.a. auch Denzin/Lincoln (2000), Lincoln/Guba (2000)).

[391] Vgl. Gläser/Laudel (2006)

aus. Die Realität soll durch statistisch signifikante (Kausal-) Zusammenhänge erfasst werden, aus denen Kausalmechanismen abgeleitet werden können, d.h. Prozesse, die zwischen Ursache und Wirkung vermitteln. Die Anhänger des interpretativen Paradigmas hingegen sehen die Realität nicht als objektiv vorgegeben, sondern als gesellschaftlich konstruiert und interpretiert an.[392] Dies bedeutet für die Erschließung sozialen Handelns, dass die Kausalmechanismen, die zwischen den Bedingungen und Ergebnissen der untersuchten Prozesse vermitteln, nur unter Berücksichtigung der subjektiven Sichtweisen der Untersuchten erschlossen werden kann. Durch die vollständige Untersuchung eines oder mehrerer Fälle sollen die den sozialen Prozessen innewohnenden Kausalmechanismen direkt aufgedeckt werden.

Auch wenn es sich augenscheinlich um zwei entgegen gesetzte Sicht- und Vorgehensweisen handelt, muss konstatiert werden, dass beide Paradigmen dasselbe Ziel verfolgen, in dem sie nach Max Weber soziales Handeln deutend verstehen wollen, um es in seinem Ablauf und seinen Wirkungen ursächlich zu erklären.[393] Der grundlegende Unterschied besteht darin, wie man in empirischen Untersuchungen zu Schlussfolgerungen über Kausalzusammenhänge gelangt und weniger in dem Generieren und Testen von Theorie, in der Offenheit oder Reproduzierbarkeit der Verfahren und in der Anwendung quantitativer oder qualitativer Methoden. Ein neuerer sozialwissenschaftlicher Ansatz kombiniert quantitative und qualitative Methoden zu einer eigenen Methodologie, getrieben von den Anforderungen der jeweiligen Forschungsfrage und weniger von der grundsätzlichen Forschungsphilosopie.[394]

Basierend auf diesen Grundpositionen haben sich eine Reihe von Methodologien bzw. methodologischen Prinzipien entwickelt, die als Forderungen an den Forschungsprozess verstanden werden können, um diesen zu systematisieren und kodifizieren.[395] Sie dienen dem Forscher somit als Anleitung bei der Auswahl der Untersuchungsstrategie und der Methoden, um die gewünschten Erkenntnisse zu generieren, aber auch die Nachvollziehbarkeit und Glaubwürdigkeit durch Dritte zu stärken.[396]

Über die konzeptionelle und inhaltliche Ausgestaltung von Coaching-Forschung herrscht in der derzeitigen Literatur bislang ein eher heterogenes Meinungsbild. Dies drückt sich vor allem durch die sehr unterschiedlich ausfallenden Definitionen und Sichtweisen aus, die auch in empirischen Untersuchungen widergespiegelt werden (vgl. Kapitel 2). Daher ist es erstrebenswert, ein empirisch begründetes ganzheitliches Bild von Coaching-Forschung zu erlangen. In diesem Zug hilft der interpretative Charakter der Grounded Theory, der es erlaubt, den nur schwer (er-)fassbaren Kern von Coaching-Forschung zu erschließen. Als letztes unterstützt der prozessori-

---

[392] Vgl. Froschauer/Lueger (1992)
[393] Vgl. Weber (1976)
[394] Vgl. Creswell/Plano Clark (2007)
[395] Auch im Bereich der Methodologien kann zwischen qualitativen und quantitativen dichotomisiert werden. Qualitative Methoden werden dabei als „thick" (vgl. Geertz (1973)); „deep" (vgl. Sieber (1973)) und „holistic" (vgl. Rist (1977)) beschrieben, quantitative Methoden dagegen als „thin" (vgl. Geertz (1973)); „narrow" (vgl. Rist (1977)), aber „generalizable" (vgl. Sieber (1973)); siehe hierzu auch McClintock/Brannon/Maynard-Moody (1979), Miles (1979)
[396] Für eine ausführliche Darstellung, Einordnung und Diskussion verschiedener Methodologien siehe Kelle (1997), Lamnek (2005)

entierte Charakter das Aufdecken von Struktur-, Prozess- und Gestaltungsmustern von Coaching-Forschung.[397] Demnach kann zusammenfassend festgehalten werden, dass die Prinzipien der Grounded Theory als geeignet erscheinen, die Zielsetzung der vorliegenden Arbeit zu erreichen. Darüber hinaus entspricht die hier dargestellte alleinige Orientierung am zu untersuchenden Phänomen bei der Wahl der Forschungsmethode dem Postulat der Gegenstandsorientierung.[398]

Anders als dem bei Glaser und Strauss sowie Glaser geforderten Verzicht auf theoretische Annahmen und Zusammenhänge wird hier dem vorgeschlagenen Weg von Strauss und Corbin gefolgt, der die umfangreiche Kenntnis gegenstandsbezogener Literatur als Voraussetzung für die theoretische Sensibilität betrachtet und deren Verwendung wichtiger Bestandteil in jeder Phase des Forschungsprozesses ist.[399] Demnach können die theoretischen Vorüberlegungen aus der Literatur zu Coaching-Forschung den empirischen Zugang durch einen Interviewleitfaden strukturieren und leiten. Während der Datenanalyse und Ableitung der Propositionen kann durch die Literaturkenntnisse ein „Ertrinken" im Datenmaterial verhindert werden. Dennoch ist darauf geachtet worden, dass dem Datenmaterial keine theoretischen Konzepte aufgezwungen werden, sondern im Vorfeld geprüft, ob die Theorie zu den Daten passt. Darüber hinaus ist in diesem Zusammenhang auch zu jedem Zeitpunkt im Forschungsprozess das Prinzip der Offenheit und Flexibilität gegenüber Untersuchungspersonen, der Untersuchungssituation, aber auch der angewendeten Methoden berücksichtigt worden.[400] So sind z.B. die makro- und mikrosoziologischen Kategorien von Coaching-Forschung im Interviewleitfaden aufgebrochen und erweitert worden.

Die Offenheit und Flexibilität der gewählten Forschungsmethode spiegelt sich auch in der Wahl des problemzentrierten Interviews von Experten als konkreten Forschungsansatz wider. Die Möglichkeit, den Interviewleitfaden zu überarbeiten sowie bei den Interviewpartnern Rückfragen zu stellen, ist zu jedem Zeitpunkt der Befragung gegeben.

3.1.2   Das problemzentrierte Interview als sozialwissenschaftlicher Forschungsansatz

Empirische Untersuchungen aus der Akteursperspektive – wie z.B. qualitative Interviews – erfahren nicht zuletzt durch die „Individualisierungsthese" eine neue Bedeutung. Dieser These zufolge lösen sich Individuen aus tradierten Bindungen (z.B. Ständen oder Klassen) und müssen sich neuen institutionellen Abhängigkeiten wie Arbeitsmarkt, Beruf oder Bildung stellen.[401] Dadurch schwindet die Möglichkeit, Handlungsresultate unmittelbar aus gesellschaftlichen Schranken, Selektionsmechanismen und sozial ungleich verteilten Ressourcen zu erklären zugunsten von Eigeninitiative und Eigenverantwortung einhergehend mit der dafür notwendigen

---

[397] Vgl. Strauss/Corbin (1996), Langley (1999)
[398] Vgl. Kleining (1995), Flick (2007)
[399] Theoretische Sensibilität bedeutet die Fähigkeit des Forschers, theoretisch relevante Ereignisse und Zusammenhänge im Material zu entdecken, weil ihm heuristische Konzepte zur Verfügung stehen (vgl. Kelle (1997)).
[400] Vgl. Lamnek (2005)
[401] Vgl. z.B. Beck (1986)

Selbstreflexion. Auch neuere Konzepte der Sozialisationsforschung wie das der „Selbstsozialisation" verweisen gegenüber normativen Ansätzen auf Eigenleistungen des Subjekts im Umgang mit gesellschaftlichen Gegebenheiten, beim Entwickeln eigener Ansprüche im Beruf, bei der Verarbeitung von biographischen Erfahrungen sowie beim Nutzen von eigenen Ressourcen und Handlungsspielräumen für berufliche Pläne.[402]

Das problemzentrierte Interview ist als spezielle Forschungstechnik eine Methodenkombination aus qualitativen Interviews, Fallanalysen, biografischen Methoden, Gruppendiskussionen und Inhaltsanalyse.[403] Der Ablauf des Interviews orientiert sich weitgehend an den in der Literatur vorzufindenden vier Phasen des problemzentrierten Interviews[404]:

- Festlegung der erzählenden Gesprächsstruktur und des Problembereichs der sozialen Wirklichkeit,
- Allgemeine Sondierung": Anregung der narrativen Phase des Befragten,
- „Spezifische Sondierung": Verständnisgenerierendes Nachvollziehen des Erfragten und Berichteten,
- Stellen von ad hoc-Fragen zu bislang nicht angesprochenen Themenbereichen.

Darüber hinaus soll auf die Möglichkeit zurückgegriffen werden, nach einer ersten Datenanalyse noch einmal nach zu erheben und den Interviewleitfaden sukzessive anzupassen.

Die Grundpositionen des problemzentrierten Interviews in Anlehnung an das theoriegenerierende Verfahren der Grounded Theory sind Problemzentrierung, Prozess- sowie Gegenstandsorientierung. Die Grounded Theory übt Kritik an einer hypothetiko-deduktiven Vorgehensweise, derzufolge man die Daten nur ex ante erfassen und überprüfen kann. Zum anderen wendet es sich aber auch gegen die naiv-induktivistische Position des „soziologischen Naturalismus", nach dem die Haltung des Interviewers (Forschers) durch eine vollständige (und prinzipielle) Offenheit gegenüber der Empirie gekennzeichnet ist, die er ohne jede Berücksichtigung theoretischer Grundlagen als notwendig und hinreichend annimmt.[405] Beim problemzentrierten Interview ist der Erkenntnisgewinn sowohl im Erhebungs- als auch im Auswertungsprozess wissenschaftstheoretisch vielmehr als Wechselspiel zwischen Induktion und Deduktion zu organisieren. Das offenzulegende Vorwissen dient in der Erhebungsphase als heuristisch-analytischer Rahmen für Frageideen im Dialog zwischen Interviewer und Befragtem. Gleichzeitig wird das Offenheitsprinzip realisiert, indem das spezifische Wissen und Deuten des Befragten insbesondere durch Narrationen angeregt wird. Theoretisches Wissen entsteht in der Auswertungsphase durch die Nutzung von „sensitizing concepts", die in der weiteren Analyse fortentwickelt und mit empirisch begründeten Hypothesen am Datenmaterial erhärtet werden.[406] Mit dieser flexiblen Vorgehensweise soll gewährleistet werden, dass die Problemsicht des Forschers nicht die-

---

[402] Vgl. z.B. Heinz/Witzel (1995)
[403] Vgl. Witzel (1989)
[404] Vgl. Lamnek (2005)
[405] Vgl. Kelle (1997)
[406] Vgl. Blumer (1954)

jenige des Befragten überstrahlt und somit den erhobenen Daten nicht im Nachhinein einfach Theorien übergestülpt werden.

Nach Witzel lassen sich die drei Grundpositionen wie folgt skizzieren[407]:

- Die **Problemzentrierung** kennzeichnet die Orientierung an einer gesellschaftlich relevanten Problemstellung und charakterisiert die Organisation des Erkenntnis- oder Lernprozesses (Vorinterpretation): Der Interviewer nutzt die vorgängige Kenntnisnahme von objektiven Rahmenbedingungen der untersuchten Orientierungen und Handlungen, um die Explikationen der Interviewten verstehend nachzuvollziehen und am Problem orientierte Fragen bzw. Nachfragen zu stellen. Parallel zur Produktion von breitem und differenziertem Datenmaterial arbeitet der Interviewer schon an der Interpretation der subjektiven Sichtweise der befragten Individuen und spitzt die Kommunikation immer präziser auf das Forschungsproblem zu.

- Die **Prozessorientierung** bezieht sich auf den gesamten Forschungsablauf und insbesondere auf die Vorinterpretation. Wenn der Kommunikationsprozess sauber und nachvollziehbar auf die Rekonstruktion von Orientierungen und Handlungen ausgerichtet wird, entsteht beim Befragten Vertrauen und damit Offenheit, weil er sich in seiner Problemsicht ernst genommen fühlt. Dieses Vertrauensverhältnis fördert die Erinnerungsfähigkeit und motiviert zur Selbstreflexion. Indem der Befragte seine Problemsicht mithilfe des Interviewer ungeschützt entfaltet, entwickelt er im Laufe des Gesprächs immer wieder neue Aspekte zum gleichen Thema, korrigiert vorangegangene Aussagen, findet Redundanzen und Unstimmigkeiten. Redundanzen sind insofern erwünscht, als sie oft interpretationserleichternde bzw. unterstützende Neuformulierungen enthalten. Unstimmigkeiten drücken individuelle Ambivalenzen und Unentschiedenheiten aus, die thematisiert werden sollten. Ihnen liegen möglicherweise Missverständnisse des Interviewers oder Fehler bzw. Lücken in der Erinnerung des Interviewten zugrunde, die durch Nachfragen aufgeklärt werden können. Sie können aber auch Ausdruck von Orientierungsproblemen, Interessenswidersprüchen und Entscheidungsdilemmata angesichts widersprüchlicher Handlungsanforderungen sein. Die Förderung der Gesprächsentwicklung wird gerade durch die Anwendung des problemzentrierten Interviews als biographisches Interview deutlich, wenn Erzählungen von Lebensgeschichten oder erlebten Begebenheiten angeregt werden. Als eine Ursprungsform der Reflexion bauen Erzählungen die Künstlichkeit der Forschungssituation ab und verhindern, dass die Befragten gezwungen sind, isoliert antworten zu müssen – im Gegensatz zu Befragungen z.B. von Meinungsforschern, die nicht wirklich am Problemhorizont des Interviewten interessiert sind, sondern häufig schematisch Antwortvarianten vorgeben.

- Die **Gegenstandsorientierung** betont die Flexibilität der Methode gegenüber den unterschiedlichen Anforderungen des untersuchten Gegenstands. Daher ist das problem-

---

[407] Vgl. Witzel (2000)

zentrierte Interview in den Kontext einer Methodenkombination gestellt worden, innerhalb derer das Interview das wichtigste Instrument ist. So kann es etwa sinnvoll sein, sich auf Interviews zu einem neuen Forschungsthema dahingehend vorzubereiten, dass man zunächst eine Gruppendiskussion durchführt, um einen ersten Überblick über Meinungsinhalte in der zu untersuchenden Stichprobe zu bekommen. Die biographische Methode verweist etwa auf den Aspekt der Entwicklung von Deutungsmustern im Rahmen der individuellen Auseinandersetzung mit sozialer Realität. Nicht zuletzt lässt sich das Interview auch mit einem standardisierten Fragebogen zur Lösung von Stichprobenproblemen und zur Kombination der mit den unterschiedlichen Verfahren gewonnenen Ergebnisse verbinden. Auch die Gesprächstechniken werden flexibel eingesetzt: Den Erfordernissen einer Kommunikationssituation folgend kann der Interviewer je nach der unterschiedlich ausgeprägten Reflexivität und Eloquenz der Befragten stärker auf Narrationen oder unterstützend auf Nachfragen im Dialogverfahren setzen.

Vier Instrumente ermöglichen und unterstützen die Datenerfassung im Rahmen des problemzentrierten Interviews: Vorrecherche, Leitfaden, Tonbandaufzeichnung des Gesprächs und Postskript.[408]

Die Vorrecherche dient einerseits der Ermittlung des sozialen Hintergrunds des Interviewten (Alter, Berufsbiografie etc.). Das nachfolgende Interview, das eine Darstellung der subjektiven Sichtweise des Interviewten zum Ziel hat, wird von denjenigen Fragen entlastet, die als Frage-Antwort-Schema aufgebaut sind. Andererseits können die in ihm enthaltenen Informationen – und insbesondere in Kombination mit einer offenen Frage – einen stimulierten Gesprächseinstieg ermöglichen. So lassen sich etwa Forschungsinteressen bzw. -aktivitäten für eine Einleitungsfrage zum untersuchten Problemfeld des Forschungsstandes im Coaching nutzen.

Die im Allgemeinen vom Interviewten akzeptierte Tonträgeraufzeichnung erlaubt im Gegensatz etwa zu Gesprächsprotokollen die authentische und präzise Erfassung des Kommunikationsprozesses und sollte anschließend vollständig transkribiert werden. Der Interviewer kann sich ganz auf das Gespräch sowie auf Beobachtungen situativer Bedingungen und nonverbaler Äußerungen konzentrieren, die wichtig für das Postskript sind. Im Interviewleitfaden sind die Forschungsthemen als Gedächtnisstütze und Orientierungsrahmen zur Sicherung der Vergleichbarkeit der Interviews festgehalten. Darüber hinaus sind einige Frageideen zur Einleitung einzelner Themenbereiche und eine vorformulierte Frage zum Gesprächsbeginn enthalten. Im Idealfall begleitet der Leitfaden den Kommunikationsprozess als eine Art Hintergrundfolie, die als Checkliste zur Vollständigkeit dient. Als Ergänzung zur Tonträgeraufzeichnung werden unmittelbar nach dem Gespräch Postskripte erstellt, die eine Skizze zu den Gesprächsinhalten, Anmerkungen zu den o.g. situativen und nonverbalen Aspekten sowie zu Schwerpunktsetzungen des Interviewpartners enthalten. Außerdem werden sämtliche thematische Auffälligkeiten und Ideen notiert, die Anregungen für die Auswertung geben können. Postskripte werden auch ge-

---

[408] Vgl. Lamnek (2005)

nutzt, um in Anlehnung an das Verfahren der „theoretischen Stichprobe" Kriterien für eine inhaltlich begründete Auswahl von Einzelfallanalysen zu entwickeln.[409] Damit können sukzessive
Kontrastfälle gebildet sowie Ähnlichkeiten und Gegenevidenzen gesucht werden.

Mit Blick auf die Gestaltung des problemzentrierten Interviews ist zunächst die unmittelbare
Kontaktaufnahme Teil des Interviewablaufs. Die weitere Gestaltung des Gesprächs erfolgt dann
zum einen mit den erzählgenerierenden Kommunikationsstrategien Gesprächseinstieg (Einleitung), allgemeine Sondierungen und Ad-hoc-Fragen; zum anderen mit den verständnisgenerierenden Strategien der spezifischen Sondierungen mit den Elementen Zurückspiegelungen, Verständnisfragen und Konfrontation.[410] Neben der garantierten Anonymisierung der Gesprächs-
protokolle und der Erläuterung des angestrebten Gesprächsform wird während der Kontaktaufnahme die Untersuchungsfrage geklärt. Der Interviewer legt sein Erkenntnisinteresse offen und
macht deutlich, dass die Ausführungen des Interviewten als dessen individuelle Vorstellungen
akzeptiert werden. Um seinen eigenen Erkenntnisfortschritt zu optimieren, kombiniert der Interviewer das Zuhören mit Nachfragen in Form eines diskursiv-dialogischen Verfahrens.[411] Es
begreift den Befragten als Experten seiner Orientierungen und Handlungen, der im Gespräch als
Korrektiv auftritt und dadurch die Möglichkeit zunehmender Selbstvergewisserung wahrnimmt.
Dafür kann er folgende Gesprächstechniken flexibel einsetzen[412]:

– **Erzählgenerierende Kommunikationsstrategien:** Eine vorformulierte Eingangsfrage ist ein Mittel der Zentrierung des Gesprächs auf das zu untersuchende Problem.
Zugleich soll die Frage so offen formuliert sein, dass sie für den Interviewten wie ein
weißes Blatt Papier wirkt, die er mit eigenen Worten füllen kann und die nicht in einem schier endlosen Frage-Antwort-Spiel mündet. Eine solche Frage könnte lauten:
„Coaching-Forschung – Welche Bedeutung hat dieses Thema für Sie? Erzählen Sie
doch mal!" Im weiteren Verlauf des Gesprächs geht es um eine sukzessive Offenlegung der subjektiven Problemsicht (Induktion). Der Interviewer greift dabei die thematischen Aspekte der auf die Eingangsfrage folgenden Erzählsequenz auf, um mit
entsprechenden Nachfragen den roten Faden des Befragten weiterzuspinnen und zu
detaillieren. Ein Herauskitzeln konkreter Erfahrungsbeispiele oder biografischer Epi-
soden des Befragten regt dessen Erinnerungsfähigkeit an, verdeutlicht Argumentati-
onsschwächen, Lücken oder Widersprüche und stellt konkrete Bezüge zum Hand-
lungskontext her. Ad-hoc-(Nach-) Fragen werden notwendig, wenn bestimmte vergleichbare bzw. zu vergleichende Themenbereiche von dem Interviewten einfach aus-
geklammert bzw. unpräzise dargestellt werden. Diese Fragen ergeben sich aus Stichworten im Leitfaden oder können auch einzelne standardisierte Fragen beinhalten, die
zur Vermeidung des Frage-Antwort-Spiels im Hauptteil des Interviews am Ende des
Gesprächs gestellt werden.

---

[409] Vgl. Glaser/Strauss (2005)
[410] Vgl. Lamnek (2005)
[411] Vgl. Mey (1999)
[412] Vgl. Witzel (2000)

– **Verständnisgenerierende Kommunikationsstrategien:** Das deduktive Verfahren wird dadurch angewendet, dass der Interviewer das vorhandene oder im Interview erworbene Wissen für Fragen nutzt, indem er mehr über den zu hinterfragenden Sachverhalt lernt. Dabei macht er sich ein Stilmittel zueigen, das die Gesprächspsychotherapie Projektion nennt: Äußerungen des Befragten werden zurückgespiegelt, um dessen Selbstreflexion anzuregen und ihm die Möglichkeit zu eröffnen, seine eigene Sichtweise zu behaupten bzw. zu validieren und die Unterstellungen des Interviewers zu korrigieren. Klärende Verständnisfragen durch den Interviewer werden bei ausweichenden oder widersprüchlichen Antworten angewandt und erhellen blinde Flecken aus dem Alltag des Interviewten. Die Gefahr liegt im Rechtfertigungsdruck, der beim Interviewten unter Umständen entstehen kann, d.h. ein gutes Vertrauensverhältnis sowie maßvolle Konfrontationen sind eine wichtige Basis – nicht zuletzt auch für eine möglichst detaillierte und damit realitätsnahe Darstellung der Sichtweisen des Befragten.

Der richtige Zeitpunkt, um von den erzählgenerierenden zu den verständnisgenerierenden Fragen zu wechseln, lässt sich beispielsweise an der aus der Ethnomethodologie stammenden Garfinkel'schen dokumentarischen Methode der Interpretation bzw. am Oevermann'schen Modell der objektiven Hermeneutik aufzeigen.[413] Beide sozialwissenschaftlichen Methoden sind durch einen hermeneutischen Prozess gekennzeichnet, der im Alltag die Wirklichkeitskonzeptionen der Individuen (Interviewer, Befragter) konstituiert und auslegt und somit ihre gemeinsame Handlungspraxis zur Übereinstimmung von Sinnstrukturen ermöglicht. Die Zuordnung von Einzelaspekten aus bisherigen Erzählungen (Muster der Sinninterpretation), die der Interviewer deduktiv ins Gespräch einbringt, wird ergänzt durch die Suche nach neuen induktiven Mustern für die mit diesen vorgängigen Mustern nicht zu erklärenden Einzelphänomene in den Schilderungen des Interviewten. Bei Garfinkel fördert der Interviewer durch erzählgenerierende Fragen konkret Narrationen und wartet dabei ab, bis einzelne Äußerungen sich zu einem Muster fügen. Umgekehrt können sich mit den unterschiedlichen verständnisgenerierenden Fragetechniken neue Muster des Sinnverstehens bilden oder alte Muster durch spätere Detailäußerungen oder Interpretationsschleifen des Interviewten relativiert werden, was dem Oevermann'schen Ziel objektive, prinzipiell offene Deutungsschemata zu konstruieren und anzuwenden, nahe kommt. Das Vorwissen für Fragen zu nutzen, ohne damit die Sichtweise des Befragten zu überdecken, stellt hohe Anforderungen an den Interviewer, weswegen der Forscher die Interviews möglichst selbst durchführen und sie nicht an Institute oder Hilfskräfte vergeben sollte.

Je nach Erkenntnisinteressen und thematischen Bezügen gibt es verschiedene Auswertungsmethoden. Nach Lamnek erfolgt die Auswertung des problemzentrierten Interviews in drei Stufen[414]:

---

[413] Vgl. Garfinkel (1962), Oevermann (2001)
[414] Vgl. Lamnek (2005)

- **Methodologische Kommentierung:** Angaben über die Textart (Argumentations-, Beschreibungs- oder Erzähltext); spezifische Wortwahl in den einzelnen Textpassagen und im Gesamttext (Auffälligkeiten in der verbalen Bedeutungsstrukturierung, problematische Passagen, die aus Datenmaterial und Interpretation ausgeschlossen werden).

- **Kontrollierte Interpretation:** Individuelle, voneinander unabhängige Interpretation der Texte von verschiedenen Forschern bzw. Außenstehenden; anschließende Diskussion der Einzelinterpretationen in der Forschungsgruppe (offen bleibt, ob eine intersubjektive Interpretation auch richtig sein muss). Wichtig ist, dass die Textinterpretationen auf die jeweils angewandten Methoden der Datenerhebung bezogen werden, um ein konsistentes Gesamtbild zu erzeugen.

- **Vergleichende Systematisierung:** Dritte Stufe der Auswertung mit dem Ziel der Identifikation kollektiver Handlungsmuster auf der Basis typischer Varianten.

Grundlage aller Auswertungsarbeit ist nach Witzel im Rahmen der qualitativen Inhaltsanalyse die Fallanalyse auf der Basis vollständig transkribierter Interviews.[415] Dabei bezieht sich der erste Schritt konsequenterweise auf die bereits im Verlauf der Erhebung initiierten Vorinterpretationen, die der Auswerter Satz für Satz deutend nachvollzieht. Die Resultate dieses Auswertungsprozesses bestehen zunächst in der Markierung des Textes mit Stichworten aus dem Leitfaden (theoriegeleitet) und mit Begrifflichkeiten, die neue thematische Aspekte induktiv aus den Darstellungen der Interviewpartner kennzeichnen. Diese Markierungen können auch Grundlage der Entwicklung eines Codierrasters für den Aufbau einer Textdatenbank sein, die als elektronisches Fundstellenregister mit komplexen Zugriffsmöglichkeiten genutzt werden kann. Mithilfe von „Retrievals", d.h. über eine Datenbank hergestellte Verknüpfungen von Schlagwörtern („Codes") oder Variablen (wie Geschlecht, Berufserfahrung) mit Textpassagen, lassen sich dann unter verschiedenartigsten Aspekten Originaltextstellen finden oder Querverbindungen zwischen unterschiedlichen Textstellen und Einzelfällen herstellen.[416] Des Weiteren erfolgt eine analytische Zuordnung thematischer Auffälligkeiten zu „In-vivo-codes", d.h. alltagsnahen Begriffen. Diese Auswertungsideen können Eingang finden in Notizen oder kleinen Ausarbeitungen, die nach Glaser und Strauss „Memos" heißen.[417]

Der nächste Schritt der Fallanalyse besteht im Verfertigen einer Falldarstellung oder biografischen Chronologie im Gesamtzusammenhang, die den Interpreten mit dem Einzelfall vertraut machen soll. Diese Gesamtgestalt erleichtert auch den Einstieg in die ständig notwendigen Re-Analysen. Das Dossier bzw. die Fallbewertung enthält Kommentare des Auswertenden über die Qualität des vorliegenden Interviewmaterials, die Besonderheiten des Falls, interpretative Unsicherheiten, außergewöhnliche Ereignisabläufe und methodische bzw. handwerkliche Fehler. Fallspezifische zentrale Themen stellen erste Ergebnisse des theoriegenerierenden Interpretationsschritts mit themen- oder biografieorientierten Auswertungsideen dar. Sie werden zu einer

---

[415] Vgl. Witzel (1996)
[416] Vgl. Kühn/Witzel (1999)
[417] Vgl. Glaser/Strauss (2005)

prägnanten Aussage verdichtet und verbinden Originaltextstellen, Paraphrasierungen und analytische Aussagen in Form einer offenen Kodierung. Gleichzeitig können Heuristiken wie z.b. ein handlungstheoretisches Arbeitsmodell für die themenspezifische Nachvollziehbarkeit der subjektiven Logik des Falls nützlich sein („axiale Kodierung").[418] Dies zeigt wiederum, wie eine offene und eine theoriegeleitete Vorgehensweise im induktiv-deduktiven Wechselspiel miteinander verbunden sind. Diese Stufe der theoretischen Begriffsbildung wird anschließend individuell am Text und dann mit Hilfe weiterer Forscher im Diskurs validiert. Der systematisch kontrastierende Fallvergleich zielt zunächst auf die Erarbeitung fallübergreifender zentraler Themen. Dabei werden die Einzelfälle in ihren inhaltlichen Ausprägungen und Merkmalen nach dem Prinzip der Kontrastierung (maximal versus minimal) miteinander verglichen.[419] Interessante Problembereiche, Konvergenzen und Querverbindungen werden herausgearbeitet und in Memos festgehalten. Ziel ist dabei, Kernkategorien z.b. in Form eines Typologie- oder Szenariokonzeptes zu entwickeln, die dann in der nächsten Auswertungsstufe des „selektiven Kodierens" als Deutungshypothese genutzt, nunmehr theoriegeleitet bzw. deduktiv mit weiterem empirischen Material aufgefüllt werden.[420]

Als konkreter Forschungsansatz im Rahmen dieses Forschungsvorhabens ist mittels problemzentrierter Interviews als methodischer Rahmen die Aufstellung konkreter Forschungsszenarien gewählt worden. Die Vorteile des Forschungsansatzes für das eigene Forschungsvorhaben werden vor allem in der großen Flexibilität sowie in der Möglichkeit der Erfassung detaillierter Aspekte des Untersuchungsgegenstandes gesehen. Gerade weil Coaching-Forschung nicht nur auf vorab festgelegte Kategorien und Zusammenhänge beschränkt ist, können analog der Entwicklung von Fallstudien durch den gewünschten induktiven, interpretativen und multimethodischen Zugang zur Empirie aus den Daten emergierte Aussagen über Prozessmuster und -abläufe generiert werden, die in der sozialen und realen (Arbeits-)Welt der Interviewten erhoben worden sind.[421] Die Grounded Theory fungiert dabei als Leitfaden für erfolgreiche Forschung, wobei der Forscher je nach eigenem Erfahrungshintergrund und Art seiner Forschungsfrage(n) alternative Sichtweisen einnehmen kann. Neal hat sich als Forscherin die Frage gestellt, ob sie dem Handwerk der Grounded Theory vertrauen kann und verkehrt diese Frage nach eingehendem Studium in ihr Gegenteil: wie kann die Grounded Theory ihr als Forscherin vertrauen? Dabei hat sie herausgefunden, dass die Arbeit mit dieser Theorie verschiedene Reisen beinhaltet: eine intellektuelle Reise zu den Techniken und historischen Diskussionen inkl. der zugrundeliegenden Implikationen und theoretischen Positionen und eine kreative Reise der Vermittlung zwischen den intellektuellen Aspekten und der Forschungsfrage inkl. den dazugehörigen professionellen und persönlichen Ebenen. Ein zentraler Punkt der Grounded Theory ist, dass die Datenanalyse von Anfang an erfolgt und dadurch spätere Stagen der Datenerhebung beeinflusst. Daher ist der Forschungsprozess als iterativ, reflexiv, reflektiv und vertiefend zu charakterisie-

---

[418] Vgl. Strauss/Corbin (1990)
[419] Vgl. Gerhardt (1986)
[420] Vgl. Strauss/Corbin (1990)
[421] Vgl. Larsson/Løwendahl (2006), Atteslander (2006)

ren: nicht der Forscher selbst stellt Fragen, sondern das Datenmaterial wirft fortwährend Fragen auf.[422]

Zusammenfassend kann festgehalten werden, dass die Grounded Theory mit ihren Prinzipien die methodologische Basis darstellt und die Arbeit anleitet. Als konkreter Forschungsansatz hat sich aus der gewählten Methodologie mit ihrem Ziel der Theoriebildung die Aufstellung von Forschungsszenarien ergeben. Die praktische Implementierung und Umsetzungsanweisungen werden im folgenden Abschnitt dargelegt.

3.2 Untersuchungsdesign

Beim Untersuchungsdesign handelt es sich um den pragmatischen Ansatz der Methodologie und der Forschung, welche per se noch nicht determinieren, wie man zur Beantwortung der anfänglichen Fragestellungen kommt, d.h. welche genauen Forschungsmethoden angewendet werden müssen.[423] Sie formulieren lediglich, unter welchen Bedingungen wissenschaftliche Erkenntnis möglich sei. Ein Untersuchungsdesign bezeichnet alle zur Planung und Durchführung einer empirischen Untersuchung gehörenden Schritte.[424] Dabei können sich Untersuchungsdesigns erheblich je nach Art und Komplexität der Problem- und Gegenstandsbenennung, nach der Schwierigkeit des Feldzuganges, Ressourcen etc. in ihren Bestandteilen und deren Detaillierungsgrad unterscheiden.[425] Der inhaltliche Fokus der Studie, der das Untersuchungsdesign durch die Anlehnung an die Forschungsfragen spezifiziert, legt fest, was an Informationen sowohl während der Datenerfassung als auch bei der Datenauswertung benötigt wird. Die Fokussierung schützt demnach auch den Forscher davor, sich in den Unmengen von Daten zu verlieren. Dementsprechend stellen die Forschungsfragen, der Interviewleitfaden, die Expertenauswahl, die Datenerfassung und -auswertung eine geschlossene logische Einheit dar.[426] Es werden weiterhin bei der Erstellung des Untersuchungsdesigns alle Ungereimtheiten ausgebügelt, so dass die Datenauswertung gelingen wird – die Daten passen zu dem Forschungsvorhaben. Bei Experteninterviews können die einzelnen Fälle dann verglichen und zwischen Gemeinsamkeiten und Unterschieden differenziert werden.[427] Darüber hinaus kann durch ein enges Untersuchungsdesign, welches auf den theoretischen Vorüberlegungen aufbaut, der Gang und die Qualität der Untersuchung besser nachvollzogen werden, was wiederum die wissenschaftliche Reputation sicherstellt.

Zusammenfassend lassen sich Untersuchungsdesigns als Mittel beschreiben, um die Ziele der Forschung zu erreichen: „Sie binden Theorierahmen, Fragestellung, Forschungs-, Generalisierungs- und Darstellungszielen mit den verwendeten Methoden und verfügbaren Ressourcen unter dem Fokus der Zielerreichung zusammen.[428]" In diesem Sinne soll zunächst die Spezifizie-

---

[422] Vgl. Neal (2009)
[423] Vgl. Atteslander (2006)
[424] Vgl. Lamnek (2005)
[425] Vgl. Miles/Huberman (1994), Ragin (1994), Flick (2007)
[426] Vgl. Gläser/Laudel (2006)
[427] Vgl. Miles/Huberman (1994)
[428] Flick (2007), S. 264

rung der Forschungsfrage vorgenommen werden (3.2.1), bevor die Auswahl der Experten für die problemzentrierten Interviews beschrieben wird (3.2.2), die auf dem Hintergrund des Ansatzes der Grounded Theory sowie der Aufstellung von Forschungsszenarien zielgerichtet erfolgt („theoretical sampling"[429]). Weiterhin soll das Vorgehen der Datenerhebung und -erfassung (3.2.3) sowie der Datenauswertung (3.2.4) erläutert werden.

3.2.1   Spezifizierung der Forschungsfrage

Durch die übergreifende Forschungsfrage dieser Arbeit **„Wie müsste Coaching beforscht werden – sprich: die Anreicherung akademischen Wissens aussehen –, um einen nachhaltige Beitrag für Wissenschaft, Praxis und damit die Professionalisierung von Coaching zu leisten?"** wird das zu untersuchende Phänomen festgelegt.[430] Dass diese Fragestellung bislang weder empirisch überprüft noch theoretisch beantwortet worden ist, lässt sich an den Ausführungen in Kapitel 2 erkennen. Daher erscheint es auch logisch, dass die Fragestellung eher breit formuliert sein muss, um das noch relativ schlecht strukturierte Forschungsgebiet angemessen erfassen zu können. Jedoch gibt die Forschungsfrage keinen Aufschluss darüber, welcher genauen Aspekte im interessierenden Thema näher betrachtet werden sollen und vor allem welche Mittel sich dafür eignen, die Fragestellung beantworten zu können. Die folgende Spezifizierung der Forschungsfrage stellt den ersten Schritt zum empirischen Zugang der Studie dar und nimmt eine wichtige Strukturierung des Untersuchungsgegenstandes vor, in dem sie analytische Kategorien und Kontextfaktoren der Studie festlegt und auch Unterstützung für die spätere Methodeauswahl liefert.[431] Die Spezifizierung der Forschungsfrage kann dabei zum einen deduktiv aus der wissenschaftlichen Literatur und/oder zum anderen induktiv aus dem empirischen Material abgeleitet werden.[432]

In einer ersten Phase ist die Forschungsfrage spezifiziert worden. Hierbei sind im April 2009 in einem Prätest Experten mit Coaching-, Unternehmens-, und Personal-Hintergrund befragt worden (siehe Anhang). Parallel dazu hat eine Analyse wissenschaftlicher, insbesondere neuerer, Coaching-Literatur stattgefunden, die sich mit der Weiterentwicklung von Coaching als Beratungsform befasst (siehe Kapitel 2). Dabei sind die folgenden Aspekte eruiert worden:

1.) Welche Bedeutung hat Coaching-Forschung für welche Zielgruppen?

2.) Welche Forschungsfelder sind aus der Sicht von Wissenschaft und Praxis interessant bzw. relevant?

3.) Welche nächsten Schritte sind in der Coaching-Forschung erforderlich, um Coaching als Profession zu etablieren?

Zu 1.) Coaching-Forschung hat diverse Interessenten, die makro- und/oder mikroprofessionelle Zielsetzungen verfolgen. Forschung ist dabei zunächst nichts rein Wissenschaftliches (Labor-

---

[429] Vgl. Strauss/Corbin (1996)
[430] Vgl. Ebd.
[431] Vgl. Atteslander (2006), Gläser/Laudel (2006)
[432] Vgl. Miles/Huberman (1994), Strauss/Corbin (1996)

forschung), sondern muss einen klaren praxeologischen Bezug haben (Feldforschung). Beide Formen sind höchst bedeutsam für die konsequente Weiterentwicklung und damit die Professionalisierung von Coaching, um nicht nur kurzfristig auf einer Erfolgswelle zu schwimmen oder Forschung gar als Selbstzweck zu definieren, sondern Coaching langfristig als erfolgreiche Profession mit geschärftem Profil zu etablieren. Sich daraus ergebende Erfolgsaussichten sind für den Milliardenmarkt „Coaching" nicht nur betriebs-, sondern darüber hinaus volkswirtschaftlich relevant, um über die Erhaltung bestehender und Schaffung neuer Arbeitsplätze sowie die Schließung einer Lücke am Beratungsmarkt auch einen gesellschaftlichen Beitrag zu leisten.

Interessenten an zielgerichteter Coaching-Forschung sind lassen sich in Personen, Institutionen und die Gesellschaft als Ganzes einteilen. Alle diese Personen bzw. Institutionen können dabei selbst als Forscher auftreten oder Forschung beauftragen und allen ist gemein, dass sie ein vitales Interesse an der Wirksamkeit von Coaching haben, da Coaching als nicht gerade preisgünstige Dienstleistung ex post eine lohnenswerte Investition sein sollte. Im Folgenden werden einige dieser Stakeholder exemplarisch herausgegriffen, eine nähere Betrachtung erfolgt in Kapitel 5:

- **Wissenschaftler bzw. Forscher** versuchen häufig, Muster und Modelle anderer Beratungsformen – insbesondere therapeutischer oder therapienaher – auf Coaching zu übertragen. Ihr Erkenntnisbeitrag ist mehr theoretischer, weniger praxisrelevanter Natur und dabei oft zu fallspezifisch, d.h. sie kaprizieren ihre Bemühungen lediglich auf die Frage der Professionalisierungsfähigkeit und klammern die -bedürftigkeit aus.

- Das vermeintlich größte Interesse an Coaching-Forschung im Sinne des Professionalisierungsverständnisses dieser Arbeit haben **Coaching-Ausbilder**, da sie quasi ein Scharnier zwischen Wissenschaft und Praxis bilden, d.h. wissenschaftliche Erkenntnisse in ihre Ausbildung und Praxis einfließen lassen und somit einen Beitrag zur Professionalisierung von Coaching leisten.

- **Verbände** zeigen z.B. durch die Formulierung eigener Professionalisierungsansprüche, die Bildung von Arbeitsgruppen zur Professionalisierung oder die Prämierung von wissenschaftlichen Arbeiten[433] ihr Interesse an Forschung, kommen jedoch häufig nicht über das Stadium der Bestandsaufnahme ohne die Initiierung nächster Schritte hinaus („Paralyse durch Analyse").

- **Coachs** (synonym: Coaching-Organisationen oder -Netzwerke) gehen in ihrer Arbeit häufig eklektisch vor und sind auf Weiterempfehlungsgeschäft angewiesen. Sie versprechen sich von Coaching-Forschung daher in erster Linie eine wissenschaftlich abgesicherte praktische Methodenvielfalt, weniger von der damit einhergehenden Professionalisierung eine Bekämpfung des Scharlatanerie-Problems.

---

[433] So vergibt beispielsweise der DBVC seit 2008 den Deutschen Coaching-Preis in den Kategorien „Wissenschaft" und „Organisationen" inkl. Prämierung (Näheres unter http://www.dbvc.de/cms/index.php?id=394&PHPSESSID=eb06806958b909b4744acd58297bd06e).

- Solange Coaching nicht konsequent zur gezielten Weiterentwicklung eingesetzt wird, sondern häufig zur Incentivierung bzw. der Klient für die Leistung nicht in die eigene Tasche greifen muss, haben **Klienten** kein wirkliches Interesse an Coaching-Forschung. Nicht zuletzt jedoch das zeitliche Investment steigert die Wirksamkeitserwartungen vieler Klienten.

- **Auftraggeber** sind oftmals die **Personalabteilungen**, die sich am Feedback der Klienten, aber auch an den Ergebnissen von Coaching, messen lassen müssen. Sie haben neben der Wirksamkeit von Coaching vor allem Interesse an den Wirkfaktoren zur Erfolgssteuerung wie z.b. dem Coach, da sie die Coachs rekrutieren und für die Konstellation Klient – Coach verantwortlich sind. Die Erforschung von Wirksamkeit und Wirkfaktoren ist den Auftraggebern daher ein besonderes Anliegen.

- **Organisationen** bedienen sich häufig dem Instrument „Coaching", das einen immer höheren Stellenwert in der Personalentwicklungsstrategie und Unternehmenskultur einnimmt. Letztlich tragen die Organisationen zumeist die Kosten für Coaching, weswegen zudem der RoI-Gedanke in diesem Kontext wichtig erscheint.

Im Zuge des gesellschaftlichen Weiterbildungsinteresses ist Coaching ein bedeutender Faktor geworden, der die Lücke zwischen pädagogischen und therapienahen bzw. therapeutischen Beratungsformen zu schließen vermag. Hierfür ist eine weitergehende Profilierung und Professionalisierung unabdingbar.

Zu 2.) Sowohl in der Literatur als auch im Rahmen des Prätests sind zahlreiche Felder genannt worden, die einer tiefgehenden Erforschung bedürfen (siehe Abb. 14 in Kapitel 2). Grundsätzlich muss zwischen Forschungsfeldern differenziert werden, die Coaching als Markt und die Coaching als Beratungsform betrachten, wobei es hier Durchlässigkeiten bzw. wechselseitige Abhängigkeiten gibt: z.B. zwischen Formaten/Medien und (Selbst-)Wirksamkeitserwartungen oder organisationalem Qualitätsmanagement und dem Scharlatanerieproblem am Markt. Im Professionalisierungsverständnis dieser Arbeit geht es in erster Linie um Coaching als Beratungsform, wobei konstituierende sowie Leistungs- bzw. Erfolgsfaktoren die entscheidende Rolle spielen. Konstituierende Faktoren schaffen eine gemeinsame Basis und klären die Fragen „was ist Coaching", „was beeinflusst Coaching" und „welche Struktur-, Beziehungs- und Prozess-Muster gibt es im Coaching". Dahingegen widmen sich Leistungs- bzw. Erfolgsfaktoren Fragen wie „wie kann der Klient ein bestimmtes Verhalten ausüben", „wie kann Qualität gemessen und gemanagt werden" und „wie kann Coaching-Erfolg gemessen und bewertet werden".

Bezogen auf den inhaltlichen Kern von Coaching hat der Prätest weitergehende Forschungsbemühungen hinsichtlich Methoden und Interventionen („welche methodischen Wirksamkeitsmuster gibt es"), Wirkfaktoren („welche Wirkfaktoren gibt es und wie spielen diese auf unterschiedlichen Ebenen zusammen") und Qualitätssicherung („wie können einheitliche Qualitätsstandards implementiert und Qualität gesichert werden") ergeben. Darüber hinaus sind im Kontext von Coaching-Forschung Fragestellungen bezüglich der wissenschaftlichen Verortung („was ist Coaching und wozu gehört es") und der Nutzung neuester wissenschaftlicher Erkenntnisse („wie können neurowissenschaftliche Erfahrungen Veränderungen im/durch Coaching anstoßen bzw. erklären") aufgeworfen worden.

Zu 3.) Die letzte Frage zielt darauf ab, welche gemeinsamen Anstrengungen und konzertierten Aktionen in der Forschung erforderlich sind, um Coaching als Profession zu etablieren. Dabei ist wichtig, Coaching als globale Dienstleistung zu betrachten und diese Thematik daher auch vernetzt anzugehen. In enger Anlehnung an die Forschungsfelder (s.o.) bedarf es zunächst eines einheitlichen Verständnisses über Coaching in Form einer Definition, was Coaching ist und was nicht. Als nächstes wird ein übergreifendes Modell benötigt, das die Facetten einer Coaching-Professionalisierung durch Forschung aufzeigt und in einen Zusammenhang bringt. Im Stile einer universitären Organisation und Ausbildung sollten dann Forschungsschwerpunkte heraus-kristallisiert und priorisiert werden, die eine Art „Forschungsagenda" darbieten: was sollte wann, wie und durch wen beforscht werden und was sollte aus welchen Gründen nicht erforscht werden. Angelehnt an Crotty (s.o.) ist die Wahl der Methodologie abhängig von der For-schungsfrage und damit der epistemologischen Haltung des Forschers. Harding hat drei poten-zielle Methodologien identifiziert, die zur Beantwortung einer Forschungsfrage herangezogen werden können[434]:

- **Action Research** als kollaborativen Prozess der Planung, Ausführung, Beobachtung und Reflexion unter Einbindung vieler verschiedener Beteiligter mit der Chance einer hohen Praxisnähe und dem Risiko von Reibungsverlusten durch Machtspiele und zu starke Technokratisierung von Forschung.
- **Grounded Theory** als prinzipiell offenen Ansatz der Sinnstiftung und Rahmenge-bung mit der Chance, soziale Prozesse als Grundlage für Verhalten offenzulegen und dem Risiko, sich ohne konkreten Forschungsprozess in sozialer Komplexität zu verlie-ren.
- **Case Study** als Möglichkeit, die Komplexität eines Einzelfalls mit allen Facetten ex-emplarisch aufzuzeigen mit der Chance, präzise darzulegen, wie sich Prozesse, Ver-halten und deren Kontext wechselseitig beeinflussen und dem Risiko, aufgrund der Komplexität nicht alle Kontextvariablen abbilden zu können sowie die Schwierigkeit der Verallgemeinerung von Einzelaspekten.

Um eine hohe Praxistauglichkeit von Beginn an zu gewährleisten, sollten Forschungskoopera-tionen mit der Praxis (z.B. über Verbände, Unternehmen aus dem Profit- und Non-Profit-Bereich) geschlossen werden. Als Dachorganisation sollte eine unabhängige Kommission in-stalliert werden, die zum Ziel hat Coaching durch systematische Beforschung zu professionali-sieren. Diese globale Professionskommission sollte aus Mitgliedern aller oben erwähnten Inter-essengruppen bestehen, gemeinsame Leitlinien (z.B. „Code of Ethics", „Code of Conduct") entwerfen, bei der Beschaffung von Forschungsmitteln unterstützen („Fundraising") und regel-mäßig über die Forschungsergebnisse berichten. Außerhalb der gesetzten Leitplanken sollten

---

[434] Vgl. Harding (2009)

sich die Forschungseinrichtungen gemäß dem Grundsatz „Freiheit von Forschung und Lehre" frei entfalten können.

Zusammenfassend kann festgehalten werden, dass sich durch diese Voruntersuchung relevante Adjustierungen für den Ablauf der empirischen Studie ergeben haben, was insbesondere den inkrementalen, iterativen und reflexiven Prozess der Grounded Theory herausstreicht.

3.2.2 Expertenauswahl

Bei qualitativen Untersuchungen richtet man sich nicht nach statistischen Generalisierbarkeiten und Häufigkeitsaussagen bezüglich der zu untersuchenden Phänomene, sondern wählt die Interviewpartner so aus, dass sie innerhalb des theoretischen Kontexts als typisch und besonders aussagefähig gelten.[435] Die Qualität der Informationen ist in entscheidendem Maße abhängig von der Auswahl der Interviewpartner. Dabei sind folgende vier Fragen obligatorisch[436]:

1. Wer verfügt über die relevanten Informationen?
2. Wer ist am ehesten in der Lage, präzise Informationen zu geben?
3. Wer ist am ehesten bereit, Informationen preiszugeben?
4. Welche Informanten sind verfügbar?

Zu 1.) Bei der Auswahl der Interviewpartner strebt die qualitative Forschung an, möglichst die Personen zu finden und zu befragen, die über die notwendigen Informationen zur Beantwortung der vorher definierten Fragestellung verfügen. Dabei geht es in erster Linie nicht um die Repräsentativität der beforschten Fälle, sondern vielmehr um die Angemessenheit der Auswahl einer Population.[437] Dadurch ist es auch nicht unüblich, dass die Auswahl der Interviewpartner iterativ, konzeptgetrieben sowie aufgrund teilweise gleichzeitigen Datenerhebung und -analyse kumulativ erfolgt.[438] Dadurch, dass es weniger um das Abfragen von Fakten, sondern um Einschätzungen von Experten geht, sind grundsätzlich alle Personen und Institutionen mit fundierten Kenntnissen über Coaching Informationsträger. Dazu zählen insbesondere Wissenschaftler, Ausbilder und Verbandsmitglieder bzw. Coachs.

Zu 2.) Bezüglich konkreter Fragestellungen zu Fachbegriffen (z.B. Professionalisierung) oder Wissensständen (z.B. Stand der Coaching-Forschung im räumlichen Vergleich) aus einer wissenschaftlichen und praxeologischen Perspektive gleichermaßen geben insbesondere Coaching-Institutionelle wie z.B. Verbandsmitglieder und/oder Ausbilder präzise Antworten. Daher hat sich auf dem Hintergrund des Professionalisierungsverständnisses angeboten, Personen zu befragen, die institutionelle Verantwortung für Coaching-Prozesse tragen und gleichzeitig ein aufrichtiges Interesse an der Förderung dieses Dissertationsprojektes haben.

---

[435] Vgl. Hartfiel/Hillmann (1982)
[436] Vgl. Gläser/Laudel (2006)
[437] Vgl. Lamnek (2005)
[438] Vgl. Miles/Hubermann (1994), Strauss/Corbin (1996)

Zu 3.) Die Bereitschaft zur Preisgabe der gewünschten Informationen liegt bei allen bereits unter Punkt 1 Genannten vor, da es sich nicht um einzelfall- oder personenbezogene – sprich vertrauliche – Angaben handelt.

Zu 4.) Am geringsten sind Zugangsprobleme immer dann, wenn man die Interviewpartner persönlich kennt oder empfohlen bekommt.[439] Aufgrund der Tatsache, dass der Autor über einige Kontakte in der Coaching-Branche verfügt, hat sich als größtes Problem die jeweilige Terminfindung gezeigt, weniger der Zugang selbst. Dabei ist die Auswahl der Interviewpartner nicht vor Beginn der Erhebung abgeschlossen, sondern im Verlauf zusätzliche Interviews vereinbart worden. Die Einbeziehung weiterer Interviewpartner ist dann beendet worden, als eine so genannte „theoretische Sättigung" erreicht worden ist – der Punkt, an dem keine weiteren Aussagen oder Fälle mehr gefunden werden, die zu einer Verfeinerung des Wissens über das untersuchte Konzept beitragen.[440] Insofern ist auch keine Nacherhebung erforderlich gewesen.

Die Interviewpersonen sind gemäß ihrer Etikettierungen so ausgewählt worden, dass eine möglichst differenzierte Sicht erlangt werden kann. Nicht zuletzt um Informationsverlusten vorzubeugen, sind bestimmte Aspekte zu einem Sachverhalt jeweils von verschiedenen Interviewpartnern eingeholt worden (Triangulation).[441] Alle Interviewpartner haben ein Universitätsdiplom, d.h. verfügen über eine bestimmte akademische Reife, sind in der Coaching-Ausbildung tätig und bieten Coaching für Führungskräfte an. Ausschlaggebend für die Auswahl sind im Lichte dieser Arbeit zudem folgende Kriterien gewesen; jeweils in Klammern wird die vorgefundene Streubreite der Merkmale der Interviewteilnehmer ersichtlich:

- **Akademischer Hintergrund** (Interdisziplinäre Ausrichtung: Psychologie, Ökonomie, Pädagogik, medizinisch-therapeutische Zusatzausbildungen)
- **Praktischer Hintergrund** (Berufliche Ausrichtung: Coaching-Ausbilder, eigene Coach-Tätigkeit, in der Auswahl von Coachs tätig, Organisationsberater, Kommunikations- und Verhaltenstrainer, Lehraufträge)
- **Coaching-Ausbildung** (Angebot: eigenes Ausbildungsinstitut für externe Coachs, Ausbildung von internen Coachs, inhouse-Ausbildung „Coaching für Führungskräfte" in Organisationen, Ausbildungszertifikat von diversen Verbänden, Coaching-Weiterbildungsangebote)
- **Professionssoziologische Grundhaltung** (Status quo: von „Coaching ist eine Profession" über „allenfalls junge Profession" bis zu „Coaching ist keine Profession", von „Coaching als Markt weiterzuentwickeln ist am wichtigsten" bis zu „Coaching als Beratungsform ist entscheidend")
- **Coaching-Forschung** (Erkenntnisinteresse: von „Laborforschung" über „gesunden Mix" bis zu „Feldforschung", von „quantitativ-empirischer Forschung als Langzeitstudie" bis zu „rein qualitativer Forschung")

---

[439] Vgl. Gläser/Laudel (2006)
[440] Vgl. Strübing (2004), Glaser/Strauss (2005)
[441] Vgl. Gläser/Laudel (2006)

- „**Über den Tellerrand**" (Blick: von nicht organisiert bis im Verband organisiert, von rein deutschen Erfahrungen bis langjährigen Auslandserfahrungen, vom reinen Diplom bis zu universitärer Forschung (Promotion) und Lehraufträgen, von ohne Veröffentlichungen bis zu zahlreichen Publikationen, von reiner Coaching-Ausbildung bis zu zahlreichen Zusatzausbildungen)

Vor der eigentlichen Datenerhebung sind die für die Untersuchung vorgesehenen Interviewpartner zunächst per E-Mail kontaktiert worden, um das allgemeine Interesse an einer Zusammenarbeit zu klären. Dabei haben die Gesprächspartner eine schriftliche Projektinformation erhalten, in der sowohl das Ziel der Untersuchung als auch deren Mehrwert dargestellt ist. Darüber hinaus sind auch der Aufbau der Befragung sowie der voraussichtliche Zeitaufwand skizziert worden. Die Projektinformation befindet sich im Anhang dieser Arbeit. Diese Anbahnungsphase hat eine große Rolle gespielt: wie haben die potenziellen Interviewpartner generell auf die Anfrage reagiert? Sind sie bereit, sich innerhalb eines angemessenen Zeitfensters zu einem Interview zu verabreden und sich die entsprechende Zeit zu nehmen? Aus insgesamt 14 Anfragen haben sich somit sieben Interviewtermine ergeben – eine Auflistung der einzelnen Gespräche befindet sich im Anhang.

3.2.3 Datenerhebung und -erfassung

Geleitet von der Entscheidung für eine qualitative Vorgehensweise ist die Wahl der zentralen Erhebungsmethode auf die Durchführung von qualitativen Interviews gefallen. Durch die Kommunikation und Interaktion zwischen Befragten und Fragenden kann die soziale Wirklichkeit (re-) konstruiert werden.[442] Von den vielerlei unterschiedlichen Varianten der konkreten Gestaltung qualitativer Interviews scheint die von Witzel beschriebene Form des problemzentrierten Interviews der Forschungsfrage angemessen.[443] Im Vergleich zu weniger strukturierten Interviewformen wie z.B. dem narrativen Interview, welches meistens nur durch eine erzählgenerierende komplexe Anfangsfrage (idealerweise ohne theoretisches Konzept) eingeleitet wird und bei dem der Befragte die Konzept- und Themengenerierung vollständig in den Händen hält, geht der Forscher bei einem problemzentrierten Interview bereits mit einem theoretischen Konzept ins Feld, was eine Eingrenzung des interessierenden (Problem-)Bereichs zur Folge hat.[444] Dieses bleibt jedoch nicht starr während der Erhebung, sondern wird durch den Interviewer fortlaufend ge- bzw. überprüft und ggf. modifiziert.

Für qualitative Forschung ist kennzeichnend, dass der Untersuchungsgegenstand und die an ihn herangetragene Fragestellung der Bezugspunkt für die Auswahl von Methoden darstellen und nicht wie z.B. bei quantitativen Verfahren, dass all das aus der Forschung ausgeschlossen

---

[442] Vgl. Froschauer/Lueger (1992)
[443] Vgl. z.B. Flick (1995), Lamnek (2005), Bortz/Döring (2006), Atteslander (2006); das problemzentrierte Interview ist Bestandteil einer Forschungstechnik, die auf Witzel zurückgeht. Dabei ist das Interview Bestandteil einer Methodenkombination, die aus einer biographischen Methode, Interview, Fallanalyse, Gruppendiskussion und Inhaltsanalyse besteht (vgl. Witzel (1982)).
[444] Vgl. Lamnek (2005), Gläser/Laudel (2006), Hopf (2007)

bleibt, was mit bestimmten Methoden nicht untersucht werden kann.[445] Ziel ist es demnach, eine Methode oder eine Methodenkombination[446] zu wählen, so dass die in den definierten Fällen innewohnenden Kausalzusammenhänge möglichst vollständig aufgedeckt werden können.[447] Gerade bei der Datenerhebung im Interviewansatz bzw. im Rahmen der Grounded Theory spielt die Methodenkombination eine bedeutsame Rolle und wird von einigen Wissenschaftlern dementsprechend als außerordentlich wichtig erachtet.[448] Durch den Einsatz von unterschiedlichen Methoden (Methodentriangulation) können verschiedenartige Aspekte des untersuchten sozialen Ausschnitts miteinander kombiniert und damit komplexere und umfassendere Ergebnisse extrahiert werden, wodurch ein umfassendes Bild der Untersuchungseinheit entsteht. Darüber hinaus können durch den Einsatz verschiedenartiger Methoden Fehler aufgedeckt und ausgemerzt werden, die z.B. durch den Einfluss des Interviewers entstanden sein könnten.[449]

Im Rahmen der vorliegenden Arbeit sind sowohl die Datensammlung als auch die anschließende Analyse in mehreren Stufen erfolgt und beides hat somit zur Qualität und Validität der Ergebnisse beigetragen. Die eigentliche Datengenerierung hat durch die Nutzung verschiedener Datenquellen stattgefunden: durch eine Sekundäranalyse von Dokumenten sind wichtige Informationen gewonnen worden, die einerseits ein grundlegendes Verständnis der Zusammenhänge generieren und anderseits als Unterstützung für die Interviews dienen. Die eigentliche Befragung ist in Form von problemzentrierten Experteninterviews erfolgt, durch die eine möglichst unvoreingenommene Erfassung individueller Handlungen und Absichten sowie subjektiver Wahrnehmungen und Verarbeitungsweisen der sozialen Wirklichkeit im Sinne der Grounded Theory gewährleistet wird.[450] Das Gespräch ist vom Interviewer strukturiert worden, der mit prinzipiell offenen Fragen dafür gesorgt hat, dass der Interviewpartner die erwarteten Informationen gibt und dabei ggf. mit situativen Fragen sublimiert.[451] Das problemzentrierte Interview ist in Form einer halbstandardisierten Befragung durchgeführt worden, die dem Interviewer zwar einen Leitfaden an die Hand gibt, ihm die Reihenfolge und Formulierung der Fragen jedoch überwiegend selbst überlassen hat.

---

[445] Vgl. Flick (2007)
[446] Für einen Überblick über verschiedene Methoden oder Methodenkombinationen siehe auch Berg (1989), Spöhring (1989), Denzin/Lincoln (2000), Lamnek (2005), Atteslander (2006), Bortz/Döring (2006), Flick (2007); zu den gängigsten Methoden in der qualitativen Sozialforschung zählen u.a. die Beobachtung, das Interview, Dokumentenanalyse und Gruppendiskussionen.
[447] Vgl. Gläser/Laudel (2006)
[448] Vgl. Goulding (2002), Lamnek (2005)
[449] Vgl. Ebd.
[450] Vgl. Witzel (2000)
[451] Vgl. Gläser/Laudel (2006)

Die Datenerhebung dieser qualitativ-empirischen Arbeit hat im Zeitraum von April 2009 (Prätest) bis Januar 2010 stattgefunden. In diesem Zuge ist die oben beschriebene Methodenkombination „Vorrecherche – Leitfaden – problemzentrierte Experteninterviews (inkl. Aufzeichnung und Postskriptum)" zum Einsatz gekommen, die am vielversprechendsten erscheint, um den Erkenntnisgewinn zu maximieren.[452] In Vorbereitung auf das jeweilige problemzentrierte Experteninterview hat eine Vorrecherche stattgefunden, die wichtige Hintergründe zu den Experten erfasst. Dazu zählen die im Abschnitt „Expertenauswahl" dargestellten akademischen und berufsbiografischen Inhalte sowie – soweit möglich – Haltungen zu Coaching-Professionalisierung und -Forschung, die größtenteils durch Internetrecherche und Dokumentenanalyse (vor allem anhand von Publikationen) erhoben worden sind. Die Sekundäranalyse von Dokumenten hat weiterführende und ergänzende Informationen zu den Befragungsteilnehmern zutage gefördert und stellt im Sinne der Methoden- und Datentriangulation eine weitere Perspektive auf die Untersuchungseinheit dar, die zur Validierung herangezogen werden kann.[453] All diese Informationen sollen vor allem den Gesprächseinstieg mit den Befragten erleichtern und zur Stimulierung von Erzählungen verwendet werden.[454] Die Experteninterviews bestehen jeweils aus zwei Teilen: einem allgemeinen Teil zur Professionalisierung der Coaching-Forschung und einem spezifischen Teil zur professionalisierungsbezogenen Würdigung exemplarischer Forschungsansätze im Coaching. Ähnlich wie beim narrativen Interview wird beim problemzentrierten Interview das Erzählprinzip in den Vordergrund gestellt, was durch einen non-direktiven Befragungsstil und eine neutral-freundliche Haltung des Interviewers sichergestellt worden ist.

Der allgemeine Teil bildet aufbauend auf dem bislang über Coaching-Forschung akkumulierten Wissen die Grundlage für die Formulierung der Forschungsfrage. Neben der Kenntnis des aktuellen Forschungsstandes sind die gegenstandsbezogenen Theorien sowie empirische Ergebnisse bisheriger Untersuchungen wichtige Quellen für die Aufstellung eines Untersuchungsplans, der Einflussfaktoren bzw. Variablen, Leitfragen und entsprechende Zielsetzungen beinhaltet.[455] Variablen sind Begriffe, die geplant unbestimmt bleiben. Sie sind komplexe Konstrukte, die nicht beliebig, sondern nur nach einem klaren Vorgehen ausgefüllt werden können.[456] Dabei lassen sich vier Typen von Variablen unterscheiden, um die Forschungsfrage zu strukturieren: unabhängige Variablen, bei denen ausschließlich die Wirkung auf andere Variablen interessiert (Ursachen); abhängige Variablen, bei denen es sich genau umgekehrt verhält und lediglich die Einflussfaktoren interessieren; intervenierende Variablen, die abhängige Variablen beeinflussen

---

[452] Andere qualitative Erhebungsmethoden wie zum Beispiel Gruppendiskussionen oder Beobachtungen erscheinen aufgrund der Komplexität des Untersuchungsgegenstandes als kaum geeignet. So lassen sich zum einen subjektive Deutungen und Einstellungen der Befragten nur schwer durch Beobachtungen erfassen. Zum anderen erlauben es zeitliche Restriktionen nicht, die zumeist langwierigen Veränderungsprozesse zu begleiten. In Gruppendiskussionen besteht die Gefahr, dass die Befragten aufgrund der fehlenden Anonymität ihre Erfahrungen nur in eingeschränkter und verzerrter Art und Weise preisgeben, was jedoch nicht der sozialen Wirklichkeit entspricht.

[453] Vgl. Strauss/Corbin (1996), Hodder (2000)

[454] Vgl. Witzel (1982), Lamnek (2005)

[455] Vgl. Gläser/Laudel (2006)

[456] Vgl. Luhmann (1993)

oder den Zusammenhang zwischen unabhängigen und abhängigen Variablen modifizieren; beschreibende Variablen des Vermittlungsprozesses, die den Einfluss von unabhängigen auf abhängige Variablen durch soziales Handeln beschreiben.[457]

Das theoretische Konzept zur Coaching-Forschung ist in einen Interviewleitfaden übersetzt worden, der Themenfelder mit Leitfragen enthält, die in jedem Interview beantwortet werden müssen.[458] Diese entstehen bedingterweise durch das theoretische Vorverständnis des Forschers sowie die Problemstellung.

„Leitfragen sind keine theoretischen Fragen und auch nicht an Variablen oder vermuteten Kausalzusammenhängen orientiert. Sie sind vielmehr auf das Untersuchungsfeld gerichtet und versuchen, die Informationen zu benennen, die erhoben werden müssen. Leitfragen charakterisieren das Wissen, das beschafft werden muss, um die Forschungsfrage zu beantworten. Sie benennen die zu rekonstruierenden Situationen oder Prozesse und beschreiben die Informationen, die über diese Situationen oder Prozesse beschafft werden müssen.[459]"

Demnach erhält man durch den Interviewleitfaden ein thematisch organisiertes Gerüst, um zu einer „kontrollierten und vergleichbaren Herangehensweise an den Forschungsgegenstand zu kommen.[460]" Jedoch sind weder die Frageformulierungen, noch die Reihenfolge der Fragen verbindlich, sondern die Konzeptgenerierung und Schwerpunktsetzung liegen problemzentriert in den Händen der Befragten. Dadurch soll es zu einer bewussten Bedeutungsstrukturierung der angesprochenen Themen durch den Befragten kommen sowie zu einer möglichst unverfälschten Perspektive. Der Interviewleitfaden soll noch genügend Handlungsspielräume offen lassen, um spontan neue Fragen und Themengebiete im Interview mit einzubeziehen.[461] Des Weiteren hat der Interviewleitfaden für den Interviewer auch noch eine ganz eine praktische Relevanz: er dient zum einen als Orientierungsrahmen und Gedächtnisstütze und die vom Interviewten angesprochenen Themenfelder können abgehakt und bei den abschließenden Ad-hoc-Fragen vernachlässigt werden.[462]

Es folgt der erste Befragungsteil als allgemeiner Ausschnitt des Untersuchungsplans. Die insgesamt fünf Fragenkomplexe „Klärung von Grundbegriffen", „Zielsetzung von Coaching-Forschung", „Stand der Coaching-Forschung", „Alternativen zur bestehenden Coaching-Forschung" sowie „Bedeutung von neuen Forschungsansätzen für Wissenschaft und Praxis" sind nach dem deduktiven Prinzip aufgebaut. Dies gleicht einem zwiebelartigen Vorgehen: nach einem allgemeinen Einstieg in die Thematik und der Entwicklung von Coaching-Forschung kulminiert dieser Befragungsteil im Professionalisierungs-Beitrag von Coaching-Forschung im Lichte der vorliegenden Arbeit.

---

[457] Vgl. Gläser/Laudel (2006)
[458] Vgl. Witzel (1982), Merton/Kendall (1993)
[459] Gläser/Laudel (2006), S. 88
[460] Witzel (1982), S. 90
[461] Vgl. Strauss/Corbin (1996), Bortz/Döring (2006)
[462] Vgl. Witzel (1989), Lamnek (2005)

Teil	Kategorie	Fragen	Ziel der Fragen
I. Allgemeiner Teil zur Coaching-Forschung (Dauer: ca. 45-60 Minuten)	1. Klärung von Grundbegriffen	1.1 Was verstehen Sie unter "Professionalisierung"?	Einstieg in das Thema; Abfragen des Verständnisses über die Grundbegriffe; Schaffung einer gemeinsamen Basis für das Interview
		1.2 Was bedeutet für Sie "Verwissenschaftlichung"?	
		1.3 Wie definieren Sie "Forschung"?	
	2. Zielsetzung von Coaching-Forschung	2.1 Warum soll dieses Thema/Gebiet erforscht werden?	Klärung, wie die bei der Forschung entstehenden Erkenntnisse verwertet werden können, und ob das noch grob umrissene Projekt präzise formuliert ist
		2.2 Welche Antworten und neuen Informationen erwarten Sie durch die Erforschung?	Klärung des Zusammenhangs der Forschungsfrage und deren Beantwortbarkeit
	3. Stand der Coaching-Forschung	3.1 Wo steht die Coaching-Forschung (philosophische, soziale, zeitliche, inhaltliche & räumliche Differenzierung)?	Überblick über das Thema; Veränderungen und deren Auslöser; Einordnung der Forschungsfelder
		3.2 Wie bewerten Sie das (z.B. im Vergleich zu anderen Beratungsformen)?	Verständnis des Themas; Unterschiede zwischen Beratungsformen; Kritik; Wirkung von Veränderungen
	4. Alternativen zur bestehenden Coaching-Forschung: neue Ansätze	4.1 Welche Limitationen (z.B. ethische) sehen Sie bei der Beforschung von Coaching?	Spielräume und Grenzen für Coaching-Forschung
		4.2 (Hypothetische Frage) Stellen Sie sich vor, Sie hätten einen Coaching-Lehrstuhl mit einem eigenen Forschungsbudget: Wie würden Sie Coaching beforschen?	Entwicklung einer eigenen Forschungslogik: was sollte wann, wo, wie und durch wen erforscht werden?
	5. Bedeutung von neuen Ansätzen in der Coaching-Forschung für Wissenschaft und Praxis	5.1 Welche Bedeutung haben Ihre Ansätze für die Akademisierung von Coaching (Bezug auf Beratungsform)?	Beitrag zur sekundären Professionalisierung
		5.2 Welche Bedeutung haben Ihre Ansätze für die Praxis (Bezug auf Markt)?	Beitrag zur primären Professionalisierung

Abb. 15: Allgemeiner Teil des Untersuchungsplans[463]

Zur besseren Würdigung bisheriger Bemühungen in der Coaching-Forschung bieten sich exemplarische Studien an. Anhand konkreter Fallbeispiele können empirisch zu schließende Wissenslücken identifiziert und klassifiziert werden; was ein Fall ist, wird auf der Basis der theoretischen Vorüberlegungen bestimmt. Die vier Fälle sind jeweils nach ihrer Modulation der unabhängigen Variablen ausgewählt worden, ohne die Einflussfaktoren (intervenierenden Variablen) zu sehr zu variieren, und sollen das Untersuchungsfeld als „typische" Fälle möglichst gut repräsentieren.[464] Sie bilden die Forschungsfelder des Kapitels 2 – konstituierende als auch Leistungs-/Erfolgsfaktoren – von Coaching als Beratungsform ab und beinhalten jeweils Fragen zu Inhalten, Ergebnissen, Nutzen für Wissenschaft und Praxis sowie den Beitrag zur (sekundären) Professionalisierung. Dabei ist jeweils ein Ansatz herausgefiltert worden, der einen beispielhaften Einblick in das aktuelle Forschungsgeschehen ermöglicht und mit den Interviewpartnern kontrovers diskutiert worden ist:

- **Untersuchung von Ansätzen unterschiedlicher „Coaching-Schulen"[465]:**Es handelt sich um eine Coaching-Studie mit kleinem Sample, die in einem dreimonatigen Coaching Veränderungen von Kognition und Verhalten der Klienten untersucht. Daraus ergeben sich zwei Fragen: Erstens, kann eine solche Kurzzeit-Intervention auf der Basis qualitativer Auswertungsmethoden persönlichen bzw. berufsbezogenen Mehrwert

---

[463] Eigene Darstellung (Ausschnitt aus dem halbstrukturierten Interviewleitfaden)
[464] Vgl. Gläser/Laudel (2006)
[465] Vgl. Beddoes-Jones/Miller (2007)

für die Klienten schaffen bzw. wenn dem so ist, können – zweitens – daraus signifikante Veränderungen in der Selbstwahrnehmung der Klienten abgeleitet werden?

- **Aktuelle Nachfragetrends im Coaching (Consumer Research)**[466]: Diese Studie befasst sich basierend auf den Forschungsbemühungen der letzen fünfzig Jahre und den Forderungen von Coaching-Nachfragern bzw. -Stakeholdern (Organisationen, Coaching-Praktiker) mit drei neuen Forschungsansätzen im Führungskräfte-Coaching: Untersuchung des Impacts von Coaching auf Leistung, Verbesserung der Coaching-Praktiken bzw. -Praxis und Identifikation der Schlüsselfaktoren für effektive Coaching-Qualifizierung.

- **Analyse von Wirkfaktoren bzgl. Coaching-Struktur und -Prozess**[467]: RCT zur Überprüfung der Wirksamkeit von Coaching sind in der Coaching-Praxis noch recht wenig verbreitet. Gründe hierfür liegen zum einen im aufwändigen Design dieser Methode. Zum anderen unterliegt Coaching vielen Einflüssen, so dass ein erfolgreiches Coaching nicht zwingend auf einen bestimmten Wirkfaktor zurückzuführen ist. In dieser Studie werden Führungskräfte auf eine weiterführende Aufgabe vorbereitet: ein Teil davon im Rahmen von Coaching, der andere Teil zunächst ohne. Daraus resultieren zwei Fragen: Welche Probleme ergeben sich für die Beforschung der Wirksamkeit von Führungskräfte-Coaching am Beispiel RCT und warum?

- **Untersuchung der Beziehungsgestaltung im Coaching**[468]: Ein aktueller Trend im Coaching ist das passgenaue Matching von Coachs und Klienten als Grundvoraussetzung für eine funktionierende Beziehungsgestaltung. Deren Vermittlung übernehmen immer häufiger CRS, woraus ein eigener Industriezweig entstanden ist. Aus dem Matching-Grad durch CRS stellt sich jedoch die Frage nach deren eigentlichen Absichten bzw. dem tatsächlichen Mehrwert für Coachs und Klienten sowie deren Beziehung – zumal nur zwei der hier untersuchten CRS sowohl Interviews mit Klienten führen, um Ansätze und Anlässe für Coaching zu eruieren als auch Coachs auf deren Kompetenzen zu durchleuchten; die restlichen CRS sind mehr oder weniger „Coach-Warenhäuser" bzw. computergestützte Datenbanken.

Die exemplarischen Studien entstammen allesamt Forschungslinien, die eine internationale Professionalisierung im Coaching anstreben. Mit Blick auf die Zielsetzung dieser Arbeit sind die Studien so abstrakt und neutral wie möglich gehalten, weswegen auf weitergehende Angaben zur Publikation (Quelle, Autor etc.) verzichtet worden ist. Dadurch werden ein „Praxistest" bislang identifizierter Forschungsfelder, eine Konkretisierung der Ergebnisse aus dem allgemeinen ersten Befragungsteil, eine Weiterentwicklung der Basis für ein professionelles Forschungsmodell sowie die Darstellung und kritische Würdigung der Heterogenität bzw. Homogenität der Expertenmeinungen möglich. Die Experten haben im Vorfeld der Befragung eine prägnante

---

[466] Vgl. Passmore/Gibbes (2007)
[467] Vgl. Ellam-Dyson/Palmer (2008)
[468] Vgl. Carr (2008)

Zusammenfassung der exemplarischen Studien zur Vorbereitung auf je max. einer DIN A4-Seite erhalten (siehe Anhang).

Teil	Kategorie	Fragen	Ziel der Fragen
II. Exemplarische Studien zur aktuellen Coaching-Forschung (Dauer: ca. 45-60 Minuten) - in abstrakter Modell-Form - auf einer DIN A4-Seite zusammengefasst - vorab zugeschickt	1. Untersuchung von Ansätzen unterschiedlicher "Coaching-Schulen"		- "Praxistest" bislang identifizierter Forschungsfelder - Konkretisierung der Ergebnisse aus Teil I - Weiterentwicklung der Basis für ein professionelles Forschungsmodell - Darstellung und kritische Würdigung der Heterogenität bzw. Homogenität der Interviewten; theoretische Sättigung
	2. Consumer Research: aktuelle Nachfragetrends im Coaching	Wie bewerten Sie die diese Studien in Bezug auf - Inhalte - Ergebnisse - Nutzen für Wissenschaft und Praxis - Beitrag zur (sekundären) Professionalisierung?	
	3. Analyse von Wirkfaktoren bzgl. Coaching-Struktur und -Prozess		
	4. Untersuchung der Beziehungsgestaltung im Coaching		

Abb. 16: Exemplarischer Teil des Untersuchungsplans[469]

Die Interviews haben teils in den Räumlichkeiten der Befragten, teils am Telefon stattgefunden, so dass sich die Untersuchungssituation weitgehend einer Alltagssituation annähert und verfremdende Einflüsse durch eine unnatürliche Kommunikationssituation nahezu ausgeschlossen worden ist.[470] Die Dauer der gesamten Interviews hat zwischen 55 und 125 Minuten betragen, wobei fünf Interviews zwischen 80 und 100 Minuten und nur jeweils ein Interview 55 bzw. 125 Minuten gedauert hat. Jeder der beiden Befragungsteil hat ca. 50 Prozent der Befragungsdauer ausgemacht und sowohl einen strukturierenden, lenkenden und leitfadenorientierten Part der aktiven Gesprächsführung als auch einen zuhörenden, empathischen und beobachtenden Part der passiven Gesprächsführung beinhaltet. Der Gesprächsführer hat aktiv zugehört, die angesprochenen Themenfelder im Interviewleitfaden abgehakt und die von Witzel beschriebenen erzählungs- und verständnisgenerierenden Kommunikationsstrategien angewendet, um die Erzählbereitschaft des Befragten zu fördern, aber auch das Verständnis des Interviewers sicherzustellen.[471] Darüber hinaus hat der Interviewer so genannte Konfrontationsfragen und Ad-hoc-Fragen gestellt.[472] Erstere bieten die Möglichkeit, den Befragten mit aufgetretenen Widersprüchen und Ungereimtheiten in seinen Erzählungen zu konfrontieren. Ad-hoc-Fragen kommen immer dann und meistens am Ende eines Interviews zu Einsatz, wenn die durch die Fragen des Leitfadens angeregten Aussagen des Interviewten keine erschöpfende Auskunft über die interessierenden Themenfelder geben oder die Problembereiche seitens des Interviewten überhaupt nicht angesprochen worden sind.

Die inhaltliche Erfassung der Interviewaussagen ist durch Tonbandaufnahmen erfolgt, nachdem die Interviewten zu Beginn eines jeden Interviews über den Sinn und Zweck der Aufzeichnung aufgeklärt und deren Einverständnisse eingeholt worden sind.[473] Alle Interviews sind vollständig und unter Beachtung der Anonymität der Interviewten mit dem Programm „f4" transkribiert

---

[469] Eigene Darstellung (Ausschnitt aus dem halbstrukturierten Interviewleitfaden)
[470] Vgl. Lamnek (2005)
[471] Vgl. Witzel (1982)
[472] Vgl. Ebd., Lamnek (2005)
[473] Vgl. Witzel (1982, 1989), Lamnek (2005)

worden. Ziel der Transkription ist es, nur so detailliert zu transkribieren, wie es die Fragestellung und das Untersuchungsziel erfordert, um die Lesbarkeit und Übersichtlichkeit nicht zu gefährden.[474] Die Transkriptionen werden um Dialektverfärbungen, Wiederholungen von Wortfetzen und Wörter bereinigt, wenn dadurch auch der ursprüngliche Sinn der Aussage erhalten bleibt. Des Weiteren sind persönliche Angewohnheiten des Befragten (wie „äh", „ähm", „mhm" usw.) nicht weiter beachtet worden. Nonverbale Äußerungen (wie z.b. Lachen, Husten, Stottern, Zögern etc.) sind nur dann vermerkt, wenn sie einer Aussage eine andere bzw. spezifische Bedeutung geben. Zu jedem geführten Interview ist zusätzlich ein Postscriptum verfasst worden, in welchem Datum, Ort und Dauer der Befragung sowie situative Rahmenbedingungen, nonverbale Reaktionen und relevante Inhalte der Gespräche verzeichnet worden sind, die sich vor und nach dem Einschalten bzw. Ausschalten des Tonbands ergeben haben.[475] Diese Dokumentation beeinflusst einerseits den Kontext und den Ablauf des Gesprächs und verstärkt die Aufmerksamkeit des Interviewers, dient aber andererseits auch einer späteren Interpretation.

Zusammenfassend kann festgehalten werden, dass durch die dargestellte Art und Weise der Datenerhebung der Untersuchungsgegenstand zum einen aus verschiedenen Perspektiven erfasst und zum anderen dadurch umfangreiches Datenmaterial für die anschließende Auswertung und Analyse gewonnen worden ist.

3.2.4   Datenauswertung

Die Datenauswertung hat zum Ziel, die Forschungsfragen zu beantworten und dabei die Kausalzusammenhänge und Mechanismen des Untersuchungsgegenstandes aufzudecken bzw. aufzuklären und in die Theorie einzubetten. Die große Zahl an Informationen gilt es nun im folgenden Schritt handhabbar zu machen, d.h. inhaltlich zu sortieren und strukturieren, zu Kategorien zusammenzufassen, in Relation zueinander setzen und zu wenigen verallgemeinerten Aussagen zu verdichten. Hinsichtlich der einzelnen Schritte und Regeln der qualitativen Datenauswertung bzw. Analyse ergeben sich für den Forscher zahlreiche Gestaltungsmöglichkeiten, wobei in der Literatur intersubjektiv nachvollziehbare Vorgehensweisen eher stiefmütterlich behandelt werden.[476] Dies liegt u.a. daran, dass in der qualitativen Sozialforschung viele verschiedene komplexe Methodenkombinationen möglich sind. Dementsprechend zieht in der Regel jede qualitative Untersuchung eine individuell auf den Untersuchungsgegenstand zugeschnittene Analyse nach sich.[477]

Auch in der vorliegenden Arbeit ist die Auswahl und Festlegung einer konkreten Analyse-Vorgehensweise eine wichtige Entscheidung, da der dargelegte Auswertungsprozess bei Witzel im Rahmen des angewendeten problemzentrierten Interviews sehr allgemein gehalten ist.[478] Ziel ist es, eine Methode zu entwerfen, die dem gesammelten Datenmaterial und dem angestrebten Forschungsziel gerecht wird, was zum einem bedeutet, dass sie mit einem angemessenen Auf-

---

[474] Vgl. Flick (1995), Dittmar (2004), Gläser/Laudel (2006), Kowal/O'Connell (2007)
[475] Vgl. Witzel (1982), Froschauer/Lueger (1992), Lamnek (2005)
[476] Vgl. Flick (1995), Huber (1995)
[477] Vgl. Lamnek (2005)
[478] Vgl. Witzel (1982)

wand durchführbar ist, zum anderen aber auch den für die Untersuchung angelegten Gütekriterien entspricht (vgl. Kapitel 3.3). Darüber hinaus soll durch eine systematische, intersubjektiv nachvollziehbare Vorgehensweise der qualitativen Analyse oftmals vorgeworfenen Willkür bei der Ergebnisgenerierung entgegen gesteuert werden.[479] Um den Ansprüchen der Systematik, der Nachvollziehbarkeit und dem vertretbaren Aufwand nachkommen zu können, ist die Datenauswertung mit der Computeranwendung „MAXQDA2007" durchgeführt worden. Generell bieten Computerprogramme als Instrumente der Datenanalyse den Vorteil, dass man Verlauf und Ergebnisse zur Kontrolle, Rekonstruktion und Kommunikation einsetzen kann.[480] In einem ersten Schritt werden alle transkribierten Interviews gelesen, um einerseits einen Gesamteindruck zu erhalten und andererseits alle nicht für die Fragestellung relevanten Textpassagen zu streichen.

Im Anschluss daran gilt es das Datenmaterial auf Ähnlichkeiten und Unterschiede zu untersuchen, um so ein Kategoriensystem zu entwickeln, welches die Zuordnung von konkreten Textpassagen ermöglicht.[481] In einer Kategorie werden jeweils Textpassagen zusammengefasst, die sich in ihren Kernaussagen ähnlich sind oder sich auf ein ähnliches Phänomen beziehen.[482] Eine weitere Quelle für das erste grobe Kategorienraster ist der Interviewleitfaden, der sowohl theoretische Vorkenntnisse als auch die Forschungsfrage berücksichtigt. Durch diesen inkrementellen Prozess der Kategorienfindung wird angestrebt, „[...] von der Anleitung durch eigene Theorien über den Bedeutungsinhalt der Daten weitgehend frei die subjektiven Kategorien der Forschungssubjekte und damit deren Sicht des Gegenstandes zu rekonstruieren.[483]" Dies entspricht einer prinzipiellen Offenheit, die dazu führt, dass zu jedem Zeitpunkt der Kodierung Ergänzungen, Differenzierungen und Modifikationen möglich sind.[484] Somit kann durch das permanente Vergleichen der Transkripte letztlich sichergestellt werden, dass eine einheitliche Kodierung über das ganze Datenmaterial hinweg erfolgt. Der zentrale Aspekt der Datenauswertung in der Grounded Theory ist das schrittweise Anstellen von Vergleichen, das sich wie beschrieben auch auf die Vorkommnisse in den einzelnen Transkripten bezieht, so dass eine Generierung von Unterkategorien und deren Beschreibung der Eigenschaften möglich ist.[485]

Für die Theoriebildung ist vor allem das Aufspüren von Relationen zwischen den zentralen Kategorien von großer Bedeutung.[486] In einem weiteren Schritt der Datenanalyse werden demnach erste aufgestellte Zusammenhänge anhand des Datensatzes geprüft und validiert. Wichtig dabei ist, Ursachen, Konsequenzen, Korrelationen und Bedingungen eines bestimmten Phänomens

---

[479] Zur Diskussion vgl. z.B. auch Mayring (2003) und Lamnek (2005)

[480] Vgl. Huber (1995), Kuckartz (2006)

[481] Generell können Kategoriensysteme in der qualitativen Sozialforschung aus verschiedenen Quellen extrahiert werden (vgl. Flick (1995), Kuckartz (2006)). Wenn das Forschungsinteresse hauptsächlich in der Theorieprüfung liegt, sollen die Kategorien auch aus der Theorie abgeleitet werden. Wird demgegenüber eher Theoriebildung oder Propositionengenerierung angestrebt, so bietet es sich an, die einzelnen Kategorien aus der Fragestellung oder induktiv aus den Daten zu entwickeln. Jedoch treten diese Strategien nur selten in Reinform auf und werden in der Praxis meist miteinander kombiniert, so auch hier.

[482] Vgl. Strauss/Corbin (1996)

[483] Huber (1995), S. 244

[484] Vgl. Lamnek (2005)

[485] Vgl. Strübing (2004), Glaser/Strauss (2005)

[486] Vgl. Böhm (2007)

herauszuschälen.[487] Hierfür erfolgt zunächst die Überprüfung am Einzelfall, bevor dann die im Einzelfall generierten Kausalzusammenhänge gegenübergestellt und so verallgemeinernde Muster bzw. Typen herausgefiltert worden sind, was einem induktiven Vorgehen entspricht.[488] Der letzte Schritt der Datenauswertung beinhaltet die Konfrontation der aufgestellten Kausalzusammenhänge mit denen der theoretischen Literatur. Dieser Abgleich bezieht sich zum einen auf die Literatur zu Coaching-Forschung, also dem theoretischen Kontext, in dem die Forschungsfrage formuliert worden ist. Es sind zum anderen weitere Strömungen der gefunden Aspekte berücksichtigt, die in der Wissenschaft noch nicht mit Coaching-Forschung in Verbindung gebracht worden sind, jedoch eine große Bedeutung für das Aufstellen von Forschungsszenarien haben.

Im Vordergrund steht die Frage, welche Art von Forschung bei welchen Interessenlagen benötigt wird, wodurch die Glaubwürdigkeit der zu formulierenden Propositionen als Voraussetzung für Hypothesen gestärkt werden kann. Theoretische Konzepte und Hypothesen werden nicht auf der Basis von wissenschaftlichem und/oder alltagsweltlichem Wissen formuliert, sondern entwickeln sich als Interpretationen aus dem insgesamt verfügbaren Material. Die Offenheit der hier praktizierten qualitativen Inhaltsanalyse erlaubt einen wissenschaftlich kontrollierten Nachvollzug der sozialen Wirklichkeit.[489] Dennoch hat qualitativ-empirische Forschung mit einer Reihe von Dilemmas zu kämpfen, die der Grounded Theory-Ansatz mittels vier besonders bedeutender Charakteristika aufzulösen hilft: dem Primat der Daten gegenüber vorgefassten Hypothesen, dem Vorzug von datenliefernden Forschungs-Teilnehmern gegenüber einer reinen Subjektbetrachtung, der Möglichkeit jederzeit ins Feld zurückzukehren, um weitere Daten zu erheben sowie dem Verständnis, dass Forschung eine Theorie produziert, die nicht für alle Zeiten zementiert, sondern veränderbar ist.[490] Technisch kommt die Diskursanalyse als sequentielle Analyse der vorgenommenen Dateninterpretation am nächsten, indem sie unter Hinzuziehung anderer Textformen das vorliegende Material nacheinander rekonstruiert und unter Verwendung von Hermeneutik in einen sprach- und sozialwissenschaftlichen Kontext bringt.[491]

3.3 Gütekriterien des Forschungsprozesses

"How researchers use these [grounded theory, Anm. d. Autors] guidelines is not neutral; nor are the assumptions they bring to their research and enact during the process.[492]" Um dem Vorwurf mangelnder empirischer Evidenz und willkürlicher Überinterpretation der Daten entgegenzuwirken, sind Gütekriterien nötig, mittels derer die Qualität des Weges zur wissenschaftlichen Erkenntnisgewinnung festgestellt werden kann. Dem Postulat der Angemessenheit als oberstes Kriterium tragen wissenschaftliche Methoden dann Rechnung, wenn sie dem Erkenntnisziel des

---

[487] Vgl. Wiedemann (1995)
[488] Vgl. Lamnek (2005)
[489] Vgl. Ebd.
[490] Vgl. Neal (2009)
[491] Vgl. Flick (1995)
[492] Charmaz (2006), S. 9

Forschers und den empirischen Gegebenheiten gerecht werden.[493] Um das Erfassen gesellschaftlicher Daten intersubjektiv nachvollziehbar zu machen, ist es unverzichtbar, das Verfahren zu dokumentieren, mit dem die Ergebnisse gewonnen worden sind. Die Nähe zum Gegenstand ist ein Leitgedanke qualitativ-interpretativer Forschung, der dadurch erfüllt werden kann, dass alle Interviewpartner in ihrem Arbeitsumfeld, also in einem für sie vertrauten Lebensbereich, und in ihrer „Sprache" befragt werden. Durch Verwendung des Auswertungsverfahrens der qualitativen Inhaltsanalyse kann vielen der Kritikpunkten an der qualitativen Vorgehensweise entgegengewirkt werden. Bei der qualitativen Inhaltsanalyse geht es um die systematische Klassifikation von (Text-)Bedeutung. Dabei wird regelgeleitet vorgegangen und es erfolgt eine abschließende Qualitätskontrolle.

Um die Qualität eines Forschungsprozesses samt dessen hervorgebrachten Ergebnisse feststellen zu können, muss ein Forschungsvorhaben hinsichtlich spezifischer Kriterien und Verfahren der benutzten Forschungsmethode evaluiert werden.[494] „Während [diese sog., Anm. d. Autors] Gütekriterien Anhaltspunkte für die Überprüfung der erreichten Qualität von Forschungsprozess und -ergebnis liefern sollen, stellen Maßnahmen der Qualitätssicherung das Arsenal der Mittel zur Erzielung qualitativ hochwertiger Ergebnisse dar.[495]" Dabei gibt es in der qualitativen Sozialforschung keine Einigkeit auf die Frage, anhand welcher Kriterien die Wissenschaftlichkeit, die Güte und Geltung bewertet werden kann. Vielmehr haben sich in den letzten Jahren drei wesentliche Positionen zu diesem Thema etabliert[496]:

– **Übertragung quantitativer Kriterien** (Objektivität, Reliabilität und Validität) auf die qualitative Forschung. Dabei werden diese an die qualitative Forschung angepasst.[497]

– **Formulierung eigener einzelner qualitativer Kriterien** wie kommunikative Validierung, Validierung der Interviewsituation, Authentizität etc. oder einen zusammenhängenden qualitativen Gütekriterienkatalog

– **Ablehnung von Gütekriterien** für die qualitative Forschung

Für diese Arbeit sind vier Gütekriterien herausgesucht worden, mit denen es möglich ist, den Forschungsprozess in vielschichtiger und umfassender Art und Weise zu evaluieren und so empirisch-begründeten Forschungsszenarien im Coaching gerecht zu werden.[498] Dabei handelt es sich um:

1.) Konstruktvalidität

2.) Interne Validität

---

[493] Vgl. Lamnek (2005)

[494] Vgl. Strauss/Corbin (1996)

[495] Strübing (2004), S. 76

[496] Vgl. Breuer (1996), Steinke (2007)

[497] Die Anpassung von Validität soll hier kurz dargestellt werden: bei quantitativen Untersuchungen wird eine Gefährdung der Gültigkeit eher in den Erhebungsmethoden gesehen, bei qualitativen Untersuchungen dagegen verstärkt in der Auswertung und Interpretation. Dementsprechend richten sich Gütekriterien auch bei gleicher Bezeichnung auf unterschiedliche Aspekte im Forschungsprozess (vgl. Strübing (2004)).

[498] Vgl. Breuer (1996), Strübing (2004)

3.) Reliabilität

4.) Generalisierbarkeit

Diese Gütekriterien und Maßnahmen der Qualitätssicherung sollen unter Berücksichtigung der einzelnen Schritte des Forschungsprozesses nun näher dargestellt werden.

Zu 1.) Validität in der quantitativen Sozialforschung bezieht sich auf die Gültigkeit der Ergebnisse einer Untersuchung, d.h. dass die Methode auch tatsächlich misst, was sie zu messen vorgibt.[499] Auf das interpretativ-qualitative Paradigma, welches Sinndeutungen und Beschreibungen zum Ziel hat, lässt sich diese Definition nur schwierig übertragen, weswegen sich in der qualitativen Sozialforschung unterschiedliche Kriterien der Validität herausgebildet haben, die gewährleisten sollen, dass die Daten wirklich das zum Ausdruck bringen, was sie zu sagen vorgeben bzw. was erfasst werden sollte.[500] Die spezifische Konstruktvalidität ist vor allem in der Phase der Datenerhebung relevant und bezieht sich auf die akkurate Messung des theoretischen Konstrukts „Coaching-Forschung". Dies bedeutet, dass die operationalen Maße auch das erfassen, was sie erfassen sollen.

Die Konstruktvalidität in der vorliegenden Arbeit ist durch verschiedene Maßnahmen sichergestellt worden. Um die akkurate Erfassung von Coaching-Forschung zu gewährleisten, ist auf relevante theoretische Literatur zurückgegriffen worden Dementsprechend sind die Charakteristika von Coaching-Forschung und deren Zusammenhänge in den Interviewleitfaden eingeflossen. Dadurch ist es möglich relevante Kategorien und erste Dimensionalisierungen des Untersuchungsgegenstandes logisch richtig aufzustellen, um so Forschungsfelder und -szenarien aus den Daten extrahieren zu können. Wie bereits in Abschnitt 3.1.1 dargelegt, entspricht dieses Vorgehen durchaus der geforderten Vorgehensweise nach Strauss und Corbin. Eine weitere Maßnahme beinhaltet eine Methoden- und Perspektiventriangulation während der Datenerhebung. Der Einsatz von verschiedenen Methoden (vgl. Kapitel 3.2.3) auf denselben untersuchten Gegenstand „Coaching-Forschung" lässt eine wechselseitige Gültigkeitsprüfung der Ergebnisse zu, hilft inhaltliche Lücken im Datenmaterial zu schließen und Verzerrungen auszumerzen. Dies wird noch durch eine Perspektiventriangulation verstärkt, in dem durch die Befragung unterschiedlicher Interviewpartner differenzierte Sichtweisen eingeflossen sind, wodurch wiederum die Konstruktvalidität erhöht wird. Um der Gefahr einer zu einseitigen Betrachtungsweise zu entgehen und die Ergebnisse auf eine objektivere Grundlage zu stellen, werden alle Interviewpartner mit der gleichen Einstiegsfrage konfrontiert und erhaltene Aussagen soweit möglich durch anderweitig erhaltene sowie öffentlich zugängliche Informationen und Dokumente gestützt. Dieses Vorgehen führt zu einer objektiveren Analyse der Daten und somit zu einem validen Ergebnis.[501]

---

[499] Vgl. Kvale (1995)

[500] Zur Diskussion des unterschiedlichen Verständnisses von Validität in der quantitativen und qualitativen Sozialforschung siehe z.B. Kvale (1995), Mayring (2003), Lamnek (2005); zur Darstellung verschiedener Validitätskriterien in der qualitativen Sozialforschung siehe z.B. Lamnek (2005), Bortz/Döring (2006)

[501] Vgl. Mayring (1996)

Zu 2.) Das Gütekriterium „interne Validität" ist in der Phase der Datenanalyse bedeutsam und bezieht sich auf die intersubjektive Überprüfbarkeit sowie Zuverlässigkeit der aufgestellten Kausalzusammenhänge und somit auf deren Gültigkeit.[502] Eine wichtige qualitätssichernde Maßnahme ist das Anstellen von Vergleichen, die sich auf unterschiedliche Aspekte und unterschiedliche Zeitpunkte der Datenanalyse beziehen können. Als erstes werden Ähnlichkeiten und Unterschiede zwischen jedem Ereignis, jeder Handlung usw. herausgefiltert, um dann ähnliche oder gemeinsame Ereignisse, Vorfälle, Handlungen etc. benennen zu können. In der vorliegenden Arbeit können so die einzelnen Elemente identifiziert werden, die jeweils eigene Kategorien bilden. Darauf aufbauend erfolgen Vergleiche zwischen den aufgestellten kausalen Zusammenhängen der einzelnen Kategorien und mit den Daten selbst. Durch den permanenten Versuch, die kausalen Zusammenhänge in den Daten bestätigt zu finden, können letztendlich gültige Aussagen in Form von Propositionen extrahiert werden.[503] In diesem Zuge werden Vergleiche zwischen in den Daten gefundenen und in der theoretischen Literatur behandelten Zusammenhängen angestellt, was der so genannten Typisierung oder Musterbildung in der qualitativen Sozialforschung entspricht.[504] Dabei stärken ähnliche Erkenntnisse die interne Glaubwürdigkeit, widersprüchliche Aussagen gefährden diese, womit konstatiert werden kann, dass durch die ständig angestellten Vergleiche und dem Spielen sowie Probieren mit den Daten die intersubjektive Überprüfbarkeit gewährleistet werden kann.

Wie für das Gütekriterium „Konstruktvalidität" kann auch für „interne Validität" als qualitätssichernde Maßnahme die kommunikative Validierung herangezogen werden. Zu diesem Zeitpunkt geht es vor allem darum, die aus den Daten gewonnenen Kausalzusammenhänge und Propositionen immer wieder an (unterschiedliche) Wissenschaftler weiterzugeben und mit ihnen zu diskutieren.[505] Die Diskussion bezieht sich dabei auf die Fragen, warum derartige kausale Zusammenhänge bestehen und welche konkurrierenden Erklärungen bestehen. Durch dieses Vorgehen kann die Konsistenz der eigenen Interpretationen überprüft und sichergestellt werden. Im Zuge dieser Arbeit sind Ergebnisse und Propositionen immer wieder mit unterschiedlichen wissenschaftlichen Kollegen diskutiert worden, so z.B. im Rahmen von Kolloquien. Des Weiteren wird die Methode der argumentativen Validierung berücksichtigt. Bei dieser Form geht es um eine nachvollziehbare Darstellung und Dokumentation der kausalen Zusammenhänge und Propositionen in der schriftlichen Arbeit, so dass sie intersubjektiv kritisierbar werden, wofür es einer Offenlegung der Vorannahmen und Verankerung dieser im gemeinsam geteilten Vorwissen mit dem Leser bedarf.[506] Durch eine regelgeleitete und nachvollziehbare Argumentation stellt sie eine gewisse Intersubjektivität der (Interpretations-)ergebnisse sicher. Dementsprechend sollen bei der Darstellung und Diskussion der Ergebnisse in den folgenden Kapiteln die Ideen, Annahmen und Widersprüchlichkeiten explizit mit berücksichtigt werden.

---

[502] Vgl. Lamnek (2005)
[503] Vgl. Strauss/Corbin (1996)
[504] Vgl. Lamnek (2005)
[505] Vgl. Kvale (1995), Lamnek (2005)
[506] Vgl. Spöhring (1989), Mayring (2003), Lamnek (2005)

Zu 3.) Reliabilität bezeichnet die Zuverlässigkeit bzw. Verlässlichkeit eines Messinstruments bzw. Verfahrens der Datenerhebung oder anders ausgedrückt die Frage, ob bei wiederholter Durchführung der Messung dieselben Ergebnisse herauskommen.[507] In Bezug auf die hier durchgeführten propositionen-generierenden Forschungsfelder und -szenarien würde Reliabilität bedeuten, dass bei Wiederholung der einzeln durchgeführten Schritte der empirischen Untersuchung jeweils die gleichen Ergebnisse herauskommen sollen. Die Messwiederholung kann dabei intertemporal, also zu unterschiedlichen Zeitpunkten, und/oder intersubjektiv, d.h. von verschiedenen Personen, durchgeführt werden. Dementsprechend setzt eine hohe Reliabilität eine Unveränderlichkeit bzw. identische Wiederholbarkeit des Forschungsgegenstandes zu verschiedenen (Mess-)Zeitpunkten (Gegenstandskonstanz) und die Unabhängigkeit der Messung von dem Interviewer (Subjektunabhängigkeit) voraus.[508] Jedoch können sowohl die Gegenstandskonstanz als auch die Subjektunabhängigkeit in ihrer strengen Form kaum mit den Prinzipien des qualitativ-interpretativen Paradigmas in Übereinstimung gebracht werden. Die Erforschung von sozialen Prozessen oder Phänomenen steht immer in einer Abhängigkeit von dem Verständnis und Einstellungen der Untersuchten, die sich jedoch fortlaufend (auch durch eine „erste" Datenerhebung im Sinne eines Prätests) verändern und somit die Kontextbedingungen nur schwer kontrollier- und wiederholbar sind. Weiterhin ist hier auch noch der Aspekt von Bedeutung, dass die angewendeten Methoden nicht unabhängig von ihrem Anwender gesehen werden können. Zudem verläuft die Datenerhebung und -auswertung weitgehend parallel, um die Entwicklung von Kategorien und weiterer Analysebestandteilen zu jedem Zeitpunkt zu ermöglichen, was sich nur schwer mit der geforderten Gegenstandskonstanz vereinbaren lässt.[509] Die Subjektunabhängigkeit wird immer dann problematisch, wenn dem Forscher ein interpretativer Spielraum zur Deutung der beobachteten Prozesse und Muster eingeräumt werden muss. Dieser Sachverhalt trifft in hohem Maß auf die Theoriebildung im Lichte dieser Arbeit zu, wie z.B. aus Abschnitt 3.1 hervorgeht.

Nichtsdestotrotz ist es ratsam, Zuverlässigkeit auch in der qualitativen Forschung anzustreben, um einer möglichen Willkür im Forschungsablauf entgegenzusteuern und diesen damit auch für Leser nachvollziehbar zu machen. Infolgedessen beziehen sich die Maßnahmen zur Sicherung der Zuverlässigkeit vor allem aufgrund der Kontextgebundenheit auf eine gewissenhafte und lückenlose (Verfahrens-) Dokumentation der Vorannahmen des Forschers und des empirischen Materials. Die so bereitgestellten Informationen ermöglichen dem Leser Unabhängigkeit bei der eigenen Ergebnisgenerierung bzw. des eigenen Erkenntnisgewinns.[510] Die intersubjektive Nachvollziehbarkeit wird durch eine Regelgeleitetheit und angesprochener (Verfahrens-)Dokumentation des Forschungsprozesses sichergestellt. Wie in den Kapiteln 2, 3.1 und 3.2 dargelegt, wird das Vorwissen sowie die einzelnen Schritte des Untersuchungsdesigns detailliert beschrieben und mit einer Systematik sowie gewissen Regeln hinterlegt.[511] Darüber hinaus

---

[507] Vgl. Mayring (2003), Lamnek (2005)
[508] Vgl. Spöhring (1989)
[509] Vgl. Lamnek (2005)
[510] Vgl. Ebd.
[511] Vgl. Miles/Huberman (1994)

sind die Interviewteilnehmer nach Diskussion der exemplarischen Studien gefragt worden, ob sie ihr hypothetisches Forschungsbudget weiterhin für die genannten Forschungsfelder einsetzen wollen oder nun das Budget anders allokieren mögen. Weiterhin wird zur Erhöhung der Reliabilität eine Übersicht erstellt, in welcher der Interviewleitfaden, die Transkripte und Postskripte der Interviews sowie – vgl. Literaturverzeichnis – alle für diese Arbeit relevanten Studien enthalten sind.

Zu 4.) Bei der Generalisierbarkeit der Aussagen wird von einigen wenigen Aussagen auf die Gesamtheit aller Elemente einer gemeinsamen Kategorie geschlossen.[512] In der qualitativen Forschung wird dabei zwischen numerischer und theoretischer Generalisierung unterschieden. Aufgrund der begrenzten Anzahl der Interviews und der einhergehenden fehlenden Repräsentativität, besteht kein Anspruch, von den untersuchten Fällen auf eine bestimmte Population schließen zu wollen bzw. zu können.[513] Dementsprechend ist die Frage nach der theoretischen Generalisierbarkeit der gefundenen Ergebnisse aufschlussreicher und bedeutender. Bei dieser zweiten Form der Generalisierbarkeit ist weniger die Zahl der untersuchten Personen oder Situationen entscheidend, sondern die Unterschiedlichkeit der einbezogenen Interviews sowie die theoretische Reichweite der durchgeführten Interpretationen zu Forschungsfeldern und - szenarien. Als qualitätssichernde Maßnahme empfiehlt sich für letztgenannten Aspekt der Einsatz unterschiedlicher Methoden (Triangulation) zur Untersuchung eines sozialen Phänomens an wenigen Fallbeispielen.[514]

Wie in Kapitel 3.2.3 ausführlich dargelegt, wird nicht nur auf problemzentrierte Interviews als Methode, sondern gleichwohl auf (wissenschaftliche) Dokumente zurückgegriffen. Dadurch kommt es auf der einen Seite zu einer gegenseitigen Validierung der Ergebnisse, auf der anderen Seite kann durch das Heranziehen und die Ergänzung verschiedener Perspektiven ein einheitliches Bild des Untersuchungsgegenstandes mit generalisierbareren Aussagen entstehen.[515] Die Unterschiedlichkeit der einbezogenen Daten wird zum einen über die in Kapitel 3.1.2 dargestellte Replikationslogik sowie über das theoretische Sampling sichergestellt. So orientiert sich die Art und Menge der zu erhebenden Daten alleine an der Forschungsfrage und beinhaltet dementsprechend die Auswahl spezifischer Interviewpartner – d.h. nicht statistisch-repräsentativen Aspekten – und exemplarischer Studien, um die angestrebte Theoriebildung zu erreichen. Dies bedeutet, dass während der Datenerhebung auf Grundlage des gesammelten Datenmaterials immer wieder auf den Prüfstand gestellt wird, ob weitere Interviewpartner oder Ereignisse ins Sample aufgenommen werden müssen. Dementsprechend basiert eine derartige Stichprobe auf der Breite und der Verschiedenartigkeit der untersuchten Phänomens.[516] Jenes theoretische Sampling erfolgt solange, bis eine so genannte theoretische Sättigung erreicht wird, also keine neuen Erkenntnisse über das zu untersuchende Phänomen erlangt werden und das

---

[512] Vgl. Lamnek (2005)
[513] Vgl. Maxwell (2005)
[514] Vgl. Flick (2007)
[515] Vgl. Kelle/Erzberger (2007)
[516] Vgl. Witzel (1982)

Phänomen in allen seinen Unterschiedlichkeiten erfasst worden ist.[517] Durch die fortlaufend angestellten Vergleiche des empirischen Materials auf Gemeinsamkeiten und Unterschiede innerhalb und zwischen den Kategorien können die Ergebnisse zu allgemeineren Aussagen verdichtet werden. Weiterhin wird die Generalisierbarkeit der Erkenntnisse noch durch eine Spiegelung der generierten Aussagen an wissenschaftlicher Literatur erhöht, was der Strategie des maximalen Vergleichens zur empirisch-begründeten Theoriebildung entspricht.[518]

Es bleibt festzuhalten, dass die unterschiedlichen qualitätssichernden Maßnahmen die vier Gütekriterien stützen. Auch wenn der Bedeutungsinhalt im quantitativen Paradigma ein anderer ist, helfen die Gütekriterien und die herangezogenen Maßnahmen dennoch, die einzelnen Schritte im Forschungsprozess sauber und detailliert darzulegen und bei der Datenerhebung und -auswertung akkurat zu befolgen. Dieses Vorgehen hilft, die Glaubwürdigkeit in die aus den Daten gewonnenen Ergebnisse zu erhöhen und die daraus abgeleiteten Propositionen im wissenschaftlichen Diskurs (besser) bestehen zu lassen.

---

[517] Vgl. Strauss/Corbin (1996), Strübing (2004)
[518] Vgl. Glaser/Strauss (2005)

4 Darstellung der Ergebnisse

Nach der Aufarbeitung der bisherigen theoretischen Erkenntnisse in Kapitel 2 und der transparenten Darlegung der empirischen Untersuchung im vorherigen Kapitel dient Kapitel 4 der Darstellung der Ergebnisse. Der Schwerpunkt dieses Kapitels liegt in der deskriptiven Aufbereitung der Resultate, die plastisch an Interviewaussagen dargestellt werden.[519] Durch die deskriptive Darstellung soll dem Leser die Möglichkeit gegeben werden, eigene Schlussfolgerungen aus dem aufbereiteten Datenmaterial ziehen zu können und diese für die angrenzende Diskussion in Kapitel 5 heranzuziehen. Dafür wird in einem ersten Schritt erläutert, welche Gemeinsamkeiten und Unterschiede bei zentralen Begrifflichkeiten existieren und dabei werden zum besseren Verständnis des Lesers Beispiele im Datenmaterial aufgeführt (4.1). Das anschließende Kapitel widmet sich der Beschreibung der aus der empirischen Untersuchung gewonnenen Forschungsfelder, auch im Abgleich mit den exemplarischen Studien aus der Literatur (4.2). Ziel ist es, durch Beantwortung der ersten spezifischen Teilforschungsfrage[520] den Beitrag der identifizierten Forschungsfelder zur Professionalisierung von Coaching herauszuarbeiten und somit den Weg zur Diskussion unterschiedlicher Forschungsszenarien zu ebnen (4.3).

4.1 Charakteristika der Untersuchung und Klärung zentraler Begriffe

Heutzutage kann und darf sich jeder Coach nennen. Ethische Grundsätze werden zwar insbesondere von Verbänden formuliert, doch muten diese häufig an wie Kompromisse. Die Verbände können das Hauptproblem nicht lösen, dass es für die Marktteilnehmer (oder welche, die es werden wollen) schier unmöglich ist, einen Überblick zu erlangen, um den passenden Coach für sich zu finden. Im Gegenteil: durch ihre Anzahl von über 20 alleine in Deutschland tragen die Verbände vor allem bei denjenigen, die nicht intensiv mit der Coaching-Szene vertraut sind, zur Verklärung bei.

> „[...] Man weiß nicht, was ist seriös, was ist nicht seriös. Auf was ist zu achten, was sollte man meiden. Es gibt keine anerkannten Gütesiegel. Es gibt zwar verschiedene Verbände, die alle irgendwo versuchen, ihre Gütesiegel in den Markt zu drücken. Aber ich glaube, teilweise zertifizieren sie halt, um zu zertifizieren. Es ist nicht immer ganz klar, auf welcher Grundlage.[521]"

Die Frage ist, findet das denn Anerkennung im Markt? Häufig ist das Empfehlungsgeschäft bzw. die Mund-zu-Mund Propaganda ein probateres Mittel als das Gütesiegel eines Verbandes, sagen Befragte, die u.a. Coachs vermitteln.

---

[519] Die Zitierweise folgt nachstehender Logik (s.a. unten): „I" (Interview), „1" (laufende Nummer; Details zur Liste der geführten Interviews siehe Abschnitt 7.2 im Anhang), „15-18" (Interviewabschnitt).

[520] Die erste spezifische Teilforschungsfrage „Forschungsfelder: Inhalte zur Erforschung von Coaching als Beratungsform" setzt sich wie beschrieben aus zwei Fragen zusammen: 1a. „Was muss erfüllt sein, um die Funktionsweise von Coaching erklären zu können?" und 2b. „Woran kann diese Funktionsweise festgemacht werden – sprich: was kann Coaching leisten, was kann es nicht leisten und wie ist dieses erkenn- bzw. messbar?"

[521] I1, 15-18

„[...] Es kommen ständig Anfragen aus Unternehmen. Im Sinne von: ‚ich suche einen Coach, habt ihr mal einen Tipp?' D.h., dass hier offensichtlich unserer eigenen Urteilskraft für die Vermittlung eines Coachs teilweise mehr zugetraut wird als dem Gütesiegel eines mehr oder weniger anerkannten Verbandes. Und das ist schon erschreckend.[522]"

Unternehmen fragen zudem an, welches die Kriterien für gute Coachs sind. Dachverbände wie z.B. die ICF zertifizieren nach eigenen Qualitätsstandards. Im Vergleich zur Therapie oder bestimmten Beratungsansätzen sind die zugrunde liegenden Kriterien jedoch noch nicht so detailliert beschrieben und erforscht. Zum einen ist eine „echte" Coaching-Ausbildung erforderlich, nicht nur eine Zusatzausbildung wie z.B. NLP, und es müssen spezifische Coaching-Kompetenzen erfüllt werden. Zum anderen steht die Berufsausübung bzw. der Praxisnachweis im Vordergrund, d.h. es müssen Coaching-Stunden nachgewiesen, Prüfungen bestanden und Unterstützungsnachweise durch andere Coachs erbracht werden. Im Rahmen dieser Unterstützung sind Evaluation, Intervision und Supervision elementare Bestandteile.

Eine Stoßrichtung von Professionalisierung ist laut der Befragten, die Ausbildung von Coachs stärker an gemeinsamen Standards wie z.B. dem Bologna-Prozess und den Verfahren – z.B. Punktesystemen – von Psychotherapie oder Supervision anzulehnen. „[...] Dass die Ausbildung standardisiert wird und es eine Fortbildungsverpflichtung gibt, eine Reflexionsverpflichtung. Das wäre für mich Professionalisierung.[523]" Diese Standards fungieren dann als einheitliche Basis für Zertifizierungen und werden einer regelmäßigen umfänglichen Evaluation im Sinne Kirkpatricks unterzogen, um somit die Professionskriterien von Coaching zu erfüllen.

In den folgenden Abschnitten werden die Ergebnisse der Klärung zentraler Begrifflichkeiten, Entwicklungsperspektiven und deren Zusammenhänge dargestellt und kontrovertiert.

4.1.1   Coaching als Profession

Zunächst werden die Grundbegriffe im Lichte dieser Arbeit – „Coaching", „Profession" und „Professionalisierung" – beleuchtet. Insbesondere wird in einer differenzierenden Darstellung darauf eingegangen, was diese Begriffe für die Befragungsteilnehmer bedeuten und was nicht.

4.1.1.1   Klärung des Begriffs „Coaching"

Coaching-Definitionen gibt es viele, doch unterscheiden sich diese je nach Coaching-Form, Schule, Verband bzw. Organisation oder geografischem Zuschnitt. Mithin wird diskutiert, was Coaching nicht ist oder fragend erörtert, was es sein könnte. „[...] Es ist nicht Beratung im Sinne von: ‚tue A oder B'. Es ist nicht Psychotherapie im Sinne von: ‚ich weiß, wo der Klient Unzulänglichkeiten hat, muss den reparieren'. Und es ist kein Training im Sinne von: ‚der muss mal lernen, richtig zu sprechen'.[524]"

Wie in den Naturwissenschaften sollte erstmal ein Definitionsbereich definiert werden, indem Fragen formuliert werden, mit denen das Thema sukzessive eingekreist werden kann. Solange

---

[522] I1, 15-18
[523] I2, 2-2
[524] I2, 56-65

es darauf keine Antworten gibt, besteht die Schwierigkeit darin, in jeder einzelnen Forschungsarbeit das Feld erstmal aufzurollen und sich begründet auf einen bestimmten Bereich zu beschränken. Das ist sehr mühsam, jedoch die Grundvoraussetzung für seriöse Forschung. Dabei sollte am Anfang immer erstmal definiert werden, was Coaching im Verständnis der jeweiligen Arbeit ist, um Klarheit darüber zu haben, ob es um einen allgemeinen oder speziellen Bereich geht.

„Ist Coaching zum Beispiel eine Geschichte die innerhalb von zwei Stunden einmalig passieren kann, also so ein Kurzzeitcoaching, so dass ich sage, ich coache Sie jetzt mal eben und dann sehen wir uns nie wieder? Oder bedeutet Coaching, dass es mehrere Termine oder zumindest zwei Termine geben muss, dass also zwischen diesen Sitzungen etwas passieren kann, was der Klient dann auch als Thema wieder mitbringen kann, so dass es auch eine Feedbacksituation im Coaching gibt? Oder ist Coaching etwas, das mindestens neun Monate andauern muss und zehn Termine braucht? Ist Coaching etwas, das lösungsfokussiert sein muss? Oder ist Coaching etwas, das immer einer Problemanalyse bedarf? Oder ist Coaching etwas, was sich grundsätzlich nur an Führungskräfte wendet? Oder auch an Privatpersonen? Oder auch vielleicht an Kinder oder Lernbehinderte?[525]"

Ziel von Coaching ist, Perspektiverweiterung für den Klienten zu erzielen, um mehr Handlungsoptionen für die Umsetzung eines konkreten Themas zu haben.

„[...] Und auch jemandem, der vielleicht sehr zahlenorientiert ist, klarmachen zu können, warum seine Perspektive – zumindest für sich genommen – nicht ausreichend ist. Ich will niemandem die Perspektive wegnehmen, sondern durch den Perspektivenwechsel Perspektiven hinzufügen. Das macht es manchmal unbequemer, weil die Welt ja dann von einer einfachen Welt auf einmal zu einer komplexeren wird, aber das gibt ihm auch die Chance, frühere Fehler nicht mehr zu machen. [...] Wenn Sie sich mit Klienten den Freiraum nehmen, zwei Stunden gemeinsam komplett offen zu denken und die Dinge ehrlich anzusprechen, dann ist das für die Leute so, als würden sie ein drittes Bein an sich entdecken.[526]"

Heutzutage existiert ein Angebot mit allen möglichen Formen von Coaching, woraus sich die Frage ergibt, was diese Menschen qualifiziert, die Coaching anbieten. Die Inflation dieser Beratungsform und deren Übertragung auf alle denkbaren Kontexte mutet an wie Watzlawicks metakommunikatives Axiom im Sinne von „Man kann nicht nicht coachen".

„[...] Was qualifiziert jemanden, der Bachblüten-Coaching anbietet, oder Kaballa-Coaching oder Sado Maso-Coaching? Das sind alles Angebote, die Sie im Internet finden. Oder Geld-Coaching, was dann als Anlageberatung gekauft wird oder Sales-Coaching. Heutzutage gibt es nämlich gar kein Verkaufstraining mehr, sondern nur noch Sales-Coaching, aber bei näherem Hinsehen ist es das, was wir vor fünf oder zehn Jahren ganz klassisch als Verkaufstraining bezeichnet haben.[527]"

---

[525] I3, 21-21
[526] I3, 66-66; 74-74
[527] I3, 18-19

Kernpunkt ist, dass sich der Transfer dieser und anderer so genannter Formen von Coaching nicht erschließt.

> „[...] Was hat denn bitte schön Samuraiwesen mit Coaching zu tun? Also ich bin, vielleicht liegt das an mir, intellektuell nicht in der Lage, eine wirklich nachvollziehbare Logik herzustellen. Ich kann natürlich alles mit einem irgendwie in Beziehung setzen. Ich kann auch aus der Bildzeitung ein Intellektuellenmagazin machen, indem ich sage ‚Sie müssen zwischen den Zeilen lesen', und dann ist es eine intellektuelle Herausforderung, aber auf diese Art und Weise kann man jeden Unsinn hochadeln zu einer großartigen Geschichte. Falknerei oder Pferde-Coaching, natürlich kann man da in irgendeiner Art und Weise versuchen, Transfer-Lernerfahrungen herbei zu führen, aber das sind doch alles Hilfsmittel. [...] Ich will auch nicht in Abrede stellen, dass der ein oder andere von solchen Erfahrungen, vom Umgang mit Tieren oder Samurais, für sich neue Erkenntnisse gewinnt. Es gibt aber durchaus auch Neunzigjährige, die rauchen; daraus zu folgern, dass Rauchen gesundheitsförderlich ist, halte ich für fahrlässig.[528]“

Wenn ein Coach das Gefühl hat, der Auftrag passt nicht zu ihm und/oder es handelt sich nicht um Coaching, sollte er ihn nicht annehmen. Die Gründe hierfür können vielschichtig sein – sei es, dass er schlicht keine Lust auf das Thema hat, keinen Kontakt zum Klienten bekommt, der Meinung ist, dass der Klient klinisch behandelt werden müsste bzw. im Gesamtkontext Coaching nicht als die richtige Methode erscheint. „[...] Da habe ich gesagt, ich möchte ich lieber eine Führungsberatung für dessen Chef machen, weil er den Klienten falsch einsetzt und vom Typ her schon gar nicht richtig einschätzt.[529]“

4.1.1.2   Klärung des Begriffs „Profession(alisierung)"

Auf dem Hintergrund der rasanten Entwicklung von Coaching – einhergehend mit negativen Konsequenzen wie z.B. einer ungeschützten Berufsbezeichnung – ist die (weitergehende) Professionalisierung dieser Beratungsform anzustreben. Damit verbunden ist die Definition und Sicherung von Qualität, der Aufbau eines ethischen Gefüges und die wissenschaftliche Auseinandersetzung im Sinne von Forschung.

> „[...] Wir müssen bereit sein, mit diesem Hochgeschwindigkeitszug, in dem wir uns bewegen, stehen zu bleiben, raus zu gehen, das von außen an zu gehen und auch den Mut zu haben, gegen die Strecke zu laufen, um dann vielleicht festzustellen, dass wir eine Abzweigung falsch gefahren sind. Und wenn wir diesen Mut nicht haben, dann werden wir uns in Hochgeschwindigkeit auf dem falschen Gleis weiter bewegen und stolz verkünden, unsere Geschwindigkeit nimmt stetig zu. Vielmehr sollten wir innehalten und schauen, was ist eigentlich gute Forschung, was brauchen wir eigentlich, und nicht einfach höher, schneller, weiter machen.[530]“

---

[528] I3, 7-7; 9-9
[529] I2, 56-65
[530] I3, 64-64

Klassischerweise bedeutet Professionalisierung, dass sich Coaching als Beruf – als Profession neben anderen klassischen Professionen – etabliert. Im Lichte der Definition klassischer Professionen ist dies jedoch wahrscheinlich weder machbar noch sinnvoll.

> „[...] Insofern sehe ich eine eher abgespeckte Variante davon. D.h., es gibt irgendwie so etwas wie einen einigermaßen verbindlich geregelten Marktzugang. Es gibt Institutionen, die für das Thema verantwortlich sind und die auch Bildung, Ausbildung und Weiterbildung regeln. Und es gibt Qualitätssicherung und Qualitätsstandards. Also all das, was eine Profession ausmacht, aber alles wahrscheinlich auf einem geringeren Level als es bei Ärzten oder Juristen üblich ist.[531]“

Professionalisierung bedeutet für die Probanden ferner, dass der Inhaber oder der Betreiber einer Profession nachvollziehbar und logisch begründbar erklären kann, warum er etwas macht, wie er etwas macht, dass er erklären kann, wie sein Coaching funktioniert, welche Methoden er einsetzt, und wie er glaubt Wirkungsprozesse dadurch anstoßen zu können und welche.

> „[...] Dass mir das also jemand nachvollziehbar erklären kann und nicht einfach nur behaupten kann. Und da stehen wir im Coaching auch noch ganz am Anfang. Das heißt, Profession bedarf erstmal dieser logischen Herleitung, Herleitung über Wurzeln. Gemeinsamkeit muss darin bestehen, dass also nicht jeder für sich definiert, was gutes Coaching ist oder was Coaching überhaupt ist oder was eine Profession ist, sondern dass es eine möglichst breit getragene gemeinsame Vorstellung davon gibt, wie Coaching eben aussieht und welche die Professionsmerkmale dieses Coachings sind. Und da sind wir in einem Entwicklungsprozess, also noch lange nicht am Ende angelangt. Wir fangen gerade erst damit an.[532]“

Entwicklung bedeutet Veränderung, d.h. Professionalisierung mündet in Ansätzen oder Modellen, die dazu beitragen, Coaching noch besser zu machen – ein solides System zu haben, mit dem man die gewünschten Veränderungen auch herbeiführen kann. Immer mehr Organisationen setzen solche Systeme, wie z.B. Kernkompetenzmodelle, ein. Solche Modelle sind in der Lage, beispielweise professionelle, technische und persönliche Kompetenzen in Abstufungen zu definieren. Coachs erhalten nun den Auftrag, diese Kompetenzen fallbezogen im Coaching zu stärken, um bessere Geschäftsergebnisse zu erzielen. Gleichzeitig werden diese Coachs nach ganz bestimmten Kriterien wie Kompetenz, Erfahrung, persönlicher Eindruck oder Passung ausgesucht. In der Befragung im Rahmen dieser Arbeit kommen die Methoden hauptsächlich aus der Therapie, d.h. sind wissenschaftlich überprüft.

> „[...] Methoden wie NLP sind ja alle überprüft. Coaching übernimmt praktisch wie NLP viele Methoden aus unterschiedlichen Richtungen – ob Kurzzeittherapie oder Hypnotherapie, das sind Methoden aus unterschiedlichen Schulen, deren Wirksamkeit überprüft wurde. Und diese Methoden geben wir an unsere internen Coachs weiter, so dass sie diese nachher nicht nur kennen, sondern auch können.[533]“

---

[531] I7, 4-4

[532] I3, 3-3

[533] I5, 4-12

Was Forschung mitunter tun kann, ist dafür zu sorgen, dass Coaching ein geschützter Begriff wird. Wenn man Coaching nach definierten wissenschaftlichen Standards erhebt, kann es von anderen Beratungsformen differenziert werden. Im Unterschied zu den Versuchen, Erkenntnisse durch logische Übertragung aus anderen Wissensbereichen wie z.B. Philosophie oder Soziologie zu gewinnen, wird dies faktisch erst durch Feldforschung beweisbar. Die Grundlagen aus verwandten Wissenschaftszweigen heranzuziehen ist ein probates Vorgehen, denn das „Nichts" zu erforschen bzw. die Sinnfrage zu stellen, ist eher eine philosophische Aufgabe als eine der klassischen Wissenschaften.

Coaching ist als Begriff weltweit anerkannt und akzeptiert.

> „[...] Das ist eine junge Profession. Aber es gibt noch keine damit verbundenen Vorschriften wie z.B. in der Psychotherapie, wer was machen darf. Ich würde sagen, das ist zum Glück noch nicht so reglementiert, weil viele dann auch wieder sagen, das geht zu weit, da ich nicht mehr voll meine Freiheit ausüben kann. Das hat immer zwei Seiten. Vor drei, vier Jahren hat sich jeder Coach genannt, weil es modern war. Und in Unternehmen kann ich, wenn ich mich Coach nenne, locker noch einmal das Doppelte berechnen, als wenn ich mich jetzt Berater nenne.[534]"

Der Bereich „Führungskräfte als Coachs" steckt noch vollkommen in den Anfängen und wird daher häufig eher als populär, nicht als professionell bezeichnet. Dennoch zeichnet sich bei diesem Format eine immer breitere Akzeptanz unter den Führungskräften ab, die zum Coach ausgebildet werden:

> „[...] Die erste Reaktion ist: ‚Ach, das kann ich doch schon, das ist ja ganz nett, das machen wir mal!' Und dann nach der Ausbildung oder relativ kurz im Anfang schon sagen die: ‚ich habe noch nie im Leben gewusst was Coaching eigentlich wirklich ist, wie man das macht', und sind am Ende total begeistert und sagen: ‚Jetzt habe ich wirklich mal was Neues gelernt'.[535]"

Der Durchbruch einer Profession am Markt dauert immer. Wenn jedoch ein kritischer Punkt erreicht ist, geht es Schlag auf Schlag, so auch im Coaching. So hat sich beispielsweise die Zahl der Coachs in den letzten fünf bis zehn Jahren vervielfacht. Eigentümlicherweise werden wie im Coaching meist erst dann Forschungsgelder zur Verfügung gestellt, wenn ein solcher explosionsartiger Durchbruch gelungen ist. Im unternehmerischen Kontext – insbesondere in großen Organisationen – hat Coaching zwar den Durchbruch geschafft, ist häufig aber immer noch etwas Neues:

> „[...] In manchen [Organisationen, Anm. d. Autors] gehört es zum Status, wie das Eckbüro und der Dienstwagen, in anderen geht es eher in Richtung Psychotherapie und Psychiatrie und kommt kurz vor dem Aufhebungsvertrag. Das Ranking, wie es genutzt wird, ist auch noch sehr extrem. So gibt es einen Nutzen und es gibt auch eine Angst vor Coaching. Ich glaube noch nicht, dass der kritische Punkt erreicht ist, an dem man sagt, da investiert man jetzt richtig Forschungsgelder. Ich glaube, dass das mit der nächsten Generation vor dem

---

[534] I4, 24-30
[535] I6, 68-71

Hintergrund des neuen Arbeitsmarktes noch mal interessanter wird. Zehn Jahre würde ich noch sagen, bis es so richtigen Durchbruch hat, forschungsmäßig.[536]"

Den schmalen Grat zwischen Ruhm für Coaching und Therapie als Frevel kann man mit entsprechendem Marktverständnis erklären. So gibt es von vielen Therapeuten ein großes Bestreben in den Coaching-Markt zu gelangen. Dies ist verbunden mit der Erkenntnis, dass es vielen Menschen deutlich leichter fällt, Coaching in Anspruch zu nehmen als zu einem Psychotherapeuten zu gehen, um eine Therapie zu beginnen.

„[...] Ich mache gerne mit Leuten so ein Gedankenexperiment. Ich sage, stellen sie sich einfach mal vor, der Vorstandsvorsitzende eines beliebigen DAX [Deutscher Aktien Index, Anm. d. Autors]-Konzerns würde vor die Presse treten und zugeben, dass er einmal pro Woche oder alle 14 Tage bei einem Psychotherapeuten ist. Wie lange würde dieser Mensch noch Vorstandsvorsitzender bleiben? So, und wir kennen die Antwort auf diese Frage. Und daran können wir erkennen, dass die Inanspruchnahme von psychologischem Wissen, ganz allgemein formuliert – dies heißt ja noch nicht einmal, dass jemand ein therapeutisches Bedürfnis hat, sondern nur dass jemand bei einem Psychotherapeuten ist –, bis zum heutigen Tage in unserer angeblich aufgeklärten westlichen Gesellschaft extrem stark stigmatisiert ist. [...] Wenn jetzt aber dieser gleiche Vorstandsvorsitzende sagen würde, alle 14 Tage sitze ich mit meinen Coach zusammen, dann ist das gesellschaftsfähig. Ja, man würde womöglich sagen: Mensch, das ist ein toller Hecht, der arbeitet an sich, und sagt nicht ich bin schon der größte, beste, tollste und schönste, sondern ist auch noch beratungsfähig. Bei anderen Organisationen hat es das auch gegeben, da wurde ja ganz offen darüber gesprochen, und das hat den Leuten nicht geschadet, die Coaching in Anspruch genommen haben. Und daran können wir halt sehen, wie wichtig eben auch die Semantik im Coaching-Umfeld ist. Denn wenn Sie die gleiche oder fast annähernd gleiche psychologische Dienstleistung anbieten, und dies einmal Psychotherapie nennen und, jetzt natürlich eine gewagte These, in einem anderen Kontext das wahrscheinlich möglicherweise sehr ähnliche Angebot dann als Coaching bezeichnen würden, haben Sie eine ganz andere Anschlussfähigkeit in der Wirtschaft. Und das wissen natürlich auch viele Therapeuten, die sich sagen, ich möchte nicht nur als Therapeut arbeiten, ich möchte auch als Coach arbeiten, ich möchte mir neue Möglichkeiten erschließen, und ich möchte vor allen Dingen auch mal endlich etwas verändern. Und die haben dann sehr häufig die Hoffnung, dass sie mit Menschen in der Wirtschaft mehr verändern können als mit Leuten die eine schwere Erkrankung haben, die eine Psychose haben, die harte Medikament nehmen müssen; die wollen dann auch gerne mit Leuten arbeiten auf einem, ich sage mal, einfacheren Niveau, was jetzt den Krankheitsgrad sozusagen anbelangt oder den Grad der Belastung. Das treibt viele Therapeuten an, auch gesellschaftlich etwas verändern zu können.[537]"

Deutschland ist nach wie vor sehr beratungs- und weniger coachingorientiert ausgerichtet und zeigt sich mitunter nicht offen gegenüber anderen Ansätzen als den eigenen.

„[...] Zum Beispiel die ICF hat schon seit Jahren gemeinsam mit den anderen Verbänden versucht – da gibt es immer gemeinsame Sitzungen – zu sagen, lasst uns zusammen tun

---

(es gibt in Deutschland 20 oder 30 Coaching-Verbände). Jeder hat etwas Gutes im Sinne und möchte, dass Qualität in den Markt gebracht wird. Es wurde sich da aber immer abgegrenzt und so getan, ‚wir sind die besseren' oder ‚wir sagen, wo es lang geht'. Da ist ein Stück weit auch Machtpolitik mit dabei. Das andere Kriterium für mich ist, wenn ein Verband beides macht, ausbildet und zertifiziert, dann ist das aus meiner Sicht nicht unabhängig und neutral. Und das wird bei der ICF komplett getrennt. Die sind quasi wie der TÜV. Die Ausbildungen werden woanders gemacht. Die ICF zertifiziert Ausbildungsinstitute und Coachs. Aber das ist die reine Abnahme, da ist kein Training dahinter. Das ist für mich ethisch vertretbar und inhaltlich offen, da finde ich mich eher wieder.[538]"

Im internationalen Umfeld ist schwer nachvollziehbar, dass es in Deutschland so viele Verbände gibt und es nicht gelingt, einen gemeinsamen Nenner zu finden. Bei der Analyse der Coaching-Verbände, insbesondere der großen, stellt sich heraus, dass alle ein – zumindest vordergründiges – Interesse an Forschung haben. Einige formulieren eigene Professions- und Forschungsstandards und bilden Fachausschüsse, ohne jedoch selbst Forschungsbemühungen zu unternehmen, wie z.B. größere Evaluationsstudien. Darüber hinaus gibt es kaum Versuche einer konzertierten Aktion, d.h. eine gemeinsame Sprache zu finden, in der sich alle oder zumindest einige Verbände verständigen können. Es ist vielmehr ein Gegen- als ein Miteinander, ein monolithisches Vorgehen jedes einzelnen ohne gemeinsame Bestrebungen, Coaching zu professionalisieren. Dies lässt sich zudem schwer mit dem eigentlichen Coaching-Verständnis vereinbaren, wonach Coachs nicht in Konkurrenz miteinander treten, sondern im Sinne der Sache den konstruktiven Dialog suchen. Es fehlt die Bereitschaft zugunsten einer breit akzeptierten Lösung Kompromisse einzugehen. Angesprochen auf die Konzepte anderer Verbände, wird oftmals nur Kritik laut, ohne einen Lösungsansatz hervorzubringen. „Aber so ist das bei Verbänden und Coachs: die machen doch immer Manöverkritik bei anderen, aber nicht bei sich selber. [...] Das ist auch ein Grund, weshalb ich ins Ausland gegangen bin. Weil es da transparenter ist und offizielle Kriterien gibt wie z.B. Credit Points.[539]"

Hinter den Bestrebungen vieler Verbände, Coaching zu professionalisieren, wird nicht selten eine „hidden agenda" vermutet, bei der es gar nicht darum geht, Erkenntnisfortschritt zu produzieren, sondern auf primitive Weise für sich selbst Umsatz zu generieren. Gerade bei der marktlichen Professionalisierung von Coaching gibt es viele „Trittbrettfahrer". Die Schwierigkeit besteht darin, die vermeintlichen Scharlatane zu erkennen und vom Markt auszuschließen. Die Hoffnung beruht auf der Selbstheilungskraft des Marktes. „[...] Gute Coaches sind auch bereit sich evaluieren zu lassen, sind offen und wollen wirklich an sich arbeiten. Diese werden auch weiter im Markt bleiben. Die anderen werden irgendetwas anderes machen.[540]" Aber wie unterscheiden sich gute von schlechten Coachs?

„Ich glaube, dass es im Moment noch keinen Maßstab gibt, was gut oder was schlecht ist, und keiner der Coachs weiß wirklich, ob er gut ist. Sie wissen ja nicht, ob der Patient hinterher tot ist oder ob es ihm besser geht oder er hinterher in die Psychiatrie geht bzw. nor-

---

[538] I4, 24-30
[539] I2, 150-155
[540] I4, 38-38

mal weiterlebt. Sie haben ja gar keinen Maßstab. Es ist keine Unterscheidung aufgrund des Marktauftritts und auch nicht durch Interviews aus Sicht des Verbrauchers möglich. Ich habe auch schon viele Bewerbungen durchgesehen, für Unternehmen oder auch für meine meine Ausbildung, und da sind Leute, die sind von Papier her super, vom Erstgespräch super, aber im Coaching gehen die gar nicht, sind völlig begrenzt in ihrer Fähigkeit mit Komplexität und Flexibilität umzugehen, unheimlich unbeweglich in ihrer Psyche. Und dann gab es Leute, die haben ‚nur' als Führungskraft gearbeitet, null psychologisches Wissen, keine Ausbildung und die haben sich dann in dem Jahr rasant entwickelt. Das sind super Coachs. Das ist extrem schwer vorhersagbar und das hat nichts mit der Ausbildung zu tun, das wird mir immer klarer. Es hat auch nichts mit der psychologischen Grundkompetenz letztendlich zu tun. Deswegen finde ich die Idee, in ein Unternehmen zu gehen und da eine Forschung im unternehmerischen Kontext zu machen, wirklich genial. Da hätte ich Lust zu. [...] Coaching-Studien müssen Feldstudien sein, Laborstudien sind schwierig. Weil im Feld so viele Dinge Einfluss haben, und wenn Sie es im Labor isolieren, erforschen Sie etwas ganz anderes, meiner Meinung nach.[541]"

Coaching hat demnach etwas mit Intuition für Menschen zu tun: versteht der Coach den Menschen, der ihm gegenübersitzt, wie er funktioniert und welches die relevanten Hebel sein könnten, um ihn in dessen Sinne fortzuentwickeln?

In der Wissenschaft gibt es eine Übereinstimmung, wie Erkenntnisgewinn zu erzielen ist – dadurch, dass man Hypothesen sammelt, aus Hypothesengerüsten Theorien bildet und aus diesen Theorien Vorhersagen ableitet, die dann verifiziert oder falsifiziert werden können. Wenn man eine Vorhersage verifiziert, dann spricht zunächst erstmal zumindest nichts dagegen, dass die Theorie falsch ist, wobei eine Verifikation reicht, und steht fest, dass diese Theorie nicht reicht oder unzureichend bzw. gar falsch ist.

„[...] Wenn ich nicht in der Lage bin, damit entsprechende Erfolge zu produzieren, dann muss ich halt sagen: ‚Dann hat meine Theorie nicht gestimmt.' Wenn ich aber immer nur im Nachhinein erklären kann, warum eine Sache toll und ganz wichtig war, dann ist das keine Theorie, die wissenschaftlichen Ansprüchen genügt, denn ich kann im Nachhinein immer alles erklären. Und das ist ja ein typisches Merkmal von diesen Pseudowissenschaften und von diesen Pseudotheorien und von diesem esoterischen Denken, dass man im Grunde genommen damit alles begründen kann. Ja, also das ist ja auch bei der Astrologie so: Sie finden dann immer einen Merkur, der im Haus des Saturn wohnt, der Ihnen dann erklärt, warum eine Sache funktionieren konnte oder warum sie nicht funktionieren konnte. Das ist dann letzten Endes eine reine Interpretationsgeschichte. Wenn wir uns aber auf dem Niveau bewegen, dann bewegen wir uns auf dem Niveau von Scharlatanen.[542]"

Wenn Marktmacht auf Mikroprofessionalisierung überstrahlt, besteht die Gefahr einer Deprofessionalisierung, da sich der Fokus im Coaching verschiebt. So beispielsweise im Transition-Coaching, mit dem Ziel den Klienten in seine neue Rolle zu begleiten. Wenn dieser aufgrund einer anderen Situation (z.B. Umstrukturierung im Unternehmen) nun doch nicht befördert

---

[541] I2, 133-135; 128-131
[542] I3, 11-11

wird, verändert sich der Coaching-Auftrag: der Coach hilft dem Klienten, mit dieser schwierigen Situation umzugehen. Das ursprüngliche Coaching-Ziel wird nicht erreicht; stattdessen etwas Anderes, ebenso Wertvolles.

> „[...] Und an diesen Beispiel wird, glaube ich, ganz gut deutlich, was passiert wenn man sich rein dem Paradigma der Wirtschaft nach Ergebnisorientierung unterwirft. Und wenn wir jetzt auf der anderen Seite auf das wissenschaftliche Paradigma gucken, dann ist das ein erfolgreicher Prozess. Dann ist es ein Prozess, aus dem man etwas lernen kann. Es ist nämlich ein Prozess, der sehr viel mit Vorstellungen über Steuerbarkeit und Kontrolle zu tun hat und über Vorhersehbarkeit von Ereignissen und über Zusammenhangslob und natürlich auch die Grenzen von alldem. Und im wissenschaftlichen Denken ist es doch unerheblich, ob es zur Verifikation kommt oder zu Falsifikation, der Erkenntnisfortschritt ist in jeden Fall gegeben. Wenn ich jetzt aber von außen komme und sage, mit dem Wirtschaftsdenken ist nur das erfolgreich, was letzten Endes das vorgedachte Ziel erfüllt, das soll die Beantwortung der Frage sein, dann konterkariere ich diesen mikroprofessionellen Ansatz, und mache mich dann zum Sklaven eines vorgedachten Ergebnisses und damit zum Dogmatiker. Das kann nicht richtig sein. Und auch die Wirtschaft ist gut beraten, sich einem Denkprozess wieder mehr anzunähern, der meiner Meinung nach insbesondere in den achtziger und neunziger Jahren ein bisschen verloren gegangen ist: Der lautet, wir müssen auch hier manchmal einen Schritt zurück treten, und wir müssen bereit sein über die Richtigkeit eines Zieles nachzudenken, und das nicht einfach vor zu geben, dass das Ziel richtig ist. Denn was wir sonst machen ist, dass wir so borniert auf Zahlen fixiert sind, dass wir damit das Unternehmen ruinieren.[543]"

Das intelligente Design unter Anwendung von Deduktion und Induktion im Wechselspiel macht die Forschung in der Praxis aus. Wenn das gut umgesetzt wird, ist Forschung ein hochinteressantes Unterfangen, das Erkenntnis- und Reflexionsfortschritt qua Reflexionsvermögen quasi erst ermöglicht und damit Dogmatismus eine klare Absage erteilt. Für die Mikroprofessionalisierung von Coaching ist wichtig, erfolgversprechende Methoden und deren Timing im Einsatz zu identifizieren. Dabei muss einerseits berücksichtigt werden, ab welchem Zeitpunkt es dem Klienten „gefühlt" besser geht und wann eine bessere Geschäfts-Performance einsetzt, oder ob das Coaching nur Auswirkungen auf eines von beiden hat.

> „[...] Ganz zahlenmäßig, wenn er ein Geschäftsführer ist, hat er danach bessere Zahlen? Kann er sein Unternehmen besser positionieren? Das sind meine Coaching-Aufträge. Das interessiert mich natürlich, nicht nur, ob es ihm insgesamt besser geht. Ich hab dazu noch nichts gefunden, ganz konkret. Kann er schneller entscheiden? Also wirklich so ganz konkrete Dinge. Kann er besser mit Zahlen umgehen, mit dem Businessplan umgehen, kann er daraus wirklich schneller Strategien ableiten, kann er Strategien umsetzen, kann er seine Wirkung auf Menschen verbessern, um seine Unternehmensziele zu erreichen? All diese Dinge, die natürlich zum Teil persönlichkeitsimmanent sind, aber auch sehr, sehr starken Businesscharakter haben.[544]"

---

[543] I3, 48-49
[544] I2, 16-22

4.1.2 Coaching-Forschung als Beitrag zur Professionalisierung

In den folgenden Abschnitten stehen die Bedeutung von Coaching-Forschung, Limitationen bei und durch Forschung sowie der Forschungsstand im räumlichen, zeitlichen und inhaltlichen Vergleich im Vordergrund.

4.1.2.1 Bedeutung von Coaching-Forschung

Gesellschaftliche Veränderungen werden die künftige Arbeitswelt massiv beeinflussen. So wird prognostiziert, dass in naher Zukunft ein deutlich höherer Anteil der arbeitenden Bevölkerung selbstständig ist, was ein „gerüttelt Maß" an Resilienz, Flexibilität und souveränen Umgang mit Unsicherheit mit sich bringt. Diese Art des Arbeitens stellt hohe Anforderungen an eine Persönlichkeit, sich eigenständig auf dem Markt zu bewegen und fast ausschließlich prozess- und projektweise zu arbeiten, denn darauf bereitet unser Bildungssystem unzureichend vor. Es werden Kompetenzen z.b. im interkulturellen Bereich erforderlich sein, die heute nur ansatzweise benötigt werden. Coaching wird für die heutige Jugendgeneration, die in fünf bis zehn Jahren auf dem Arbeitsmarkt ist, eine ganz andere Bedeutung haben und beispielsweise zur Aufgabe haben, diese (Aus-)Bildungslücken zu schließen. Die Aufgabe als Coach besteht darin, Klienten darauf vorzubereiten, mit diesen gesellschaftspolitischen Herausforderungen umzugehen.

> „[...] Es reicht nicht, einfach auf meine Controllingliste zu schauen, ob ich meine Zahlen erfüllt habe. Das ist Buchhaltung, auch wichtig, aber bei Führungsprozessen gibt es auch noch andere wichtige Dinge. Da müssen wir Menschen motivieren können, sie müssen über den Tellerrand hinaus schauen können und sie sollten im Idealfall das, was sie tun in einem größeren Zusammenhang erklären können.[545]"

Die sozialwissenschaftliche Professionalisierungsdebatte um Coaching muss gerade diese gesellschaftspolitisch relevanten Aspekte mit einbeziehen, wofür definitiv Forschungsaktivitäten entfaltet werden sollten.

> „Im Alltag haben Sie permanent die Mischung von Beratung, Coaching, Sparring, manchmal Trainingsanteilen. Aufgrund dieser Breitenwirkung ist die gesellschaftliche Bedeutung groß. Also, Sozialentwicklung in unserem Land vor dem Hintergrund der Veränderungen in der Arbeitswelt, einerseits, und den bisher noch unkontrollierbaren Fakten zum unternehmerischen Erfolg, die die Betriebswirtschaft noch gar nicht abdeckt, andererseits, sind [große Herausforderungen in der Coaching-Forschung, Anm. d. Autors].[546]"

Generell ist das Ziel durch Coaching eine Verbesserung der Ausgangssituation zu erreichen, d.h. die allgemeinste Form von Erfolg. Coaching-Forschung soll helfen, die Stellhebel oder Parameter für Erfolg zu definieren. Aber wie bestimmt man konkret Coaching-Erfolg, wovon hängt das ab und wie erfolgt die Messung? Letztlich funktioniert dies wie in der Kybernetik, wo es Steuerungskreisläufe verschiedener Ordnungen gibt. So könnte man beispielsweise Ziele aus Sicht des direkten Vorgesetzten, aus Sicht des Gesamtunternehmens oder aus Sicht des Klienten festlegen. Wenn sich der Klient nach einem Coaching, welches von einem Unternehmen in

---

[545] I3, 64-64
[546] I2, 127-127

Auftrag gegeben und bezahlt worden ist, entscheidet, dass seine Zukunft außerhalb des Unternehmens liegt – ist das ein Erfolg?

„[...] Die Basisfrage wäre für mich: nützt es was? Ist jemand beruflich erfolgreicher, wenn er gecoacht wird. Und wenn ja, wann? Zum Berufseinstieg, in der Berufsmitte, bei einer neuen Karrierephase, wo macht es Sinn wirklich zu begleiten?[547]"

Natürlich spielt auch Neugier eine Rolle, doch nicht alles, was neu ist, ist auch gut.

„[...] Auf der anderen Seite gibt es in Deutschland seit den 80er Jahren viele Ansätze, z.B. systemisches Coaching mit Teams. Bei dieser Beratungsform ist Deutschland sehr weit. Und dann ist es ein Machtspiel. Das ist nicht nur in Deutschland so, sondern auch in den USA, wo es nur früher eingesetzt hat, dass bisherige Gruppen wie Psychologen, Psychotherapeuten oder andere Berater befürchten, dass ihr Stand im Markt, ihr Einkommen gefährdet ist. Die sehen das als Konkurrenz. Die sagen vor allem aus der psychologischen Ecke ganz oft: ‚Was wollt Ihr, Ihr habt doch nicht einmal ein Studium. Ihr macht da ein paar Wochen Ausbildung – manche nur ein Wochenende – und dann meint Ihr, coachen zu können? Das geht nicht!' Es gab sogar auf Konferenzen Äußerungen von Psychologen, die sagten, wenn man Coach sein will, muss man Psychologe sein. Das sind Meinungen, das sind Verbände, das sind Ängste. Etwas Wahres ist überall dran. Man versucht nur ein Stück weit, seinen Bereich oder seinen Markt zu beschützen. Während dessen die ganze Welt dahin strebt zu fragen, wie ich verschiedenste Disziplinen integrieren kann. Eine alleine reicht nicht mehr aus.[548]"

Der Wirksamkeitsnachweis weckt sehr großes Interesse, weil Organisationen gerade intern beweisen müssen, dass Coaching etwas bringt. Die Datenerhebung ist schwierig, denn Vertraulichkeit ist das allerwichtigste. Normalerweise müssen die Beteiligten am Anfang ein Dreier-Gespräch führen und im Unternehmenskontext auch die Ziele definieren. Genauso muss hinterher in einem Abschlussgespräch mit den unmittelbar Beteiligten und/oder mit allen, die den Klienten in Bezug auf das Coaching einschätzen können, eruiert werden, ob die Ziele erreicht worden sind oder nicht. Daher sind Organisationen neben eigener Recherche häufig Teilnehmer auf Kongressen, bilden Netzwerke mit anderen Unternehmen, halten Kontakte zu Ausbildungsinstituten und sind insbesondere mit ihren internen Coachs ständig hinsichtlich (neuer) Methoden im Gespräch.

Diese Methoden unterscheiden sich je nach „Coaching-Schule".

„[...] Weil da alle aus ihren Schulen kommend etwas machen. Aber es gibt nicht **das** Coaching. Es gibt ein ganz allgemeines Prozessmodell und dann hat jeder so seine Grundannahmen aus irgendwelchen therapeutischen oder sonstigen Richtungen und wurstelt da so vor sich hin. Es gibt zwar inzwischen so ein bisschen common sense, so ein paar Methoden, die jeder macht oder ein paar Theorien, die jeder kennt. Es gibt ein paar ganz grundlegende Dinge, die gar nicht klar sind. Ist das jetzt verbindlich für alle? Macht das jetzt ein Coach? Es muss ja irgendwie Modelle geben, was ist Veränderung, was ist Entwicklung,

---

[547] I2, 8-8
[548] I4, 32-34

wie passiert das? Das ist ja nicht verbindlich, [das sehen nicht alle gleich, Anm. d. Autors].[549]"

Coaching entzieht sich vielen klassischen wissenschaftlichen Methoden, da immer am Menschen gearbeitet wird. Man kann nicht ohne weiteres eine Doppelblindstudie machen, in der eine Gruppe nach Technik A gecoacht wird, eine andere Gruppe nach Technik B und die dritte Gruppe ein Placebo bekommt. Die Schwierigkeit liegt darin, dass nicht zu beweisen ist, was das Coaching gebracht hat, da nicht nachweisbar ist, wo der Mensch ohne Coaching steht. „[...] Anders als bei Antifaltencreme – eine Gesichtshälfte wird behandelt, die andere nicht. [Da sieht man die Wirkung unmittelbar, Anm. d. Autors].[550] " Coaching macht viel bewusst, und durch das neue Bewusstsein nimmt der Klient sein Umfeld auch wieder anders wahr. Ggf. wirken auch Kollegen, Führungskräfte, Ehepartner etc. in den Prozess hinein, da menschliche Interaktionen Einflüsse ausüben, die untrennbar mit dem Prozess verbunden sind.

Wünschenswert ist eine höhere Zahl an Studien, mehr qualitative und quantitative Forschung, Langzeitforschung. Momentan gibt es sehr viel beschreibende Forschung mit relativ geringen Fallzahlen. „[...] Das ist ja im Moment mehr gefühlt; fühlt sich mein Coachee wohl oder der Coach, hat der sein Ziel erreicht, hat der Auftraggeber sein Ziel erreicht. Aber das ist nicht wirklich belegt.[551]" Der evidenzbasierte Ansatz sollte hier zum Tragen kommen.

„[...] Man ist sehr von der Psychologie getrieben, aber nicht nur. Man hat eigentlich verschiedenste Aspekte berücksichtigt bzw. Forschungsrichtungen eingeschlagen. Wie entwickeln sich Menschen? Wie lernen Erwachsene? Man hat verschiedenste Bereiche genommen und hat immer geschaut, wenn jemand mit einem Thema kommt, was kennen wir bisher schon aus der Wissenschaft und inwieweit können wir das anwenden, was hat man da schon für erforschte Lösungen und wie können wir diese anwenden? Ich komme eher aus dem Anwenden und dann sehen, was funktioniert, basierend auf einem sehr guten Modell, welches wir anwenden. Ich habe in vielen Aspekten des evidence-based Coaching genau das gefunden, was wir machen. In manchem war es mir zu starr, zu analytisch. Was ich gut fand, ich habe da noch andere Bereiche kennengelernt, wo ich so erst einmal nicht reingeschaut habe. Es gibt gute Dinge, die man schon erforscht hat, die man da sehr gut integrieren kann.[552]"

Es gibt zwei Arten von Forschung: Die eine ist Wirksamkeitsforschung analog Psychotherapie, wozu es heute lediglich korrelative Studien gibt, die versuchen herausfinden, ob im Coaching etwas passiert. Dabei bleibt mithin im Dunklen, von was dieses „Passieren" abhängt, was sich wirklich dahinter verbirgt und ob dies nachhaltige Effekte sind – zumal die Berechnung von z.B. Effektstärken wie in der klassischen Statistik noch in weiter Ferne ist. Und die zweite ist, dass es Forschung bzw. Empirie gibt, die Coaching ein wissenschaftliches oder theoretisches Fundament verleiht – eine eher praktische Ansammlung von Vorgehensweisen, die Coaching zu einem wissenschaftlichen Gebäude entwickeln. Eine Vision ist, Coaching als angewandte Sozi-

---

[549] I7, 8-8
[550] I1, 7-7
[551] I2, 4-6
[552] I4, 18-20

alwissenschaft bzw. Pädagogik zu etablieren, d.h. Forschung könnte in die beiden Stoßrichtungen „Wirkung" und „Zusammenhang" inkl. deren theoretischer Verknüpfung gehen.

Die Möglichkeiten, Forschung zu betreiben, sind zahlreich, wobei hier zwei herausgegriffen werden sollen. Die eine ist, der Forscher hat eine bestimmte Definition und Meinung und sucht sich dann nur noch die dazu passenden Inhalte. Und die andere ist, der Forscher betreibt wirkliche Grundlagenforschung, ohne sich auf rein subjektive Theorien zu kaprizieren. Psychologen an der Universität Konstanz betreiben Grundlagenforschung und befassen sich beispielsweise mit den Auswirkungen der Hirnforschung auf Coaching, Therapie, Training etc. – eine revolutionäre Entwicklung, mit der computertomografisch nachgewiesen werden kann, was im Gehirn passiert.

> „[...] Im Prinzip müsste man den Klienten vor dem Coaching ins CT [den Computertomografen, Anm. d. Autors] schieben und danach oder währenddessen, so dass man tatsächlich physiognomisch sehen kann, was sich verändert. Es gibt genug Therapien oder wissenschaftliche Möglichkeiten und viel wissenschaftliche Grundlagenforschung, aber die kann – so wie sie in der Grundlagenforschung stattfindet – nicht im Coaching stattfinden. Also, diese Nachweise, zu schauen, ob etwas wirksam wird, kann man eben nur auf Verhaltensebene und man müsste beim Vorgesetzten nachfragen, ob sich diese Person geändert hat.[553]"

Dies geht nur sehr bedingt bzw. ist aufgrund der komplexen Zusammenhänge „System – Umwelt" enorm schwierig.

4.1.2.2   Limitationen

Aufgrund der Vertraulichkeit im Coaching sollte in der Forschung – soweit möglich – mit Anonymisierung gearbeitet werden, nicht zuletzt auch, um Phänomene wie den Hawthorne- oder Rosenthal-Effekt auszuschließen.[554] Gleichzeitig muss der Untersuchungsgegenstand klar umrissen sein. „[...] Wenn über Coaching geforscht wird, dann sollte sichergestellt werden, dass auch wirklich über Coaching geforscht wird und nicht über Beratung oder Therapie oder sonstiges.[555]"

Des Weiteren geht es um die innere Bereitschaft und Traute alles zu hinterfragen, konstruktive Kritik zu üben und aus Krisen zu lernen, um nachhaltigen Erkenntnisfortschritt zu erzielen.

> „[...] Meiner Meinung nach ist die Katastrophe, die wir in der Finanzwirtschaft erlebt haben, das Ergebnis eines extrem kurzfristigen Denkens, einer falschen Risikoeinschätzung und einer Mentalität von ‚es ist gestern gut gegangen und es ist der Konkurrenz gut gegangen, also wird es bei uns auch gut gehen', und ‚wenn wir das Geschäft nicht machen, dann macht es ein anderer'. Mit diesem Argument kann ich jede Bank ausrauben. Das ist kein

---

[553] I5, 21-22
[554] Der aus Soziologie und Psychologie bekannte Hawthorne-Effekt bedroht die externe Validität von Untersuchungsergebnissen dadurch, dass sich die Probanden anders verhalten, wenn sie um ihre Teilnahme an der Studie wissen; der Rosenthal-Effekt ist ein aus der Psychologie bekannter Verzerrungseffekt von Studienergebnissen aufgrund der Erwartungen des Versuchsleiters gegenüber den Probanden.
[555] I6, 35-35

wissenschaftliches Argument, es ist kein ethisches Argument, es ist schlicht und ergreifend kein seriöses Argument. Das ist ein Mangel an langfristiger Orientierung. Das ist auch ein Mangel an ethischem Handeln; Ethik wird in vielen Bereichen als überflüssige intellektuelle Spielerei empfunden, für die in der harten Wirtschaftswelt kein Platz ist. Mich interessiert nicht, was kommt in einem halben Jahr bei diesem Coaching raus, sondern mich interessiert, wenn ich zwei Jahre später beim Klienten anrufe, ist das, was dieser Mensch für sich erarbeitet hat, stabil? Oder ist der nach einem halben Jahr wieder in den alten Modus verfallen, hätten wir uns das also schenken können? [...] Wir müssen nicht mehr und intensiver Forschung betreiben und schneller werden auf den Holzweg, sondern wir müssen auch in dem Bereich den Mut haben, und das erfordert sehr viel Mut, einfach mal zu sagen, 'Nein, ich mache das nicht so wie die anderen das machen.' Wenn ich aber jetzt in guter Krisencoachingmanier nur an den Symptomen herum laboriere, und das ist doch das, was tagtäglich passiert – wir machen so ein bisschen Führungskräftewellness und sagen denen, es wird schon wieder werden und das Vertrauen kommt bestimmt zurück, aber wir gucken überhaupt nicht auf die Strukturen dahinter –, dann ist die nächste Katastrophe vorprogrammiert.[556]"

Wenn mit einem Klienten gearbeitet wird, der etwas anderes braucht als Coaching, weil z.B. ein Suchtproblem vorliegt, dann steht die ethische Komponente im Zusammenhang mit Diskretion und Evaluation. Bezüglich Diskretion obliegt es der Verantwortung des Coachs, in solch einem Fall das Suchtproblem nicht gegenüber dem Auftraggeber zu offenbaren; im Rahmen einer Evaluation wird das Bild verfälscht und die Validität der Ergebnisse ist nicht gegeben. D.h., in einem solchen Forschungsparadigma stellt sich die Frage, wie mit derartigen Konstellationen kompetent und ethisch sauber umzugehen ist, ohne die Rolle eines Zauberlehrlings einnehmen zu müssen. Es gibt natürliche Grenzen, weil sich bestimmte Phänomene schlicht der Messbarkeit entziehen – zumindest mit den Messinstrumenten, die zur Verfügung stehen.

„In der Psychotherapieforschung können die Störungsbilder in der Klinik zusammengestellt, mit allen Zwangsgestörten bestimmte Therapien gemacht werden. Das fällt ja im Coaching faktisch vollständig weg. Jetzt systematisch nach sozialen Coaching-Anlässen zu schauen, da kriegt man sicherlich nur ein sehr grobes Bild der Wirksamkeit. Und da wirklich im Detail zu zeigen, Wirksamkeit für wen? Ist der Klient glücklich, muss ja noch lange nicht die Firma glücklich sein. Ich denke, das ist eine echte Herausforderung, da etwas hinzukriegen.[557]"

Zur Datengenerierung sollte ein Messinstrument, welches im Coaching verwendet wird, gleichzeitig als Reflektionsinstrument zumindest live im Prozess angewendet werden. Vorher-nachher Messungen sowie Experimental- und Kontrollgruppen sind aufgrund der Streuvariablen mit enormem Aufwand verbunden, wogegen noch kein messbarer Nutzen steht. Wichtiger als eine große, ist daher eine gut zusammengestellte Grundgesamtheit im Sinne messbarer Gütekriterien.

---

[556] I3, 53-56; 60-62
[557] I7, 28-30

4.1.2.3   Forschungsstand im Vergleich

Neben Skandinavien – insbesondere Schweden – wird vor allem im angloamerikanischen Raum viel geforscht. So gibt es in England, aber auch den USA einige „applied universities", die – getrieben aus dem Management- und Sportbereich – berufspraktische Coaching-Ausbildungen anbieten, während es noch Anfang der 90er Jahre so gut wie keine Ausbildungen am Markt gab. Aus Kalifornien stammt das Konzept des „Co-Active Coaching" von „The Coaches Training Institute" (CTI).[558] Während Coaching in Deutschland eher beratungslastig, d.h. analytisch, betrieben wird, steigt dieser Ansatz auf einer höheren Ebene ein und fragt: Was bedeutet ein bestimmtes Problem für mich? Wie erkenne ich mehr über mich? Wie kann ich mehr über mich lernen, sei es als Führungskraft oder im Privatleben? Im Kontinuum „asking" bis „telling" ist Co-Active Coaching weit auf der „asking"-Seite, d.h ein sehr transformativer Ansatz, der für sich beansprucht, situativ auch direktiv bzw. „powerful" zu sein.

> „[...] In Deutschland diskutieren die Leute immer noch darüber, was Coaching und Mentoring ist und was es nicht ist. Man ist quasi noch in der Definitionsfindung. Inzwischen wird in Unternehmen nicht mehr diskutiert, ob Coaching etwas bringt. Also, die Phase ist überschritten. Das war ungefähr noch vor vier Jahren. Die Leute, vor allem auch in HR oder Top-Führungskräfte, die wissen, weil sie oft auch schon selbst Coaching genommen haben, das ist gut. Im Moment ist die Frage, wie ich gute Coaches finde und was Kriterien von guten Coaches sind. In den USA ist es schon viel länger so, da ist es schon vor vier, fünf Jahren Standard gewesen, dass Coaching in Unternehmen ist und auch außerhalb. Also, dass auch außerhalb von Unternehmen sich Leute verstärkt Unterstützung holen, wenn sie grundsätzliche Dinge in ihrem Leben verändern möchten. Es ist mehr ins Leben, in Unternehmen integriert als in Deutschland. In Deutschland wird es immer noch als etwas Sonderbares und/oder Besonderes gesehen.[559"]

In den USA gibt es eine andere Definition von Coaching auf der Basis unterschiedlicher wissenschaftlicher Grundlagen als in Deutschland – eine stärker praxisorientierte versus einer therapiegeprägten konstruktivistischen. Es bedarf definitiv einer weiteren Eingrenzung durch Forschungsaktivitäten, wie aus der Mengenlehre bekannt.

> „[...] Ich nehme wahr, dass sich auch in Deutschland Universitäten mit Coaching beschäftigen, dass es Diplomarbeiten zu diesem Thema gibt, Forschung teilweise. Und das ist in manchen Ländern dieser Erde noch gar nicht so, die sind da wirklich am Anfang der Forschungsreise. Also für mich ist das ein Thema, was erst in einem reiferen Markt dann irgendwann aufkommt und hochkommt. Also glaube ich, dass Nordamerika, UK, Australien und Deutschland recht weit sind. Die südlichen und östlichen Länder in Europa haben noch Aufholbedarf. In den östlichen Ländern tut sich gerade viel, und ich habe auch erfahren, dass die südlichen Länder sehr schnell wachsen können. Wo ebenfalls noch Nachholbedarf ist, ist Asien, wo ein paar Märkte einigermaßen etabliert sind, aber Coaching sonst noch recht neu ist. Afrika ist bis auf Südafrika noch weit weg, Mittel- und Südamerika hat großes

---

[558] Für nähere Informationen siehe http://www.thecoaches.com/
[559] I4, 16-16

Potenzial. Ich hätte nie im Leben geglaubt, dass dieser Markt so schnell wächst, auf der Anbieter- und Nachfragerseite. Also, ich finde die Geschwindigkeit extrem.[560]"

Solange es noch keine breite und qualitativ gute empirische Abdeckung im Coaching gibt, kann im Wesentlichen nur eine logische Herleitung aus anderen Disziplinen erfolgen.

> „[...] Da gibt es ja auch eine ganze Menge Erfahrungen aus dem Bereich der Supervision, es gibt Erfahrungen aus dem Bereich der Psychotherapie, es gibt Erfahrungen aus dem Bereich der Teamentwicklung, aus der Organisationsentwicklung, allgemein aus dem Bereich der beratenden Disziplinen, insofern gibt es dort durchaus schon Wurzeln, die man nutzen kann, die man dort integrieren kann.[561]"

Aus den Bereichen Pädagogik und Sport können ebenfalls viele Aspekte auf Coaching übertragen werden. Da es beim Coaching um Steigerung der Leistungsfähigkeit geht, spielen Forschungsergebnisse aus dem Leistungssport eine wichtige Rolle.

Im Vergleich zu anderen Beratungsformen wird im Coaching relativ gut geforscht, allerdings noch nicht gut genug.

> „[...] Wenn wir über die klassischen Anwendungsfelder reden, also Unternehmensberatung, Fachberatung, also das ist juristische Beratung oder Steuerberatung, was wird denn da geforscht? Da wird ja die Luft sehr schnell dünn. Oder denken Sie einfach nur an den Bereich Organisationsentwicklung, da gibt es natürlich die Gruppe um Ed Schein, die natürlich sehr viel macht, oder die entsprechenden europäischen Ableger. Und dann gibt es so einige Inseln, wo was geforscht wird, z.B. von Fatzer als „Abkömmling" von Ed Schein. In der Supervisionsforschung ist ja in den in den letzten 15 Jahren nicht viel Innovation zu Tage gefördert worden. [...] Und ich glaube, dass das grundsätzlich auch einer der Gründe ist, warum viele Supervisoren in den Bereich Coaching schielen, weil dort soviel Innovation stattfindet. Nicht immer im Sinne von guter Innovation. Also, Innovation bedeutet natürlich auch, dass manchmal sehr viel Unsinn produziert wird. Ich kenne die Coaching-Literatur recht gut und kann deswegen sagen, da gibt es jede Menge Bücher, die muss man nicht gelesen haben. Und da gibt es aber auch immer mal wieder ab und zu ein paar Perlen dazwischen, wovon man wirklich profitieren kann. Das zeichnet diese Branche aus, diese Coaching-Branche. Sie ist sehr bunt, sie ist sehr vielfältig, sie hat ein sehr breites Spektrum, und in diesen Sinne gibt es natürlich auch sehr viel Negatives, wahrscheinlich mehr Negatives als in anderen Branchen, die aber auch schon ein bisschen grauer geworden sind im Vergleich zu der Buntheit und Farbigkeit der Coaching-Branche. Und wir sehen ja auch, dass sehr viel Forschung in den Bereich Coaching eingeht: ich habe neulich noch eine Kurve gesehen von Anthony Grant aus Australien, der hat eine Literaturanalyse über die Coaching-Forschung in den letzten 50 Jahren gemacht, die eine Art exponentielle Entwicklung in den letzten Jahren genommen hat. Also, da passiert eine ganze Menge, und das finde ich auch gut. Wenngleich ich mich als Mahner manchmal so ein bisschen als „Rufer in der Wüste" fühle, wenn ich sage, geht nicht über die Grundlage hinweg und tut so

---

[560] I6, 49-55
[561] I3, 3-3

als ob das schon alles klar wäre, sondern holt euch immer wieder die Reflexion zurück, damit sich etwas herauskristallisieren kann, was dann gemeinsam getragen wird.[562]"

Im Bereich der Psychotherapie steht die Frage nach der Wirksamkeit im Widerstreit der Disziplinen. Grawe hat sich bis zu seinem Tod intensiv damit auseinander gesetzt, was im Coaching wirkt und hat dabei Anleihen aus seiner Psychotherapie-Forschung genommen. Von Seiten der Krankenkassen werden lediglich die Teildisziplinen Verhaltenstherapie und Psychoanalyse anerkannt. Die Psychoanalyse kann sehr viel erklären, vor allen Dingen aber im Nachhinein.

> „[...] Das spricht nicht unbedingt für eine gute wissenschaftliche Theorie an der Stelle. Die Psychoanalyse ist sicherlich eine sehr interessante Hypothese, möchte ich so fast sagen, aber sie ist im wissenschaftlichen Sinne keine Theorie. Und das heißt, wenn wir also auch in diese Bereiche schauen, ist bei weiten alles nicht so klar, bloß weil diese Disziplinen lange existieren. Gucken wir uns dann den Markt mal genauer an, dann stellen wir fest, es gibt nicht die Psychotherapie, genau so wenig wie es das Coaching gibt, sondern es gibt ja zig unterschiedliche Schulen, in der Psychotherapie wahrscheinlich hunderte, und jeder Schulenvertreter behauptet natürlich von sich, dass sein Ansatz großartig und wunderbar und wahrscheinlich nur der einzig wahre ist und die anderen nur von ihm abgekupfert haben. Das heißt, wir haben ja hier auch noch gar keine ausgeprägte Profession im eigentlichen Sinne. Die Professionsbildung bei den Therapeuten, bei den Psychotherapeuten, ist noch lange nicht abgeschlossen, bloß weil es Kammern gibt. Nehmen Sie zum Beispiel die Individualpsychologen in Deutschland. Da gibt es ja durchaus mehrere Verbände, die für sich einen Anspruch haben die Vertreter für Individualpsychologie in Deutschland zu sein. Und bei den Coaching-Verbänden hackt man immer darauf rum, dass es zu viele gibt. Bei anderen Disziplinen und teilweise eben Professionen ist das etwas vollkommen Normales.[563]"

In der Therapie gibt es Gurus wie z.B. Freud, der ein fundamentales Konzept entwickelt hat, aus dem sich dann eine Therapieströmung, eine Schule entwickelt hat, mit dem Ergebnis einer Institutionalisierung. Dies wird über die Gesundheitspolitik in das gesellschaftliche System integriert, indem eine Therapie über die Krankenkassen abgerechnet werden kann.

> „[...] Und das ist ja bei Supervision und Coaching kein vergleichbarer Prozess. Supervision ist ein im sozialen Kontext eingefädeltes Unterstützungsformat, was auch so ausufert und regelmäßig mit Coaching überlappt. Weil es ja auch für alles inzwischen eingesetzt wird, siehe Teamsupervision. Aber verglichen mit einer psychotherapeutischen Strömung, wie vielleicht der Tiefenpsychologie, ist das bei Coaching noch völlig am Anfang. Wenn man sich Professionalisierung anschaut: es gibt weder einen verbindlichen Marktzugang, noch eine vereinheitlichte Ausbildung, noch einen Abrechnungsmodus. Jeder Therapeut macht seine 50 Minuten und dann 10 Minuten Pause, Coaches coachen alle irgendwie, irgendwann, irgendwo. Von kleinen bis zu großen Dingen ist Coaching ein loses Bündel.[564]"

---

[562] I3, 33-35
[563] I3, 41-41
[564] I7, 12-12

In der Psychologie gibt es den Bundesverband der Psychologen, der vor ein paar Jahren einen Coaching-Kongress abgehalten hat. Das war ein anderer Coaching-Kongress im Vergleich zu den Veranstaltungen des DBVC oder des ICF.

> „[...] Bei letztem kamen amerikanische Coaches, die ganz anders arbeiten. Auch lösungs-fokussiert, aber die arbeiten mehr mit Geschichten. Und in den USA braucht es einfach keine wissenschaftliche Grundlage. Wir kommen stark aus der therapeutischen, psycholo-gischen, konstruktivistischen und systemischen Richtung. Und in dieser Ecke ist das schon alles erforscht. Und wenn wir die Grundmethoden betrachten, dann sind wir auf einer Skala von 1-10 bei 7,8. Coaching ist eine Mixtur dieser Methoden. Wir haben die Wirksamkeit der Einzelmethoden nachgewiesen, aber nicht das Maßnahmenbündel. Und das wird im Coaching und in der Ausbildung ja umgesetzt: ich habe ein Maßnahmen- bzw. Methoden-bündel und da gilt es nachzuweisen, dass dieses wirksam ist. Und da sind wir auf der Skala bei 2. Für den Nachweis braucht man eigentlich eine Kontrollgruppe und das geht eben im Coaching nicht. Und da können wir meiner Meinung nach viel abschauen bei den Thera-peuten. Da müssen wir ähnliche Dinge aufbauen, um zu schauen, wie können wir Wirk-samkeit nachweisen.[565]"

In der Hirnforschung ist man schon recht weit, weil dort immer wieder versucht wird, wissen-schaftliche Nachweise zu erbringen.

> „[...] Und jetzt müsste man für das Coaching diese Nachweise praktisch bündeln, um zu schauen, wenn ich z.B. hypnosystemische Sprachmuster im Coaching verwende, kann ich nicht mittels einer CT [Computer-Tomografie, Anm. d. Autors] nachweisen, dass ein größerer Gehirnbereich gefunden worden ist? Oder ich kann nur sehen, wenn jemand wieder leichter atmet oder nicht mehr rot ist oder wenn jemand ruhiger ist und ich merke, sein Fokus weitet sich wieder und er kann wieder klarer denken? So oder so müsste die Verhaltensänderungen jemand von außen beobachten. Das müsste man filmen und schauen, was mache ich jetzt für eine Intervention und wie wirkt die Intervention auf Verhal-tensebene beim Coachee. Und das wäre ein Beweis für eine Veränderung. Das wäre eine Idee, die aber nicht geht, weil ja alles sehr vertraulich ist. Und das ist eben in der Therapie so, da weiß man, man ist Arzt, man verbessert die Welt und da darf man das. Da darf man Leute spritzen und schauen, was passiert. Oder in der Pharmakologie, in der medizinischen Forschung, da habe ich eine Gruppe, die Placebos bekommt. Das geht eben alles im Coaching nicht. Die Frage, die sich für mich stellt, welche Methoden nutzen wir im Coach-ing und welche wissenschaftlichen Grundlagen gibt es dafür, die z.B. aus der Therapie oder aus der Hirnforschung kommen?[566]"

Manche Trends gehen eher in Richtung Neuro- als in Richtung der Sozialwissenschaften; die Hirnforschung wendet sich gegen das Pädagogisieren der Gesellschaft und stellt gerade in die-sen Zeiten einen „Hype" mit einen milliardenschweren Markt dar. Die Literatur gibt den For-schungsstand wieder, den wir haben: wir stehen am Anfang. Es gibt immer mal wieder einzelne Lichtblicke, aber trotzdem fehlt es noch an vielen Grundlagen. So lange es kein gemeinsames Verständnis davon gibt, was Coaching ausmacht und wie sich das dann im konkreten Handeln

---

[565] I5, 20-20
[566] I5, 24-28

auswirkt, stellt sich die Frage, was wir eigentlich beforschen. Beforscht jeder seinen eigenen Coachingansatz? Und inwieweit ist diese Forschung im Ergebnis denn überhaupt vergleichbar?

„[...] Wenn der eine dann irgendwie Kurzzeitcoaching macht, und der andere macht lösungsorientiertes Coaching, und der andere macht dann erlebnisorientiertes Coaching, und ein vierter macht dann Work Life Balance, und der nächste macht dann Karrierecoaching, und sie machen zu alledem eine Studie. Darf man das dann einfach zusammenfassen in eine Metaanalyse? Ich möchte die Frage überhaupt nicht beantworten, aber ich glaube, dass es ganz wichtig ist, sich diese Frage mal zu stellen, und nicht einfach darüber hinweg zu gehen und zu sagen, das ist jetzt Coaching und da gibt es jetzt Analysen zu, und da machen wir jetzt eine Metaanalyse, und da kommt dann raus: Coaching wirkt. Das ist dann aus meiner Sicht zu kurz gesprungen, wenn man das ernsthaft betreiben will als ‚Wissenschaftsgeschäft‘. Eine Segmentierung von Coaching in Business Coaching, Life Coaching oder Executive Coaching muss an klaren, bestimmbaren Kriterien festgemacht werden. Aber da sind wir ja noch lange nicht, weil jeder nimmt ja irgendwie für sich in Anspruch auch Coach zu sein oder noch schlimmer schon immer Coach gewesen zu sein. Wenn man die Leute dann letzten Endes fragt, was sie dazu befähigt, dann geben sie irgendwelche gruppendynamischen Seminare an, die sie angeblich schon in den achtziger Jahren gemacht haben, was ja im Grunde genommen Coaching gewesen wäre, aber man hat es nur nicht so genannt. Da muss ich dann immer innerlich so mit dem Kopf schütteln, weil es natürlich damals an ganz wesentlichen Grundlagen gefehlt hat, zumindest aus meiner Sicht. Selbst Anwendungsgrundlagen haben gefehlt, da rede ich in dem Zusammenhang noch nicht einmal über Wissenschaftsgrundlagen.[567]“

Der Forschungsstand entspricht eher einer Sammlung von Kochrezepten ohne übergreifendes Konzept. Er mutet an wie eine Selbstvermarkungsplattform für Coachs.

„[...] Lasst uns mit unserem Verband mal wieder ein Buch auf den Markt werfen. Das ist gute Publicity und wir werden gebucht. Ohne das unterstellen zu wollen, aber so liest sich das teilweise. Oder aber es ist der Versuch irgendeines Professors, ein Zertifizierungssystem zu etablieren, aber mit einem ganz klaren wirtschaftlichen Hintergrund, nämlich dann selbst derjenige zu sein, der Coaches zertifiziert nach seinem System und dafür entsprechend kassiert. [...] Ein Forschungsbericht sollte für mich auch immer was enthalten, was noch nicht da war und sei es nur, dass Zusammenhänge aufgezeigt werden, die vorher nicht da waren. Oder Zusammenhänge, die immer gesehen wurden, aber zufällig, oder die nicht wirklich wichtig waren. [...] Und die Experten im Coaching sind im Moment keine wissenschaftlichen Leute, sondern das sind eher Coaches, die irgendwo tätig sind, aber nicht unbedingt in der Forschung. An was es bei uns mangelt, ist der Austausch der verschiedenen Wissenschaften. Also, dass man mal guckt, wie machen es denn andere Wissenschaften? Oder wie gucken verschiedene Richtungen auf diese Situation? [...] Klar, Coaching funktioniert erst mal auch ohne Forschung. Das Produkt Coaching ist erst einmal nicht so von der Forschung abhängig wie andere. Aus Sicht vieler Akteure funktioniert es sogar besser ohne Forschung. Ich hätte erst einmal das Bauchgefühl, dass sich das Coaching-Establishment vehement dagegen wehrt, sich auf die Finger schauen zu lassen.

---

[567] I3, 17-17

Denn es könnte ja rauskommen, dass das, was man da gerade tut, nicht wirklich effektiv ist. Und wem könnte an so einem Ergebnis gelegen sein? Im Moment ist das etwas sehr, sehr Mystisches. Und ich glaube, es gibt viele, die auch ein Interesse daran haben, diese Mystik bewusst aufrecht zu halten.[568]"

Es gibt sehr große Unterschiede im Anspruch und Ergebnis der wissenschaftlichen Arbeiten: jene, denen man deutlich anmerkt, dass dort bestenfalls drei Monate an Zeit investiert und solche, wo von mehreren Autoren über einen sehr langen Zeitraum, teilweise über Jahre, wirklich Herzblut investiert worden ist. Und zwischen diesen Extremen gibt es so ziemlich alles.

„[...] Es gibt einen Bereich, vielleicht so zehn, fünfzehn Prozent der Forschung, den ich als eher unterentwickelt einschätzen und als eher sehr basal ansehen würde. Und dann gibt es auf der anderen Seite des Spektrums einen Bereich, der in etwa gleich so groß ist, von dem ich sagen würde, das sind gute bis sehr gute Arbeiten mit sehr viel Energie, Engagement und sehr viel Wissen – ,highly sophisticated' eben. Und dann gibt es natürlich diese siebzig Prozent Bereich irgendwo dazwischen, die mehr oder weniger so den Main Stream-Bereich abbilden. Da kann man immer wieder Sachen lesen, die sind nicht schlecht, haben aber auch häufig keinen wirklich neuen Erkenntniswert. Da wird die gleiche Studie dann zum fünfzehnten Mal gemacht. Da wird dann sozusagen ein altes Thema wieder aufgekocht, vielleicht mit einer Nuance an Veränderung, bei der man halt merkt, hier wollte jemand seine Arbeit fertig bekommen. Und dann gibt es vielleicht noch so eine Außenseiterkategorie, so möchte ich sie nennen, wo Leute mit kreativen Ideen rein kommen, also wo teilweise wirklich ganz pfiffige Sachen gemacht werden, aus meiner Sicht subjektiv pfiffige Geschichten, wo ich immer sage: Mensch, das ist interessant, das macht mir auch mal wieder Spaß so etwas zu lesen, wie jetzt zum Beispiel eine Diplomarbeit, die sich damit beschäftigt hat mit einer ganz speziellen Methode, die im Coaching halt auch eingesetzt werden kann, nämlich dass so eine Art Tagebuch geschrieben wird, diese Cahier-Methode, unterstützt von Ralph Schlieper-Damrich.[569] Ich würde jetzt nie sagen, dass das alles Coaching ist, was da gemacht wird, aber ich glaube, das ist originell und das ist auch gut, mal auf der technischen Ebene ein Instrument zu evaluieren und zu schauen, ob das was bringt. [...] Ich glaube, das macht es auch für die Leute, die da dran sind einfach spannender, wenn man am Anfang gar nicht weiß, was dabei raus kommt. Viele wollen aber da, aus meiner Sicht, auf Nummer sicher gehen und machen deswegen nur Standard. Ich persönlich finde es sehr interessant, wenn nichts dabei raus kommt, denn das ist ja auch eine sehr starke Aussage und gehört zum wissenschaftlichen Arbeiten dazu.[570]"

Die „Storming-Phase", in der sich Coaching und Coaching-Forschung nach Meinung der Befragten gerade befinden, ist nicht substituierbar oder überspringbar. Dennoch sollte sie aktiv gestaltet werden und eine klare Zielsetzung verfolgen, die von der Breite der Coaching-Stakeholder getragen wird. Um zur Professionalisierung von Coaching beizutragen, muss auch Coaching-Forschung professionalisiert, d.h. in erster Linie systematisiert, werden.

---

[568] I1, 77-78; 80-81; 85-87; 89-92
[569] Nähere Informationen zu dieser Selbst-Coaching-Methode z.B. unter http://www.professional-coaching.de/index.php?id=pc_selbstcoaching.
[570] I3, 27-27; 29-29

4.2   Perspektiven auf Coaching-Forschung

Eine der zentralen Fragen des allgemeinen Befragungsteils ist die zweckdienliche Verausgabung von Forschungsbudgets. Die Ergebnisse dieser Erörterung münden in sechs unterschiedliche Forschungsfelder, die eine nähere Untersuchung verdienen. Darüber hinaus sind die vier vom Autor ausgewählten exemplarischen Studien mit den Befragungsteilnehmern kontrovers diskutiert worden. Die Resultate finden sich ebenfalls in den folgenden Abschnitten wieder.

4.2.1   Forschungsfelder

Die Grundproblematik an Forschung ist häufig die Interessengeleitetheit der Forscher, die nichts oder wenig mit dem eigentlichen Forschungsgegenstand zu tun hat, sondern ein bestimmtes Ergebnis erreichen bzw. verifizieren soll. Finanzielle Unabhängigkeit und sachliche Neutralität sind daher Grundvoraussetzungen für ethisch vertretbare Forschung – losgelöst von der Frage, ob Labor- oder Feldforschung der richtigere Ansatz ist.

„Wenn ich ein neues Lebensmittel kreiere, dann gibt es auch ein Labor, das dieses unter wissenschaftlichen Kriterien untersucht. Ich würde schauen, wer ist überhaupt in der Lage, das, was ich da erforschen möchte, nehmen wir mal Effektivität von Coaching, unter wissenschaftlichen Kriterien zu erforschen? Ich würde mich an die Uni wenden. Nicht an einen Lehrstuhl für Psychologie, sondern an einen BWL-Lehrstuhl. Sagen wir, wir geben so und soviel Geld aus. Das ist im Moment der Stand. Habt Ihr jemanden, der sich mit Unternehmenskultur beschäftigt, mit Change, mit Mitarbeitermotivation? Können wir nicht mal ein Forschungsprojekt draus machen? Das eher aus Organisationsentwicklung heraus und zwar mit einer Business School, die etwas taugt.[571]"

Die Gegenposition wird von denjenigen eingenommen, für die „Coaching im Reagenzglas" nicht existieren kann, sondern Feldforschung die einzig richtige Alternative ist. „Wirklich mal über 30 Jahre eine Langzeitstudie. Das würde mich wahnsinnig interessieren. Wenn jemand gecoacht wird zwischen, so in den Dreißigern, und dann die berufliche Entwicklung bis 60 oder 65. Und mit einer Kontrollgruppe natürlich.[572]"

Ob bzw. wie dies möglich gemacht werden könnte und welches die aus der Sicht der Befragten relevantesten Forschungsfelder im Coaching sind, wird nachfolgend dargestellt.

4.2.1.1   Angewandte Sozialwissenschaften

Coaching ist eine psychosoziale Disziplin, die in einem organisationalen Kontext steht und damit letztlich messbare ökonomische Zielsetzungen verfolgt. Im Gegensatz zu einer Herangehensweise, die den Hebel für Ökonomie in der Mechanik von Zahlen sucht (z.B. Controlling), sucht Coaching den Hebel für ökonomischen Erfolg in der Mechanik von Menschen; durch eine Steigerung der Selbstwirksamkeit soll der berufliche Erfolg merklich erhöht werden und dabei am Subjekt selbst und dessen Umwelt angesetzt werden. Fraglich ist, wie dies wissenschaftlich untermauert werden kann.

---

[571] I1, 94-96
[572] I2, 71-71

„Wie lässt sich Coaching als Sozialwissenschaft etablieren? All das, was noch nicht klar ist, wie lässt sich das konzeptionalisieren und wie lässt es sich in die Wirtschaft transportieren? Also anwenden, implementieren, das ganze Drumherum. Ich würde das Projekt mit ein paar qualitativen Forschern bestücken und für das andere Thema würde ich quantitative Leute dransetzen, die schauen müssen, bringt das von der Wirksamkeit überhaupt etwas? Wirksam für wen? Für den Klienten? Für die Organisation, aus der er kommt? Oder für Teile der Organisation? Im weiteren oder im engeren Sinne? Ist es wirksam, wenn jemand seinen Arbeitsplatz verlässt, an dem er im weiteren Sinne unglücklich war? Oder hinterlässt das eher eine negative Wirkung im engeren Sinne für das Unternehmen? [...] Was wirkt wann, bei wem, wofür? Da gibt es ja unendlich viele Zugänge. Man könnte das erst einmal an Karrierepfaden aufmachen. An welcher Stelle der Entwicklung (Unternehmenseintritt, erste Führungsaufgabe, Karriereentwicklung) macht Coaching Sinn? Oder man hängt es auf an bestimmten Prozessen oder Veränderungsprojekten. Da kann man ganz viele An-lässe und Situationen definieren. Oder man geht über Zielgruppen oder über bestimmte Problemkonstellationen. Also, da gibt es viele Möglichkeiten der Betrachtung und der Per-spektiven, wo sicherlich nicht einfach nur Coaching darübersteht, sondern ganz unter-schiedliche Anforderungen bestehen und auch unterschiedliche Coaches mit unterschiedli-chem Erfahrungswissen nötig sind. Also, das ist schon recht komplex, denke ich.[573]"

Coaching in den angewandten Sozialwissenschaften zu etablieren, bedeutet Integration von Disziplinen mit dem Ziel einer interdisziplinären Profession. „[Im Coaching dürfen nicht nur Psychologen arbeiten, Anm. d. Autors]. Psychologische Grundlagen sind irgendwo wichtig, aber genauso muss ich wissen, was sich hinter betriebswirtschaftlichen Kennzahlen verbirgt, wenn ich mit Top-Managern arbeite, d.h. ich muss diese Sprache verstehen.[574]"

Während in den Anfangszeiten die meisten Coachs Psychologen gewesen sind, ergibt sich heute ein anderes Bild – wenngleich es immer noch Disziplinen gibt, die unterrepräsentiert sind. Dies kann damit zusammenhängen, dass die Profession „Coach" bestimmte Persönlichkeitsprofile anzieht, die nicht in allen Disziplinen gleichermaßen vertreten sind.

„[...] Wir haben ganz viele Juristen, aber kaum Coaches mit juristischem Hintergrund. Viele Juristen gehen in die Mediation. Ich hatte Mathematiker, Physiker, Psychologen natürlich, Volkswirte, BWLer, Philosophen, alles mögliche. Aber wo sind denn bitte schön die Juris-ten? Also, wen zieht es ins Coaching? Was muss der auch mitbringen? Für einen Coach ist das immer sein zweites Leben. Ich kenne jetzt keinen Coach, der mit 20 den Wunsch hatte, ich werde mal Coach. Der wäre auch nicht erfolgreich. Sondern das bringt so eine gewisse Erfahrung, so ein gewisser Punkt im Leben, an dem man den Weg „Coach" dann für sich geht. [...] Es gibt allerdings auch wenig erfolgreiche Investmentbanker, die coachen, weil die mit Mitte 40 Privatier sind und häufig aufgrund ihrer Persönlichkeit kein Interesse ha-ben, als Coach zu arbeiten.[575]"

Als angewandte Sozialwissenschaft muss sich Coaching von der Methodenevaluation hin zur Untersuchung von Kontextfaktoren entwickeln. Diese können sich zum einen auf Coaching-

---

[573] I7, 16-26
[574] I4, 46-50
[575] I1, 32-41

Strategien im organisationalen Zusammenhang – z.B. Personal- und Teamentwicklung oder zur gezielten Karriereförderung – beziehen, zum anderen auf Beziehungsaspekte im Sinne einer Rahmengestaltungskompetenz.

> „Was muss ein Coach tun, um einen Rahmen zu gestalten, innerhalb dessen sich der Klient coachingtechnisch entfalten kann? Wie gehen wir miteinander um, wenn wir nicht in einer Coachingsituation sind? Jetzt treffe ich Sie im Unternehmen in einem ganz anderen Kontext, keiner soll aber wissen dass Sie gecoacht werden. Oder ich gehe mit jemanden anderen essen und ich treffe Sie, grüße ich Sie dann? Oder grüße ich Sie dann nicht vor allen, wenn bekannt ist, dass ich Coach bin? Die meisten Coaches, die ich kenne, haben sich diese Frage nie gestellt, und die klären das nicht mit den Klienten und das bedeutet aber im Zweifelsfall Geheimnisverrat, unbeabsichtigt, aus einer gewissen Naivität heraus.[576]"

Erforschbar ist dies durch qualitative Inhaltsanalysen von Coaching-Prozess und -kontext, die zu einem späteren Zeitpunkt durch quantitative Analysen flankiert werden sollten. Zunächst gilt es jedoch qualitative Daten zu sammeln, um ein Grundgerüst aufzustellen. Damit einhergehend treten jedoch bekannte Grundprobleme auf.

> „Coaching ist nach wie vor eine Anwendungsdisziplin. Und im Gegensatz zu einer medizinischen Ausbildung oder zu einem Jurastudium fehlt diese gleichförmige Entwicklung oder zumindest diese Ähnlichkeit am Anfang, die sich dann später ausdifferenziert in unterschiedliche Richtungen, welche es heute noch nicht gibt. Deswegen müssen wir genau auf den Bereich Ausbildung gucken. Die Pluralität [...] in der Ausbildung fällt uns dann nämlich auch ein Stück weit auf die Füße, wenn wir versuchen Coaching zu erforschen. [...] Oder es gibt da einen Common Sense unter den Ausbildungsanbietern. Solange wir allerdings nicht wissen, was Qualität im Coaching bzw. bei den Coaches ist, finden wir ja nicht mal heraus, was gutes Coaching ist. [...] D.h. man muss erstmal eine provisorische Ausgangsplattform schaffen, die aber nicht als Dogma stehen bleiben darf. Das Kernproblem einer solchen empirischen Basis ist doch die Frage, ob eine Untersuchung aus dem deutschsprachigen Raum z.B. auf Frankreich übertragbar ist. Ich kann zumindest den französischen Bereich wahrscheinlich leichter erforschen, wenn ich den deutschen erstmal kenne. Aber über die Position, in der sich die Forschung aktuell befindet, mache ich mir relativ wenig Illusionen, weil viele Sachen erforscht werden, hinter denen keine elaborierte Konstanz steht.[577]"

Im Speziellen ist Rahmengestaltungskompetenz z.B. durch die Untersuchung missglückter Coaching-Prozesse erforschbar, was häufig nicht an der Methodik liegt.

> „[...] Wenn Sie mit Methodenfokussierung arbeiten, machen Sie einen entscheidenden Fehler. Methoden sind wichtig, weil Sie etwas anderes damit erreichen. Über Methodik lernen Sie nämlich Haltung, und Haltung ist das entscheidende bei der ganzen Geschichte. Eine Methode ist für mich wie eine Krücke. Aber das Ziel sollte doch nicht sein, sich als Coach eine Krückensammlung zuzulegen, sondern sie wegzuwerfen und laufen zu können. Und da draußen sind aber jede Menge Krückensammler. Das sind keine Coaches, das sind Coachingmethodiker. Die Ansammlung von Krücken macht keinen guten Coach aus. Was

---

[576] I3, 82-88
[577] I3, 90-90; 92-106

einen guten Coach ausmacht, ist die Fähigkeit, in einem sicheren Rahmen einen anderen Punkt zu erreichen. Ein Grundparadigma bei mir ist: ohne Emotionen kein Lernen. Ich erreiche aber nur jemanden, auch auf der emotionalen Ebene, wenn ich Kontakt herstellen kann. Ohne diesen Kontakt und damit eben Beziehung, damit natürlich auch die Bereitschaft mich zu öffnen und auf den anderen einzugehen, lernt er nichts. Coaching sollte ja eigentlich ein Lernrahmen sein. Es geht nicht darum Methoden zu studieren, es geht darum Menschen zu erreichen. Und man erreicht Menschen dann, wenn man interessiert ist, das ist nicht durch eine Methode substituierbares Interesse.[578]"

4.2.1.2   Neurowissenschaften

Die Neurowissenschaften bestehen aus medizinisch-naturwissenschaftlichen und psychologischen Wissenschaftsbereichen mit dem Ziel der Untersuchung von Nervensystemen. Angesichts des technologischen Fortschritts werden immer mehr Veränderungen hirnphysiologisch nachweisbar, weswegen sich dieser Wissenschaftszweig einer zunehmend größeren Beliebtheit erfreut. Aus der medizinischen Anwendung kommend, spielt insbesondere die Hirnforschung im Coaching eine Rolle, indem dessen Auswirkungen hirnphysiologisch untersucht werden sollen, um letztlich auch einen Wirksamkeitsnachweis zu erbringen. Dabei spielen Fragestellungen wie die Wirkung von Bildern, Resilienz und Charisma hinein.

„[...] Wie kann ich bei einem Klienten die Ausstrahlung messbar verbessern? [...] Wie wirkt sich Coaching emotional aus? Wachsen da neue Gehirnrindtriebe? [...] Ich weiß eben aus der Hirnforschung, dass Menschen eine gewisse Zeit brauchen, bis eine Neubahnung stattfindet. Das eine ist die Hirnforschung, wie passiert es. Und das zweite ist, wie arbeite ich mit dem limbischen System der Personen? Das sind für mich die absolut bahnbrechenden Findings oder Praxistheorien im Coaching. Die alten Sachen wie Kurzzeittherapie oder Lösungs- bzw. Ressourcenorientierung, die sind alle mit integriert. Dadurch, dass man die Hirnforschung hat und damit an das paralimbische System herankommt, kann man Wirksamkeit besser nachweisen als früher. [...] Ressourcenorientiert, lösungsorientiert, gehirngerecht, das sind die Dinge, die ich im Coaching nutze und in den Theorien bilde ich auch meine Leute aus.[579]"

Auch beim Einsatz von hirnphysiologischen Maßnahmen im Coaching empfiehlt sich zunächst eine qualitativ-empirische Vorgehensweise. Der quantitative Ansatz folgt als zweites, um die Wirksamkeit in der Breite versuchen zu beweisen, was aufgrund der Komplexität enorm schwierig ist.

„[...] Meine Coachees sind alle glücklich und zufrieden, für die ist Coaching wirksam. Da passieren ja viele Dinge. Und man kann jetzt nicht sagen, das war Coaching alleine. Vielleicht ist noch etwas im familären Bereich passiert, z.B. ein Kind dazugekommen oder was auch immer. Das zu reduzieren auf die Dinge, die Coaching bewirkt, ist meiner Meinung nach ganz schwierig. Daher sind auch Langzeitstudien ganz schwierig. Ich versuche immer so zu coachen oder mit meinen Leuten so zu arbeiten, dass, wenn man aus der Systemtheorie kommt, sie kritische Faktoren erkennen. D.h. es gibt Prägefaktoren, Systeme

---

[578] I3, 82-88
[579] I5, 32-40; 46-50

oder Subelemente, wenn ich da etwas ändere, dann passiert wenig. Es gibt passive, die haben überhaupt keine Auswirkung auf das System, wenn ich da etwas ändere. Wenn ich aber aktive oder kritische verändere, dann bewegt sich im ganzen System etwas. Und dann sind Leute auch anders, wenn sie nach Hause kommen. Sie haben mehr Energie, weil sie sich wieder fokussieren können. Wenn Sie jetzt diese Coachees fragen, sagen die natürlich, dass sich etwas verändert hat und sind auch alle glücklich.[580]“

4.2.1.3   Coaching-Kultur

Ein weiteres Feld ist, die Wirkung von Coaching auf eine gesamte Organisation zu untersuchen. Lässt sich Coaching als Teil einer Geschäftsstrategie in ein Unternehmen integrieren bzw. wie könnte dies gelingen? Es hat mithin Auswirkungen auf sichtbare Elemente wie Zahlen oder Verhaltensweisen, aber auch auf unbewusste Elemente wie bestimmte Denkmuster und beeinflusst somit die Organisationskultur. Eine solche Coaching-Kultur umfasst dann mehrere Ebenen.

„[...] Mit Einzelcoaches, mit Ausbildern von Managern zum Coaches, überhaupt, dass der ganze Ansatz des Coaching in das Unternehmen eingeht. Sie können den Coachingansatz, also den Denkansatz, auch mit Ihren Kunden verwenden. Wenn Sie Ihren Kunden beraten, dann können Sie sagen: ‚Ich habe hier Empfehlungen oder ich rate Ihnen das‘, oder Sie könnten ihn theoretisch auch coachen. Und das ist aber eine komplett andere Vorgehensweise. Ich wette aber, Sie wären viel erfolgreicher unter Umständen. Ich sage auch nicht, dass Coaching das Allheilmittel dazu ist, sondern es ist eine Ergänzung, die das Unternehmen extrem positiv beeinflussen könnte. Also, dass dieser Coachinggedanke komplett durch die Organisation geht, das heißt er beeinflusst, wie Mitarbeiter miteinander umgehen, intern und extern wahrscheinlich. ‚Culture defines how we do things around here‘. Und meine Antwort wäre: mit einem integrierten Coachingansatz.[581]“

Die Mixtur aus anlassbezogener Begleitung und dauerhafter Prägung der Organisationskultur durch Coaching passt und wird sich in den nächsten Jahren verbreiten. Immer mehr Organisationen setzen heute auf Coaching als Teil der Weiterentwicklungsstrategie und werden morgen Coaching als Teil der Unternehmensstrategie und damit -kultur betrachten. Bezüglich Wirksamkeit stellt sich wiederum die Frage der Rückführbarkeit auf Coaching als Einzelmaßnahme bzw. Teil der Kultur.

„[...] Ich habe zusammen mit einem Team bestehend aus einem Leiter und 14 Managern gearbeitet, das insgesamt 130 Länder verantwortet. Das ist schon ein Riesenmarkt und das kann man auch in Zahlen deutlich ausdrücken. Wir haben Leadership-Coaching, Peercoaching, Einzelcoaching in allen Ländern durchgeführt, wir haben Working Groups gemacht, in denen Projekte umgesetzt wurden etc.. Am Ende haben die Leiter, verantwortlich für das Programm der einzelnen Coachinggruppen, zusammen die Ergebnisse präsentiert. Solche Fälle sind interessant, weil von Anfang an die Zielsetzung war, wir beeinflussen die komplette Region, d.h. der Impact entsteht nicht aus der Sicht eines Einzelergebnisses. Da ist ein wirklicher Cultural Change eingeleitet worden. Der Leiter sagt heute, ohne dieses

---

[580] I5, 32-40
[581] I6, 75-105

Coaching-Projekt hätten sie die Krise nicht überstanden und das Investment war im Verhältnis zum Return äußerst überschaubar.[582]"

Ein weiterer Ansatz ist, die Auswirkungen der Coaching-Maßnahmen gesondert in Mitarbeiterbefragungen einfließen zu lassen und damit den Kulturwandel zu messen.

4.2.1.4 Qualitätssicherung

Qualitätssicherung im Coaching umfasst zunächst eine genaue Definition von Qualität, woraufhin erst Standards aufgesetzt werden können. Ethik spielt dabei gerade heutzutage eine große Rolle, da ohne Verankerung eines einwandfreien Verhaltenskodex in solchen Standards Reputationsrisiken entstehen und das Scharlatanerieproblem verschärft wird. Gerade große Organisationen machen Investitionsentscheidungen mitunter davon abhängig. Dies führt nicht zuletzt dazu, dass viele Verbände und Netzwerke Qualitätsstandards formuliert haben, ohne jedoch dabei zum einen Qualität eindeutig für sich zu definieren und zum anderen ohne die Standards – allgemeine und ethische – einer konsequenten regelmäßigen Evaluation zu unterziehen.

„[...] Meiner Meinung nach ist es Unwissen. Die Coaches sind sich überhaupt nicht bewusst, dass sie ethische Entscheidungen fällen. D.h. man muss viel Aufklärung leisten, wie man Qualität sichern kann, Qualitätssicherungssysteme vorschlagen. Man kann Coaching zertifizieren. Ich halte das für eine gute Sache, um ehrlich zu sein. Aber nicht eine Zertifizierung pro Schule, denn sie sagt meiner Meinung nach nicht viel aus. Wir haben inzwischen so viele Coaching-Ausbildungsanbieter, dass es unmöglich ist zu beurteilen, ob das jetzt eine gute Ausbildung ist oder eine schlechte. Deswegen bin ich auch ein großer Fan von Zertifizierungen, die weltweit anerkannt sind. Ich habe selber eine gemacht mit drei Levels: ein Anfängerlevel, ein mittleres Level von der Erfahrung her und eine Master Certification, bei der Sie jede einzelne Coachingstunde nachweisen müssen und Prüfungen absolvieren. Das ist echter Aufwand. Und ich prüfe selber Coaches für die Zertifizierung, und ich kann ihnen nicht sagen, wie schockiert ich über die Qualitätsunterschiede bei den Prüfungen war. Die verschiedenen Ausbildungsinstitute und die unterschiedlichen Qualitätsansprüche dort, von der Dauer über die Ausbilder bis hin zum Verständnis, was Coaching eigentlich ist, sind die Hauptgründe.[583]"

Die Evaluation von Coaching-Prozessen steckt noch in den Anfängen. Die Gründe sind vielschichtig und häufig verschanzen sich die Beteiligten hinter Argumenten wie fehlende Vertraulichkeit, mangelnde Nachweisbarkeit, keine einheitliche Linie bzw. Evaluationsmodell oder einfach nur Angst vor Transparenz.

„[...] Ich habe schon teilweise Probleme zu evaluieren. Das kriegen Sie nur hin, und das ist das Schwierige, wenn Ihr Kunde das mitmacht. Jetzt hat der Kunde eigene Evaluationsprozesse bzw. -vorstellungen oder sieht das Thema Vertraulichkeit extrem eng, weswegen er keinen weiteren Externen dabei haben will. Und wenn ich jetzt vorschlage, eine externe Evaluierung durchzuführen, sagen meine Kunden: ‚Wir haben auch noch andere Sachen zu tun'. Dann kann ich mir gut vorstellen, dass einige Coaches, vielleicht auch Verbände,

---

[582] I6, 75-105
[583] I6, 107-121

da wirklich nicht so ganz gut mit umgehen können, da sehr skeptisch sind nach dem Motto ,kommt nichts bei rum' oder ,ich bin doch gut – wo ist denn das Problem, ich coache doch schon seit zehn Jahren'. Dazu ist auch viel Aufklärungsarbeit beim Kunden zu leisten. Also, nehmen wir jetzt wirklich die breite Masse, je mehr unser Kunde versteht, was es ist und da ist in den letzten zehn Jahren extrem viel passiert, desto besser für uns auch irgendwie. Vor zehn Jahren musste ich erklären, was Coaching ist. Brauche ich heute niemandem mehr erklären. Vor fünf Jahren musste ich Aufklärungsarbeit bei Qualitätsthemen betreiben, weil das die wirklich nicht so interessiert hat. Und jetzt ist das ein echtes Thema, die Organisationen wollen Prozesse, die wollen Qualitätssicherung für eine gute Dienstleistung haben, weil dieser Markt einfach überflutet ist.[584]"

4.2.1.5   Wirkfaktoren und Wirksamkeit

Die Wirksamkeit von Coaching ist aus der Sicht aller Stakeholder das relevanteste Forschungsfeld. Erst durch den Wirksamkeitsnachweis lässt sich Erfolg final bestimmen. Um dieses Forschungsfeld steht es wie in der Mode: es gibt Mythen, Trends und Trittbrettfahrer, d.h. eine Systematisierung ist dringend geboten. Bevor Wirksamkeit systematisch nachgewiesen werden kann, sollten zunächst Wirkfaktoren definiert werden. Zentrale Fragestellungen zur Ermittlung von Wirkfaktoren sind:

- Was bringt die schnellsten Veränderungen?
- Welches methodische Setting bringt die höchste Wirkung? Gibt es so etwas wie eine Toolbox, die die höchste Wirkung erzeugt?
- Was macht die Wirkung aus? Ist es das Zusammenspiel? Ist es die Person des Coaches? Ist es die Art und Weise, wie der Coachee damit umgeht? Ist es die Persönlichkeitsstruktur? Sind diejenigen, die mit Coaching erfolgreich sind, alle aus einer Persönlichkeitsrichtung?
- Gibt es Muster? Und wenn ja, welche?

„[...] Mit 20 Jahren Coaching-Erfahrung habe ich schon das Gefühl, dass es starke Muster gibt. Aufgrund der Individualisierung unserer Gesellschaft sind wir eigentlich gerne einzigartig, aber ich glaube, Menschen sind vergleichbarer als sie es gerne haben. Es gibt ja auch eine gewisse Sicherheit, sich an Bewährtes zu halten. Selbst wenn Sie viele unterschiedliche Führungskräfte coachen, die sind trotzdem alle irgendwo Führungskräfte, mit einer gewissen Verantwortung, mit einer vergleichbaren Rolle. Natürlich weisen sie Unterschiede im Laufe ihres Lebensalters und beruflichen Werdegangs auf und sind insofern schon eine spezifische Gruppe. Im Rahmen meiner kleinen Musterforschung mit 20 Leuten habe ich jedoch herausgefunden, dass das ist nicht mehr so unterschiedlich ist; ich war erstaunt, wie viel Überschneidung da ist. Es gibt sicherlich Menschen, bei denen Coaching überhaupt keinen Impact bringt. Aber es gibt Leute, die reißen mit einem Coaching echt was rum. Die verändern richtig ihre Strategie und sind hinterher deutlich erfolgreicher. Und das würde

---

mich interessieren: was sind das für Leute, bei denen es Sinn macht zu investieren, nicht aus ethischer, sondern aus unternehmerischer Perspektive.[585]"

Aus unternehmerischer Perspektive ist interessant, wie Führungskräfte erfolgreicher werden – letztlich messbar am Unternehmenserfolg. Unternehmenserfolg ist aber bereits der Transfer aus dem Lernerfolg, den man im Coaching nicht separat betrachten sollte. Denn der Klient sollte im Coaching lernen, welches die Wirkfaktoren auf unterschiedlichen Ebenen (bei sich selber, im Unternehmen etc.) sind und wie man diese positiv beeinflussen kann. D.h., es ist wenig erbringlich, im Coaching wie beispielsweise beim Training irgendwelche Tests zu machen, sondern man müsste es unter Live-Bedingungen im Unternehmensalltag testen.

„[...] Man könnte Simulationen machen. Das berühmte Frederic Vester-Spiel[586] zum Beispiel. Es gibt ja viele Unternehmenssimulationen zu diesem systemischen Kontext, multifunktional, multikausal, müsste man noch komplexer gestalten. Nicht nur diese systemischen Gedanken sondern auch andere Gedanken noch mit aufnehmen. Ich glaube, die Simulation würde helfen, den Praxistransfer zu vereinfachen. Oder die Coachees im Abeitsalltag begleiten. Der Unterschied zwischen Transferkontrolle und RoI-Ansatz wäre für mich: der Lerntransfer, kriegst Du es überhaupt hin? Und der RoI-Ansatz: wie gut, wie erfolgreich setzt Du es um, wie wirkt es? Denn Hinkriegen reicht nicht im Unternehmen. Shadowing – privat und beruflich – wäre mal so eine komplett Lern- oder RoI-Kontrolle.[587]"

Fraglich ist, ob sich der Klient bei einer Rundumbegleitung wie Shadowing oder in einer Simulation wirklich authentisch verhält oder ob ähnlich dem bereits dargestellten Hawthorne-Effekt eine punktuelle Leistungssteigerung aus einer psychosozialen Drucksituation heraus erfolgt. Hier gehen die Meinungen auseinander: während einige glauben, das hält ein Klient nicht lange durch, sind andere der Auffassung, dass manche Klienten ihr ganzes Leben lang ein Spiel spielen können. Professionssoziologisch gesprochen fehlt beim umfassenden Shadowing die professionelle Distanz.

Im Zusammenhang mit Wirksamkeit wird zudem diskutiert, ob das „Versteifen" auf ein vorab festgelegtes Ziel dem gerecht wird, was Coaching wirklich leisten kann. Häufig ist es so, dass der Coaching-Erfolg (RoI) einem Zielabgleich „vorher – nachher" entspricht.

„[...] Im Rahmen von Transition Coaching – der Vorbereitung auf eine neue Position – soll der Coachee darauf vorbereitet werden, in seine neue Rolle reinzuwachsen und der RoI wird daran bemessen, dass das möglichst reibungslos passiert. Nun erlebe ich aber häufig ganz andere Situationen, nämlich dass sich herausstellt, der Coachee wird gar nicht befördert, z.B. bedingt durch Umstrukturierungen etc. wird er faktisch sogar degradiert. Ich habe solche Situationen schon mehrmals erlebt mit Menschen, die dann sagen, ‚Das geht mir unglaublich nahe, was hier passiert, und ich bin heilfroh, dass ich einen Coach habe, der mir hilft, mit dieser schwierigen Situation umzugehen.' Und dann sitzen sie am Ende eines solchen Prozesses mit jemanden zusammen und machen eine Evaluation. In so

---

[585] I2, 73-85
[586] Frederic Vesters kybernetisches Computerspiel ecopolicy® verwischt die Grenze zwischen Spiel und Wissenschaft weit mehr als es andere Simulationen vorher getan haben (vgl. http://www.frederic-vester.de/deu/aktuell/).
[587] I2, 94-120

einem Fall sagen mir die Coachees, dass sie natürlich überhaupt nicht das erreicht haben, was sie wollten, aber wenn sie dieses Coaching nicht gehabt hätten, wären sie mit der Situation bei weiten nicht so gut klar gekommen wie jetzt. Ist das ein erfolgreiches Coaching gewesen? Wir haben das Ziel nicht erreicht, aber wir haben etwas anderes erreicht, das auch wertvoll war. Wenn wir jetzt aber sagen, wir legen das Ziel vorher fest, und gucken dann in der Evaluation, wie gut das Ausmaß der Zielerreichung ist, dann war das ein schlechtes Coaching. Wir leben in einer immer noch komplexer werdenden Welt und wir glauben, dass wir Dinge vorher sagen können, und das ist so ohne weiteres nicht möglich. Was wir brauchen, ist mehr von der Fähigkeit, uns auf wechselnde Bedingungen, einzustellen und die Ziele regelmäßig zu überprüfen.[588]"

Um Wirkfaktoren zu bestimmen und Wirksamkeit messen zu können, muss es einen methodischen Zugang geben. Dies wird allenthalben als große Herausforderung gesehen, da das Setting im Coaching einer enormen Komplexität unterliegt und es nicht einfach sein dürfte, entsprechende Faktoren zu identifizieren und zu analysieren. Der obige scheinbare Widerspruch zwischen erfolgreichem bzw. wertvollem Coaching trotz Zielverfehlung lässt sich durch einen Paradigmenwechsel auflösen, indem die Steuerung im Coaching-Prozess stärker über Effektivität („situativ das Richtige tun") als über Effizienz („die vermeintlich falschen Dinge richtig tun") erfolgt.

4.2.1.6   Methoden und Interventionen

Es gibt unzählige Modelle und Interventionsmethoden, die im Coaching eingesetzt werden. Der Einsatz ist häufig schulenbezogen bzw. entspricht dem Geschmack des Coachs. In diesem „Methodendschungel" stellt sich längst die Frage nach einem übergreifenden, einfachen Modell, das dennoch in der Lage ist, komplexe Zusammenhänge zu erklären und darüber hinaus statistischen Anforderungen genügt.

„[...] Es muss eine Allgemeingültigkeit besitzen, so dass ich jetzt eben nicht sage, in der einen Situation ist es wirksam und in der nächsten vergleichbaren Situation wieder nicht. Analog einem Präferenzmodell: ich kann nicht sagen, ich bin Rechts- und Linkshänder gleichzeitig, sondern habe immer eine Präferenz. Wichtig ist auch, dass man eine gewisse Stabilität belegen kann, die vom reinen Zufall weit entfernt ist. Also auch etwas, was jetzt nicht sofort angreifbar ist – im Sinne von: es fallen einem gleich fünf Fälle ein, bei denen es anders ist. Es muss auf vergleichbare Situationen übertragbar sein.[589]"

Auf dem Weg, ein solches Modell zu finden, müssen die Methoden evaluiert werden, um dadurch Gemeinsamkeiten und Unterschiede zu finden. Welches Modell ist bei welchem Anlass und in welcher Coaching-Konstellation bzw. -Situation am effektivsten?

„[...] Wenn ich coache, habe ich einen bestimmten Ansatz bzw. Modell bzw. Vorgehensweise, wie ich trainiert worden bin. Was ich als gut empfinde und was ich durch meine Erfahrung oder andere Disziplinen auch sicherlich noch ergänzt habe. Und das kann ich dann für welchen Coaching-Anlass auch immer einsetzen. Vergleichbar wird es, wenn ich je-

---

[588] I3, 49-51
[589] I1, 83-84

manden coache, der nachhaltig etwas an sich verändern will, oder einen Executive, der ein bestimmtes Geschäftsergebnis erreichen muss. Dann können Sie die beiden nach Modell A oder B coachen und schauen nach einer gewissen Zeit, ob es Unterschiede gibt bzw. welche das sind. Und natürlich spielen da Faktoren wie die Coach-Klient-Beziehung mit hinein. Am Ende ist Coaching mit einem solchen Vorgehen aber nicht mehr in erster Linie methodenbezogen, sondern durch die Forschung würde man herausfinden, dass das Modelle sind, die wirklich eine Veränderung beim Klienten herbeiführen. Was wir von unserem Modell wissen und auch durch meine mittlerweile zehn Jahre Erfahrung, dass nicht ich der Experte bin, der meinem Klienten erzählt, was er zu tun hat, sondern dass ich als Coach ein Modell- bzw. Methodenexperte bin und der Klient Experte in seinem Bereich ist. Das Coaching soll helfen, dass der Klient für sich seinen Weg geht. Viele Coaches sehen und machen das anders.[590]“

Modelle sind mehr als reine Methoden, da sie kontextuell und situativ eingesetzt werden, nicht etwa nach Mode, Schule oder gar Lust und Laune. Dabei geht es für den Coach letztlich auch darum, die eigenen Präferenzen ein Stück weit hinter sich zu lassen, d.h. nicht nach dem Prinzip „was nicht passt, wird passend gemacht“ zu verfahren, sondern sich auf den Klienten so einzustellen, dass womöglich auch Methoden eingesetzt werden müssen, die dem Coach schwerer fallen, aber dem Klienten helfen.

4.2.2 Exemplarische Forschungsstudien

Wie bereits in Abschnitt „Datenerhebung und -erfassung“ (3.2.3) dargestellt, haben sich die Studienteilnehmer nach dem ersten – eher allgemeinen – Befragungsteil mit vier exemplarischen Studien zu ausgewählten Trends im Coaching auseinandergesetzt (Details zu den Studien im Anhang). Diese Trends haben sich im Rahmen der theoretischen Vorüberlegungen herausgeschält und sind in Bezug auf Inhalte, Ergebnisse, Nutzen für Wissenschaft und Praxis sowie Beitrag zur (sekundären) Professionalisierung kontrovers diskutiert worden. Darüber hinaus sind die Studiendesigns forschungsmethodisch gewürdigt worden, da sie auch hierin durchaus als repräsentativ für die Forschungslandschaft bezeichnet werden können. Die folgenden Kapitel stellen die Ergebnisse dar.

4.2.2.1 Ansätze unterschiedlicher Coaching-Schulen: Kurzzeit-Coaching

Das Format „Kurzzeit-Coaching“ ist vom Grundsatz an die lösungsfokussierte Kurztherapie von de Shazer und Berg angelehnt und mit vier Mal einer Stunde äußerst eng bemessen.

„[...] Bei der Übertragung von Elementen aus der Therapie ist es wichtig zu schauen, was de Shazer eigentlich schon erforscht hat. Welche Ergebnisse gibt es da und welche Ergebnisse setzen wir im Coaching ein? Und wenn ich das jetzt einsetze, trifft das dann auch wirklich zu? Ich habe jetzt keine wissenschaftlichen Untersuchungen davon, aber ich kann einfach nur das bestätigen, dass es funktioniert. Und das ist auf jeden Fall ganz wichtig. Kurzzeitintervention macht dann Sinn, wenn ich dem Coachee bei emotionaler Entlastung helfen möchte bzw. durch Sparring beim Strukturieren und beim Entscheidungen treffen.

---

[590] I4, 40-44

Und da ist es für mich auch wichtig, sie mit den verschiedenen Skalen befragen zu können, dass es eben in diesen Punkten Sinn macht. Wir haben mit 30 Coachees ein Coaching-Interview geführt und da wird ersichtlich, dass Kurzzeitintervention und Telefon sehr nah beieinander sind.[591]"

Es trägt dem Trend Rechnung, dass der Faktor „Zeit" immer knapper wird und effizient genutzt werden sollte. Allerdings ist es jedoch gefährlich, sich samt und sonders dem Effizienzgedanken und damit einer „Problemlösungs-Hudelei" auszusetzen. Kurzzeit-Coaching kann nicht auf längerfristige Verhaltensänderungen oder komplexe Sachverhalte fokussieren, sondern lediglich kurzfristige Impulse setzen.

Das Setting der Studie ist durchaus problematisch, das Sample mit acht Coachings relativ klein und statistisch nicht messbar.

„[...] Für den Qi-Quadrat-Test braucht man ca. 20 Leute. Die Studie kann ein Hinweis sein, aber man kann es eigentlich nicht als Coaching-Forschung bezeichnen. Wenn die Einzelfälle jedoch gut ausgewertet werden, sehr individuell, dann könnte es eine sehr interessante Einzelfallanalyse über mehrere Messzeitpunkte sein. Und es können tolle Hinweise gegeben werden, was da so passiert im Coaching. Aber für Wirksamkeit ist das überhaupt nicht aussagefähig.[592]"

Die mangelnde Vergleichbarkeit von Coachs und Klienten ist ebenfalls ein Thema: ist sichergestellt, dass die Coachs zumindest ähnliche Qualifikationen haben bzw. wie ist dies geschehen? Und woher stammen die Klienten bzw. sind deren Anlässe vergleichbar?

Psychometrische Verfahren im Coaching werden differenziert bewertet. Meist wird das verwendet, was das Unternehmen auch nutzt, um Mitarbeiter für bestimmte Jobs auszuwählen. Sollte das Ergebnis des Verfahrens nicht zu dem gewünschten Profil passen, ist das häufig bereits ein Coaching-Anlass, der sich aufgrund der Arbeit an Persönlichkeitsmerkmalen über einen längeren Zeitraum erstreckt. In dieser Studie allerdings leuchtet nicht ein, weshalb dieses Verfahren zur Anwendung kommt, zumal die Nachhaltigkeit bzw. Langfristwirkung von Kurzzeit-Coaching angezweifelt wird.

Bei der Bewertung der Studienergebnisse fällt es schwer, den konkreten Coaching-Bezug herzustellen.

„[...] Dieses ‚sich authentischer fühlen', ‚man selbst zu sein' haben Sie automatisch, wenn sich jemand um Sie kümmert, und das kann auch eine Physiotherapeutin sein. Das muss überhaupt nicht Coaching sein, das würde ich davon noch trennen. Dieses Selbstwertgefühl hat meine Tochter auch, wenn ich sie auf den Schoß nehme. Also, verstehen Sie, so einfach Zuwendung, Aufmerksamkeit bekommen, das deckt einfach soviel sozialpsychologische Bedürfnisse ab, das hat für mich nichts mit Coaching zu tun, das kriege ich beim Friseur und das bekomme ich, wenn die Apothekerin nett mit mir redet.[593]"

---

[591] I5, 54-68
[592] I7, 32-38
[593] I2, 168-222

Mehr Aufmerksamkeit und Entscheidungskompetenz bekommt man hingegen nicht nur durch Zuwendung – da hat das Coaching Nutzen gestiftet.

Das Medium „Telefon" hat Vor- und Nachteile, wobei es im Kurzzeit-Coaching als effizientes Tool eingesetzt werden kann. In den USA ist Telefon-Coaching neben SMS („Short Message Service") und Blogs weit verbreitet, während es in Deutschland eher stiefmütterlich behandelt wird. Die Hemmschwelle beim Telefon-Coaching sinkt aufgrund der Anonymität, Klartext reden fällt oft leichter. Allerdings sollten sich Coach und Klient zu Beginn auf jeden Fall persönlich kennenlernen, um ein beiderseitiges Vertrauensverhältnis aufzubauen. Denn die Tatsache, dass der Klient manches Mal über schwierige Sachverhalte am Telefon besser reden kann als im direkten Kontakt, schult exakt nicht das, was häufig das Ziel von Coaching als persönlichkeitsbildender Maßnahme ist, nämlich die Fähigkeit, im direkten Kontakt zu bestehen. Zunehmend mehr Virtualität in der Kommunikation, immer mehr Sozialgruppenzugehörigkeiten über anonymisierte Verfahren laufen dem zuwider, was der Klient im Wirtschaftskontext braucht: kompetent, sicher und direkt mit Kunden und Mitarbeitern umzugehen.

> „[...] Darüber hinaus hat man beim Telefon das Problem, dass man auf einen Sinneskanal beschränkt ist. Es fehlen ein stückweit die Unmittelbarkeit und natürlich sämtliche visuelle Informationen. Ich kann nicht sehen, ob jemand zusammenzuckt, überhaupt reagiert, die Augen verdreht, unruhig wird, ich kann das alles bestenfalls an der Stimme erkennen. Dann müsste jemand schon sehr, sehr gut ausgebildet sein. Ich persönlich sehe das insofern als skeptisch an. Ich hätte aber weniger Bauchschmerzen an der Stelle, wenn ich einen Klienten kenne.[594]"

Dieses Kennen ist eine zwingende Voraussetzung, danach ist Telefon-Coaching womöglich gerade bei Top-Managern das einzig realistische Format – zumindest läuft es bei diesem Klientel aufgrund akuten Zeitmangels oft auf eine Mischform zwischen Präsenz-Coaching und virtuellem Coaching hinaus.

Kurzzeit-Coaching ist einerseits immer noch ein Ausnahmefall in der Coaching-Landschaft.

> „[...] Unser Durchschnitt liegt bei zirka sechs Monaten mit 18 bis 24 Coachingpreisstunden. Da finde ich vier einstündige Coachingsitzungen am Telefon – ich habe noch nicht einmal Präsenzsitzungen so kurz gemacht – zu kurz. Zu untersuchen, ob bei vier Stunden etwas rauskommt, finde ich aber interessant.[595]"

Die andererseits vielfach geäußerte Ablehnung rührt in erster Linie aus den psychologischen Wurzeln von Coaching, die besagen, dass fundiertes Coaching längerfristig angelegt sein muss. Ob die Länge entscheidend ist, ist fraglich.

> „[...] Die Tendenz, dass es länger sein muss, ist ein Mythos. Ich merke immer wieder, wie schnell das wirkt und es geht wirklich darum, es kurz und knackig zu machen. In Ausnahmefällen dauert es vielleicht einmal ein Jahr oder die Leute wollen einfach eine regelmäßige Begleitung für ihr Leben haben. Aber dann ist es noch einmal eine andere Entscheidung. Aber wenn da ein konkretes Thema ist, an dem möchte ich arbeiten, dann

---

[594] I3, 112-129
[595] I6, 170-193

sage ich, sechs bis zwölf Stunden über einen Zeitraum von einem halben Jahr ist ein gutes Maß. Und das setzt voraus, dass derjenige gecoacht werden möchte und die Veränderung auch will. Ich coache auch keinen in einem Unternehmen oder außerhalb, der nicht bereit ist. Der meint, er müsste es tun, weil sein Manager es meint, der ist nicht committet. Dann bringt es nichts.[596]"

D.h. zur Effizienz des Formats trägt definitiv bei, dass keiner der Beteiligten mobilisiert werden muss, sondern die volle Konzentration auf den Prozess gegeben ist.

Möglich ist auch, dass wirtschaftliche Gründe für die Umstrittenheit von Kurzzeit-Coaching ausschlaggebend sind. In den USA werden häufig größere Coaching-Pakete – fünfzehn bis zwanzig Tausend Dollar – verkauft, d.h. da kann ein solches Format eingestreut werden. Hierzulande führen die Vertragsstrukturen wie bereits dargestellt im Zweifel zu einer „Überversorgung" – ein Teil des Scharlatanerieproblems aus der marktlichen Professionalisierung –, d.h. der Klient erhält mehr Coaching als erforderlich (anstatt Kurzzeit-Coaching), was infolge auch fakturiert wird.

Dennoch wird Kurzzeit-Coaching als interessantes Format angesehen, das durchaus wirksam sein kann, wenn es adäquat, z.B. zur Lösung eines akuten Problems, eingesetzt wird. Es trifft den Zeitgeist und sollte daher umfassender beforscht werden. Dieser Studie wird in erster Linie Praxisrelevanz beigemessen; wissenschaftlich ist sie insofern nicht überzeugend, weil sie qua Setting wichtige Kontextfaktoren ausblendet, die im Leben des Klienten eine Rolle spielen und wichtig für die Bewertung der Gesamtsituation sind. Darüber hinaus ist der Akzeptanzgrad von Kurzzeit-Coaching sicherlich größer, wenn die Wirkungen mit „Langzeit"-Coaching (z.B. zehn bis fünfzehn Sitzungen) mithalten könnten, d.h. der Re-Test-Zeitraum deutlich verlängert wird. Denn es ist erwiesenermaßen so, dass kurzfristig eher ein Begeisterungseffekt zum Tragen kommt, der auch hier gemessen wird, d.h. es müsste viel mehr Studien mit sehr vielen unterschiedlichen Parametern bzw. Faktoren geben, um auf dieser Datenbasis wissenschaftliche Aussagen treffen zu können.

„[...] Künzli macht auch sehr viel mit Wirksamkeitsforschung und Coaching und er beschränkt sich ganz klar auf Führungskräfte-Coaching. Und er zieht das möglichst eng; das ist auch der einzige Weg, den man hat, sich einen ganz engen Bereich herauszugreifen. Nur in der Wirtschaft, nur Führungskräfte, nur mittleres Management, usw., so dass man überhaupt ein bisschen Übersichtlichkeit hereinbekommt. Sonst haben Sie keine Chance.[597]"

4.2.2.2   Aktuelle Nachfragetrends: Messbarkeit von Coaching

Aus Organisationssicht lohnt sich eine Investition dann, wenn sie letztlich ertragreicher ist als man dafür aufwenden muss. In Bezug auf Coaching ist dieser Ertrag bzw. RoI nicht greifbar. Da die meisten Organisationen jedoch dem „Messbarkeitswahn" unterliegen, d.h. wissen wollen, wie viel ein Euro Investition bringt, ist diese Situation nicht zufriedenstellend. Mittels di-

---

[596] I4, 52-62
[597] I7, 32-38

verser quantitativer und qualitativer Verfahren versuchen Unternehmen daher, Licht ins Dunkel zu bringen. Mittlerweile scheint ein gerüttelt Maß an Vertrauen erreicht, so dass Organisationen Coaching verstärkt einsetzen – d.h. irgendeine positive Wirkung muss vorhanden sein, die womöglich auch durch die ein oder andere Studie herrührt bzw. der Tatsache geschuldet ist, dass Coaching allgegenwärtig ist. Der Leistungszusammenhang bedeutet dann oftmals, dass der Klient etwas besser macht als noch vor dem Coaching, sprich seine Selbstwirksamkeit erhöht. Der Druck in Richtung Messbarkeit bzw. Effizienz rührt aus der allgemeinen Funktionsweise von Profit-Organisationen im Besonderen: die Controller führen das interne Zahlenwerk zusammen, das letztlich über externe Investoren und Investitionen entscheidet. Auf diesem Hintergrund rücken z.B. Blended-Coaching oder Kurzzeit-Formate (siehe voriger Abschnitt), aber auch Selbst-Coaching-Tools, ins Zentrum des Interesses: Vor- und Nachbereitungszeiten (Opportunitätskosten) sowie Reisekosten fallen schlicht weg.

Die Untersuchung des Impacts von Coaching auf Leistung, Verbesserung der Coaching-Praktiken bzw. -Praxis und Identifikation der Schlüsselfaktoren für effektive Coaching-Qualifizierung wird in dieser Metaanalyse näher beleuchtet, in der allerdings Äpfel mit Birnen verglichen werden. Es ist der Versuch, den Anschein einer Metaanalyse zu erwecken, indem durch scheinbar kompatible Daten unterschiedlicher Teilnehmer, Paradigmen, Klienten, Ländern, Zeitaspekte, Formate etc. eine Form von Signifikanz erzeugt werden soll. Quantitativ-empirische Metastudien mit einer Grundgesamtheit von tausend oder mehr haben den Namen wirklich verdient und sind eine interessante Alternative zur nicht wirklich gegebenen Validität dieser Untersuchung. Insofern bringt sie quasi keine neuen Erkenntnisse; sie weist zwar den Charakter von Grundlagenforschung auf, doch fehlt auch hier eine generelle Begriffsklärung zu Beginn. Und für einen RoI benötigt man statistische Prüfstatistik, die mangels Masse nicht angewendet werden kann.

„Eine Metaanalyse ist immer nur so gut, wie die schlechteste Studie, die sie mit einschließt. Ich finde den RoI-Ansatz im Coaching schwierig. Den Ansatz kennt man von Kirkpatrick, dem Trainingsevaluationsguru. Momentan sind wir auf der aller untersten Ebene, weshalb wir immer so ein skurriles Ergebnis herausbekommen: jedes Coaching ist gut, da die Teilnehmer zufrieden sind. Wir haben auch ein paar Studien gemacht und da waren alle immer zufrieden mit ihrem Coaching. Also vermuten wir, die die nicht zufrieden waren mit ihrem Coaching (die es bestimmt auch gab), kommen praktisch in den Studien nicht vor, weil die ihre Coachings abbrechen. Schon auf dieser untersten Ebene muss man eigentlich erst einmal anfangen, vernünftige Ein- und Ausschlusskriterien zu finden. Mit dem RoI kann man mal Modellrechnungen anstellen: bei 1000 Menschen im Unternehmen schwelen mindestens 500 ungelöste Konflikte, die kosten so und soviel Stunden Arbeitszeit am Tag, um sich E-Mails zu schreiben und sich gegenseitig zu nerven. Wenn wir davon zehn Konflikte im Jahr durch Coaching oder Mediation lösen, dann sparen wir – so etwas macht dann schon eher Sinn.[598]“

---

[598] I7, 40-49

Mitunter wird der RoI wie folgt ermittelt: man nehme eine Klientenmeinung, wie viel Effizienzsteigerung auf das Coaching zurück zu führen ist, ziehe davon noch x Prozent Sicherheitsabschlag ab, multipliziere dies mit dem durchschnittlichen Ertrag, den er pro Stunde für das Unternehmen erwirtschaftet, rechne das auf ein Jahr hoch und subtrahiere die Coaching-Kosten.

„[...] Das ist aus meiner Sicht nicht weit vom Kaffeesatzlesen entfernt. Wir müssen an der Stelle einfach ehrlicher sein und zugeben, dass das eine Scheinquantifizierung ist. Dann machen wir nämlich auf einmal Sachen signifikant, die überhaupt nicht gewirkt haben, bei denen dann vielleicht jemand gerade eine gute Laune hatte oder er ist befördert worden, und fühlte sich deswegen positiv gestimmt, das muss ja nicht alles vom Coaching abhängen. Da gibt es noch tausend andere Faktoren, die man gar nicht ausschließen kann, wenn man mit Menschen im Unternehmen arbeitet und nicht mit Ratten im Labor. Ich kann ja auch nicht zu einem Physiker gehen und fragen, wo sich ein bestimmter Stein in zweitausend Jahren befindet. Wenn man aber einen Psychologen fragt, wie sich ein Mensch in der und der Situation verhalten wird, dann erwartet man eine quantifizierbare Antwort, obwohl ein Mensch im Wesentlichen noch etwas komplizierter ist als ein Stein. Da müssen wir selbstbewusster sein, gerade auch die sozialwissenschaftlichen Disziplinen, die psychologischen Disziplinen, die geisteswissenschaftlichen Disziplinen, und sagen ‚Nein, tut mir leid diese Frage kann ich genau so wenig beantworten wie der Physiker'. Der RoI muss meiner Meinung nach qualitativ gemessen werden. Und das geht ja auch. Was man zum Beispiel machen könnte, wäre jemanden qualitativ zu befragen. [...] Ich würde nicht nur am Ende des Coaching-Prozesses messen, sondern auch drei Monate später, sechs Monate später, neun Monate später, und vielleicht noch zwölf Monate später, um auch zu schauen, ob ich hier überhaupt einen Effekt habe oder lediglich eine kurzfristige Schwankung. Ich behaupte, dass viele Ergebnisse dieser Studie im Grunde genommen Zufallsschwankungen sind, die sich langfristig gesehen auspendeln würden, wenn man nur den Mut hätte langfristig zu messen.[599]"

Es gibt leider selten Coachings, bei denen man explizit vereinbart, dass man in einem halben Jahr noch einmal überprüft, wie es läuft bzw. gelaufen ist. Das liegt oft an organisatorischen Aspekten, dass ein Unternehmen oder eine Abteilung aufgrund von Restriktionen und/oder Budgets festlegt, das Coaching muss noch in diesem Jahr abgeschlossen werden. Was bei solch standardisierten Verfahren wie z.B. dem evidenzbasieren Coaching-Ansatz ein wenig auf der Strecke bleibt, ist die gesamte Intuition für den Menschen – wie funktioniert das Individuum, wo ist der Hebel, unabhängig davon, was bei Hunderten bereits gewirkt hat.

Eine in Organisationen oftmals angewendete Methode der Befragung ist das 360-Grad-Feedback. Wichtig dabei ist, dass die Messgrundlage einheitlich ist und sich bei wiederholter Anwendung die Feedbackgeber nicht ständig ändern. Ein Effekt, der dabei berücksichtigt werden muss, ist z.B. der Nichtangriffspakt nach dem Prinzip „tust Du mir nichts, tue ich Dir auch nichts".

„[...] In einem Projekt sollten wir diejenigen coachen, die beim 360-Grad-Feedback nur 10 Prozent geschafft haben, d.h. die Coachees haben dann noch einmal ein Intensivcoaching

---

[599] I3, 131-143

bekommen. Und da stellte sich nach und nach heraus, dass das nicht die schlechtesten Führungskräfte waren, sondern auch die Leute dabei waren, die wirklich geführt haben. Die Mehrheit der besten Führungskräfte in der Wertung waren überwiegend diejenigen, die auch Niemandem weh getan haben. Das ist dann auch manchmal genau das Gegenteil von dem, was 360-Grad-Feedbacks eigentlich erreichen wollen.[600]"

Die Grundlage für gutes Coaching ist eine fundierte Ausbildung. Im universitären Umfeld wird eine Menge bewegt, was sicherlich auch dem Bolognaprozess geschuldet ist. Bei den privaten Anbietern werden die Ausbildungsinhalte sehr frei definiert: Transaktionsanalyse, Neurolinguistische Programmierung, Tiefenpsychologie, Supervision etc.. Die Ausbildung sollte so praxisorientiert wie möglich sein – da muten Coaching-Case Studies eher wie Reagenzglaspraxis an. „[...] Das ist natürlich sehr amerikanisch, wird in der Lehre viel gemacht, da benutze ich es auch. In der Ausbildung meiner Leute gehen wir einfach auch in Fallbeispiele.[601]" Andere Ausbilder arbeiten ausschließlich an eigenen Fällen, da es bisweilen sehr schwierig ist, sich in die jeweiligen Positionen und Situationen der Case Studies hineinzuversetzen. In der Ausbildung werden oftmals Inhalte und Methoden weitergegeben, die beim Ausbilder am besten funktionieren.

„[...] Allerdings mit der Maßgabe, die Methode muss zum Coach passen [– Thema Authentizität, Anm. d. Autors]. Was bei allen Coaches gleich ist, sie müssen einen Kontakt aufbauen. Das kann zwar jeder auf seine Art machen, aber es gibt ‚Musts' und die kann dann jeder so individuell umsetzen, wie er will, aber er kommt um das nicht herum. Wertschätzung und Vertrauensaufbau muss jeder Coach auf seine Art dann machen, aber das ist das Wichtigste, denn sonst passiert im Coaching gar nichts. Der Wirkfaktor Coach muss funktionieren. Da haben wir ganz unterschiedliche Leute, die machen das auch ganz unterschiedlich, aber wir haben ja auch ganz unterschiedliche Coachees. Für die einzelnen Interventionstechniken habe ich die entsprechenden Theorien vermittelt: bei der Kurzzeittherapie z.B. de Shazer, bei Hirnforschung Spitzer. Da kann man schon noch einmal tiefer reingehen. Aber eben nicht neu forschen, sondern schauen, was gibt es denn da bereits.[602]" Der Coach selber ist das Tool. „[...] Und das ist für mich auch ein großer Unterschied und das merkt man, wenn Sie Coachings live miterlebt haben. Bei den Prüfungen höre ich es ja live, die coachen ja live vor mir, auch in der Ausbildung. Und da können Sie sofort sagen, das ist jetzt ein Master für Coaching oder das ist jetzt jemand, der macht das immer noch nach Rezept. Der geht gedanklich seine Toolbox durch: was frage ich als nächstes, oder was mache ich als nächstes, was würde denn jetzt passen?[603]"

Zufriedenheit im Coaching zu erreichen ist einfach, Lernerfolg ein Stück weit schwieriger und auf Transfererfolg zielt Coaching letztlich ab. Da es praxisorientiert ist, wirkt Coaching oftmals recht schnell und man bekommt eine entsprechende Rückmeldung, dass die Führungskraft erfolgreicher im Sinne von höherer Zufriedenheit des Teams oder des Vorgesetzten ist.

---

[600] I7, 40-49
[601] I2, 225-266
[602] I5, 70-110
[603] I6, 230-283

„[...] Man erreicht seine Zahlen. Ich glaube, da kann man Kenngrößen einrichten, die ein Stück weit darüber Aufschluss geben. Bei Vorher-Nachher gibt es zig Einflussfaktoren. Was den RoI anbelangt: eine Faktorenanalyse zu machen, ist hier wahrscheinlich sehr schwierig. Ich habe das damals mit Salesteams versucht zu machen. Wir haben alles Mögliche analysiert, z.B. den Umsatz heute, vor ein bis zwei Jahren und im Zeitraum des Coachings. Aber das wirtschaftliche Umfeld hatte sich verändert: es gab andere Vorgaben vom Unternehmen, es haben Mitarbeiter gewechselt etc.. Sie haben so viele Größen drin, so dass ich irgendwann gesagt habe, ich interviewe die Mitarbeiter und deren Vorgesetzten jetzt und das hat mir dann die Richtung gegeben, ohne es in Zahlen ummünzen zu können. Einer hat gesagt, sie haben jetzt einen drei Millionen Deal gemacht, den hätten sie ohne diese Coaching-Maßnahme nicht gemacht. Und wenn sich etwas positiv verändert, wird es auch die Unternehmenszahlen positiv beeinflussen. Aber das ist alles irgendwie ziemlich komplex.[604]"

4.2.2.3   Wirkfaktoren in Struktur und Prozess: Wirksamkeit von Coaching

RCT zur Überprüfung der Wirksamkeit stammen ursprünglich aus der Therapie und sind in der Coaching-Praxis noch recht wenig verbreitet. Dies liegt u.a. am aufwändigen Design der Methode, auf deren Stärken und Schwächen diese Studie abzielt, während auf die Ergebnisse der Coaching-Maßnahmen nicht näher eingegangen wird – aus gutem Grund, da viele handwerkliche Fehler und Schwächen aufgezeigt werden, die jegliche Aussagekraft der Ergebnisse eliminieren.

„[...] Die Coaches sind der Schlüssel für die Wirksamkeit. Am Anfang habe ich nicht an die Komplexität der Coaches gedacht. Also, ich kann mir nur vorstellen, dass die Ergebnisse eben vor dem Hintergrund des Untersuchungsgegenstandes hier zweitrangig sind. Zur Auswahl der Coaches wird in der Studie erstmal nichts gesagt. Aber das ist glaube ich ein Schlüssel. Die müssen schon in der Lage sein, so einer Laborbedingung zu entsprechen, das heißt ganz sauber eine Methode anzuwenden, wenn ich das wissenschaftlich verwertbar machen möchte. Wenn ich eine Intervention oder eine Alternative untersuchen will, müssen sie schon in der Lage sein, sich daran zu halten, das machen sie ja nicht gerne. Es müsste bereits bei der Auswahl berücksichtigt werden, ob jemand überhaupt in der Lage ist mit so einem Briefing umzugehen, muss ja ein sehr exaktes Briefing sein, das hier nicht gut gelaufen ist.[605]"

Weitere Vergleichsparameter, die bereits bei der Auswahl berücksichtigt werden müssten, sind Qualifikation, Coaching-Philosophie und Erfahrung. Ansonsten besteht die Gefahr, nicht die Wirksamkeit von Coaching zu ermitteln, sondern von einzelnen Coachs.

Hinsichtlich der Klientenvariablen birgt die Auswahl der Coaching-Gruppe sowie der Wartelisten-Kontrollgruppe Schwierigkeiten. So ist die Kontrollgruppe nicht zufällig ausgewählt worden, sondern im Rahmen eines Assessment Centers.

---

[604] I4, 63-70
[605] I2, 231-332

„[...] Dies widerspricht genau dem eigentlichen Prinzip. Ich weiß nicht, ob der Einsatz von Kontrollgruppen im Coaching überhaupt möglich ist, aber ich würde es trotzdem beforschen, denn dann glauben einem die anderen mehr. Und da ist dann auch noch einmal die andere Forschung der Wirkfaktorenabstraktion. Wenn wir in die Medizinforschung gehen, habe ich einen Wirkstoff und nur dieser Wirkstoff verändert körperlich etwas oder nicht. Und dann gibt es auch den Placeboeffekt – solche Studien sind eigentlich Augenwischerei. Ich verhindere damit nur, dass Leute nicht daran sterben. Es ist ein separierter Wirkstoff unter einer Glasglocke, die es im Coaching nicht gibt und auch nicht geben kann. Das Ganze ist mehr als die Summe seiner Teile. Die Teile sind die unterschiedlichen Methoden, die aus der Therapie oder woandersher kommen und da sind die schon untersucht. Wenn die da noch nicht untersucht sind, dann muss man sie untersuchen. Und dann sieht man dann eben, dass dieser Interventionsstrauß eben eine bessere und stärkere Auswirkung haben kann, weil die Summe mehr ist. Und das ist eben schwierig nachzuweisen, welche Wirkstoffe wie zusammenwirken. Aber ich kann natürlich sagen, wenn die einzelnen Interventionsmethoden in meinem Strauß wirksam nachgewiesen worden sind, dann ist die Wirksamkeit dadurch schon da und es nicht so, dass sich die Interventionen gegenseitig aufheben, was natürlich auch sein kann. Im psychosozialen Umfeld von Organisationen ist so ein Einsatz meines Erachtens unmöglich, weil das unbedingte Vertrauensverhältnis im Coaching dadurch gebrochen wird. Ich kann es aber im Experten-Coaching, z.B. Präsentationstraining, einsetzen. Da kann ich Leute präsentieren lassen, die kein Präsentationstraining gemacht haben und Leute, die eines gemacht haben. Und dann habe ich auf eine spezielle Fähigkeit eine Verbesserung und das ist dann auch in Ordnung. Da ist dann auch wieder die Frage, ist das ein Coaching oder ist das nur ein Einzeltraining? Und da geht es ja um „ask" and „tell". Und da stellt sich ja auch wieder die Frage, darf ich im Coaching „ask" machen oder darf ich nur „tell" machen. Das sind ja die Schulen, die sich da streiten. Für mich ist es immer eine Mischung, auch kontextabhängig. Ich „aske" und ich „telle" manchmal. Und ich frage auch den Coachee, was er haben will – ob eine Hypothese von mir oder nicht. D.h. wenn Interventionen noch nicht wissenschaftlich geprüft sind, dann kann man das im Rahmen von Coaching machen. Und wenn ich jetzt nur eine Methode im Coaching einsetze und das halte ich für Schwachsinn, denn weil es der Methodenmix ausmacht, ist es schwierig. Und auch wenn jemand jetzt im Präsentieren nachher besser ist, dann kann es sein, dass ich bei jemandem anfangen muss, bei dem sein Selbstbild nicht mit dem Außenbild übereinstimmt. Es kann aber auch sein, dass er vor seinen Vorgesetzten einfach Angst hat. Und auch hier sind es unterschiedliche Interventionsmethoden, mit denen ich dann arbeiten muss. Aber hier kann ich vielleicht herausfinden, dass es die und die Themen meistens sind und dann kann ich vielleicht eine kritische Masse herausfinden, z.B. dass sich vielleicht bei 80%, die gecoacht sind, eine andere Außenwirkung einstellt und vorher hatten sie Angst vor den Vorgesetzten. Ganz, ganz schwierig sind allerdings die Vorerfahrungen. Das ist auch im Coaching so. Das kann einer sein, der sehr viel reflektiert und dann ist Coaching ein Impuls, der ihn in die richtige Richtung führt. Und jemand anderes reflektiert überhaupt nicht über sich und da braucht es Tage. Eine Grundvoraussetzung in der Ausbildung ist die Beziehungsgestaltung zwischen Coach und Klient.[606]"

Die Beziehungsgestaltung im Coaching und das Coaching selbst prozessual und vergleichbar abzubilden, scheitert nicht zuletzt an der Komplexität der realen Situation. Aus der klientenzentrierten Psychotherapie nach Rogers ist das Computerprogramm ELIZA aus den 1960er Jahren bekannt, das non-direktive Gesprächssituationen durch entsprechende Partner simuliert. Die Akzeptanzprobleme dieser Simulation rühren daher, dass es sich nicht um ein lernendes System handelt, d.h. ohne Intelligenz und empathische Fähigkeiten; darüber hinaus haben viele Klienten eine zweifelhafte Beziehung zu ELIZA aufgebaut, was aufgrund vorstehender Eigenschaften des Programms ethisch nicht vertretbar ist. Dennoch kann das Prinzip auf Coaching übertragen werden, indem es darum geht, komplette Coachingsessions oder auch Coaching-Prozesse nachzubilden – sozusagen einen Computercoach wie z.b. einen Avatar zu haben. Dabei könnte man versuchen, Klientenvariablen einzustellen und verschiedene Coaching-Ansätze auf deren Wirksamkeit zu testen. Je nachdem, welche Klientenvariablen man einstellt, hat man ein bestimmtes Mindset produziert: jung oder alt, Mann oder Frau, soziologische Herkunft, veränderungsbereit oder nicht.[607] Denkbar ist, dies eventuell zu Ausbildungszwecken im Coaching einzusetzen, wie bei Piloten, die Flugsimulatoren benutzen. Ein breitflächig angelegter, realer Praxiseinsatz scheitert wahrscheinlich an der Auswahl der Klientenvariablen sowie an den hohen Entwicklungskosten für das Programm.

Wenn man die komplexen Zusammenhänge der Studie – mehrere Coach-Gruppen, Assessment-Center-Auswahl der Klienten, verschiedene Coachs, unterschiedliche Coaching-Zeitpunkte etc. – erforscht, bekommt man keine verwertbaren Ergebnisse. Wissenschaftlich aussagekräftige, statistisch relevante Ergebnisse erhält man nur über Vereinfachung, d.h. Komplexitätsreduktion.

„Man hatte in dieser Studie wirklich mal den Mut mit Kontrollgruppen zu arbeiten, unabhängig von dem Auftreten der ethischen Frage, denn man bekommt ohne Kontrollgruppe keine vernünftigen Ergebnisse in so einen Kontext. Allerdings fehlt mir hier die Baseline. Das kann ja genau so gut eine saisonale Schwankung der Firma gewesen sein, und ich hatte gerade Glück. Die haben gerade einen riesigen Auftrag bekommen, natürlich sind die Leute da besser drauf als wenn sie jetzt Leute freisetzen sollen. Aber durch so eine Kontrollgruppe kriege ich das zumindest ein Stück weit in den Griff. Das hat mir an der ganzen Sache gut gefallen, auch wenn wir hier natürlich wahrscheinlich – weil es eben keine zufällig gewählte Kontrollgruppe war – immer damit rechnen müssen, dass dort andere Faktoren mit rein spielen, also z.B. Auswahlprozesse. Ich freue mich über jedes Unternehmen, das sich traut, sich beforschen zu lassen; viele haben da ja Angst, und dann gibt es auch Gewerkschaften, die haben dann Sorgen, dass irgendetwas mit den Daten passiert. Ich kann die Bedenken auch teilweise verstehen, das hat ja dann meistens auch eine

---

[606] I5, 112-140
[607] Ein kleiner, aber aufschlussreicher Nebenaspekt bei Klientenvariablen kann auch sein, wenn der Klient während oder nach dem Coaching nicht mehr in dem Unternehmen ist. Eventuell hat ihn das Coaching darin bestärkt, in dem Unternehmen fehl am Platz zu sein und aktiv eine Veränderung zu suchen. Die dahinterliegenden Wirkmechanismen findet man nicht mehr heraus, wenn man den Klienten dazu nicht befragen kann.

Vorgeschichte, aber trotzdem ist es unglaublich schwierig Unternehmen zu gewinnen, sich an so etwas zu beteiligen. Deswegen muss man wirklich jedem Unternehmen, was das macht, und jedem Personalentwickler, der das auch auf sich nimmt, dankbar sein, weil wir diese Art von Praxis, von Feldforschung, brauchen. Je größer das N ist, umso besser, je besser die Codes vergleichbar sind und die Klienten vergleichbar sind, auch umso besser. Und auch da braucht es einfach Leute, die mehr wollen als einfach nur ihren Job zu machen; die sagen, ich mache es deswegen, weil es vielleicht auch mich persönlich interessiert, weil ich auch selber einen Teil dazu beitragen will, eine Sache ins Rollen zu bringen oder eine Sache zu professionalisieren. Wenn jeder nur auf den anderen wartet, dann stehen wir morgen noch im Regen und in zehn Jahren auch noch.[608]"

Bezüglich der Gruppenzugehörigkeitseffekte müssten Kontrollvariablen erhoben werden. So sind die „Zweitbesten" in der zweiten Gruppe gelandet.

„[...] Und genau das müsste man jetzt rausrechnen können. Die Varianz „Zweitbeste" müsste rausgenommen werden können, in dem man das Assessment Center-Ergebnis da mit reinrechnet. Und dann könnte man den Effekt zwischen den beiden Gruppen kontrollieren, weshalb die sich unterscheiden. Das ist dann aber auch eher eine Frage, wie man das dann schlau auswertet. Vom Design her ist das ok, weil man eben der Realität folgen muss; man kann das nicht irgendwie zusammenstellen. Aber echte Experimentaldesigns gibt es hier nicht, da muss man gar nicht anfangen.[609]"

Die Studie macht klar, wie schwierig es ist, die richtige Untersuchungsmethode zu finden, weil es viele Faktoren sind, die auf Coaching-Erfolg Einfluss nehmen. Nichtsdestoweniger sind positive Ergebnisse nicht unrealistisch und als Grundvoraussetzung für Ergebnisse sollte es dazu Feldforschung geben.

„[...] Wenn man das gut vorbereitet, kann es definitiv funktionieren. Ich kenne solche Fälle, da kommen die ersten. Das sind im Prinzip die Piloten, und wenn das gut anläuft, kommen irgendwann 100 bis 200 Menschen weltweit durch. Die Kardinalsfehler aus dieser Studie muss man alle berücksichtigen, was sicherlich schwierig wird.[610]"

Kritisch betrachtet handelt es sich in dieser Studie um eine selbsterfüllende Prophezeiung.

„[...] Es beweist das, was der Autor beweisen möchte, weil er nur das beobachtet, was er beobachten will. Die kritischen Variablen setze ich mir selber; es kann ja sein, dass es noch ganz andere gibt, aber die ignoriere ich. Ich sehe das als problematisch an und finde es eher besser, wenn man quasi vorher eine Befragung macht und hinterher mit den jeweiligen Einzelfällen weiterarbeitet. Beim ursprünglichen RCT-Setting aus der Therapie ist jemand krank und da wird geschaut, ob bzw. womit das heilbar ist. Da ist auch der Therapeut der Experte, der vorgibt, etwas zu tun ist. Das sehe ich im Coaching ein bisschen anders.[611]"

Nicht zuletzt aufgrund dieser Komplexität versuchen viele Anbieter, die Wirksamkeit von Coaching über pauschale Rechenbeispiele zu rechtfertigen.

---

[608] I3, 145-155
[609] I7, 51-55
[610] I6, 285-300
[611] I4, 72-78

„Wenn Sie sagen können, ich investiere einen Euro und bekomme fünf Euro heraus, dann macht das natürlich jeder. Wenn ich mir ein Produkt kaufe, dann möchte ich auch dessen Wirksamkeit einschätzen können. Ich war auf x Coaching-Kongressen und es hat noch keiner geschafft, da etwas Vernünftiges auf die Beine zu stellen. Wenn Sie das schaffen, dann werden Sie jeden Tag irgendwo eingeladen sein, um darüber einen Vortrag zu halten.[612]"

4.2.2.4   Beziehungsgestaltung: Matching im Coaching

Die Hauptschwierigkeit von Organisationen oder Klienten, die einen Coach suchen, ist, wie sie den richtigen Coach finden. Im Internet gibt es eine Vielzahl, aber die meisten Interessenten sind auf verlorenem Posten, da sie sich in der Coaching-Branche nicht auskennen und dementsprechend nicht wissen, welches sind die Qualitätskriterien, welche Coachs sind gut und welche sind Scharlatane.

Ein aktueller Trend im Coaching ist das passgenaue Matching von Coachs und Klienten, deren Vermittlung immer häufiger sog. CRS übernehmen. Daraus ist ein eigener Industriezweig entstanden. Aus dem Matching-Grad durch CRS stellt sich jedoch die Frage nach deren eigentlichen Absichten bzw. dem tatsächlichen Mehrwert für Coachs und Klienten sowie deren Beziehung. Die Frage ist, ob Matching allgemein und Matching durch CRS ein Erfolgsfaktor für Coaching ist. Ist es wichtig oder gar entscheidend, die richtigen Personen zusammenzuführen bzw. wie? Einen Coach, der nicht nur methodisch gut ist, sondern auch in Resonanz zum Klient kommt und es schafft eine Beziehung aufzubauen und einen Klient, der sich auf das Coaching einlässt und seine „Hausaufgaben" macht?

Beim Matching ist viel Magie oder Kunst dabei. Ähnlich wie bei der Liebe finden sich die beiden Protagonisten „Coach" und „Klient" vielleicht attraktiv und kommen trotzdem nicht zusammen, weil das „gewisse Etwas" fehlt. Vermittler oder „Makler" von Beratern und Klienten verweisen immer wieder auf eine notwendige Intuition[613] als entscheidendes Kriterium für eine erfolgreiche Vermittlung, die sich nicht immer spontan beweist. Dies gilt sowohl für Therapien, bei denen im Zusammenhang mit Suchtkrankheiten häufig Co-Abhängigkeiten der Partner der Klienten entstehen, die erst im Verlauf der Behandlung erkennbar werden, als auch für Coachings, bei denen Coachs und Klienten erst in der dritten oder vierten Sitzung miteinander „warm" werden. Dennoch fallen diesen Maklern immer wieder Beispiele typischer Coachs und Klienten ein, bei denen sie aufgrund deren Eigenschaften im Vorfeld erahnen, dass es auch ohne rein objektive Kriterien funktionieren wird. Gerade in großen Organisationen gibt es Versuche, Matching über Datenbanken zu objektivieren, die mit einer Vielzahl von Kriterien gespeist werden. Realiter sind die entscheidenden Faktoren beim Matching jedoch häufig keine, die man in Datenbanken findet.

---

[612] I5, 70-110
[613] Dass man mit Intuition durchaus Erfolg haben kann, zeigen z.B. die Schamanen. Diese „Wunderheiler" haben kein Medizinstudium und wissen dennoch genau, welche Krankheiten sie mit welchen Heilpflanzen behandeln müssen, um ihre Patienten zu kurieren. Das ist kein faktisches, sondern intuitives Wissen.

„[...] Ein Klient wurde aus einer norddeutschen Großstadt in eine süddeutsche Kleinstadt versetzt. Er hat sich natürlich jede Menge Fragen gestellt wie z.B. wie komme ich da schnell rein, wie kann ich mir da ein Netzwerk aufbauen etc.. Da fiel mir spontan ein Coach ein, von der ich sage, das ist genau die richtige Frau für diese Fragestellungen. Im Telefonat sagte sie mir dann, dass sie genau in dieser süddeutschen Kleinstadt zur Schule gegangen ist, die Mentalität kennt und dort über ein großes Netzwerk verfügt. Das hatte sie mir vorher nie erzählt. Und ich glaube kaum, dass so eine Detailtiefe in einer Datenbank erfasst werden kann.[614]"

Im Matching werden die Weichen gestellt. Wenn der Vermittler nicht wirklich gut ist und kein Vertrauen erweckt, dann ist das Coaching schon falsch aufgespult. Vom „Bauchgefühl" her sagen viele Coachs und Makler, dass Matching insofern schon einen positiven Einfluss hat, da es dadurch überhaupt erst zu einem Coaching kommt. Wenn Coachs und Klienten per Zufall vermittelt werden, besteht die große Gefahr, dass bei Nicht-Passung das Instrument „Coaching" verbrannt wird, da insbesondere der Klient jegliches Vertrauen verlieren würde. Die Hypothese, dass nur der Aufbau guter Beziehungen erfolgen muss, um gut coachen zu können, hat de Shazer in Bezug auf seine Kurztherapie widerlegt: Weder gute Beziehungen noch Hypothesen sind notwendig, sondern Lösungen. Beim Matching besteht die Gefahr, dass sich Klienten den Coach suchen, der ihnen am sympathischsten erscheint und am wenigsten „weh" tut. Mit Blick auf Erfolg ist ein solches Vorgehen fragwürdig: definiert als Erhöhung des Wirkungsgrades im Unternehmen ist Sympathie kein gutes Matching-Kriterium.

„[...] Oft lernt man von Menschen, die man gar nicht so sympathisch findet, am meisten. Deswegen bin ich da sehr skeptisch. Was heißt denn gutes Matching? Gleich und gleich oder jemand ganz anderen? Ich habe selber über 20 Coaches bei mir, die ich vermittle, und ich mache das auch jedes Mal anders. Ich müsste mal darüber nachdenken, wie. Aber jetzt habe ich eine Dame, die ein Coaching haben wollte. Die ist echt impulsiv. Der habe ich jetzt meinen stabilsten, ruhigsten, entspanntesten Coach gegenübergesetzt, weil ich denke, die kann am Vorbild lernen. So was ist für mich gutes Matching. [...] Führungskräften ist z.B. wichtig, dass der Coach ein Unternehmen gelenkt hat bzw. Führungskraft war. Und das ist sicher auch gut, da würde ich keinen sozialpsychologischen Coach reinsetzen, der bisher nur klinisch gearbeitet hat. Man muss mit den Leuten anschließen können, auf Augenhöhe agieren, deren Sprache können.[615]"

Sowohl bei der allgemeinen Partnervermittlung als auch im Coaching spielt die Optik eine große Rolle. Dieser Halo-Effekt erzeugt Sympathien im Erstgespräch, bis hin zum Guru-Phänomen, d.h. Coachs, die auf Top-Führungsebene erfolgreich sind, werden bevorzugt genommen und tendenziell „überbucht", ohne dass notwendigerweise die Passung überprüft wird. Diese ist in vielen Organisationen jedoch Grundvoraussetzung für ein Coaching.

„[...] Ganz am Anfang der Vorgespräche war es so, dass wir drei Profile herausgegeben haben. Wir haben gemerkt, dass der Coachee damit überfordert war und dann haben wir zwei Profile herausgegeben. Ich gebe meistens nur noch eins raus und ich sage, wenn es

---

[614] I1, 19-30
[615] I2, 334-408

nicht passt, dann ist es gut. Entscheidend ist, wie dieser Vorgesprächsführer wirkt, ob der die gleichen Kompetenzen hat. Und das ist genau die wichtigste Einstiegskarte für jemand anderen, für den Coach, der dann kommt. Weil die Coaches sagen, die kommen mit soviel Vertrauensvorschuss und öffnen sich ganz schnell und es ist auf den Punkt gebracht. Ich bin dann effizienter, wenn ich ein guter Vorgesprächsführer bin. Es wäre gut, wenn es am Markt mehrere solcher CRS-Dienstleister gäbe. Aber der Dienstleister muss seine Coaches kennen. Und auch da geht es wieder darum, Du musst die vermitteln, die auch wirklich dazu passen und nicht die, die gerade einen Job brauchen. Und da ist es schwierig, weil Du da Dein Beziehungsnetzwerk nutzt und das ins Spiel bringst. Im Fazit zeigt sich ja auch das Fehlen von Industriestandards, daher haben wir unsere eigenen Standards festgelegt. Ich kenne meine Coaches und ich kenne durch das Vorgespräch die Coachees. Mein Kollege macht es so, dass er bei dem Key Account noch einmal genau nachfragt und überlegt sich dann seinen Coach. Und das passt dann zu 99 Prozent. Aber das hat auch mit unserer Erfahrung zu tun. Das Scharlatanerie-Problem existiert leider definitiv: es geht nicht darum, wer führt zu einer guten Lösung, sondern wie kann ich am meisten Geld machen. Ich habe kein Interesse Netzwerke zu aktivieren, sondern ich habe Interesse den besten Coach für den Coachee zu finden.[616]"

Analog dem Portal „Psychotherapeuten.de" gibt es für Coachs die „Coach-Datenbank"[617] von Christopher Rauen. Ein Listing dort wird allerdings eher skeptisch gesehen. Einerseits wird vermutet, dass dadurch die Zahl der Anfragen, d.h. der Verwaltungsaufwand, steigt, ohne dass daraus Aufträge entstehen. Andererseits ist es für renommierte bzw. etablierte Coachs kein geeignetes Marketinginstrument im Vergleich zu Empfehlungen, Publikationen oder Vorträgen. Interessant ist, dass für viele Klienten die räumliche Nähe des Coachs das ausschlaggebende Kriterium ist. Insgesamt ist Deutschland bezüglich CRS-Leistungen noch stark unterentwickelt, d.h. es gibt dieses Matching am freien Markt – außerhalb von Unternehmen – noch fast gar nicht. Eine Ursache und zugleich ein Nachteil von CRS ist, dass sich damit nicht so viel Geld verdienen lässt, wie bspw. beim Executive Search, Organisationsberatung, Outplacement oder Interimsmanagement, wo es ebenfalls um personenbezogene Vermittlungsleistungen geht. Mit Blick auf den wachsenden Markt ohne Anzeichen von Regulierung werden diese CRS-Leistungen allerdings immer interessanter.

Alternativ zu CRS-Leistungen werden bevorzugt renommierte, global operierende Verbände und/oder Coachs in Anspruch genommen, die über ein entsprechendes Netzwerk verfügen.

„[...] Meine Dienstleistung besteht darin, dass ich für einen global agierenden Kunden, der alles aus einer Hand wünscht, alle Coaches handverlesen ausgesucht habe, durch die Welt gereist bin und sie interviewt habe. Sie arbeiten in meinem Auftrag, das ist ein ganz großer Unterschied. Das heißt unter meinen Namen und Rechnung und das heißt, wenn die Mist bauen habe ich das Problem. Das sind meine Sub-Unternehmer oder -Coaches. Also habe ich ein Wahnsinnsinteresse, dass die gut arbeiten und gut sind. Und der Kunde weiß natürlich auch, dass ich dieses Interesse habe; das ist im Grunde meine Dienstleistung dann, für

---

[616] I5, 142-166
[617] Eine Übersicht über Coachs inkl. zahlreicher Suchmöglichkeiten findet sich auf http://www.coach-datenbank.de/.

die ich gute Qualität gewährleisten muss. Und auf der anderen Seite hat der Kunde dieses Interesse einen zentralen Ansprechpartner zu haben, der ihm vielleicht 20 Coaches in 20 Ländern liefern kann, und da brauchen wir so einen Matchingservice. Wie sollte das den sonst von statten gehen? Es wäre ansonsten unmöglich für ein Projekt zu machen, und es gibt solche Projekte immer mehr und mehr, wo Kunden zu mir sagen: Sie sind mein globaler Anbieter oder Europaanbieter, oder Sie sind der globale Anbieter für die und die Führungsebene, wir brauchen Coaches in den und den Ländern, mit den und den Anforderungen und können Sie die uns liefern?[618]"

Große Unternehmen mit solchen Anforderungen werden nur CRS in Anspruch nehmen, wenn diese ein globales Netzwerk haben, alles aus einer Hand anbieten und die Gewährleistung übernehmen. Aufgrund dieser „Lücke" am Markt, die nur von einigen wenigen Anbietern zum Teil geschlossen wird, übernehmen viele weltumspannende Unternehmen bzw. Konzerne solche Dienstleistungen noch selber.

Psychometrische Verfahren für die Passung anzuwenden wird eher ablehnend beschieden. Je nach Coaching-Ziel hängt der Erfolg stark davon ab, inwieweit der Coach in der Lage ist, Fähigkeiten in seiner Persönlichkeit – auch in der Wirkung auf den Klienten – umzusetzen und seine Unfähigkeiten zum Wirkfaktor zu machen. Und das kann nicht mittels psychometrischer Verfahren ermittelt werden. Daraus wird zwar evident, wie etwas ist bzw. sein müsste, aber nicht, wie man das konkret löst.[619] Persönlichkeitsmerkmale alleine sagen noch nichts über Passung aus, sondern erst die Fähigkeit, mit persönlichen Stärken und Schwächen umzugehen, erzeugt Wirkung im Coaching.

„[...] Für mich sind diese Verfahren im Matching-Prozess nicht ausschlaggebend. Da kann ich auch genauso gut mit den Leuten sprechen. Eine Stärke dieser Verfahren ist, viele Leute ganz schnell filtern zu können, um wenigstens die groben Spitzen und Tiefen abkappen zu können. Aber für die Art von Geschäft brauche ich Persönlichkeit, da brauche ich persönliches Kennenlernen. Ich kann nicht jemanden empfehlen, von dem ich nur ein Testprofil vor mir liegen habe. Ich muss mich mit demjenigen unterhalten haben, muss wissen, wie der so drauf ist, und da würde ich tatsächlich sagen, das ist nicht substituierbar. Ich glaube, dass man eine Grobauswahl über die harten Fakten treffen kann und danach kommt das Mysterium. Insofern ist es natürlich dann eben auch schwer zu erforschen. Man könnte versuchen, gelungene Coachingprozesse, bei denen es einen guten, intensiven Draht zwischen Coach und Klient gibt, der auch einer Härteprüfung standgehalten hat, darauf überprüfen, ob diese Beziehungsqualität durch eine besondere Form von Passung hergestellt wurde. Dann würde ich nämlich eher retrospektiv analysieren als die Leute

---

[618] I6, 305-345

[619] Am Beispiel des MBTI einmal näher betrachtet: Wenn man einen N-Typ (Coach) mit einem N-Typ (Klient) zusammenbringt, und der Klient mehr S-Qualitäten lernen muss, kann die Konstellation schwierig werden. Hat der Coach keinen Zugang zu „S", wird er es dem Klient nicht beibringen können, obwohl die beiden auf einer Wellenlänge sind. Genauso kann es aber durch die Anschlussfähigkeit der beiden Typen gelingen, dass der Coach den Klient gut in die S-Welt einführt, sofern sich beide darauf einlassen können. Andersherum kann es auch passieren, dass wenn man einen S-Coach nimmt, dieser überhaupt keinen Zugang zum Klienten findet, weil er nicht versteht wie „N" denkt. Rein am Persönlichkeitsmodell kann Passung aufgrund der Komplexität von Person und Situation nicht erklärt werden.

durch eine psychologische Testmühle zu jagen Der Ansatz scheint mir Erfolg versprechender zu sein als das von vorne herein machen zu wollen.[620]"
Der wichtigste stabile Persönlichkeitsfaktor ist Intelligenz. Den Intelligenzquotient (IQ) kann
gemessen werden, auch wenn er nur eine bestimmte Art von Intelligenz misst. Worum es im
Coaching häufig geht, ist die emotionale Intelligenz, der sogenannte EQ. Dieser kann schwer-
lich alleine mit Fragen, sondern über situative Verhaltensbeobachtungen ermittelt werden, so
z.b. auch im Rahmen der Eignungsdiagnostik bei Assessment Centern praktiziert. Vergleichbar
mit Training-Services, bei denen auch Persönlichkeitswerte reinspielen und auf der Basis über
eine Datenbank ein Vorschlag erstellt wird, sollte der Klient nach Meinung der Probanden auch
bei CRS zur besseren Orientierung eine Liste mit Coachs erhalten. So kann der Klient Kontakt
aufnehmen, Interviews führen, ein Probe-Coaching machen und am Ende dann selber entscheiden. Einen Vermittler dazwischen zu schalten, klingt nach Bevormundung ohne Wahlfreiheit.

Jenseits von Persönlichkeitsmerkmalen geht es in der Psychotherapie wie auch im Coaching um
die Beziehung.

> „[...] Viele Studien in der Psychotherapieforschung haben ja schon gezeigt, dass die Bezie-
> hung das Entscheidende ist. Bis hin zu Studien über die Wirksamkeit von Unterricht. Die
> Persönlichkeit desjenigen, der da einwirkt, ist eine entscheidende Variable, die über allem
> steht. Darüber würde ich nachdenken, wie die zu gestalten ist, wovon das abhängt, usw..
> Aber die jetzt zu befruchten durch Matchingansätze? Man kann das sicher auch irgendwie
> probieren, wahrscheinlich gibt es da auch zwei, drei schlaue Effekte. Aber ich halte es ein-
> fach für zu technisch. Ich würde aus der Beziehungsqualität Rückschlüsse auf das Match-
> ing ziehen. Wie wirkt die Beziehung, wie wichtig ist die Beziehung beim Coaching? Ich
> gehe auch davon aus, dass jeder professionelle Coach in der Lage sein muss, zu jedem
> Klienten anschlussfähig zu sein und eine gute Beziehung aufbauen zu können. Das ist
> auch ein Teil der Professionalität. Dann kann es mal den einen oder anderen geben, der
> mit dem einen oder anderen nicht zurecht kommt. Aber prinzipiell sollte das funktionieren.
> Also das wäre eher mein Zugang.[621]"

Matching funktioniert dann am besten, wenn die Klienten das Matching selbst machen. Übertragbar auf CRS ist, dass kritische Geister behaupten, es würde mehr Geld damit verdient, über
Coaching zu reden, über die Ausbildung, Vermarktung und Vermittlung als mit Coaching
selbst. Auf dem Hintergrund falscher oder zumindest gewagter Hypothesen über Matching
lohnt es sich dennoch, dieses Phänomen zu erforschen. Spannend zu erforschen wäre, so die
Interviewten, was genau im Matching-Prozess passiert, welches die Kriterien für erfolgreiches
Matching sind und welchen Einfluss Matching auf Coaching-Erfolg hat. Vielleicht hat Mat-
ching auch überhaupt keine Auswirkungen auf den Erfolg. Ferner ist der Unterschied zwischen
Matching aus Klienten-Sicht (welcher Coach passt) und der Wirkung ex post interessant, d.h.
Matching-Variablen mit Wirkfaktoren zu verknüpfen. Die allgemein bekannte Partnervermitt-
lung ist schon recht gut erforscht – da gibt es inzwischen Auswertungen, was glückliche jahr-

---

[620] I3, 176-189
[621] I7, 57-77

zehntelange Beziehungen ausmacht. Coaching steht da noch am Anfang, weswegen eine genauere Untersuchung von CRS-Leistungen durchaus erstrebenswert ist.

Fundiertes Matching ist nur leistbar über getrennte, ausführliche Gespräche mit Coach und Klient. Es darf nicht sein, dass sich der Klient dem Ansatz und den Methoden des Coachs unterwerfen muss. Professionell ist daher der Einsatz eines „neutralen" Vermittlers, so wie z.B. in der Coach-Agentur.[622] Die Methodik, einen Consultant oder Vermittler einzuschalten, ist kein Garant für Passung, hat aber Vorteile gegenüber dem reinen Listing wie z.B. in der Coach-Datenbank. In Organisationen übernimmt diese Vermittlerfunktion häufig die Personalabteilung, die zumindest die eine Seite – die der Führungskräfte – kennt.

> „[...] Ich kenne es von Unternehmen so, dass zwei, drei Coaches vorgeschlagen werden, mit denen die Führungskräfte ein Gespräch führen und dann auswählen. Ich habe es in den Unternehmen, in denen ich war, noch nicht erlebt, dass HR entscheidet, sondern lediglich sein Einverständnis gibt. Der CRS stößt quasi in eine Marktnische, wenn Unternehmen keine dedizierten HR-Spezialisten dafür haben und ein solcher Consultant einfach noch einmal bei der Auswahl hilft. Das würde ich auf alle Fälle unterstützen. Das können Sie anfangen über eine Region, über ein Land, weltweit. Das finde ich eine sehr gute Sache, weil das das Hauptproblem ist, das Firmen haben. Erst einmal herauszufinden, wer sind die entsprechenden Coaches, wen gibt es. Wer sind Coaches, die für uns interessant wären und dann das Matching.[623]"

Ungeachtet dessen unter- oder überschätzt die Personalabteilung einerseits ihre Klienten häufig und unterschätzt andererseits die notwendige Anpassungsfähigkeit des Coachs an die Organisationskultur sowie die Hierarchieebene des Klienten. Je nachdem, welche Personen mit welcher Berufsbiografie und Philosophie in der Personalabteilung arbeiten, herrschen diametral unterschiedliche Auffassungen über Matching vor. Dies wird insbesondere dann auffällig, wenn ein Wechsel stattfindet: auf einmal passt der eine Coach nicht mehr, der vorher jahrelang voll akzeptiert war und gute Arbeit geleistet hat, d.h. bei dem ein oder anderen ist die Neutralität in Frage zu stellen.

Als Klient braucht man zu verschiedenen Anlässen unterschiedliche Coachs. Mit einem CRS kann man auf der einen Seite dahingehend Qualitätssicherung betreiben, dass genau geprüft werden sollte, welche Coachs dafür in Frage kommen. Wichtig ist, dass sich alle Coachs einer Evaluation unterziehen müssen, bevor sie in die CRS-Datenbank aufgenommen werden. Nicht zuletzt für kleinere und mittelständische Organisationen ist dies eine weitere Professionalisierungsstufe auf dem Weg zur Auswahl und zum Einsatz von Coachs. Auf der anderen Seite ist es ein weiterer technokratischer Ansatz, der versucht Kosten einzusparen und menschliche Komplexität durch automatisierte Prozesse zu reduzieren. Um Matching weiterzuentwickeln, ist ein pragmatischer Ansatz, die Professionalisierung der Professionalisierer voranzutreiben, d.h. die-

---

[622] Die Coach-Agentur von Christopher Rauen versteht sich als Maklerin zwischen professionellen Coachs und potenziellen Klienten. Sie ist einer der wenigen deutschsprachigen CRS, bei dem zudem keine direkte Vermittlungsgebühr für den Klienten erhoben wird; diese wird in die Coaching-Leistung eingepreist, d.h. fällt nicht an, wenn das Coaching nicht zustande kommt (http://www.coach-agentur.de/.
[623] I4, 80-94

jenigen, die heute das Matching verantworten, dazu zu befähigen, dies möglichst passgenau auszuüben und dabei ihrer Unternehmenskultur sowie ihrer Vorstellung von Coaching entsprechen. Und auch den Klienten – sprich Führungskräften – den Hinweis zu geben, bei der Auswahl auf neuralgische Punkte zu achten. Dieser Ansatz geht eher in die Richtung, die Protagonisten in ihrer Auswahl zu stärken und Kompetenzen aufzubauen, anstatt das Verfahren in die Obhut „scheinbar" professioneller CRS-Consultants zu geben. Das zeigt auch die Tatsache, dass die Befragungsteilnehmer ihre eigene Trefferquote ohne Nutzung von Datenbanken oder CRS auf insgesamt 80 bis 90 Prozent schätzen. Ob dieser hohen erfolgreichen Vermittlungsquote wird der Nutzen von CRS in der Breite (noch) nicht gesehen, zumal er als aufwändig erachtet wird, d.h. auch eine Geld-zurück Garantie ist kein Vorteil, sondern ein zusätzlicher Verwaltungsakt. Darüber hinaus wird die in der Studie thematisierte verbandliche Organisation der Coachs nicht als überlegen bewertet, wobei – wie die o.g. Alternative zu CRS zeigt – ein umfassendes Netzwerk für die Vermittlung von Coaching-Leistungen stets förderlich ist. Es wird angeregt, dieses wichtige Thema „Matching" zu beforschen und in diesem Kontext zu beleuchten, welche Rolle CRS dabei spielen (können).

4.3   Beitrag der Forschungsfelder zur Professionalisierung von Coaching

Während in Kapitel 2 Forschungsfelder im Coaching aus der Sicht der soziologischen Professionalisierungstheorie anhand umfangreicher Literaturrecherchen hergeleitet worden sind, sind auch im Rahmen des allgemeinen Teils der Befragung Forschungsfelder aus der Sicht der Probanden identifiziert worden (siehe 4.2.1). Im exemplarischen Teil sind ausgewählte Studien aus der Literaturrecherche mit den Befragten bezogen auf deren Bedeutung für Wissenschaft und Praxis diskutiert worden (siehe 4.2.2). Mit Blick auf Gemeinsamkeiten und Unterschiede greift Abschnitt 4.3.1 den Zusammenhang zentraler Begrifflichkeiten im Coaching und den Forschungsfeldern der Befragung auf. Darüber hinaus wird dort auch der Versuch unternommen, korrespondierende Elemente zwischen Theorie und Praxis sowie den unterschiedlichen Ebenen der Forschungsfelder zu finden. Kapitel 4.3.2 geht näher auf die Forschungsfelder ein und stellt ihnen strukturfunktionalistische Merkmale für Professionalität und Professionalisierung gegenüber. In diesem Abschnitt wird die erste spezifische Forschungsfrage bzgl. „Forschungsfelder: Inhalte zur Erforschung von Coaching als Beratungsform" beantwortet.

4.3.1   Zentrale Begriffsklärung als Basis für systematische Forschung

Ein Charakteristikum der Untersuchung ist, dass Diskussionen sowohl über zentrale Begrifflichkeiten als auch Forschungsfelder im Coaching Kontroversen unter den Beteiligten bzw. Stakeholdern ausgelöst haben. Dies liegt insbesondere in den unterschiedlichen Betrachtungsweisen von und Kenntnisständen über Coaching begründet. Angesichts seines Facettenreichtums an Grundlagen, Ansätzen, Methoden und Praxisbeispielen, seiner globalen Bedeutung sowie seiner ungeheuren Dynamik und Wirtschaftskraft hat sich Coaching mittlerweile ein stückweit verselbstständigt und ist nur schwer zu bremsen. Dabei geht es gar nicht darum, Coaching aufzuhalten, sondern soweit zu entschleunigen, dass Raum für Reflexion bleibt und alle Beteiligten noch mehr Vertrauen in das System „Coaching" erlangen können.

> „[...] Das hat sehr viel mit Langfristigkeit und Zuverlässigkeit zu tun. Ohne Vertrauen funktioniert keine Wirtschaft und die Krise, welche die Finanzwirtschaft gerade durchlebt, ist im Kern doch eine Vertrauenskrise. Das sind für mich die elementaren Themen, die Langfristigkeit erhalten. Das heißt, ich trete mit meinen Klienten manchmal ganz gerne einen Schritt zurück, und genau das gleiche brauchen wir für Coaching und Coaching-Forschung.[624]"

Die Probanden sind sich darin einig, dass das fehlende gemeinsame Fundament das Scharlatanerieproblem im Coaching verschärft und notwendige konzertierte Forschungsaktivitäten nicht gerade unterstützt. Qualitäts- und Qualifizierungskriterien für Coachs werden vom rasant wachsenden Markt überstrahlt und alle wollen daran partizipieren.

> „[...] In Deutschland hat Coaching einen Hype losgetreten, bei dem keiner so richtig weiß, wo er eigentlich herkommt. Der hat in unseren europäischen Nachbarländern nicht mehr eine solche Bedeutung. Es gibt eine europäische Coachingstudie, die festgestellt hat, dass es in England und Deutschland am meisten Coaches gibt und auch am meisten Coaching gemacht wird. England ist eher vergleichbar mit den USA und da hat es einfach eine andere Tradition. Da kommt es aus dem Management, aus dem Sportbereich. In Deutschland kommt es aus der Psychotherapie, aus dem Supervisionsbereich. Das hat jetzt hier eine ganz tolle Entwicklung losgetreten.[625]"

Trotz des existenten Scharlatanerieproblems darf nicht verkannt werden, dass es eine Menge an gut qualifizierten und hochprofessionellen Coachs gibt, die häufig von persönlichen Weiterempfehlungen profitieren und darüber hinaus kein Eigenmarketing betreiben müssen. Allerdings spiegelt sich das in der Regel auch in deren Honoraren wider, so dass gerade Interessenten, die privat einen Coach suchen, sich diese „Perlen" nicht leisten können. Sie müssen sich wie viele andere auch am grauen Markt orientieren und im Zweifel mit gescheiterten Versuchen und weiteren Enttäuschungsfaktoren leben.

Uneinigkeit besteht in der Frage, ob Coaching bereits eine Profession ist, sich auf dem Weg dorthin befindet oder noch weit weg davon ist. Insbesondere die Coaching-Ausbilder im deutschen Umfeld sehen Coaching noch vor einem weiten Weg, während die Kollegen im internationalen Bereich eher der Meinung sind, dass sich Coaching zu den Professionen – wenn auch jungen – zählen sollte. Sie führen dies nicht zuletzt darauf zurück, dass es im europäischen bzw. angloamerikanischen Umkreis nur wenige, dafür aber umso bedeutende, Verbände und Institutionen gibt, an deren Standards sich die Angehörigen halten. Dies wird regelmäßig überprüft und die Qualität mittels (Re-)Zertifizierungen in Form von Praxisnachweisen gesichert. Ebenso uneins sind sich die Befragungsteilnehmer bei der Forschungslogik. Der eine Teil hält quantitativ-empirische Forschung für zukunftsweisend, der größere Teil steht auf der Seite der qualitativ-empirischen Forschung unter Zugrundelegung einer gemeinsamen theoretischen Basis und würde quantitative Feldstudien erst danach angehen. Ein Charakteristikum und gleichzeitig ein

---

[624] I3, 60-62
[625] I7, 14-14

Knackpunkt dieser Diskussion ist die Frage nach theoretischen Grundlagen bzw. Anleihen anderer Beratungsformen, allen voran Psychotherapie und Supervision. Oftmals wird die Evolution von Coaching mit der Entwicklung der Psychotherapie oder der Supervision verglichen – sei es, dass z.b. Ansätze von Rogers oder de Shazer aus der Therapie auf Coaching übertragen werden oder dass der non-direktive Ansatz der Supervision immer wieder als Rollenmodell herangezogen wird. Es sind vor allem Psychologen, die solche Vergleiche anstellen und der Meinung sind, dass empirisch bereits nachgewiesene Paradigmen wie systemische oder lösungsfokussierte Ansätze ohne weiteres auf Coaching übertragen werden können. Andere – insbesondere international tätige Ausbilder – würdigen den Mehrwert eines psychologischen Grundverständnisses beim Coach auf der einen Seite, sehen jedoch eine ökonomische Denkweise gepaart mit Erfahrungen als Top-Führungskraft als entscheidender an, um durch Coaching Nutzen zu stiften. Weitgehende Einigkeit herrscht beim Forschungsparadigma: nur mittels Feldforschung können die benötigten Daten erhoben werden, während Laborforschung mangels tragfähiger Modelle und Konzepte aus heutiger Sicht kaum Chancen eingeräumt werden.

In puncto Innovationskraft wird Coaching von den Interviewten gegenüber Psychotherapie und Supervision eher als revolutionär angesehen.

> „[...] Supervision ist ein Bereich, in dem in den letzten 15 Jahren nicht viele Innovationen zu Tage gefördert wurden. Ich hatte ein Gespräch mit jemandem, der in der Supervisionsszene federführend war und er hat mir gesagt, dass sich im Bereich Supervision gar nichts mehr tue. Er lese viel lieber Coaching-Bücher, das sei ein viel interessanteres Thema. Da wird natürlich auch viel Unsinn publiziert, aber es ist viel lebendiger, da ist viel mehr Qualität und da wird viel mehr geforscht als in der Supervision, die auch mittlerweile in einer gewissen Überalterung angekommen ist. Und ich glaube, dass das grundsätzlich auch einer der Gründe ist, warum viele Supervisoren auf den Bereich Coaching schielen.[626]“

Die Forschungsaktivitäten im Coaching sind jedoch zum größten Teil „vogelwild“ – unsystematisch, unübersichtlich, ineffektiv. Um eine vernünftige Grundlagenforschung betreiben zu können, muss Klarheit hinsichtlich der Grundbegriffe und Philosophien vorherrschen, d.h. ein gemeinsames Verständnis geschaffen werden.

Die Basis für ein solches Verständnis wird aus zwei Richtungen gelegt: zum einen aus der Perspektive der Rahmengestaltung, zum anderen aus dem Blickwinkel der Wirksamkeit von Coaching. Coaching als angewandte Sozialwissenschaft zu etablieren, bedeutet Rahmengestaltung, d.h. diese Beratungsform in das gesellschaftliche Leben einzubetten: es gibt ein gemeinsames Grundverständnis über zentrale Begriffe und Elemente im Coaching (d.h. auch Formalismen), Transparenz (d.h. auch Enttabuisierung), Spielregeln (d.h. auch Regulierung), wissenschaftlichen und praktischen Diskurs mit anderen Disziplinen (d.h. auch organisationsübergreifend), eine Profilierung des Berufsbildes (d.h. auch Qualitätskriterien) und ein Berufsethos (d.h. auch Selbstverpflichtung der Coachs). Wirksamkeit ist ein Phänomen, das von vielen verschiedenen (Wirk-)Faktoren abhängt und somit wiederum viele (Wirk-)Faktoren im Coaching beeinflusst.

---

[626] I3, 33-35

Durch dieses Wechselspiel werden Fragen zutage gefördert, die sich nicht nur mit dem Ergebnis von Coaching befassen, sondern zudem mit dem „wie", „wann" und „für wen". Um Einmal- und Verzerrungseffekte zu vermeiden, bedarf es einer gemeinsamen methodologischen Basis, einem Ausgangspunkt, für Wirkfaktoren- und Wirksamkeitsforschung. Darüber hinaus sind differenzierte Beurteilungskriterien erforderlich, die nicht bei Klientenzufriedenheit aufhören.

„[...] Wann ist wirklich der richtige Zeitpunkt im Prozess, um festzustellen, dass es einem Coachee in der Regel gefühlt besser geht? Aber ist er tatsächlich auch besser in seiner Businessperformance, also hat das wirklich eine Wirkung auf die Businessperformance oder nur eine Wirkung auf das Wohlbefinden? Das interessiert mich natürlich, nicht nur, ob es ihm insgesamt besser geht.[627]"

Die übrigen Forschungsfelder lassen sich in den Kontext von Grundlagen-, Sozial- und Wirksamkeitsforschung einordnen. Coaching-Kultur ist in beiden verortet, da sie sowohl sozial konstruiert als auch ein Wirkfaktor ist. Bei den Neurowissenschaften spielt v.a. die Wirksamkeit von hirnphysiologischen Interventionen, aber auch die Frage nach Akzeptanz dieser Methode eine Rolle. Qualitätssicherung ist abhängig von Grundsatzmodellen und Inhalten und kann zu einem wichtigen Professionalisierungs-Werkzeug werden, während Methoden vor allem die Wirksamkeit beeinflussen, aber auch Auswirkungen auf Abgrenzungen zu anderen Beratungsformen, Coaching-Ausbildung und Marktauftritt haben.

Die Diskussion hat gezeigt, dass es schwierig ist, zwischen makro- und mikroprofessionssoziologischen Ansätzen zu unterscheiden; sowohl die Grundbegriffe als auch die Forschungsfelder beinhalten Elemente beider Ansätze. So spielen beim Forschungsfeld „Coaching als angewandte Sozialwissenschaft" in erster Linie die konstituierenden, aber auch die Leistungsfaktoren von Coaching als Beratungsform sowie die Rahmenbedingungen für marktliche Professionalisierung eine Rolle. Bei der Wirksamkeitsfrage wird immer wieder der Coach als Wirkfaktor genannt. Das bedeutet, dass auch dieses Forschungsfeld die Marktbedingungen und Ausbildungserfordernisse für Coachs berücksichtigen muss und sich nicht allein auf die Überprüfung des Beratungsprozesses zurückziehen darf. Darüber hinaus zeigen die in Abschnitt 4.2.2 dargelegten Ergebnisse der Diskussion zu den exemplarischen Studien, dass die Wirksamkeit von Coaching sowohl von Markt beeinflussenden, mitunter gesellschaftspolitischen, Faktoren als auch von Coaching-Struktur und -Prozess bestimmt wird.

Die folgende Abbildung stellt die Forschungsfelder aus der Befragung noch einmal dar, rückt den Forschungsgegenstand in den Mittelpunkt und zeigt aus der Sicht der Befragungsteilnehmer auf, welche weiterführenden Fragen beantwortet werden müssen und welche Begriffsklärungen notwendig sind.

---

[627] I2, 16-22

Forschungsfelder aus der Befragung	Forschungsgegenstand	Pot. Forschungsfragen und Begriffsklärungen
Angewandte Sozialwissenschaften	Rahmenfaktoren; Schnittfelddisziplinen; soziale Einbettung	Was ist Coaching? Welchen Stellenwert nimmt Coaching in der Gesellschaft ein? Welchen Beitrag kann es leisten?
Wirkfaktoren & Wirksamkeit	Definition und Differenzierung (Klient, Coach, Organisation, Umwelt)	Welche Wirkfaktoren gibt es? Wechselwirkung Wirkfaktoren und Wirksamkeit? Was ist Wirksamkeit für wen, wann, wie?
Coaching-Kultur	Fit zwischen Zielen der Organisation und Coaching-Zielen	Wie kann Coaching in der Organisationskultur verankert werden und über alle Hierarchien Nutzen stiften?
Neurowissenschaften	Hirn- und Nervenforschung (z.B. Messung von Strömen)	Wie können neurowissenschaftliche Erkenntnisse Veränderungen im/durch Coaching anstoßen bzw. erklären?
Qualitätssicherung	Qualitätsstandards; Qualitätssicherungsinstrumente	Wie können einheitliche Qualitätsstandards implementiert werden? Wie erfolgt eine nachhaltige Sicherung?
Methoden & Interventionen	Erhebung; Bedeutung, Limitationen und Einsatz	Welche Methoden sind wann, wo und wie wirksam? Gibt es Muster bzw. wie sehen diese aus?

Abb. 17: Forschungsfelder, potenzielle Forschungsfragen und Begriffsklärungen[628]

„[...] Das Problem ist die extreme Heterogenität, nicht nur der Coaches, der Schulen und der Settings, sondern auch der Anlässe, der Klienten und der Organisationen. [...] Wirksamkeit heißt nicht nur, bringt es etwas, sondern auch was für wen, wann, wie? Wie implementiert man das Ganze? Wie muss die Organisationskultur sein, dass Coaching auch funktioniert und nicht als Strafe erlebt wird? Da ist noch ein ganz großes Feld. [...] In diese beiden Stoßrichtungen könnte Wissenschaft gehen: einerseits zu sehen, wie wirkt Coaching und andererseits, was ist es und was hält es zusammen, wie lässt es sich theoretisch verknüpfen?[629]"

4.3.2   Forschungsfelder: Indikatoren für Professionalisierung?

Aus einer strukturfunktionalistischen Perspektive kann Coaching nur dann zur Profession werden, wenn es die Kriterien von Professionalisierungsfähigkeit und -bedürftigkeit erfüllt. Dabei muss zwischen dem Umsetzungsgrad, d.h. der faktischen Erfüllung der Fähigkeit oder Ausschöpfung des Potenzials, und der Bedürftigkeit einer professionellen Ausübung des Berufs „Coach" unterschieden werden. Die Rahmenbedingungen rund um Coaching legen die Professionalisierungsfähigkeit fest, die wiederum Voraussetzung dafür ist, die Professionalisierungsbedürftigkeit zu bestimmen. Diese Bedingungen sind wie Barrieren zur Erlangung eines Professionsstatus und können in drei Qualitätsdimensionen zur Messung von Professionalität im Coaching unterschieden werden, die bereits im Theorieteil hergeleitet und von den Probanden bestätigt worden sind:

---

[628] Eigene Darstellung
[629] I7, 32-38; 16-26; 6-6

1. Die Würdigung des erzielten Resultats **(Ergebnisqualität)**, wobei nicht immer die vorab definierten Ziele erreicht werden müssen, um das gewünschte Ergebnis zu erzielen. Die gewinnbringende Bearbeitung mehrerer oder sich womöglich verändernder Klientenanliegen ist ein Indikator für den Erfolg und damit auch für die Professionalität des Coaching. Wichtig ist, im Coaching-Prozess die Dynamik der Umweltfaktoren wie organisationale Veränderungen, zu berücksichtigen und folglich die Ziele regelmäßig zu überprüfen und ggf. anzupassen.

2. Die Evaluation von Handlungsstrukturen im Coaching während der Ausbildung und in der gesamten Phase der Berufsausübung **(Prozess- und Strukturqualität)**. Die spezifische Handlungsgrammatik im Coaching sollte auf einer theoretisch fundierten Basis aufgebaut sein, die immer wieder auf neue Erkenntnisse aus der Wissenschaft und Praxis überprüft werden muss.

3. Die Eignung des Coachs auf der Grundlage erlernbarer und persönlicher Kompetenzen sowie einem entsprechenden Berufsethos **(Beraterqualität)**. Hierfür sollten regelmäßige Nachweise vor einer geeigneten neutralen Stelle (z.B. „Coach-TÜV") erbracht werden, die in Verbindung mit Evaluationsergebnissen ein valides Gesamtbild ergeben.

Durch die Formulierung von Qualitätsdimensionen allein sind allerdings die damit zusammenhängenden Probleme wie v.a. die Definition von Messkriterien, der Akt der Messung sowie die Auswertung noch nicht beantwortet. Bis heute liegen zu wenige Erfahrungswerte vor, wie diese Probleme gelöst werden können, was wiederum für mehr Forschungsaktivitäten spricht. „[Als Ausbilder für interne und externe Coachs habe ich, Anm. d. Autors] sehr großes Interesse an Coaching-Forschung, weil ich auch intern beweisen muss, dass es wirksam ist. Bei Coaching ist es ja ganz schwierig, Rückmeldung zu kriegen, weil Vertraulichkeit das Allerwichtigste ist.[630]" Vertraulichkeit und Evaluation miteinander zu verbinden, ist sicherlich nicht einfach, aber wie am Beispiel anderer psychosozialen Beratungsformen – z.B. Psychotherapie und Supervision – zu sehen ist, keineswegs unmöglich. Für die Professionalisierung von Coaching ist es wie bereits in Kapitel 2 dargelegt notwendig, dass die Berufsausübung im Hinblick auf Qualitätssicherung evaluiert wird, was mitunter auch bedeutet, dass Coaching gegenüber anderen Beratungsformen abgegrenzt werden kann und dort klar definierte Leistungen sowie messbare Ergebnisse erbracht werden. Die Forschungsaktivitäten entfalten sich in Forschungsfeldern, welche die Probanden mit einem hypothetischen Budget besetzt haben (siehe 4.2.1). Kein Befragungsteilnehmer hat sich nach der Diskussion der exemplarischen Studien für eine Reallokation seines Forschungsbudgets entschieden, da die Inhalte der Studien entweder keine Priorität haben oder bereits abgedeckt worden sind. Einigen ist jedoch bewusst geworden, wie schwierig solche Investitionsentscheidungen sind bzw. sein können.

„[...] Vielleicht müsste man erstmal ein Forschungsprojekt zum Design machen: welches Forschungsdesign macht überhaupt Sinn? Das finde ich das Schwierigste. Die Themen und Fragestellungen sind alle irgendwie interessant. Ob ich jetzt über Matching, über Wirkfaktoren, über RoI oder so forsche: wie finde ich ein Design, das wirklich misst, was es

---

[630] I5, 14-16

messen soll? Wie kann ich vereinfachen, ohne zu verschieben und Laboreffekte zu produzieren, die ich gar nicht haben will?[631]"

Daran angelehnt stellen sich mit Blick auf die professionsanalytische Forderung theoretischer Grundlagen weitere Fragen hinsichtlich des Beitrags der bislang identifizierten Forschungsfelder zur Professionalisierung von Coaching: welche dieser Forschungsfelder sind Indikatoren für Professionalisierung bzw. inwieweit erfüllen sie Qualitätskriterien und Professionsmerkmale[632]?

Zur Beantwortung hat sich der Autor der Aufteilung aus der Mikroprofessionalisierung bedient, wonach die Felder nach konstituierenden sowie Leistungs-/Erfolgsfaktoren differenziert sind, und hat die Forschungsfelder des praktischen Teils subsumiert. Im Sinne einer forschungslogisch saubereren Vorgehensweise legen die konstituierenden Faktoren die epistemologische Basis für die Leistungs-/Erfolgsfaktoren, indem sie Grundsatzfragen stellen, auf deren Beantwortung erst Wirkfaktorenanalysen, Wirksamkeitsuntersuchungen, Qualitätssicherungsmaßnahmen und Methodenmuster aufsetzen können (siehe Abb. 17).

Im Folgenden werden die sechs Forschungsfelder hinsichtlich ihres Beitrags zu den struktur-funktionalistischen Professionalisierungsmerkmalen „Professionalisierungsfähigkeit" (notwendig und hinreichend auf dem Weg zur Handlungstheorie) und „Professionalisierungsbedürftigkeit" (notwendig, um „formal" eine Profession zu sein, aber nicht hinreichend) untersucht, was in einem qualitativen Urteil mündet, das aus den Befragungsergebnissen resultiert. Abschließend wird der professionsanalytische Beitrag jedes Forschungsfeldes zur Beantwortung der ersten spezifischen Teil-Forschungsfrage[633] aufgezeigt, die sich wiederum aus zwei Fragen zusammensetzt. Die Abbildung auf der folgenden Seite zeigt die Ergebnisse. Dabei tragen drei Forschungsfelder tragen in hohem Maße zur Professionalisierung von Coaching bei:

1.) Angewandte Sozialwissenschaften

2.) Wirkfaktoren und Wirksamkeit

3.) Qualitätssicherung

---

[631] I2, 411-412

[632] Die für diese Arbeit relevanten Professionsmerkmale bzw. -kriterien sind bereits in den Abschnitten zu Professionalisierung von Beratung (2.1.3.2) und Coaching (2.3.1) genannt: Professionalisierung ist ein Prozess, zielt auf die Praxis, bedeutet stellvertretendes Handeln für andere und basiert auf wissenschaftlicher Reflexion.

[633] 1.) Konstituierende Faktoren: „Was muss erfüllt sein, um die Funktionsweise von Coaching erklären zu können?" und 2.) Leistungs-/ Erfolgsfaktoren: „Woran kann diese Funktionsweise festgemacht werden – sprich: was kann Coaching leisten, was kann es nicht leisten und wie ist dieses erkenn- bzw. messbar?"

Forschungsfelder der Mikroprofessionalisierung...		...zahlen ein auf strukturfunktionalistische Professionalisierungsmerkmale...		...und tragen zur Beantwortung der Forschungsfrage bei:
		Professionalisierungsfähigkeit	Professionalisierungsbedürftigkeit	
Konstituierende Faktoren	Angewandte Sozialwissenschaften	Ja, weil Grundlagen, Rahmenfaktoren und soziale Einbettung von Coaching geklärt werden; ist auch für Coaching als Markt relevant.	Ja, weil alle Kriterien einer Profession erfüllt werden; schwierig ist die Eingrenzung dieses weiten Feldes auf die relevanten Einflussfaktoren.	Sie erklärt die Grundlage für das Funktionieren durch die Wechselwirkungen „Handlungswissen über Coaching – Dyde/Triade – Gesellschaft".
	Coaching-Kultur	Zum Teil, weil der Zielkonflikt Individuum – Organisation besteht; es werden aber auch soziokulturelle Aspekte in der Organisation betrachtet.	Zum Teil, weil die Kriterien „Prozess" (v.a. Ausbildung) und „wissenschaftliche Reflexion" mitbedacht sind, aber genauer betrachtet werden müssen.	Sie erklärt die Grundlage für das Funktionieren durch die Wechselwirkungen „Organisationale Ziele – Coaching-Ziele – Nachhaltigkeit".
Leistungs-/ Erfolgsfaktoren	Wirkfaktoren & Wirksamkeit	Ja, weil Wirksamkeit stets relevant ist (für wen, wann, wie), auf allen Ebenen überprüft werden muss und von je eigenen Wirkfaktoren abhängt.	Ja, weil die Kriterien durch die Ebenen (Klient, Coach, Organisation, Umwelt) abgedeckt werden; Kriterien, Messung, Auswertung sind schwierig.	Sie machen das Funktionieren von Coaching an messbaren Faktoren und Kriterien fest, die alle Ebenen in die Evaluation einbeziehen.
	Neurowissenschaften	Nein, weil diese Disziplin Wirksamkeit womöglich nachweisen kann, sie jedoch soziologischer Professionalisierung entgegensteht.	Zum Teil, weil dies zwar eine Innovation in der Wirksamkeitsforschung wäre, aber die Durchführung (Ausbildung, Technologie etc.) schwierig ist.	Sie machen das Funktionieren von Coaching an hirnphysiologischen Veränderungen fest, deren Wirksamkeit es nachzuweisen gilt.
	Qualitätssicherung	Ja, weil zunächst einheitliche Standards auf einer breiten Wissensbasis definiert und anhand klarer Kriterien qualitätsgesichert werden müssen.	Ja, weil sich Qualitätssicherung durch alle Kriterien ziehen muss; schwierig ist, die gemeinsame Basis für die Würdigung von Coaching zu finden.	Sie macht das Funktionieren von Coaching an einheitlichen Standards und deren ständiger Überprüfung fest, Ziel: dauerhaft hohe Qualität.
	Methoden & Interventionen	Nein, weil die Methodenvielfalt (u.a. aus Therapie und Supervision) zur Verwässerung beiträgt, solange es keine Basis für Coaching gibt.	Ja, weil sich Coaching-Technik in allen Kriterien wiederfindet; wichtig ist, dass Technik lediglich unterstützt und nicht selbst im Vordergrund steht.	Sie machen das Funktionieren von Coaching an wirksamer Technik fest, die zielgerichtet auf den Einsatz im Einzelfall abzustimmen ist.

Abb. 18: Beitrag der Forschungsfelder zur Professionalisierung von Coaching[634]

---

[634] Eigene Darstellung

Zu 1.) „Angewandte Sozialwissenschaften": Bedingt durch die Größe des Untersuchungs-raumes deckt dieses Forschungsfeld viele der im Zusammenhang mit Coaching-Forschung auf-geworfenen Fragen ab. Im Vergleich zu den im Rahmen der Literaturanalyse ermittelten For-schungsfelder der konstituierenden Faktoren (siehe Abb. 14) lässt sich allenfalls bei Struktur, Beziehung und Prozess das Thema „Disposition" (Persönlichkeitsmerkmale von Coach und Klient) ausklammern, das zum einen tiefer gehende psychologische Kenntnisse erfordert und zum anderen auch seitens der Befragungsteilnehmer im Coaching oftmals nicht sinnvoll zum Einsatz kommt. Die angewandte Sozialwissenschaft schließt als Forschungsfeld eine Lücke zwischen Therapie, Trainings und instruktiven Beratungsformen durch Konzentration auf höchst individuelle Rahmengestaltung im sozialen Kontext zur Erlangung von Selbsterkenntnis (Einsicht) und Vertrauen in die Fähigkeit, ein bestimmtes Verhalten zu erlernen – u.a. durch Lernen von anderen – und auszuüben. „Lernen von anderen" bedeutet, sowohl aus Verallge-meinerungen Nutzen zu ziehen, aber auch umgekehrt – so wie es die Grounded Theory vorsieht.

> „[...] Das ist ganz wichtig in der konkreten Arbeit mit Menschen, dass ich ein Theoriengerüst habe und dass ich das herunterbreche auf die Arbeit mit Einzelnen – ganz wichtig für die Coaching-Forschung, auch gerade für die qualitative Forschung. Und auf der anderen Seite habe ich das entgegengesetzte, aber natürlich genau so gültige Prinzip, dass ich versuche, aus vielen Einzelfällen etwas heraus zu kristallisieren, was ich dann im Sinne von Verifika-tion und Falsifikation entsprechend überprüfen kann. Wissenschaftliche Forschung hat die Aufgabe, das Gemeinverständnis, diese Prinzipien von Deduktion und von Induktion, zu begünstigen. Also, durch das forscherische Bemühen darauf hin zu arbeiten, dass Induk-tion und Deduktion möglich werden. Dieses intelligente Design macht dann die Forschung in der Praxis aus.[635]"

Die Schwierigkeit bei der angewandten Sozialwissenschaft liegt in der schieren Menge an Themengebieten, und damit einhergehenden unterschiedlichen Coaching-Philosophien, und es wird noch einiger Anstrengungen bedürfen, dieses Forschungsfeld so zu strukturieren, dass eine konzertierte Aktion seiner Stakeholder möglich wird.

Zu 2.) „Wirkfaktoren und Wirksamkeit": Auch dieses Forschungsfeld ist enorm komplex. Eine Strukturierungshilfe ist, zunächst die Kernfragen zur abhängigen Variable „Wirksamkeit" (für wen, wann, wie) zu beantworten und daraus die unabhängigen Variablen „Wirkfaktoren" abzuleiten. Ein besonderer Knackpunkt ist sicherlich die Kernfrage „wie", da es dazu zwar ei-nige Ansätze gibt, die äußerst heterogen sind – bisweilen diametral zueinander laufen – und vor allem noch keine überzeugenden Ergebnisse präsentiert haben. In der Abfolge dieser Kernfra-gen schlagen einige Probanden vor, Wirksamkeit zunächst qualitativ zu messen und eine solide Basis an Wirkfaktoren zu schaffen, wobei selbst die heutigen Forschungsmethoden im Coa-ching noch nicht ausreichend sind. Erst wenn die Basis an Wirkfaktoren und Forschungsmetho-den steht – z.B. auch durch Anleihen anderer Beratungsformen oder Disziplinen –, sollten quan-titative Scorecard- oder RoI-Ansätze in Betracht gezogen werden. Andere sind wiederum der Meinung, man könne auch das eine tun, ohne das andere zu lassen, und plädieren dafür, sowohl

---

qualitativ als auch quantitativ zu forschen. Die Probanden haben sich zudem für Feldforschung ausgesprochen, deren größtes Problem ein entsprechendes Design in einem produktiven, von Vertrauen geprägten, Rahmen ist. Viele Studienleiter treten nicht mit den richtigen Argumenten zur Überzeugung von Auftraggebern und Teilnehmern auf oder machen besagte „handwerkliche" Fehler im Design, was nicht gerade zu einer Vertrauensbasis für dringend benötigte erfolgreiche Studien beiträgt. Laborforschung wird nicht von allen ausgeschlossen, doch fehlt hier die Phantasie hinsichtlich eines geeigneten Designs – zumindest solange, bis es ernstzunehmende Simulationen oder Vergleichbares gibt. Dies ist wiederum eine Frage von Investitionen, die im Rahmen einer Mehrwertargumentation schwierig zu akquirieren sein dürften.

Zu 3.) „Qualitätssicherung": Um Qualität sichern zu können, muss zunächst der Status quo gemessen werden. Heutzutage unterliegt Vieles dem Messbarkeitsparadigma, d.h. es wird häufig um der Daten willen gemessen, ohne die Richtigkeit bzw. Sinnhaftigkeit auf den Prüfstand zu stellen. Vor der Messung müssen daher nicht nur Messkriterien (wie misst man etwas?), sondern v.a. Qualitätskriterien bzw. Standards (was wird warum gemessen?) für Evaluation definiert werden. Übertragen auf die Forschungsfelder bedeutet dies, dass die konstituierenden Faktoren das Grundgerüst für die Messung bilden, indem sie viele psychosoziale Qualitätskriterien aus Struktur, Beziehung und Prozess extrahieren. Basale Modelle, Definitionen und Einflussfaktoren treten in Form von Kontrollvariablen auf, die überprüfen, ob es sich tatsächlich um Coaching handelt oder nicht bzw. in welchem Kontext Coaching stattfindet. Auch hinter der eigentlichen Wirksamkeit – insbesondere Selbstwirksamkeit – verbergen sich psychosoziale Qualitätskriterien, welche den Lern- und Transfererfolg im Sinne von Verhaltensänderung überwachen müssen. Ökonomische Qualitätskriterien stammen aus der marktlichen und organisationalen Sicht, allen voran, wenn es um die Ermittlung des konkreten Abteilungs- oder Unternehmenserfolgs geht. Zusammenfassend lässt sich sagen, dass es an den meisten Kriterien fehlt, weswegen heutige Qualitätssicherungsbemühungen überwiegend subjektive bzw. intersubjektive oder einzelfallbezogene Aktionen sind. Dennoch können daraus Rückschlüsse für Kriteriendefinitionen und Evaluation gezogen werden. Auf diese beiden Aktivitäten sollten sich künftige Forschungsbemühungen auf dem Hintergrund der Professionalisierung von Coaching kaprizieren, da Qualität – deren Definition, Messung und Sicherung – ein ständiger Begleiter eines jeden Professionalisierungsschrittes sein muss.

Die Hervorhebung dieser Forschungsfelder ist keine Herabsetzung der anderen, zumal sich diese wie im vorigen Abschnitt beschrieben in den Kontext von Grundlagen-, Sozial- und Wirksamkeitsforschung einordnen lassen und insofern mitbedacht sind. Es zeigt sich, dass die gerade intensiver diskutierten Forschungsfelder für die Anreicherung von wissenschaftlichem Wissen mit praktischem Bezug prädestiniert sind. Im sich nun anschließenden Kapitel 5 werden für die Aufstellung von Forschungsszenarien alle bis dato behandelten Forschungsfelder wieder Teil der Diskussion sein, da neben der Frage nach der Existenzgrundlage von Coaching-Forschung genauer darauf eingegangen wird, was erforscht wird und welche Forschungsinhalte bei welchen Interessenlagen benötigt werden. In Kapitel 5 wird zudem die eingangs gestellte, zweite spezifische Forschungsfrage beantwortet.

5 Diskussion der Ergebnisse

In Abschnitt 4 ist neben der Diskussion um professionalisierungsrelevante Forschungsfelder klar geworden, dass ein gemeinsames Verständnis, eine Ausgangsbasis, innerhalb der Communities geschaffen werden muss, um eine Professionsbildung im Coaching herbeizuführen. Kapitel 5 setzt an diesen Grundvoraussetzungen an, um Coaching daraufhin im Gleichschritt (weiter-) zu entwickeln. Auf dem Hintergrund der Befragungsergebnisse und der Literatur bilden die vertiefende Klärung der Funktionen von Coaching-Forschung sowie die sozialwissenschaftliche Professionalisierungsdebatte die Voraussetzungen für die Aufstellung möglicher – strukturfunktionalistisch relevanter – Forschungsszenarien. In Abschnitt 5.1 werden daher zunächst die Funktionen von Coaching-Forschung beleuchtet und dabei insbesondere auf die Motive, Initiativen und Stakeholder eingegangen. Abschließend werden die Forschungsfelder an der aktuellen Literatur gespiegelt. Daneben wird immer wieder auf die besondere Rolle der Coachs als „Schmiermittel" innerhalb der Coaching-Beziehung eingegangen. Kapitel 5.2 verfolgt das Ziel, die bisherigen Forschungsansätze aus der Perspektive des Strukturfunktionalismus zu würdigen und damit die für die Aufstellung möglicher Forschungsszenarien benötigten professionssoziologischen „Zutaten" beizusteuern. In Abschnitt 5.3 werden die Szenarien aufgestellt und damit die Forschungsfragen 2a. „Warum gibt es Coaching-Forschung und welche Funktionen erfüllt sie für wen?" und 2b. „Was wird erforscht und welche Forschung(sinhalte) wird (werden) bei welchen Interessenlagen benötigt?" beantwortet. Dies mündet auf dem Hintergrund theoretischer und empirischer Erkenntnisse des Untersuchungsgegenstands in die Formulierung von Propositionen.

5.1 Funktionen von Coaching-Forschung

Angesichts des überwiegenden praktischen Erfolgs von Coaching stellen sich Fragen nach dem „Warum" von Forschung und den damit zusammenhängenden Funktionen für welche Ziel- oder Interessengruppen bzw. zunächst einmal für welches Ziel. Im Lichte dieser Arbeit ist das Ziel die Professionalisierung von Coaching, d.h. am Ende die Operationalisierung nachvollzieh- und messbarer Merkmale für Professionalität. Oevermann versteht Professionalität als Ort der Vermittlung von Theorie und Praxis inklusive der damit einhergehenden Widersprüche und Spannungen.[636] Dieses auszuhalten macht das professionelle Handeln nicht zuletzt selber aus. Dazu gehört, „rationale Entscheidungen auch dann kompetent treffen zu müssen, wenn eine ausgewiesene wissenschaftliche Grundlage für ihre Begründungen nicht oder nicht vollständig vorhanden ist.[637]" Die Akademisierung von Wissen durch Forschung soll helfen, diese und andere Widersprüche zwischen den Interessenvertretern aufzulösen – in diesem Sinne ist Forschung funktional für soziologische Professionalisierung: die Professionalisierungsfähigkeit wird in erster Linie durch wissenschaftliches Wissen ermittelt, während die Frage der Professionalisierungsbedürftigkeit durch die praxeologischen Erkenntnisse und wahrgenommenen Notwendig-

---

[636] Vgl. Oevermann (1981b)
[637] Dewe (1988), S. 189

keiten beantwortet wird. Professionswissen besteht aus der ungleichen Einheit von Alltagswissen und wissenschaftlichem Wissen, mit klaren Abgrenzungen, d.h. ohne Schnittmengen bzw. kleinstem gemeinsamen Nenner. In diesem Zusammenhang wird Lernen durch die Einnahme unterschiedlicher Blickwinkel definiert, die aus den beiden Wissensformen emergieren. Diese wirken komplementär und sollen produktiv genutzt werden. Wichtig ist, dass die damit einhergehende, systemische Professionalität situativ und flüchtig ist, d.h. sie muss in jeder neuen Interaktion zwischen z.B. Coach und Klient neu errungen werden.[638]

Für die Professionalisierung von Coaching muss zwischen den Communities ein einheitliches Verständnis bzgl. der Funktionalität von Coaching-Forschung geschaffen werden. Dabei kann man sich in Anlehnung an die Coaching-Typologie von Brockbank auch für Forschungsansätze fragen, ob es lediglich um den Erhalt des Status quo, d.h. ohne Zielanpassungen, oder um die konsequente Weiterentwicklung in Verbindung mit Zielanpassungen geht.[639] Die verdeckten und offenen Motive hinter Coaching-Forschung sowie ausgewählte Initiativen zur Professionalisierung durch Beforschung werden in Abschnitt 5.1.1 behandelt. Kapitel 5.1.2 widmet sich den Stakeholdern von Coaching-Forschung, analysiert deren Interessen und bringt die Ergebnisse in ein relationales Beziehungsdreieck „Wissenschaft – Praxis – Profession". Im Abschnitt 5.1.3 werden die Forschungsfelder mit dem Beziehungsdreieck in Verbindung gebracht, um deren Professionalisierungsbeitrag zu würdigen.

5.1.1   Motive und Initiativen

„Many say that they find research obtuse or intimidating.[640]" Mit Blick auf die aktuelle Forschungslandschaft im Coaching finden sich viele bestätigende Beispiele für diese Aussage. Forschung bringt unangenehme Wahrheiten ans Tageslicht, ist für den einen womöglich unbequem oder gar schädlich. Für den anderen ist der Mehrwert durch Forschung nicht ersichtlich, was ein Problem der Forschung mit sich selbst aufzeigt: es fehlt an Vermarktung und gewinnbringender Kommunikation und dazu kommt, dass viele Forschungsergebnisse nicht überzeugend präsentiert werden, da sie z.B. methodische Fehler aufweisen oder deren Untersuchungsgegenstand kein Interesse weckt. Warum also sollte überhaupt geforscht werden? Beim ersten Hinsehen wird nicht erkennbar, warum: Coaching ist populär, landet in gängigen Suchmaschinen mehr Treffer als Beratung und ist weltweit ein Milliardenmarkt. Coaching funktioniert – wer sollte daran interessiert sein, etwas zu verändern? Aus dieser Perspektive niemand: es gibt genügend Anbieter, um die globale Nachfrage zu decken, und es werden Preise durchgesetzt, von denen viele Akteure anderer Beratungsdienstleistungen träumen.

Zuletzt hat die globale Finanzkrise allerdings verdeutlicht, wie schnell ein Marktgleichgewicht aus den Fugen geraten kann und mit welchen Folgen. Der scheinbar funktionierende Markt für Finanzderivate ist von einigen wenigen Marktteilnehmern aus den Angeln gehoben worden – mit Auswirkungen auf die gesamte Branche und den weltweiten Wohlstand unserer Gesell-

---

[638] Vgl. Nittel (2000)
[639] Vgl. Brockbank (2008)
[640] Kauffman/Bachkirova (2008a), S. 2

schaft. Der Ruf des „Bankers" als tradierte Profession hat stellvertretend für diese „schwarzen Schafe" massiv gelitten und es wird Jahre dauern, das Vertrauen zurückzugewinnen.

> „[...] Wir müssen auch im Coaching den Mut haben, und das erfordert sehr viel Mut, einfach mal ‚nein' zu sagen, uns nicht dieser Kleinkinderlogik anzuschließen und sich nicht von massenpsychologischen Effekten verführen zu lassen. [...] Im Grunde genommen ist jedes gute Coaching im Kern, in meinem Verständnis zumindest, ein Krisencoaching oder sollte es zumindest sein können. Denn diese Krisen fallen nicht vom Himmel, die haben alle eine Vorgeschichte.[641]"

Die Bankenbranche hat gedacht, sie sei soweit etabliert und professionalisiert, dass so etwas undenkbar ist. Dabei hat sich herausgestellt, dass viele Banker ihre hauseigenen Produkte nicht verstanden haben, was bei einer professionellen, laufenden Evaluation und Qualitätssicherung niemals hätte passieren dürfen. Ein vergleichbarer Vertrauensverlust im Coaching wäre wohl ebenfalls marktbereinigend. Im Gegensatz zur Finanzbranche geht es zwar um weniger Geld, dafür steht aber noch mehr Vertrauen auf dem Spiel. Klienten entstünde ein verhältnismäßig geringer finanzieller Schaden, der jedoch gesundheitliche Risiken mit schwerwiegenden psychischen Schäden herbeiführen könnte. „[...] Wir brauchen nur einen recht schlimmen Fall im Coaching zu haben, der irgendwie in die Presse kommt, und dann arbeitet die Branche lange dran. Ich glaube, dass man das vermeiden kann.[642]" Was dann folgen könnte, wären Klagen und die große Frage, wie es sein könne, dass solche „Scharlatane" zugelassen werden, die ohne fundierte Ausbildung bzw. zertifizierte Praxisnachweise in diesem hochsensiblen Metier tätig sein dürften. Der Druck auf die Coaching-Szene und die Regulatoren würde massiv ansteigen. Wie am Beispiel der Finanzbranche ersichtlich, folgt Regulierung häufig erst auf Katastrophen bzw. Krisensituationen, wobei es dann meist zu spät ist. Die Coaching-Anbieter haben prompt mit einem Angebot an „Krisen-Coaching" reagiert, anstatt sich zu überlegen, was diese Krise für die eigene Profession bedeutet und welche Lehren daraus für die eigene Zunft gezogen werden müssen.

Professionalisierung ist als ein proaktiver Prozess zu verstehen, d.h. man sollte nicht warten, bis die ersten „Opfer" öffentlichkeitswirksam ihre Rechte durchzusetzen versuchen und damit die ganze Branche in Verruf bringen könnten. Coaching-Forschung ist auf diesem Hintergrund nicht nur als Beitrag zur Professionalisierung zu verstehen, sondern im Lichte der bereits dargestellten Professionalisierungsmerkmale gar ein professionstheoretisches Petitum für die theoretische Fundierung, die klare Abgrenzung der Beratungsform mit messbaren Ergebnissen sowie die Weiterentwicklung von Einflussfaktoren und Methoden. Diese Erkenntnisse fließen laufend in Aus- und Weiterbildung, Berufsausübung und Qualitätssicherungsmaßnahmen wie z.B. Coaching-Supervision ein. In den letzten zwei bis drei Jahren sind verschiedene globale Initiativen und Maßnahmen zur Förderung der Coaching-Forschung ergriffen worden, deren Umsetzungsdruck durch die Finanzkrise als globale Vertrauenskrise verstärkt worden ist und auf die nun beispielhaft näher eingegangen wird:

---

[641] I3, 60-62
[642] I6, 107-121

1. **Schaffung von Transparenz** durch verstärkte mediale Präsenz
2. **Belebung des Dialogs** und des Arbeitens an der gemeinsamen Profession
3. **Formulierung einer Forschungsagenda** auf dem Weg zur Profession

Zu 1.) Im Editorial der ersten Ausgabe von „Coaching: An International Journal of Theory, Research and Practice" im März 2008 rufen Kauffman und Bachkirova die Coaching-Gemeinschaft auf, sich aktiv an der Weiterentwicklung des Phänomens „Coaching" zu beteiligen. Neben dem zentralen Fokus auf „best practice"-Austausch ermuntern sie die Leserschaft, an Forschungsstudien teilzunehmen bzw. diese gar zu lancieren. In deren Forschungsverständnis geht es in erster Linie um Erfolgs- bzw. Wirksamkeitsforschung sowie Prozessforschung, da diese beiden Richtungen die wichtigsten offenen Fragen abdecken. Die beiden Autorinnen verweisen zwar darauf, dass aufgrund des Wortes „Theory" im Namen alle dazu aufgerufen sind, sich mit Theorien zu beschäftigen und neue Theorien zu entwickeln, sehen Forschung jedoch zu allererst als Ideengeber für neue Methoden und Interventionen bzw. als Aufbauinstrument einer breiten Wissensbasis für die Profession „Coaching".[643] Dem möchte die BPS nicht nachstehen und lässt in der Dezemberausgabe 2008 von TCP durch Alison Whybrow und Emma Short kolportieren, dass die „Special Group in Coaching Psychology" (SGCP) ihrerseits einige Anstrengungen unternommen hat, um die Forschungsbasis von Coaching zu stärken. So veröffentlicht sie Forschungsvorhaben und Ergebnisse in ihren Journals TCP und ICPR, veranstaltet Konferenzen und überlässt – genauso wie das Magazin von Kauffman und Bachkirova – darüber hinausgehende Themen und Fragestellungen den Interessen und Neigungen ihrer Leser, die schwerpunktmäßig aus der Psychologie kommen.[644]

Zu 2.) Coaching ist ein interdisziplinärer Beratungsansatz, was Vor- und Nachteile mit sich bringt. Ein Vorteil ist, dass das Potenzial unterschiedlicher Ansätze gebündelt werden kann, um dadurch neue Zugangswege zu Wissen(schaft) und Praxis zu finden, wohingegen ein Nachteil ist, dass ob der Breite des Zugangs und der Menge an Themen allenthalben Konfusion Einzug erhalten hat.[645] Es ist nicht nur in Deutschland schwierig, angesichts der zersplitterten Verbandsstrukturen ein gemeinsames Verständnis über Coaching herbeizuführen. Auch beispielsweise in Norwegen ist der Versuch, einen Coaching-Standard zu entwickeln, daran gescheitert, dass die Repräsentanten der Szene sich nicht darauf einigen konnten, was Coaching wirklich ist. Dazu passt die Tatsache, dass Coachs häufig nicht erklären können, was Coaching ist, sondern bevorzugt darauf verweisen, dass es doch einen Versuch wert wäre. Dies zeigt einen Mangel an kritischer Reflexion in der Coaching-Gemeinschaft bzgl. dessen, was Coachs eigentlich tun, wo Coaching herkommt und welche theoretischen Annahmen dahinter liegen. Ohne ein gemeinsames, tiefer gehendes Verständnis dieser Annahmen und Ideologien ist niemand in der Lage, die Wirkungen, Risiken und Grenzen von Coaching zu reflektieren.[646] Eine Studie des „Chartered

---

[643] Vgl. Kauffman/Bachkirova (2008a)
[644] Vgl. Whybrow/Short (2008); näheres zur SGCP kann nachgelesen werden auf http://www.sgcp.org.uk/.
[645] Vgl. Bachkirova/Kauffman (2008)
[646] Vgl. Askeland (2009)

Institute of Personnel and Development" (CIPD)[647] hat einige Jahre zuvor bereits die Hauptforderungen der Käufer von Coaching-Dienstleistungen untersucht[648]:

- **Mehr Klarheit** in der Definition von Coaching und seinen Hauptbestandteilen
- **Bessere Qualitätskontrollen** im Coaching für Organisationen
- **Weniger Fragmentierung** innerhalb der Profession „Coaching", dadurch dass die wichtigsten Träger enger zusammenarbeiten, um Standards zu definieren und Coachs sowie Aus- und Weiterbildung im Coaching zu akkreditieren

Da Coaching eine weltumspannende Dienstleistung ist, muss seine Professionalisierung im internationalen Dialog erfolgen. Seit 2007 existiert die „Global Coaching Community" (GCC), die – in Anlehnung an die Boulder Konferenz von 1949 zur Professionalisierung der Psychologie durch die Einführung des Scientist-Practitioner Modells – zehn Arbeitsgruppen gebildet hat, um Coaching zu einer evidenzbasierten Profession auszubauen[649]:

- **Reichweite:** In welchem Feld bewegt sich Coaching und welches sind artverwandte Felder?
- **Forschungsagenda:** wie wichtig ist Forschung und wie kann ein gemeinsamer Wissensspeicher aussehen, um Coaching weiterzuentwickeln?
- **Wissensbasis:** welches sind die theoretischen Rahmenbedingungen und das aktuelle Wissen, das ein Coach für die Arbeit mit Klienten benötigt?
- **Aus- und Weiterbildungs-Richtlinien:** welches sind die weltweiten Aus- und Weiterbildungs-Richtlinien für Berater, Coachs, Personalleiter, professionelle Coaching-Vereinigungen, Akademiker und Forscher für die verschiedenen Arten von Coaching?
- **Evaluation:** was treibt die Nachfrage nach Evaluation im Coaching? Was können wir von artverwandten Feldern wie Beratung und Psychotherapie lernen? Wie kann sich Coaching von diesen Feldern abgrenzen?
- **Kernkompetenzen:** wie können wir Coaching-Kompetenz definieren? Welches sind aktuell die Kompetenzmodelle, die den Coaching-Prozess beschreiben und evaluieren?
- **Ethik-Kodex:** Welche Ethik-Kodizes und Perspektiven, gefördert von professionellen Coaching-Vereinigungen, existieren weltweit? Welches sind die ethischen Dilemmas der Coachs und wie beeinflusst das die künftige Entwicklung dieser Disziplin?
- **Coach-Auswahl und -Auftrag:** Welche Coach-Auswahl Praktiken existieren weltweit? Gibt es „best practice"-Ansätze von professionellen Vereinigungen und Personalabteilungen? Welche Erwartungen haben Coaching-Anbieter und -Nachfrager an den Auswahlprozess?
- **Professionsstatus:** da sich Coaching seit Anfang der 90er Jahre zu einem aufstrebenden Industriezweig entwickelt hat, welche Argumente sprechen für eine glaubwürdi-

---

[647] Das CIPD mit Sitz in London ist mit über 135.000 Mitgliedern Europas größte professionelle Institution für Personalentwicklung (vgl. http://www.cipd.co.uk/about).
[648] Vgl. Jarvis (2004)
[649] Vgl. Rostron (2009)

ge, evidenzbasierte Profession? Welche Argumente sprechen gegen eine Formalisierung der Disziplin „Coaching"?

- **Coaching und Gesellschaft:** in welchem Zusammenhang stehen Coaching und Gesellschaft? Wie kann Coaching positiv auf das Individuum, die Familie, Organisations- und Staatskultur sowie die Gesellschaft als Ganzes wirken?

Die Kernfragestellungen der Arbeitsgruppen entsprechen in hohem Maße den Entstehungszusammenhängen der Forschungsfelder aus Literaturanalyse und Befragung. Die Punkte eins bis acht können den klassisch mikroprofessionellen Forschungsfeldern zugerechnet werden, während Professionsstatus und gesellschaftlicher Kontext von Coaching eher einen übergeordneten, mitunter makroprofessionellen, Charakter aufweist. Die Arbeitsgruppen haben ferner folgende neun Empfehlungen abgegeben, die auf die Professionalisierung von Coaching einzahlen und bis 2010 umgesetzt sein sollen[650]:

- Definition gemeinhin verständlicher Kriterien für die Stufen professioneller Aus- und Weiterbildung und einem professionellen Status im Coaching durch einen gemeinsamen Ansatz
- Versuch eines gemeinsamen Ansatzes zur Etablierung der konstituierenden Kernelemente einer Coaching-Profession unter Einbeziehung eines Regelwerkes für Ethik-Kodizes und Kernkompetenzen und unter Beteiligung der unterschiedlichen professionellen Institutionen
- Installation von Forschung als Kernkompetenz innerhalb sämtlicher Aus- und Weiterbildungsprogramme; jeder Praktiker ist dafür verantwortlich, seine eigene Praxis zu erforschen; Supervision ist Teil eines fundamentalen Forschungsprozesses
- Entwicklung von Coaching-Kernkompetenzen durch Forschung unter Herstellung eines Konsensus zwischen den Schlüsselfiguren, die gemeinsam an „best practice"-Ansätzen arbeiten
- Herstellung eines universellen Ethik-Kodex aus den heute existierenden[651]; lokale Ethik-Kodizes unterliegen eigenen Haftungsmechanismen
- Zusammenarbeit bei Aus- und Weiterbildungs-Methoden, Ansätzen und Richtlinien für Ausbilder; Evaluierung bestehender Programme hinsichtlich Effektivität und Gesetzesmäßigkeiten bei Ethik, Forschung und Supervision
- Aufbau von professionellem Coaching rund um die Entwicklung einer professionellen Beziehung, ohne dass der Coaching-Prozess einer praktischen Domäne unterliegt; alle Coachs kennen und verstehen die professionellen Grenzen und respektieren existente Regularien
- Setzen von Praxisstandards inklusive breit akzeptierten Richtlinien für die Auswahl von Coachs und dem Management von Coaching-Einsätzen

---

[650] Vgl. GCC (2008)

[651] Hier sind die Kodizes der folgenden fünf Institutionen gemeint: ICF, EMCC (European Mentoring & Coaching Counsil), WABC (Worldwide Association of Business Coaches), AC, COMENSA (Coaches and Mentors of South Africa).

- Wertschätzende Einbindung in alle professionellen Aus- und Weiterbildungsaktivitäten, dass Coaching einen Einfluss auf unternehmerischen Gewinn, Menschen und die Gesellschaft als Ganzes haben kann

Diese Professionsmerkmale entsprechen den Kriterien der soziologischen Professionalisierungstheorien und sind der erste konkrete Forschungsansatz zur Professionalisierung von Coaching, der weltweit in die Praxis umgesetzt werden soll. Man darf gespannt sein, inwieweit die gemeinsamen Anstrengungen Früchte tragen.

Zu 3.) Heutzutage wählen Coaching-Forscher ihre Forschungsschwerpunkte nach eigenem Gutdünken aus – basierend auf persönlicher Neugier, eigenen Bedürfnisse und Interessen. Gleiches gilt für Forschungsinstitute und andere akademische Einrichtungen, die auf der Grundlage partikulärer Interessen entscheiden, was beforscht wird. Insofern ist es schier unmöglich, die künftigen Forschungsgebiete vorherzusagen oder gar zu planen. Es gibt kein übergreifendes, hoheitliches Gremium, das darüber entscheidet oder zumindest Empfehlungen hinsichtlich zu beforschender Gebiete ausspricht. Dementsprechend schwierig ist es, in diesem Chaos den Überblick über Forschungsaktivitäten bzw -vorhaben zu behalten.[652] Einen Überblick über verhaltenswissenschaftlich relevante und von Experten begutachtete Artikel über Coaching gibt Grant in seinem jährlich aktualisierten und frei verfügbaren Werk „Workplace, Executive and Life Coaching: An Annotated Bibliography from the Behavioural Science Literature.[653]" Es enthält Zusatzinformationen zur jeweiligen Methode (theoretisch oder empirisch), ob es sich um Wirksamkeits- oder Prozessstudien handelt und ob diese mit Kontrollgruppen o.ä. durchgeführt worden sind. Bennett und später Ennis et al. haben insgesamt sechs Forschungsthemen identifiziert, die ähnlich den bereits dargestellten Forschungsfeldern einer Programmatik anhand bestimmter Kategorien folgen: Coach, Klient, Beziehung, Prozess, Ergebnis sowie Theorien und Denkmuster hinter Coaching bei Bennett bzw. Kontextfaktoren (v.a. Organisation) bei Ennis et al..[654] Im Gegensatz zu Bennett haben Ennis et al. ausschließlich Executive Coaching untersucht. Alle Autoren haben das Phänomen „Coaching" als Hauptadressat der Forschungsthemen in den Mittelpunkt gestellt und nicht differenziert, für welche Interessenten – außer den Forschern bzw. der Coaching-Gemeinschaft selbst – das Thema jeweils interessant bzw. relevant sein könnte. Dieser Mangel ist ein zentrales Charakteristikum von Coaching-Forschung.

Weitere Charakteristika von Coaching-Forschung sind, dass es trotz der Vorstöße von Grant, Bennett und Ennis et al. weder möglich ist, einen Überblick über alle bestehenden Forschungsaktivitäten zu erlangen, noch es ein gemeinsames Verständnis innerhalb der Communities gibt, wodurch qualitativ wertvolle Coaching-Forschung konstituiert wird.[655] Insofern haben sich im September 2008 40 international bekannte Coaching-Forscher im Rahmen des „International Coaching Research Forum" (ICRF) auf einen Entwurf verständigt, der insgesamt 100 Forschungsthemen aufführt mit dem Ziel, Coaching zu einer evidenzbasierten Disziplin zu entwic-

---

[652] Vgl. Kauffman/Bachkirova (2009)
[653] Vgl. Grant (2009)
[654] Vgl. Bennett (2006), Ennis/Goodman/Otto/Stern (2008)
[655] Vgl. GCC (2008)

keln. Es sind insgesamt sieben Kategorien „Society & Diversity", „Modalities & Process", „Defining Coaching", „Business of Coaching & Policy/ Ethics/ Governance", „Training, Development, Knowledge Base & Theoretical Frameworks", „Outcomes & Methodology", „Coaching Style, Approach & Core Competencies" gebildet worden, denen jeweils Forschungsthemen zugeordnet sind. Jedes vorgeschlagene Forschungsthema beinhaltet neben einer laufenden Nummer und der Kategorie den Antragsteller, die Forschungsfrage, die Methodologie, hypothetische Ergebnisse sowie potenzielle Implikationen.[656]

So richtig und wichtig diese Initiativen auch sind, bedürfen sie dennoch einer kritischen Würdigung auf dem professionstheoretischen Hintergrund dieser Arbeit. Das Journal „Coaching: An International Journal of Theory, Research and Practice" mutet ein wenig wie ein Kompromiss zwischen Theorie und Praxis an, bei dem Forschung als Innovator eine wichtige Rolle spielen kann, aber der Schwerpunkt auf Praxis liegt – weniger als Versuch, Theorie, Praxis und Forschung in einem logischen Zusammenspiel zu strukturieren und im Sinne einer weitergehenden Professionalisierung zu systematisieren. Offensichtlich soll hier ein möglichst breiter Adressatenkreis angesprochen werden, ohne sich zu sehr zu fokussieren.

Das Journal stellt viele Forschungsfragen, was durchaus normal ist, da wissenschaftlicher Dialog oder gar Diskurs zunächst mehr Fragen aufwirft als Antworten liefert. Dies wird nicht zuletzt an den konzertierten Bemühungen von GCC und ICRF ersichtlich, die zu der Erkenntnis gelangen, dass mehr empirische Evidenz über die Wirkung von Coaching auf Individuen, Organisationen und die Gesellschaft erforderlich ist. Zu Beginn muss allerdings eine gemeinsame Definition von Coaching formuliert werden, die von der globalen Gemeinschaft akzeptiert wird. Dabei besteht durchaus die Gefahr, dass politische „Spiele" der Coaching-Gemeinschaft die Schaffung einer Profession „Coaching" sabotieren.[657] Dies kann nur durch eine Gemeinschaftsaktion aller Beteiligten verhindert werden, was angesichts widerstrebender Interessenslagen schwierig wird. Die unterschiedlichen Ansichten entstammen in den meisten Fällen nicht unterschiedlicher Philosophien, sondern der Tatsache, dass Coaching zu verschiedenen Anlässen eingesetzt wird. Es gibt zwei signifikant unterschiedliche Verständnisse von Coaching, die heute gebräuchlich sind:

"a conversation, or series of conversations, one person has with another"[658] und "a helping relationship formed between a client who has managerial authority and responsibility in an organisation and consultant (coach) who uses a wide variety of behavioural techniques and methods to assist the client to achieve a mutually identified set of goals to improve his or her professional performance and personal satisfaction and consequently to improve the effectiveness of the client's organisation within a formally defined coaching agreement."[659]

---

[656] Vgl. Kauffman/Russell/Bush (2008)
[657] Vgl. GCC (2008)
[658] Starr (2003), S. 109
[659] Kilburg (2000), S. 65

Diese beiden Sichtweisen auf Coaching lösen vielerlei Missverständnisse zwischen Coaching-Praktikern und der Öffentlichkeit aus. Im ersten Fall kann jeder Coach sein, im zweiten bedarf es einer fundierten, professionellen Ausbildung.

Unter Professionalisierungsgesichtspunkten sind begriffliche Ambiguitäten bekannt – siehe z.b. das „Spiel", das durchaus ernste Elemente hat und wo Professionalität wie im Sport zum Milliardenmarkt wird, oder aber Beratung, unter die sich wie in Kapitel 2 beschrieben vieles verorten lässt. Im Coaching ist die Situation vergleichbar mit der Metapher von den blinden Männern und dem Elefanten. Der Elefant steht für die Größe und Komplexität im Coaching, die blinden Männer entdecken ihre jeweils eigene Realität durch die Untersuchung einzelner Körperteile bzw. Gegenstände. Sie sind nicht in der Lage, einen Gesamtüberblick zu erlangen, wie er z.b. nötig wäre, um eine gemeinsame Coaching-Definition zu formulieren. Eine solche Definition würde dazu führen, dass alle Professionellen sie als Richtschnur nutzen, alle Interventionen daran ausgerichtet sind, es eine Art Leitfaden gibt, der Verhaltensmuster erklärt, jeder genau weiß, was er wann zu tun hat, wie reflektiert wird und welche Rückschlüsse zur Weiterentwicklung des evidenzbasierten Ansatzes gezogen werden. Dieser Coaching-Ansatz ist zwar universell, doch gleichzeitig überreguliert und ihm fehlt jegliche Flexibilität, die Coaching in der sozialen Welt benötigt: "We are all perfect elephant tails, all swish back and forth and effectively keep the flies away, but not too much else.[660]" Der entgegengesetzte Ansatz definiert Coaching als individuell: jeder Coach trägt Sorge, dass sein Ansatz einzigartig ist und sich von anderen Praktiken abgrenzt. Je nach Qualifikation des Coachs bzw. Bedürfnislage des Klienten kann es einmal mehr in Richtung Consulting gehen, ein anderes Mal eher in Richtung Therapie. Es gibt keine Definition dafür, was zurückkommend auf die Metapher bedeutet, dass dies der perfekte Elefantenrüssel wäre, um jegliches Problem „anzupacken" und in die gewünschte Richtung zu transportieren.

Diese Metapher zeigt, wie wichtig es ist, mit der gegebenen Komplexität richtig und kompetent, d.h. professionell, umzugehen. So ist eine allumfassende Definition für Coaching auf der einen Seite nicht zielführend, da sie die soziale Realität ignoriert. Wichtiger erscheint vielmehr, die semantische Elastizität durch ein übergreifendes Modell nur soweit zu versteifen, dass einerseits klar wird, was Coaching ist bzw. was dazugehört und andererseits genügend Freiraum bleibt, um individuell auf das Klientenanliegen eingehen zu können. Auf der anderen Seite ist es wenig sinnvoll, wenn jeder Coaching-Praktiker oder Forscher seine eigenen Definitionen baut und in die Welt hinausträgt. Sobald der Definitionsbereich von Coaching durch die Gemeinschaft ausreichend definiert worden ist, sollte dieser im Sinne einer Identität oder – noch stärker – Ideologie mit wenigen klaren Worten in ein gemeinsames und allgemeinverbindliches Verständnis gegossen werden. Grant and Cavanagh weisen darauf hin, dass der "need to find a way to establish a clear identity [...] by establishing clear boundaries around what is professional coaching and what is not"[661] dringend umgesetzt werden muss, was kein leichtes Unterfangen ist. Solange

---

[660] Bachkirova/Kauffman (2009), S. 102
[661] Grant/Cavanagh (2004), S. 10 f.

es diese gemeinsam getragene Identität nicht gibt, wird Coaching mit jeder neuen Definition oder zugeschriebenen Eigenschaft weiter verwässert bzw. deprofessionalisiert.

Ein weiterer Deprofessionalisierungsaspekt ist der von Grant und Cavanagh sowie vielen weiteren Autoren angesprochene Grenzbereich zwischen Coaching und anderen Beratungsformen. Bei nicht-pathologischen Settings, in denen der Klient anstatt einem Verhaltens-Coaching zunächst fachliche Grundlagen benötigt, ist der Grenzbereich unkritisch. Schwieriger und kritischer wird es bei der Grenze zwischen Coaching und Therapie. Um diesen Grenzbereich zu erkennen, benötigt ein Coach psychologische Grundlagen – man kann nicht davon ausgehen, dass er ohne jegliche Grundkenntnisse der Psychologie weiß, woran er eine Depression erkennt und den Klienten entsprechend verweisen muss.[662] Es gibt aber auch viele nicht eindeutige Situationen, in denen es womöglich weitaus schwieriger ist; da die Grenzen oftmals fließend sind, hat z.B. Buckley die Definition hinterfragt, wonach Coaching nur für gesunde Menschen angeboten wird. Nach seiner Auffassung arbeiten Therapeuten häufig an ähnlichen Themen im Entwicklungsbereich wie Coachs.[663] Nur wenige Autoren wehren sich gegen die in einigen Fällen eher theoretischen Grenzziehungen zwischen Coaching und Therapie. In einer qualitativ-empirischen Studie mit acht Coachs, von denen vier eine tiefer gehende psychotherapeutische Ausbildung nebst entsprechender Berufserfahrung haben, hat Maxwell diese Grenzen untersucht und dabei herausgefunden, dass weder die beiden Gruppen „mit/ohne Ausbildung" noch die jeweiligen Gruppen selbst in sich homogene Ergebnisse aufweisen. Die Grenzen sind von den Probanden als kaum wahrnehmbar beschrieben worden; erschwerend kommt hinzu, dass viele Klienten ein unbewusstes Bedürfnis nach Therapie haben, das im Rahmen des Coachings zutage getreten ist.[664]

Es geht nicht darum, dass Coachs Psychologen sein müssen, aber sie müssen neben einer entsprechenden Affinität auch Kenntnisse in der Therapie mitbringen.[665] Es gibt allerdings einige Vertreter in der Coaching-Szene, die der Auffassung sind, es gehe auch ohne psychologische und psychotherapeutische Kenntnisse. Dies zeigt sich mitunter in den Aus- und Weiterbildungsprogrammen, die Grant und Zackon in ihrer umfangreichen Studie untersucht haben, mit dem Ergebnis, dass solche Inhalte nach wie vor unterrepräsentiert sind.[666] In Grenzfällen dieser Art ist das im Sinne der psychosozialen Beratungsform „Coaching" schlicht unverantwortlich gegenüber einem schützenswerten Klienten und unprofessionell hinsichtlich der eigenen beruflichen Selbstverpflichtung. Dennoch ist es in normalen Situationen oft so, dass Coachs viel über ihre Erfahrung und Feldkompetenz lösen, ohne auf psychologisches Wissen zurückgreifen zu müssen.

> „[...] Und dann gab es Leute, die haben ‚nur' als Führungskraft gearbeitet, null psychologisches Wissen, keine Ausbildung und die haben sich dann in dem Jahr rasant entwickelt. Das sind super Coachs. Das ist extrem schwer vorhersagbar und das hat nichts mit der

---

[662] Vgl. z.B. Ebd.
[663] Vgl. Buckley (2007)
[664] Vgl. Maxwell (2009)
[665] Vgl. Bachkirova/Cox (2005)
[666] Vgl. Grant/Zackon (2004)

Ausbildung zu tun, das wird mir immer klarer. Es hat auch nichts mit der psychologischen Grundkompetenz letztendlich zu tun.[667]"

Doch woher weiß ein Coach, wann es sich um einen Grenzfall handelt und wann nicht? Wenn Ausbildung und Erfahrung nicht weiterhelfen, sollte er sich im Zweifel für den aktiven Ausstieg bzw. die Nichtannahme des Auftrags entscheiden – dies gebietet das Berufsethos.

5.1.2   Stakeholder im Beziehungsdreieck

Coaching-Forschung hat diverse Stakeholder, die makro- und/oder mikroprofessionelle Zielsetzungen verfolgen. Alle Interessenvertreter haben eine eigene Sicht auf Coaching-Forschung, die entweder wert- oder zweckorientiert ist. Sich aus Forschungsinitiativen ergebende Perspektiven haben insbesondere betriebs- und volkswirtschaftliche sowie philosophische und gesellschaftswissenschaftliche Relevanz: sie generieren Mehrwert für Organisationen, erhalten, schaffen und gestalten Arbeitsplätze, verändern das Menschenbild vom (post-)modernen Individuum, das nach Selbstsicherheit sucht hin zum selbstbestimmten Individuum, dessen Eigenverantwortung durch Coaching gestärkt wird, und kreieren damit letztlich ein neues Gesellschaftsbild, in dem es angesichts komplexer Lebenssituationen ganz normal ist, sich von Experten helfen zu lassen, ohne dies zu tabuisieren. "Our global society has reached the stage of evolution at which hierarchy gives way to self-responsibility and that the coaching industry has grown up to meet this need and midwife this birth.[668]" Organisationen fordern, dass nicht nur die klientenindividuelle Sicht, sondern gleichsam die Organisationssicht eingenommen wird, um Coaching unverkennbar als ergebnisorientiertes Personalentwicklungsinstrument zu positionieren. Durch den Spagat zwischen individuellem und organisationalem Ergebnisdruck entstehen nicht selten Spannungen, die sich in dem von Hawkins beschriebenen 'drama triangle' entladen: der Klient ist das Opfer, die Organisation der Verfolger und der Coach fungiert als Retter.[669]

Innerhalb und außerhalb von Organisationen wird sich die Arbeitswelt in den nächsten Jahrzehnten massiv verändern, was mithin gesellschaftspolitische Herausforderungen birgt.

> „[...] Es wird prognostiziert, dass in naher Zukunft über 50 Prozent selbstständig sind. Und eine Selbstständigkeit, ich erlebe es ja selber, erfordert schon so ein bestimmtes Maß an Resilienz und Fähigkeit, mit den Dingen umzugehen. Im Angestelltenverhältnis habe ich ja diese vermeintliche Sicherheit. Und ich glaube, dass es schon eine hohe Anforderung an eine Persönlichkeit ist, sich selbstständig auf dem Markt zu bewegen und nur prozess- und projektweise zu arbeiten. Dafür bildet unser Schulsystem nicht unbedingt aus, und ich glaube, dass der Bedarf dadurch steigt – auch dadurch, dass sich die ganze Unternehmenswelt verändert.[670]"

Kurioserweise befassen sich mit Coaching-Forschung auseinandersetzende Initiativen wie oben beschrieben eher mit den Ergebnissen und Auswirkungen, die dies mit sich bringen würde, jedoch weniger mit den eigentlichen Stakeholdern und deren Forderungen; dies schwingt genauso

---

[667] I2, 133-135
[668] Whitmore (2007), zitiert nach Palmer (2007), S. 126
[669] Hawkins (2008), S. 30 (Hervorhebung im Original)
[670] I2, 24-26

nur implizit mit wie Frage, wie man eigentlich aus der Vielzahl an Coaching-Konversationen in Organisationen lernen bzw. Ansatzpunkte für weitergehende Forschung finden kann.[671]

Interessenten an Coaching-Forschung lassen sich bei näherer Betrachtung in Personen, Institutionen und die Gesellschaft als Ganzes einteilen, wobei es aufgrund von Rollenambiguitäten zu Doppelungen kommen kann (z.b. Coachs, die gleichzeitig in einem Netzwerk und Verband organisiert und/oder als Ausbilder tätig sind). Die folgende Abbildung stellt die aus der Sicht des Autors wichtigsten Stakeholder und deren Bezug zu Wissenschaft, Praxis und Profession dar, womit das strukturfunktionalistisch relevante Interesse gemeint ist. Dieser Bezug ist relativ dargestellt, um einerseits Abstufungen, andererseits Gemeinsamkeiten und Unterschiede festhalten zu können. Strukturfunktionalistisch relevantes Interesse meint, dass Theorie-, d.h. wissenschaftliches Wissen, und Praxiswissen in einem gleichberechtigten Verhältnis zueinander stehen; die gesellschaftliche Ordnung ergibt sich aus dem Einsatz von Professionellen (Coachs), die das System „Profession" stabilisieren. Dementsprechend werden die Interessenlagen der Stakeholder analysiert und auf der Basis der bisherigen theoretischen und empirischen Erkenntnisse aus Literatur und Interviews in „hoch", „mittel" und „gering" eingestuft. Anschließend werden die wichtigsten Ergebnisse gesondert hervorgehoben.

Mögliche Stakeholder...	...und deren Interesse an...		
	Wissenschaft	Praxis	Professionalisierung
Personen Coachs (auch Coaching-Organisationen, -Netzwerke)	**Gering** und nur dann gegeben, wenn Forschungsergebnisse wirklich praxisrelevant sind.	**Hoch**, da Praxiseinsätze die Existenz sichern und über Erfolg wie Misserfolg entscheiden.	**Gering**, da die „Schlechten" Evaluation fürchten und die „Guten" auch ohne Transparenz erfolgreich sind.
Klienten	**Gering**, da Wissenschaft keine unmittelbaren Lösungen für ihre praktischen Anliegen liefern kann.	**Hoch**, da sie erwarten, dass ihre Anliegen mit Hilfe von „Praktikern" gelöst werden.	**Mittel**; einerseits hoch in Bezug auf Qualität, gering bzgl. wissenschaftlicher Reflexion.
Potenzielle Klienten	**Gering**, da sie sich für die Lösungsmöglichkeiten ihrer praktischen Anliegen interessieren.	**Hoch**, da sie sich in der Praxis über Praxis informieren (Coaching-Anlass).	**Mittel**; einerseits hoch in Bezug auf Transparenz und Qualität, gering bzgl. wissenschaftl. Reflexion.
Berater anderer Beratungsformen	**Gering** und nur dann gegeben, wenn Forschungsergebnisse relevant für ihre eigene Praxis sind.	**Hoch**, da es um Klienten und Umsätze im Beratungsmarkt geht, d.h. nachhaltigen Erfolg.	**Mittel**; für die „Guten" hoch, um sich abzugrenzen; die „Schlechten" wollen Transparenz vermeiden.
Forscher	**Hoch**, da sie die theoretische Fundierung und Validität ihrer Ansätze beweisen wollen.	**Gering bis mittel**, da das System „Wissenschaft" bzw. „Praxis" (von Praxeologen) erforscht wird.	**Mittel**, da Evaluation und wissenschaftliche Reflexion wichtiger sind als die reine Praxisanalyse.

---

[671] Vgl. z.B. Linley (2006), Hawkins (2008); Linley setzt sich im Zusammenhang mit Coaching-Forschung mit den Fragen „Wer? Was? Wo? Wann? Warum?" auseinander, nicht explizit jedoch mit dem „Für wen?". Hawkins hat auf seine vielfach an Personalentwickler und Coaching-Dienstleister gestellten Fragen, wie sie die Lerneffekte aus Coachings in ihrer Organisation nutzen und welche Rückschlüsse daraus gezogen werden können, noch keine überzeugenden Antworten erhalten – bei allem Bewusstsein für die Wichtig- und Richtigkeit dieser Fragen.

Institutionen	Auftraggeber (v.a. Personalabteilung)	**Mittel**, da sie Forschungsergebnisse gerne als qualitative Argumente für Coaching nutzen.	**Mittel**, da Praxis bei der Coach-Auswahl zwar ein wichtiges, aber kein alleiniges Kriterium ist.	**Mittel**, da sie gerne professionelle Standards nutzen, sich aber nicht entbehrlich machen wollen.
	Organisationen (Coaching-Nachfrager)	**Gering** und nur dann gegeben, wenn Forschungsergebnisse wirklich praxisrelevant sind.	**Hoch**, da sich Coaching-Ausgaben durch verbesserte und erfolgreichere Praxis amortisieren müssen.	**Gering**, da sie sich auf die Auftraggeber und deren Entscheidungskompetenzen verlassen.
	Verbände (national und international)	**Mittel**, da sie Forschungsergebnisse zu Marketingzwecken nutzen, aber nicht wirklich selber forschen.	**Hoch**, da sie aus Coachs bestehen und daher eher als Coach- denn als Coaching-Verbände anmuten.	**Gering bis mittel**; gering v.a. bei nationalen Verbänden[672]; international ist es intensiver (daher mittel).
	Verbraucherschützer (z.B. BMELV, BMBF, Schlichtungsstellen)	**Mittel**, da sie an praxisrelevanten Grundlagen interessiert sind, weniger an reiner Theorie.	**Hoch**, da sie mit Praxisbezug angefragt werden und dort mit ihren Schutzinitiativen ansetzen.	**Hoch**, da professionelle Standards als Basis für immer wichtiger werdende Regulierung dienen.
	Forschungsinstitute (v.a. universitäre Einrichtungen)	**Hoch**, da sie die theoretische Fundierung und Validität ihrer Ansätze beweisen wollen.	**Mittel**, da sie aufgrund Sponsoring bzw. Auftragsforschung praxisrelevante Ergebnisse benötigen.	**Hoch**, da sowohl Evaluation und wissenschaftliche Reflexion als auch Praxisrelevanz im Fokus steht.
	Ausbilder (verantwortlich für Aus- und Weiterbildung)	**Hoch**, da neue wissenschaftliche Erkenntnisse in die Aus- und Weiterbildung einfließen.	**Hoch**, da der Transfer aller theoretischen und praktischen Kenntnisse erfolgskritisch ist.	**Hoch**, da Grundlagen, Prozess, Praxis, stellvertretendes Handeln und Reflexion behandelt werden.
Gesellschaft		**Hoch**, da wissenschaftliches Problemlösen in der Praxis fundierter theoretischer Grundlagen bedarf.	**Hoch**, da soziales Handeln wie im Coaching eine gesellschaftliche Handlungsmaxime ist.	**Hoch**, da Professionalisierung durch die Verbesserung der Wissensgrundlagen zum Gemeinwohl beiträgt.

Abb. 19: Mögliche Stakeholder von Coaching-Forschung und deren Interessen[673]

Augenscheinlich sind die meisten Stakeholder praktisch orientiert und versprechen sich von Forschung wie z.B. direkt auf Coaching anwendbare Methoden oder Interventionen am meisten. Dies spricht für die praxeologisch ausgerichteten Forscher und Forschungsinstitute, die sich bildlich gesprochen eher der sofortigen „Operation am offenen Herzen" verschrieben haben als sich zuerst dessen Anatomie zuzuwenden und gründliche Untersuchungen vorzunehmen. Sofern im Coaching überhaupt Forschungsaufträge vergeben werden, profitieren praxeologisch ausgerichtete Forscher sicherlich eher davon als theoretisch ausgerichtete.

Coachs, nationale Verbände und Organisationen haben zusammen genommen ein relativ geringes Interesse an Professionalisierung, weil sie in deren Augen keinen unmittelbaren Nutzen stiftet: Coachs schöpfen das Marktwachstum ab und sehen keine Notwendigkeit, sich mit Profes-

---

[672] Dem Autor ist außer dem DBVC kein anderer deutscher Coaching-Verband bekannt, der sich des Themas „Coaching als Profession" explizit und intensiv annimmt. So hat der Fachausschuss „Profession" des DBVC Leitlinien und Empfehlungen für die Entwicklung von Coaching als Profession entwickelt und in einem Kompendium veröffentlicht (vgl. DBVC (2010)).

[673] Eigene Darstellung

sionalisierung einhergehenden Herausforderungen wie regelmäßiger Evaluation, Zertifizierung durch eine unabhängige Instanz sowie verpflichtender Supervision etc. zu stellen. Womöglich haben sie gar Angst, auf Grund nachweisbarer mangelnder Qualifikation bzw. Qualität vom Markt verdrängt zu werden. Bei nationalen Verbänden ist es häufig genauso, da ihr Hauptaugenmerk der umsatz- und reputationswirksamen Vermarktung ihrer Mitglieder (Coachs) dient. Sie haben vordergründig zwar mehr Interesse an Wissenschaft als Coachs und Organisationen, was sich z.b. auch in der Gründung eigener Fachausschüsse, der Nominierung wissenschaftlicher Beiräte oder der Förderung wissenschaftlicher Projekte ausdrückt. Letztendlich sind es aber oft reine Selbstdarstellungsplattformen, die kein echtes Interesse an der Professionalisierung von Coaching haben und aufgrund des bereits in Kapitel 2.3.4 dargelegten „Do ut des"-Prinzips eher zu einer Qualitätsminderung und damit zur Deprofessionalisierung beitragen.

International tätige Verbände und Vereinigungen haben dagegen erkannt, dass es für die Zukunft von Coaching als Beratungsform wichtig ist, sich zu professionalisieren (siehe Initiativen im vorigen Abschnitt). Ein Anfang ist gemacht, doch sind noch viele Fragen offen, z.B. wie weit Regulierung gehen sollte bzw. darf, um die gebotene klientenorientierte Individualität von Coaching nicht zu gefährden. Organisationen haben ein recht geringes Interesse an Professionalisierung, da sie eigene Experten damit beauftragen, mit Intransparenzen umzugehen und vorhandene Lücken zu schließen. Damit haben sie die Verantwortung für Coaching delegiert.

Meist nehmen Personalabteilungen diese Expertenrolle ein, d.h. sie sind verantwortlich für die Auswahl und die Beauftragung von Coachs, die passende Vermittlung an Klienten, die bedarfsweise Begleitung des Coachings (z.B. Ansprechpartner bei Rückfragen oder Problemen), die Qualitätssicherung (z.B. durch Evaluation, Feedback- und Abschlussgespräche und weitere Maßnahmen), das darüber hinausgehende Beziehungsmanagement zu den Parteien sowie ggf. das Bildungscontrolling durch entsprechende Kosten- und Leistungsberichte an die Unternehmensleitung. Bei internen Coachs übernehmen sie teilweise die Ausbildungsverantwortung bzw. fungieren selbst als interne Coachs. Aufgrund des Erfahrungsschatzes und Hintergrundwissens über Coaching sind aus der Sicht dieser quasi als Coaching-Auftraggeber fungierenden Personalentwickler professionelle Standards zwar wünschenswert, aber nicht zwingend notwendig, um ihre Ziele zu erreichen – zumal sie auf ihre heutigen Aufgaben und Verantwortlichkeiten nicht verzichten wollen, die überdies Beschäftigungsschutz bieten. Wie in Abschnitt 4.1 dargestellt, vertrauen die Auftraggeber unterschiedlicher Organisationen bei der Suche nach Coachs mehr auf die Meinung ihrer Kollegen und fragen bei ihrem Netzwerk an als sich auf die Gütesiegel mehr oder weniger renommierter Verbände zu verlassen.[674]

---

[674] Vgl. Zitat I1, 15-18

Coaching als Dienstleistung fällt zudem grundsätzlich in den Interessenbereich von Verbraucherschützern wie z.b. des BMELV, BMBF, der dvct-Schlichtungsstelle oder des DBVC-Sachverständigenrats.[675] Coaching-Ausbilder und die Gesellschaft, wissenschaftlich repräsentiert durch die Soziologie, haben das größte Erkenntnisinteresse an Wissenschaft, Praxis und Professionalisierung gleichermaßen und bilden das Scharnier dieses Beziehungsdreiecks. So spielen Grundlagen- und angewandte Forschung sowohl für die Aus- und Weiterbildung als auch für die Soziologie eine bedeutende Rolle. In der Aus- und Weiterbildung gilt es zunächst zu vermitteln, was Coaching ist, wo es herkommt, auf welchen theoretischen Überlegungen es aufbaut, wie es sich abgrenzt – welches die besondere professionelle Leistung ist[676] – und welche Modelle es gibt – sprich: wie Coaching professionsanalytisch einzuordnen ist. Auf viele dieser Themen gibt es heute noch keine klaren Antworten, was für Coaching-Ausbilder unbefriedigend ist.

> „Ich weiß nicht, was ich unter Professionalisierung verstehe. Eine normale soziologische Antwort zu geben wäre jetzt ein bisschen blöd, weil ich zwischen den Wünschen und was ich für das Thema Coaching für pragmatisch, für sinnvoll halte, weit auseinander gehe. Klassischerweise wäre Professionalisierung, dass sich Coaching als Beruf, als Profession neben anderen klassischen Professionen etabliert. Das ist aber wahrscheinlich so nicht machbar und auch nicht sinnvoll.[677]"

Aus Forschungsergebnissen ergibt sich eine gesellschaftliche Bedeutung über eine reine RoI-Betrachtung hinaus: Erkenntnisse aus Langzeitstudien umfassen stets auch die Sozialentwicklung eines Landes, nicht nur unkontrollierbare Fakten zum (unternehmerischen) Erfolg.[678]

Die Auswirkungen der sekundären Professionalisierung auf Coaching führen dazu, dass sich diese Beratungsform sinnvollerweise nicht neben den „old established professions" etabliert. Der dadurch entstandene Typus des ‚wissenschaftlichen Professionellen' bewegt sich auf offenen Beschäftigungsmärkten mit breiten Qualifikationen ohne die klassische professionelle Autonomie. Dieser Typus hat es oft mit Klienten zu tun, die über Ziel und Ausführung seiner Tätigkeit bestimmen sowie seine Leistung kontrollieren.[679] Im Coaching sollte der Klient die Zielsetzung und Lösung bestimmen, während der Coach ihn dorthin führt, d.h. die Prozesshoheit besitzt, und im Rahmen einer regelmäßigen Evaluation sollte der Grad der Zielerreichung bzw.

---

[675] Die Verbraucherschutzinitiativen des BMELV, insbesondere auch Forschung und Entwicklung, beschäftigen sich v.a. mit Ernährung bzw. Agrarwirtschaft und noch recht wenig mit dem tertiären Sektor. Im Zuge der Finanzkrise hat die Verbraucherpolitik für Recht und Wirtschaft einen zunehmenden Stellenwert erfahren, und auch Forschung und Innovation werden vorangetrieben. Coaching als beratende Dienstleistung ist noch nicht direkt im Fokus des Ministeriums, wäre aber zuständigkeitshalber dort anzusiedeln. Das BMBF könnte qua Zuständigkeit über die Regelung von Aus- und Weiterbildung im Coaching schützend bzw. qualitätssichernd eingreifen, bspw. angelehnt an den Bologna-Prozess (vgl. Zitat I2, 2-2). Seit 2005 unterstützt der dvct mit einer bundesweiten und kostenlosen Schlichtungsstelle Mitglieder, Klienten und Coachs in Konfliktsituationen unter dem Siegel „Verbraucherschutz für Training und Coaching" (siehe http://www.dvct.de/verband/schlichtungsstelle/). Der DBVC hat zu diesem Zweck einen Sachverständigenrat eingerichtet (http://www.dbvc.de/cms/index.php?id=395&PHPSESSID=49165b3ad40b52a65416abe199e022a1).
[676] Vgl. Mieg/Pfadenhauer (2003)
[677] I7, 4-4
[678] Vgl. Zitat I2, 127-127
[679] Stichweh (1987), S. 258 f. (Hervorhebung im Original)

die Zufriedenheit mit dem Coaching überprüft werden. Von einer Experten-Laien-Konstellation im Sinne Nittels kann nur in Bezug auf die Prozesskompetenz gesprochen werden, da sich die beiden Protagonisten inhaltlich auf Augenhöhe bewegen sollten.[680] Durch Beforschung von Coaching wird die Wissensbasis erweitert, d.h. die Prozesskompetenz des Coachs professionsanalytisch gegenüber dem Klienten überhöht, was der machttheoretischen Formel Freidsons entspricht: "Knowledge becomes power, and profession stands as the human link between the two.[681]" Dieses Machtgefüge nutzt ein guter Coach, um en passant, d.h. im Prozess, das situativ relevante Praxiswissen über Coaching anzuwenden. Dieses Wissen und dessen Anwendung im Rahmen von Interventionen ist und bleibt eklektisch, allerdings kann systematische Forschung dazu beitragen, den Fundus zu erweitern. Der Grad der Professionalität eines einzelnen Coachs ist dabei weder vom kollektiven Prozess der Professionalisierung noch von der Existenz einer gesellschaftlich verankerten Profession abhängig.[682] Das soziale Konstrukt „Profession" ist gewissermaßen Mittler zwischen Theorie- und Praxiswissen und die Professionalität das Ergebnis einer erfolgreichen Vermittlung. Mit anderen Worten: je erfolgreicher die Anreicherung von wissenschaftlich und praktisch relevantem Wissen im Coaching ist, desto höher ist der Erfüllungsgrad der Profession „Coaching". Coaching-Forschung muss sich im Beziehungsdreieck „Wissenschaft – Praxis – Profession" positionieren, denn nur dadurch trägt sie zu einer soziologisch relevanten Professionalisierung von Coaching bei.

Die folgende Abbildung unternimmt den Versuch, die identifizierten Stakeholder von Coaching-Forschung – in Übereinstimmung mit den Begründungen der vorigen Abbildung – in das Beziehungsdreieck zu setzen und durch die jeweilige Positionierung die relativen Unterschiede der Interessen darzustellen. Das wissenschaftliche und praktische Interesse wird in die bekannten Abschnitte „gering" (abgekürzt mit „g"), „mittel" („m") und „hoch" („h") eingeteilt, wobei „P" für „Praxis" und „W" für „Wissenschaft" steht. Im Sinne der eben beschriebenen Logik ergibt sich die professionstheoretische Würdigung von Coaching-Forschung durch den Abstand zu „Profession": z.B. für Coachs ist die Bedeutung relativ gering, während sie für Ausbilder relativ hoch ist.

---

[680] Vgl. Nittel (2000)
[681] Freidson (1986), S. IX
[682] Vgl. Siebert (1990)

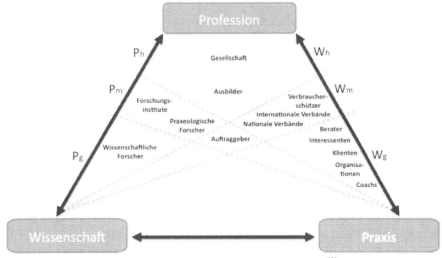

Abb. 20: Positionierung der Stakeholder im Beziehungsdreieck (Fokus: Interessen)[683]

5.1.3   Forschungsfelder im Beziehungsdreieck

Die im Rahmen der Interviews ermittelten potenziellen Forschungsfragen und Begriffsklärungen (siehe Abbildung 17 in Abschnitt 4.3.1) können von der aktuellen Literatur allenfalls rudimentär beantwortet werden. So spielen die Forschungsfelder in vielen wissenschaftlich wie praxeologisch orientierten Veröffentlichungen eine Rolle, doch zeigt sich auch hier das Fehlen sowohl einer breiten empirischen Basis als auch einer klaren Forschungsmethodologie. Nicht selten würdigen die Autoren ihre Arbeiten dabei selbstkritisch und werfen ihrerseits weiterführende Fragen auf oder weisen auf Verbesserungspotenziale in Samples, Designs und Methoden hin.[684] Die Forschungsgemeinschaft ist sich einig, dass Coaching-Forschung noch im Anfangsstadium steckt und oftmals nicht über anekdotische Evidenz hinwegkommt. Aus der Ferne betrachtet mutet die Coaching-Praxis wie ein Hochgeschwindigkeitszug an, der zu schnell für die Weiche „Coaching-Forschung" ist, die qua Stellung darüber entscheidet, ob der Weg in die Zukunft richtig oder falsch ist.[685]

Aktuelle Trends und Herausforderungen im Coaching auf dem Weg zu einer Profession determinieren die zu ergreifenden Maßnahmen. Zwingende Voraussetzung ist, sämtliche Entwicklungsschritte aus einer organisationalen Brille zu betrachten, da Coaching in der Definition dieser Arbeit eine berufsbezogene Beratungsleistung ist, die üblicherweise auch von Organisationen bezahlt wird und daher der Anspruch eines unmittelbaren Bezugs besteht.

> „Ich stelle Coaching in einen Organisationskontext. [...] Man könnte das erst einmal an Karrierepfaden aufmachen. An welcher Stelle der Entwicklung (Unternehmenseintritt, erste

---

[683] Eigene Darstellung
[684] Vgl. z.B. Dagley (2010), Leonard-Cross (2010)
[685] Vgl. Zitat I3, 60-62

Führungsaufgabe, Karriereentwicklung) macht Coaching Sinn? Oder man hängt es auf an bestimmten Prozessen oder Veränderungsprojekten. Da kann man ganz viele Anlässe und Situationen definieren. Oder man geht über Zielgruppen oder über bestimmte Problemkonstellationen.[686]"

Die damit einhergehenden Anforderungen und Maßnahmen decken sich mit Hawkins Untersuchungen[687]:

– **Wertschöpfung:** Wachstum von und Investitionen in Coaching verlangen zunehmend nach einem entsprechenden RoI. Coaching in und für Organisationen muss sich auch in deren Dienst stellen, da sie es sind, die Coachs und Klienten bezahlen.

– **Qualitätssicherung:** Es besteht ein hoher Bedarf an einer Qualitätssicherung der Coaching-Praxis durch professionelle Standards und effektive Supervision.

– **Etablierung von Coaching als Profession:** Eine notwendige, theoretische Weiterentwicklung und Forschungslogik im Coaching muss auf den Grundlagen von Psychologie, Psychotherapie und Beratung aufbauen, sich jedoch gleichzeitig auch davon abgrenzen. Professionalisierung muss effektiv sein und parallel die Nachteile dieser Entwicklung vermeiden.

– **Fokuserweiterung:** Führung steht im Beziehungskontext von Menschen und Gruppen, selten in einem reinen Eins-zu-eins Setting. Demzufolge ist zu prüfen, inwieweit dies nicht insoweit Auswirkungen auf Coaching hat, dass mehr Team- und Organisations-Coachs benötigt werden.

Diese Maßnahmen sind durch einzelne, mehrere oder alle Forschungsfelder aus Kapitel 4 abgedeckt. Der Tatbestand, dass die Forschungsfelder weder überschneidungsfrei noch alle auf einer Ebene sind, hat sich im Rahmen der weiteren Literaturanalyse bestätigt.

Den Rahmen um Coaching-Forschung stecken die angewandten Sozialwissenschaften, denen es im Wesentlichen einerseits um erkenntnistheoretische Fragen wie „Was ist Coaching? Wie entsteht eine einheitliche Wissensbasis über Coaching?", andererseits um die gesellschaftspolitische Bedeutung von Coaching geht. Wenn Veränderungen Auswirkungen auf Menschen haben, sind stets auch die damit zusammenhängenden Disziplinen in der Weise betroffen, dass sie diese Auswirkungen im wissenschaftlichen Diskurs analysieren und zu klärende Fragen formulieren, auf die es passende Antworten zu finden gilt. Veränderungen erfordern einen „change of mind", d.h. die Bereitschaft, das Bestehende kritisch zu hinterfragen und ggf. zu modifizieren. Dies gilt auch für die theoretischen Annahmen und Rahmenbedingungen im Coaching: es muss sich an neue Realitäten anpassen und diese einerseits stützen, andererseits kritisch hinterfragen. Coaching ist somit integraler Bestandteil gesellschaftlicher und organisationaler Change-Prozesse. Je nachdem welches Menschenbild man zugrunde legt und wie man organisationalen Wandel definiert, kommen unterschiedliche Coaching-Ideologien zum Tragen.

---

[686] I7, 16-26
[687] Vgl. Hawkins (2008)

„[...] Das ist natürlich sehr mühsam, aber momentan die einzige Möglichkeit, seriös zu forschen. Dass man am Anfang erstmal definiert, was ist Coaching im Verständnis dieser Arbeit, damit derjenige, der die Arbeit dann auch liest sich darüber im klaren ist, ob er es hier
nur mit einem Etikett, einem bestimmten Bereich, einer ganz engen Spezialisierung oder
einer sehr breiten Auffassung von Coaching zu tun hat, weil er sonst gar keine Möglichkeit
des Vergleiches hat.[688] – „[...] Ressourcen-, Lösungsorientierung, das sind ganz, ganz
wichtige Dinge genauso wie Wertschätzung, Konstruktivismus, Systemtheorie.[689]"

Askeland hat auf der Basis von Veränderungsprozessen zwei ideologische Zugänge zu Coaching untersucht, die den aktuellen Diskurs beschreiben: die „Strategic Choice Theory", die den
Menschen als autonom, zielorientiert und initiativ beschreibt, der den Wandel selber gestaltet,
und die Theorie der „Complex Responsive Processes of Relating", die den Menschen als Sozialwesen charakterisiert, das sich über soziale Interaktionen definiert und Wandel durch neue
Konversationsmuster erklärt, die durch Verhandlungen entstehen. Dabei hat die Autorin, die
selbst als Coach tätig ist, ihre eigene Wahrnehmung von einem autonomen, zielorientierten
Menschenbild hin zu einem sozial konstruierten, das seine Zukunft durch fortlaufende Verhandlungen mit anderen Menschen gestaltet, verändert.[690]

Die Kernfrage, die sich immer wieder stellt, ist, wie Coaching diesen Wandel unterstützen
kann: indem es individuelle, soziale und organisationale Veränderungen verknüpft? Wie viele
Freiheitsgrade sollte Coaching angesichts seiner hohen gesellschaftspolitischen Verantwortung
genießen, d.h. im Umkehrschluss: wie viel Regulierung ist erforderlich bzw. notwendig? Eine
Industrie bzw. Branche mit so zahlreichen Anwendungsfeldern wie Coaching zu regulieren, ist
schwierig, aber in gewissem Maße obligatorisch. So muss es Institutionen geben, die Aus- und
Weiterbildung regeln und Qualitätsstandards aufstellen, die überprüft und gesichert werden.[691]
Wenn es situativ richtig erscheint, kann Coaching wie in Kapitel 5.1.1 beschrieben reine Konversation sein, d.h. eine Unterhaltung, oder aus dem Stellen von Fragen bestehen. Es kann aber
auch herausfordernder, direktiver oder gar instruktiver sein. Zur Angemessenheit der Situation
gehören das entsprechende Handlungsrepertoire sowie die Prozesskompetenz des Coachs. Ein
Paradoxon im Coaching ist, dass der Coach nicht nicht handeln bzw. wirken kann, unabhängig
vom Grad der Direktivität seines Coaching-Stils. Alles, was er tut oder lässt, hinterlässt eine
Wirkung; dementsprechend ist der Coach ein wichtiger Wirkfaktor im Coaching, dessen er sich
bewusst sein und damit jederzeit verantwortungsvoll umgehen muss.[692] Besonders bedeutend ist
die Rolle des Coachs in der Coaching-Beziehung. Hodgetts empfiehlt als Auswahlkriterien für
Coachs interpersonale Fähigkeiten (v.a. Selbsterfahrung, Selbstbewusstsein, Zuhören, Empathie
und Übermittlung von kritischem Feedback), vom Klienten als kompetent und vertrauenswür-

---

[688] I3, 21-21
[689] I5, 46-50
[690] Vgl. Askeland (2009); die „Strategic Choice Theory" wurzelt in der Humanistischen Psychologie (vgl. z.B.
Stacey (2007)), der Ansatz der „Complex Responsive Processes of Relating" geht zurück auf Komplexitätstheo-
rien und Theorien des Sozialen Konstruktivismus (vgl. z.B. Elias (2007), Mead (2008)).
[691] Vgl. I7, 4-4
[692] Vgl. Kauffman/Bachkirova (2008b)

dig wahrgenommen sowie profundes Verständnis von Geschäfts- und Organisationspolitik.[693] Besonders gut funktioniert eine Zusammenarbeit, wenn die „Chemie" stimmt. Dieses Phänomen ist schwer zu greifen und schwierig zu erforschen; Wycherley und Cox haben im Rahmen ihrer Studie festgehalten, dass eine schnellere Arbeitsfähigkeit womöglich hergestellt wird, wenn sich Coach und Klient in puncto Rasse und Geschlecht (und gar Alter sowie sexueller Orientierung) ähneln.[694]

Im Coaching geht es um den klientenindividuellen und organisationalen Bezug gleichermaßen: wie sieht eine Coaching-Kultur aus, welche das Instrument „Coaching" als Hebel nutzt, um nicht nur einige wenige Führungskräfte davon profitieren zu lassen, sondern die gesamte Organisation? „[...] Die Zukunft liegt für mich darin, Coaching in die Unternehmen zu integrieren, aber nicht als Einzelmaßnahmen, sondern als Teil ihrer Businessstrategie. Da sind wir noch in den totalen Anfängen.[695]" Mit welchen Methoden und Interventionen kann Coaching bestmöglich umgesetzt werden? Mit Blick auf die organisationale Bedeutung von Coaching sollten Unternehmen selbst Maßnahmen ergreifen, um ihrerseits den Weg für Coaching-Erfolg zu ebnen. Für diese Maßnahmen sollte es Kriterien und Evaluationsmethoden geben, damit Coaching keinen „nice to have"-Anstrich bekommt, sondern ein essenzieller Teil der strategischen Personal- und Organisationsentwicklung ist und bleibt[696]:

– **Entwicklung eines strategischen Plans für eine Coaching-Kultur**, die das interne und externe Coaching-Angebot mit allen in der Organisation benötigten Führungs- und Management-Anlässen kombiniert.

– **Regelmäßige Meetings der internen und externen Coach-Gruppen** zwecks Austausch zu systemischen und kulturellen Mustern und deren Entwicklung; Besprechungen mit dem Management dienen einerseits dem Feedback, andererseits aktuellen Einblicken in strategische Herausforderungen und aktuelle Initiativen der Organisation.

– **Bereitstellung von Individual- und Gruppensupervision** durch Experten der Executive Coaching-Supervision mit dem Fokus auf individuelle und organisationale Zielerreichung sowie Qualitätssicherung. Kollegiale Supervison muss verpflichtend sein, da sie Reflexionsinstrument und Weiterbildung gleichermaßen ist.[697]

– **Einsatz von Coaching zu Anlässen, die den größten Hebel haben**, wie z.B. Transition-Coaching für neue oder gerade beförderte Führungskräfte oder Teams in großen Wachstumsfeldern. Dies kann im ersten Schritt durch den Einsatz von Coaching für die Führungskräfte gelingen, denn dadurch wird erreicht, dass diese den Wandel zunächst für sich verproben können, bevor sie ihn in ihr Unternehmen tragen („walking the talk"-Ansatz). Im zweiten Schritt sollte nach einem Training auch die Basis geco-

---

[693] Vgl. Hodgetts (2002)
[694] Vgl. Wycherley/Cox (2008)
[695] I6, 75-105
[696] Vgl. Hawkins/Schwenk (2006), Hawkins/Smith (2006)
[697] Vgl. Zitat I2, 2-2

acht werden, was vornehmlich über Team-Coachings möglich ist.[698] Dabei kann Coaching auch als Selbst-Coaching funktionieren:

„[...] Ich habe ja auch ein Selbst-Coaching Tool entwickelt und da geht es genau darum, dass sich die Coachees selber strukturieren können. [...]. Und da geht es darum, dass ich strukturiert werde, dass ich Sichtweisen und Lösungsversuche bzw. -ideen von anderen bekomme und ich wähle dann aus, was ich machen möchte.[699]"

Die Umsetzung mittels geeigneter Maßnahmen zu begleiten, den Erfolg zu messen und im Sinne einer hohen Wirksamkeit zu verstetigen, bedarf der Kenntnis entsprechender Wirkfaktoren einerseits und Qualitätssicherungsinstrumenten andererseits. In einem Umfeld, in dem die „Chemie" zwischen Coach und Klient stimmt, die Auftragsklärung erfolgreich war und der Klient bereit ist, sich auf das Coaching einzulassen, macht der Coach den Unterschied. Es besteht die Gefahr, dass sich Coachs zu mechanistisch auf Modelle verlassen, ohne auf das Anliegen des Klienten einzugehen.

„[...] Eine Methode ist für mich wie eine Krücke. Aber das Ziel sollte doch nicht sein, sich als Coach eine Krückensammlung zuzulegen, sondern sie wegzuwerfen und laufen zu können. Und da draußen sind aber jede Menge Krückensammler. Das sind keine Coaches, das sind Coachingmethodiker. Die Ansammlung von Krücken macht keinen guten Coach aus. Was einen guten Coach ausmacht, ist die Fähigkeit, in einem sicheren Rahmen einen anderen Punkt zu erreichen.[700]"

Dabei spielen Erfahrung und Ausbildung des Coachs eine wesentliche Rolle. Clutterbuck hat ein Modell entwickelt, das die Reifegrade von Coaching-Ansätzen vergleicht. Je höher der Reifegrad ist, desto geringer ist die Abhängigkeit von „Krücken".[701]

1. **Modellbasiert:** der Coaching-Stil zielt auf die Gewinnung der Kontrolle über die Situation; Fragen, die sich ein Coach stellt, sind z.B. „Wie bekomme ich den Klienten dahin, wo ich ihn hinhaben möchte? Wie passe ich meine Techniken und Modelle dementsprechend an?"
2. **Prozessbasiert:** der Coaching-Stil zielt auf die Erhaltung der Kontrolle ab; Fragen: „Wie kann ich den Klienten steuern und dennoch eine zielgerichtete Konversation erreichen? Wie kann ich meinen Prozess bestmöglich darauf anwenden?"
3. **Philosophiebasiert:** der Coaching-Stil zielt auf die Förderung des Klienten ab; Fragen: „Wie erleichtere ich dem Klienten die Selbsthilfe? Wie bringe ich das Klientenanliegen mit meiner Coaching-Philosophie in Einklang?"
4. **Strukturiert-eklektisch:** der Coaching-Stil zielt auf Ermöglichung ab; Fragen: „Sind wir beide entspannt genug, um das Anliegen und die Lösung sich in welche Richtung auch immer entwickeln zu lassen? Muss ich überhaupt Techniken oder Prozesse an-

---

[698] Vgl. Stober (2008)
[699] I5, 41-44
[700] I3, 82-88
[701] Vgl. Clutterbuck (2010)

wenden? Wenn ja, wie lese ich aus dem Klienten-Kontext heraus, welche aus dem breiten Angebot ich anwenden soll?"

Psychometrische Verfahren sind allenfalls Unterstützungstools im Coaching-Prozess. Es gibt allerdings Organisationen, die Führungskräfte aufgrund von bestimmten Ergebnissen und konkreten Anhaltspunkten in ein Coaching schicken. „[...] Und dann bringen die mir schon Ergebnisse von einem psychometrischen Verfahren mit. Das ist ganz oft so und dann gibt es schon bestimmte Punkte, wegen denen sie ins Coaching geschickt werden.[702]" Pritchard empfiehlt, dass wenn diese Tools zur Flankierung der Intuition eines Coachs eingesetzt werden, dann stets in Kombination eines statischen Verfahrens (z.B. MBTI) mit einem dynamischen (z.B. „Leadership Development Framework" (LDF)). Neben stabilen, konstanten Persönlichkeitsmerkmalen treten durch Lerneffekte stufenweise Veränderungen auf, die nur mit einem dynamischen Modell erfasst werden können.[703] Ein anderer Ansatz ist der „Leadership Readiness Index" (LRI) aus der Entwicklungspsychologie, der sich trotz der Anwendung von elf Persönlichkeitsstilen und Führungsattributen nicht als Persönlichkeitsinstrument versteht, sondern als Interpretationsrahmen für Interventionen.[704]

Den Coaching-Erfolg identifizieren und messen die Coaching-Beteiligten durch regelmäßige Evaluation. Diese sollte die vier Quellen „Coach", „Klient", „Organisation" und „Unterlagen" (Fragebögen und Dokumentationen von vertiefenden Interviews) berücksichtigen. Viele der ohnehin raren Evaluationsstudien im Coaching betrachten oft nur die reaktive Klientenebene – und dies rückwirkend betrachtet –, was das Lernen aus strategisch relevanten Erfolgsgeschichten erschwert.[705] De Meuse et al. haben im Rahmen ihrer Metaanalyse herausgefunden, dass bis 2009 ganze 22 Evaluationsstudien zu Wirksamkeit im Coaching vorgelegen haben, davon zwölf empirische und zehn retrospektive Studien. Sie resümieren, dass sowohl Führungskräfte als auch Organisationen aufgeschlossen gegenüber Coaching sind und Coaching funktioniert, was sich in Fähigkeits- und/oder Leistungsverbesserungen ausdrückt. Darüber hinaus empfehlen sie formative sowie summative Evaluation und einen anderen Zugang zu Leistungsmessung als den RoI-Ansatz, der sehr volatile Ergebnisse aufweist, von vielen Faktoren abhängt und zu Fehlsteuerung im Bildungscontrolling führt; stärkere, auch im Management akzeptierte, Indikatoren für Coaching-Erfolg sind berufliche Zufriedenheit, Commitment und Loyalität, verbessertes Beziehungsmanagement (v.a. zu Kunden, Vorgesetzten, Kollegen, Mitarbeitern) und Fähigkeiten wie z.B. Führung oder Produktivität.[706]

„[...] Der RoI muss meiner Meinung nach qualitativ gemessen werden. Und das geht ja auch. Was man zum Beispiel machen könnte, wäre jemanden qualitativ zu befragen. Aber nicht im Sinne von ‚Quantifizieren Sie das mal auf einer Skala von eins bis hundert', sondern ich würde wirklich mit mehreren Methoden arbeiten, indem ich die Leute befragen

---

[702] I2, 168-222
[703] Vgl. Pritchard (2009); für Näheres zum Leadership Development Framework vgl. Fisher/Rooke/Torbert (2000).
[704] Vgl. Best (2010)
[705] Vgl. Kearns (2006), Fairhurst (2007)
[706] Vgl. De Meuse/Dai/Lee (2009)

würde. Da kann man natürlich ein psychometrisches Verfahren noch draufsetzen, z.B. wenn ich eine bestimmte Hypothese habe, was in puncto Selbstwirksamkeit mit Coaching zu erreichen ist. Man muss mehrere Messungen machen. Ich würde nicht nur am Ende des Coaching-Prozesses messen, sondern auch drei Monate später, sechs Monate später, neun Monate später, und vielleicht noch zwölf Monate später, um auch zu schauen, ob ich hier überhaupt einen Effekt habe oder lediglich eine kurzfristige Schwankung."[707]

Ein Wirkfaktor und Indiz für Wirksamkeit gleichermaßen ist die Selbstwirksamkeit des Klienten – eine erhöhte Selbstwirksamkeit ist ein Indikator für beruflichen Erfolg, während eine niedrige Selbstwirksamkeit über Angst und Wahrnehmungsverzerrungen bis hin zu Stress- und Depressionssymptomen führt.[708] Coaching und Feedback bzgl. Leistung, Fähigkeiten und Erwartungen beeinflussen die Selbstwirksamkeit, da sie den Klienten implizit und explizit von der Erreichbarkeit des Ziels überzeugen.[709] Dennoch liegen sehr wenig empirische Ergebnisse zu Coaching im Kontext von beruflicher Selbstwirksamkeit vor. Leonard-Cross hat im Rahmen ihrer Studie Klienten, die gecoacht worden sind (N=61) und eine Kontrollgruppe mit N=57 ohne Coaching bezüglich der Veränderungen in der Selbstwirksamkeit untersucht. Im Ergebnis haben die gecoachten Klienten einen höheren Selbstwirksamkeitsgrad erreicht, was zeigt, dass Coaching durchaus positiv auf dieses Phänomen einzahlen kann.[710] Dagley hat in seiner Studie HR-Verantwortliche für den Einkauf von Coaching-Leistungen (Auftraggeber) danach gefragt, woran sie gute Coaching-Ergebnisse festmachen: direkt wirksame Ergebnisse, identifizierbare Messpunkte, nachgelagerte Effekte sowie Einflussfaktoren auf die Ergebnisse. Gutes Coaching zeichnet sich demnach durch sichtbare Verhaltensänderungen aus, d.h. eine Erhöhung der Selbstwirksamkeit des Klienten, bei welcher der Coach eine entscheidende Rolle spielt.[711] Darüber hinaus muss ein großes N nicht stichhaltig sein:

„[...] Wissenschaftlich aussagekräftige, statistisch relevante Ergebnisse kriegen Sie nur über Vereinfachung. Das hat dann oft gar nichts mehr mit der Realität zu tun, aber Sie können eine Wirksamkeit beweisen, wie es z.B. in der pharmazeutischen Industrie immer gewollt ist, über große Mengen. Das macht es glaubwürdig, aber ob es eine Relevanz hat, wissen wir immer noch nicht. So ist das Vorgehen, um Komplexität zu reduzieren; das macht ja auch Sinn, aber eine wirkliche Aussage trifft es natürlich nicht. Es beweist das, was es beweisen möchte."[712]

Um zu einer evidenzbasierten Wissensbasis zu gelangen, müssen alle Quellen angezapft, auf Sinnhaftigkeit überprüft und ausprobiert werden, die in ähnlichen Paradigmen, d.h. anderen Beratungsformen, bereits getestet worden sind – so z.B. auch neueste Erkenntnisse aus den Neu-

---

[707] I3, 131-143
[708] Vgl. Gist/Mitchell (1992), Bandura (1995), Pajares (1997)
[709] Vgl. Bandura (2000)
[710] Vgl. Leonard-Cross (2010); allerdings weist auch diese Studie wieder methodische Unwägbarkeiten auf: so ist nicht festzustellen, wie groß der Unterschied vor dem Coaching gewesen ist, da keine Vorerhebung bei Klienten und Kontrollgruppe stattgefunden hat.
[711] Vgl. Dagley (2010); der Autor der Studie bemängelt von sich aus die zu geringe Stichprobe an Teilnehmern (N=20 HR-Professionals), kündigt aber gleichzeitig an, dass bereits ein zweiter Teil (Teilnehmer: Coachs) und ein dritter (Teilnehmer: Klienten) in Arbeit sind.
[712] I2, 271-332

rowissenschaften. Seit geraumer Zeit wollen Forscher auch Wirksamkeit begründen, die unsichtbar ist, indem sie bspw. Hirnströme vorher und nachher messen. So haben Neurowissenschaftler in den 90er Jahren detaillierte Nachweise über neuronales und biochemisches Feedback, das Wahrnehmung, Interaktion, Denk- und Sprachstrukturen, Bewusstsein, Emotionen und Entscheidungsfindung erklärt, erbracht – darunter auch die Verbindung von kognitiven und emotionalen Prozessen.[713] Damit ist ein Teil der theoretischen Basis für die NLP gelegt worden, die auch im Coaching angewendet wird. Jedoch nicht nur in der NLP, sondern für die Konzipierung von Coaching-Prozessen aus der Perspektive der Hirnforschung, ist es wichtig, auf neurowissenschaftlichen Grundlagen aufzubauen.[714] Neurowissenschaften sind nicht nur für die therapeutische bzw. therapienahe Beratungsformen von Bedeutung, sondern ein Grundstein für ein Meta-Modell im Coaching, bspw. zur Erörterung der Zusammenhänge von Körper und Geist, und sollten daher auch in der Forschung Berücksichtigung finden.[715] Nicht zuletzt dadurch kann die Evidenzbasis über Hirn- und Nervenforschung als Wirkfaktor ausgebaut werden.[716] Im sozialwissenschaftlichen Kontext der Arbeit kann dieses Forschungsfeld jedoch nicht als professionalisierungsfähig gelten, da es das bisherige Menschen- und Gesellschaftsbild nicht teilt. Dennoch wird es von Fachjournals und den Probanden als durchaus relevantes Forschungsfeld betrachtet.

„[...] Die Hirnforschung wird eher das Rennen machen als sozialwissenschaftliche Forschung. [...] Weil wir gerade so ein Zeitalter von Wissen und biochemischer Forschung und Hirnforschung haben, die gegen das Pädagogisieren der Gesellschaft geht. Das ist der Trend, den ich wahrnehme, und ich könnte mir vorstellen, dass in diesem neurologisch-, psychiatrisch-, gehirnphysiologischen Feld die Tiefe sein wird.[717]"

Der Beitrag der Forschungsfelder zu Wissenschaft, Praxis und Profession ist bei den angewandten Sozialwissenschaften, Wirkfaktoren und Wirksamkeit sowie Qualitätssicherung am größten. Die Erstgenannten decken sowohl die Grundlagentheorien als auch die gesellschaftlichen Aspekte mit Blick auf die soziologisch relevante Professionalisierung von Coaching ab. Dies wird durch konsequente Praxisanwendung im täglichen Leben erprobt und feinjustiert. Wirkfaktoren müssen identifiziert und deren Stärke faktoranalytisch untersucht werden – ein hoher wissenschaftlicher Beitrag. Praktische Relevanz und der Professionalisierungsbeitrag ergeben sich aus den Untersuchungen der Wirksamkeit „im Feld" – beim qualitativen Ansatz durch Befragungen. Qualitätssicherung hat ebenfalls eine hohe Bedeutung, da viele benötigte Grundlagen (z.B. Standards, Messkriterien etc.) erforscht werden müssen. Die Basis für Qualitätssicherung dürfte jedoch aus den ersten beiden Feldern kommen. Coaching-Kultur an der Schnittkante von individueller und organisationaler Entwicklung ist eher ein Thema für die Praxeologie. Nicht zuletzt aufgrund ihrer soziokulturellen Bedeutung im Unternehmen trägt sie zur Professionalisierung bei – wenn auch nicht in dem Maße. Methoden und Interventionen haben eine

---

[713] Vgl. Damasio (2006)
[714] Vgl. Waring (2008)
[715] Vgl. Linder-Pelz/Hall (2008)
[716] Vgl. Zitat I5, 32-40
[717] I2, 36-36

hohe praktische Relevanz, bedürfen jedoch auch wissenschaftlicher Grundlagen. Dadurch, dass sie zwar operative Coaching-Exzellenz üben, jedoch in erster Linie Hilfsmittel sind, wirken sie kaum auf Professionalisierung. Neurowissenschaften als eine Art „methodisch-technische Innovation" im Coaching müssen erst gründlich erforscht und in der Praxis erprobt werden. Aufgrund der nicht gegebenen Professionalisierungsfähigkeit im soziologischen Kontext empfiehlt sich ein konstruktiver Dialog beider Disziplinen, um ggf. doch noch eine gemeinsame Richtung einzuschlagen. Vorher kann der Professionalisierungsbeitrag nicht genauer ermittelt werden.

Nach der strukturfunktionalistischen Würdigung der Forschungsfelder in Kapitel 4.3.2 (siehe Abbildung 18) folgt darauf aufbauend nun der Versuch einer Einordnung in das relationale Beziehungsdreieck „Wissenschaft – Praxis – Profession". Die angewandten Sozialwissenschaften leisten dabei den größten Beitrag zur Profession „Coaching", die Neurowissenschaften aus besagten Gründen den kleinsten.

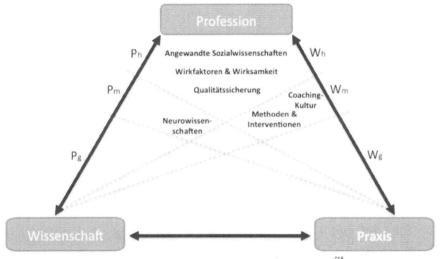

Abb. 21: Positionierung der Forschungsfelder im Beziehungsdreieck (Fokus: Beitrag)[718]

Es folgt die Annäherung an generische Forschungsszenarien über eine soziologisch orientierte Perspektive auf Coaching-Forschung.

5.2 Professionssoziologische Perspektive auf Coaching-Forschung

Die professionssoziologische Relevanz von Forschung hat Oevermann vor knapp 30 Jahren anhand der Funktionen „Beratung", „Weiterbildung", „Evaluationsforschung und innovationsbegleitende Forschung" und „Herstellung von planungsrelevanten Informationen" für die praktisch orientierte Soziologie bestätigt.[719] Im Sinne soziologischer Professionalität müssen langfristige Beratungsperspektiven und -alternativen entwickelt werden, an denen Forscher und Prak-

---

[718] Eigene Darstellung
[719] Vgl. Oevermann (1981a); s.a. Abschnitt 2.1.1

tiker gleichermaßen mitwirken.[720] Um dies zu schaffen, ist einerseits eine Erweiterung der Kenntnisse über Beratung – v.a. durch Evaluation – nötig, andererseits verbirgt sich hinter der „Herstellung von planungsrelevanten Informationen" Grundlagenforschung mit dem Ziel einer gemeinsam getragenen Ideologie und Programmatik sowie eines einheitlichen Verständnisses der Begrifflichkeiten. Erst dann wird es möglich sein, zwischen Professionalisierung im Sinne eines Aufbaus der Professionalität eines einzelnen (Beratungsform) und Professionalisierung im Sinne einer kollektiv angelegten Professionsbildung (Markt) zu unterscheiden.

Beratung ist nicht gleich Beratung und Wissen nicht gleich Wissen: die Wahl des Beratungsangebots (z.B. Fachberatung versus Prozessbegleitung) beeinflusst das Verhältnis von Wissenschaft und Beratung. Die Anschlussfähigkeit zwischen der „Scientific Community" und der „Community of Practice" wird bspw. über Reflexion der Beratungspraxis auf einem wissenschaftlichen Hintergrund hergestellt, in dem Ergebnisse veröffentlicht werden oder vertiefende Gespräche mit Forschern stattfinden.[721] Organisationsberatungen verlangen viel Geld für „technische" Beratung. Sie bringen Wissen, keine Weisheiten. Coachs liefern auch keine Weisheiten, aber rufen sie in den Klienten hervor. Der Unterschied zu Wissen liegt in der visionären, nachhaltigen Anwendbarkeit, durch die Führungskräfte zu mitfühlenden Menschen werden können, die sich um die gesamte Gesellschaft scheren, nicht nur um ihre eigene Unternehmung. Insofern ist die Rolle des Coachs in der Weiterentwicklung des Klienten mindestens genauso wichtig, wie die Übertragung „technischen" Wissens.[722]

Auf seiner Professionalisierungs-Reise zwischen Beratungsform und Markt befindet sich Coaching an einem signifikanten Punkt. In der ersten Phase haben viele verschiedene Pioniere versucht, jeweils eigene Ansätze z.B. aus dem Sport auf den Business-Kontext zu übertragen. Die theoretischen Grundlagen entstammen der Beratung, Psychotherapie oder der Organisationspsychologie. In der zweiten Phase ist Coaching enorm expandiert und hat sich ausdifferenziert, einhergehend mit spezifischen Modellen sowie Aus- und Weiterbildungsangeboten. Es hat in Nordamerika und Westeuropa eine hohe Marktdurchdringung erreicht und steht in Phase drei vor nunmehr großen sozioökonomischen Herausforderungen. Nationale bzw. multinationale Standardisierungsbestrebungen – z.B. durch Zertifizierungen und Ethik-Kodizes – stoßen an die Grenzen der globalen Dienstleistung, mit Gefahren für die Professionalisierung[723]:

- Wenn das Coaching-Angebot die Nachfrage übersteigt, heben die Verantwortlichen die Markteintrittsbarrieren an, um die Interessen derjenigen Coachs zu wahren, die bereits professionelle Marktteilnehmer sind. Dies nährt die Gefahr, dass Angebot, Vielfalt und Innovationskraft der nächsten Coach-Generation, welche die Professionalisierung weiter vorantreibt, leiden.

---

[720] Vgl. Pongratz (1998); dies entspricht zudem dem Ansatz des Scientist-Practitioner-Modells, auf das in Abschnitt 5.2.1 näher eingegangen wird.
[721] Vgl. Holm (2008)
[722] Vgl. Kauffman/Bachkirova (2008b)
[723] Vgl. Hawkins (2008)

- Die Akkreditierungsstandards werden formelhaft mit der Gefahr, dass eine Art Revitalisierung des Checklist-Approachs erfolgt, dem die Individualität und der Eklektizismus fehlt, der Coaching stets ausgezeichnet hat.
- Die Institutionen setzen ihre Professionalisierungsagenda konsequent um. Dies führt zu einer möglichen Überfokussierung der Mitgliederinteressen zu Lasten der Klienteninteressen, die zwingend einzubeziehen sind.
- Coaching wird global institutionalisiert mit dem Ergebnis einer drohenden „Korsettierung" und damit verbundenen unzureichenden Lern- und Anpassungsgeschwindigkeit an sich verändernde Bedingungen.

Mögliche Szenarien für Coaching-Forschung müssen diese Gefahren aufgreifen und ranken um die Kernfrage von Schlutz, ob Professionalisierung überhaupt zugelassen, möglich und erforderlich sei.[724] Im Folgenden wird die Kernfrage zerlegt und in Abschnitt 5.2.1 auf dem Hintergrund der Zulässigkeit, in 5.2.2 unter dem Aspekt der Erfordernisse strukturfunktionalistischer Professionalisierung diskutiert. Hinter Erfordernissen steckt die Frage, warum überhaupt geforscht wird.

5.2.1   Zulässigkeit strukturfunktionalistischer Professionalisierung

In jedem Beruf, in jeder Disziplin gibt es Scharlatane. Daher ist mit dem „Scharlatanerieproblem" im Coaching nicht der Alltagsbegriff gemeint, sondern das soziologische Problem, dass eine kollektive Einigung darauf, wer eigentlich ein Scharlatan ist, nicht möglich erscheint. „Wegen den fehlenden Standards fehlt es überhaupt an Möglichkeiten, die Scharlatane zu identifizieren – geschweige denn sie aus dem Anbietermarkt zu entfernen. Pointiert ausgedrückt: Die Scharlatane sind immer die anderen.[725]"

Die Frage der Zulässigkeit von Professionalisierung bewegt sich im gesellschaftspolitischen Spannungsfeld von Marktfreiheit und staatlicher Regulierung einerseits und andererseits im professionstheoretischen Spannungsfeld von macht- und strukturfunktionalistischem Diskurs. Während es Verfechter des freien Marktes gibt, die allenfalls Qualitätssignale der Anbieterseite (Verbände, Coachs) zulassen würden und darüber hinaus auf die Entscheidungsfreiheit der Klienten setzen, plädieren wiederum andere für eine staatliche Zulassung von Coachs. In dieser Grundsatzfrage sind sich die Verbände uneins.[726] Die Wahrheit liegt irgendwo dazwischen: weder mangelnde Transparenz noch zuviel Regulierung sind zielführend. Fehlende Markttransparenz „ist wahrscheinlich ein Teil, wenn eine neue Profession entsteht: Sie haben am Anfang viele, die aufspringen und die das nur wegen des Geldes machen. Oder auch wegen bestimmter Möglichkeiten, die sie sich erhoffen. Der Markt wird sich aber bereinigen.[727]" Bzgl. Regulie-

---

[724] Vgl. Schlutz (1988); selbst nach über 20 Jahren kann diese Frage nicht als beantwortet gelten.
[725] Kühl (2006), S. 6 f.
[726] Vgl. z.B. Pichler (2005), Schwertfeger (2005); diese Debatte hat es in der Organisationsentwicklung bereits Anfang der 80er Jahre gegeben. Das letztendliche Scheitern der Professionsbildung ist von einem Teil bedauert worden, der andere Teil begrüßt, dass einzig der Markt über Erfolg oder Misserfolg eines Beraters entscheidet (vgl. z.B. Kühl (2001)).
[727] I4, 38-38

rung muss es gewisse Qualitätsstandards geben, allerdings aufgrund der gebotenen Individualität zur Herstellung von Klientenautonomie auf einem sehr viel geringeren Niveau als bei klassischen Professionen wie Ärzte oder Juristen.[728] Expertenwissen im Coaching kann nicht kollektiviert werden, sondern lässt sich nur erfolgreich anwenden, wenn die Struktur der Hilfebeziehung zugleich individuelle Selbsthilfe ist, durch welche die Klientenautonomie gestärkt wird.[729] Damit dieses Ziel erreicht werden kann, müssen Leitplanken gesetzt, die mit angemessenen Qualitätssicherungsmaßnahmen regelmäßig überprüft werden.

Personenzentrierte Berufe wie Coaching stecken in einem Professionsbildungsdilemma zwischen Ausdifferenzierung und Klientenzentrierung. Es gibt Berufsverbände wie den dvct oder die Professional Coaching Association, die mit Cross-Selling-Angeboten in der Weiterbildung ein breites Spektrum abdecken, und Vereinigungen wie den DBVC und die ICF, die eine Konzentration auf personenzentrierte Beratung fordern.[730] Erste Ergebnisse individuumsorientierter Ansätze, die Forschung und Beratungspraxis verbinden, sind Befragungs- und Evaluationsinstrumente, Persönlichkeitsdiagnostik, deren Daten zu Forschungszwecken eingesetzt werden oder PC-gestützte Interviewverfahren.[731] Aufgrund der interdisziplinären Kompetenzen vieler Berater liegt nahe, nicht nur eine Beratungsform anzubieten – zumal es der Markt hergibt. Dann allerdings besteht die Gefahr einer methodischen Ausfransung, die Professionsbildung zuwiderläuft. Wäre der Coaching-Markt gesättigt – oder andersherum: gäbe es zu viele Coachs –, wäre die Fokussierung auf ein Beratungsfeld existenzbedrohend für viele Coachs und eine Ausdifferenzierung würde zwangsläufig erfolgen.

Im wissenschaftlichen Diskurs existieren verschiedene Ideologien, die – in der Betrachtung der beiden Extreme – Profession als „Verschwörung" (Machttheorie) versus „Lösungshilfe durch wissenschaftliche Erkenntnis- und Analysemittel" (Strukturfunktionalismus, Hermeneutik) verstehen. Ihr unterschiedliches Gesellschaftsbild führt zu einer Unvereinbarkeit dieser beiden Ansätze. Während die machttheoretischen Ansätze ein eher konfliktsoziologisches Bild von Gesellschaft zeichnen, in dem es Subkulturen gibt, die ihre jeweiligen Interessen durchzusetzen versuchen, betrachten Strukturfunktionalismus und Systemtheorie die gesellschaftlichen Funk-

---

[728] Vgl. Zitat I7, 4-4
[729] Vgl. Bauer (2001)
[730] Der dvct positioniert sich bewusst als Verband für Coachs und Trainer, die „Professional Coaching Association" verlangt von ihren Mitgliedern materielle Unabhängigkeit. So dürfen die Coachs maximal 50 Prozent ihres Umsatzes mit Coaching generieren, heißt es in den Richtlinien: „Denn materielle Abhängigkeiten des Coaches führen häufig zu sinnlosen Verlängerungen der Coachingkontakte, systemischen Verstrickungen, inhaltlicher, unzulässiger Parteinahme oder Pathologisierung von Klienten." (http://www.proc-association.de/). Die genannten Punkte beinhalten Merkmale von Deprofessionalisierung, die rein über Umsatzbeschränkungen sicherlich nicht verhindert werden können. Dagegen sind Cross-Selling-Angebote wie z.B. Seminare, die einige der gelisteten Coachs anbieten, nicht ausgeschlossen, was ebenfalls zu finanziellen Abhängigkeiten führen kann. Die Ansätze vieler Organisationen tragen eher zur Verwässerung als zur Professionalisierung von Coaching als personenzentrierter Beratungsform bei.
[731] Vgl. Künzli/Stulz (2009); die Autoren stellen einige Überblicksarbeiten individuumsbasierter Forschung und Praxis in Kurzform dar.

tionen von Professionen, aus deren Problembezügen die klassischen Professionellen wie Juristen, Mediziner und Pädagogen entstanden sind.[732]

Das aus der Psychologie bekannte „Scientist-Practioner-Modell" reflektiert den Diskurs zwischen Wissenschaftlern und Praxeologen an den Professionskriterien des „Scientist-Practitioners". In seinem Bestreben, die psychosoziale Disziplin „Psychologie" zu professionalisieren, zeigt sich dessen gesellschaftliche Relevanz. Der Reflektionsraum des Modells wird über folgende Ebenen aufgespannt[733]:

- **Exploration der eigenen Definition des Scientist-Practitioner-Modells:** dies beinhaltet die wechselseitige Einflussnahme von Wissenschaft und Praxis bezogen auf das eigene Tun.
- **Eigene Praxeologie:** dies beinhaltet die Einflussfaktoren am Arbeitsplatz in Bezug auf logisches Denken bzw. Schlussfolgerungen, Formulierungen und die Fähigkeit, ungewöhnliche Lösungen für Praxisprobleme zu finden.
- **Rolle der Wissenschaft im Modell:** dies beinhaltet sowohl Evaluationsmethoden (wie und womit beurteilt man die eigene Arbeitsleistung) als auch die Verwendung von Wissenschaft (wie definiert man Wissenschaft, welche Absichten stecken hinter der Nutzung, wie sieht der Lösungsprozess aus, wie konstant ist das Verhältnis zu Wissenschaft).
- **Eigene Identität als Scientist-Practicioner:** dies beinhaltet die Parameter der Identität in Bezug auf Professionalität, Werteverständnis, Kompetenzen und Grenzen sowie Karriererückblick und -ausblick in Bezug auf Lernfortschritte, Fähigkeiten, Ziele und Wünsche, Aus- und Weiterbildungserfordernisse.
- **Positionierung als „Humankapital" in einem größeren Organisationskontext:** dies beinhaltet eine detaillierte Organisationskulturanalyse und Herstellung einer Passung zwischen den Eigenschaften, Einflüssen und Zielen der Organisation und den eigenen.

Eine solche professionsbildende Lernreise steht Coaching als Disziplin mit psychologischen Wurzeln ebenfalls bevor. So gibt es in der Coaching-Forschung heute bereits Ansätze, die gesellschaftliche Funktion von Coaching zu untersuchen. Die „100 Coaching Research Proposal Abstracts" des ICRF beinhalten in der Rubrik „Society & Diversity" Forschungsfragen, die kulturelle (länder- und organisationsübergreifende) und gesellschaftliche Themen aufgreifen. So sollen im Rahmen von groß angelegten, empirischen Studien in Profit- und Non-Profit-

---

[732] Vgl. Stichweh (1992), Oevermann (1997, 2001), Kühl (2006); Kühl verdeutlicht diesen Gegensatz am Begriff der „Professionalisierungsbedürftigkeit", den er aus einer Anbieterperspektive betrachtet für „soziologisch naiv" (S. 19) hält, weil aus dieser Selbstbeschreibung heraus jeder Beruf als professionalisierungsbedürftig bewertet würde. Die strukturfunktionalistisch geprägten Professionalisierungsansätze Oevermann'scher Provenienz haben mit der „faktischen Professionalisiertheit" bzw. der daraus abgeleiteten „Professionalisierungsfähigkeit" allerdings noch einen zweiten, entscheidenden Aspekt im Köcher: Erst durch deren Klärung wird Professionalisierung tatsächlich zu einer Handlungstheorie. Für Näheres – u.a. Defizite bei der strukturtheoretischen Bestimmung von Professionalisierungsbedürftigkeit – vgl. Oevermann (1997) sowie insbesondere Kapitel 2 dieser Arbeit.
[733] Vgl. Lane/Corrie (2006)

Organisationen gesellschaftspolitische, sozioökonomische und wirkungsspezifische Hypothesen getestet werden. Anbei ein paar beispielhafte Forschungsfragen[734]:

- Ist der sozioökonomische Status des Coachs ein Wirkfaktor in Bezug auf Coaching-Erfolg?
- Welche Executive Coaching-Ansätze gibt es in welchen Ländern? Welche Aussagen zu deren Leistungs-/Erfolgsfaktoren liegen vor?
- Kann Coaching eine sinnstiftende Kombination personaler und organisationaler Wertvorstellungen zur Anwendung im Tagesgeschäft herstellen?
- Wie kann Coaching Führungskräften dabei helfen, sich selbst und andere besser zu verstehen?
- Inwieweit verändert Coaching Organisationen in Bezug auf Kulturen, Paradigmen, Werte, Macht, Beziehungen und Leistungen und kann zu nachhaltigen Verbesserungen beitragen?
- Welche globalen Unterschiede existieren in der Vertragsgestaltung und welche Einflüsse haben darauf bezogen Gesellschafts- und Organisationskultur?
- Welche Gemeinsamkeiten und Unterschiede gibt es zwischen Coaching auf Englisch und in anderen Sprachen?
- Wodurch wird aus einer Klientenperspektive in Land X Wirksamkeit erzeugt?

Die unterschiedlichen Standpunkte hinsichtlich Professionsbildung müssen auf dem Hintergrund der Zulässigkeit strukturfunktionalistischer Professionalisierung diskutiert werden. Dies kann anhand folgender Fragestellungen gelingen, die sich Scientist-Practitioner bei der Professionalisierung der Psychologie stellen[735]:

- Welches sind die Paradigmen, in die unsere Profession eingebettet ist?
- Mit welchen „Scientific Communities" haben wir uns an welchen historischen Stellen verbündet? Welchen Nutzen und welche Kosten hat das mit sich gebracht?
- Welche (kleinen) „Revolutionen" hat Coaching bis heute erfolgreich für sich entschieden und mit welchen Auswirkungen?
- Wie können wir rivalisierende Paradigmen unter einen Hut bringen, um unser Wissen systematisch zu erweitern?

Vertreter der Marktfreiheit sind der Auffassung, die Entscheidung über professionelle Standards in die Hände der Klienten zu legen, während die Gegenseite die Verantwortung für Professionalisierung – unter Einbindung der Klienten – bei den Anbietern verortet und auch staatliche Eingriffe nicht ausschließt. Alle Befragungsteilnehmer haben sich gegen zuviel Regulierung, jedoch für Qualitätsstandards im Coaching ausgesprochen, die in einer konzertierten Aktion aller Beteiligten aus Wissenschaft und Praxis aufgestellt werden sollten.

---

[734] Vgl. Kauffman/Russell/Bush (2008)
[735] Vgl. Lane/Corrie (2006)

5.2.2   Erfordernisse strukturfunktionalistischer Professionalisierung

„[...] Warum man forscht, ist die Frage, ob das Humbug ist oder etwas, das wirklich taugt, für das man Geld bezahlt. [...] Und natürlich auch Neugier. Das ist etwas Neues, das spricht etwas anderes an als das, was es bisher gibt. Man möchte konkret wissen, was man hier eigentlich tut.[736]"

Voraussetzung für die Entstehung von Professionen ist eine gesellschaftliche Entwicklung, die zur Ausdifferenzierung eines Wissenschaftssystems geführt hat. Dort kann die Überprüfung von Hypothesen methodisiert betrieben werden, womit die Grundlagen für wissenschaftlich legitimierte Expertise und kodifiziertes Wissen gelegt werden, ohne dem Praxisdruck zu erliegen.[737] Gleichwohl müssen Forschungsergebnisse in interventionspraktisches Können übersetzt werden. Coaching ohne interventionspraktisches Können und ohne entwickeltes Arbeitsbündnis allein auf der Basis wissenschaftlich getesteten Wissens ist womöglich kontraproduktiv, „weil sie [die Coaching-Leistung, Anm. d. Autors] die Autonomie der "bearbeiteten" Lebenspraxis eher einschränkt und gleichsam technokratisch verstellt.[738]"

Der Professionalisierungsdruck im Coaching ist zweifelsohne vorhanden und wird weniger von der Anbieter-, sondern eher von der Nachfragerseite (Klienten, Auftraggeber) aufgebaut. Nicht selten werden Coachs gefragt, ob Coaching und das Gespräch mit einem guten Freund nicht das Gleiche seien.[739] Die professionelle Handlungskompetenz eines Coachs macht den Unterschied – dies gilt es deutlicher zu transportieren und sicherzustellen, dass diese Handlungskompetenz auch vorhanden ist. Denn an diese Professionalität werden von Klientenseite große Hoffnungen geknüpft, doch entzieht sich dieses weitgehend der kompetenten Kritik seitens des Klienten.

„Das Handeln quasi transparent zu machen, sich der Bewertung und Kritik zu stellen, Professionalität als solche deutlich zu machen, vor allem auch in fachlicher Selbstbeschränkung und in ihren legitimen Grenzen, dürfte das zentrale Postulat einer Berufsethik sein. Die Gesinnungsethik des guten Menschen muss durch die Verantwortungsethik des Profis ergänzt, vielleicht sogar ersetzt werden.[740]"

Coaching ist eine sensitive Disziplin, bei der es eben nicht um eine anonyme Menschengruppe, sondern eine intensive Beratungsleistung für hochbezahlte Führungskräfte geht. Nach Torres scheinen sich Professionen vorrangig in den Feldern auszubilden, in denen eine hohe Wissenskomplexität mit einer hohen Relevanz dieser Wissensbestände für Einzelne kombiniert wird.[741] Dies bedeutet, dass Coaching eine gute Professionalisierungschance eingeräumt werden kann, da jenseits standardisierbarer Formen eine hohe Komplexität der Wissensbestände gegeben ist. Auf der Klientenseite werden Interventionen als derart kritisch für Einzelpersonen betrachtet, dass hier übergreifende Qualitätssicherungsmaßnahmen für sinnvoll gehalten werden.[742]

---

[736] I4, 18-20
[737] Vgl. Oevermann (1996)
[738] Bauer (2001), S. 69 (Hervorhebung im Original)
[739] Vgl. Greif (2008)
[740] Schneider (2003), S. 422
[741] Vgl. Torres (1991)
[742] Vgl. Kühl (2006)

Aus einer unternehmerischen Sicht sind Situationen virulent, in denen der Klient kein Coaching, sondern eine Therapie, benötigt oder die Beratungssituation gar als Einfallstor für Sekten bzw. andere Organisationen genutzt wird.[743] Dies spricht für mehr Kontrolle und Qualitätssicherung in Unternehmen (z.b. über Coaching-Pools), denn im Coaching ist das Scharlatanerieproblem aufgrund geringerer Einflussmöglichkeiten von außen deutlich größer als im Trainingsbereich. Kühl hat festgestellt, dass insbesondere Organisationen, in denen Coaching noch nicht etabliert ist, bevorzugt auf Coachs mit therapeutischer Ausbildung zurückgreifen, da die Personalabteilungen bei diesen Qualität vermuten.[744] Professionssoziologisch bedeutet dies, dass Organisationen bzw. Auftraggeber durch solche Selektionsmechanismen der Professionalisierung von Coaching eher entgegenwirken.

Ein weiterer Aspekt, der in diese Richtung wirkt, ist das nur mittelmäßig ausgeprägte Professionalisierungsinteresse von Auftraggebern.[745] Sie sind zwar zum einen sehr stark an den konstituierenden Faktoren und an Wirksamkeitsforschung interessiert, wollen aber zum anderen die durch mangelnde Professionalisierung entstandene Lücke – insbesondere bei der Auswahl und dem Einsatz von Coachs – qua erhaltener Delegation von Aufgaben und Verantwortlichkeiten weiterhin selber füllen.[746] Dadurch dass die Coachs meist nicht direkt auf die Klienten zugehen, sondern über die Auftraggeber, erfüllen diese eine wichtige Kanalisierungsfunktion, die das Scharlatanerieproblem auf der Nachfragerseite wenigstens tendenziell auffängt. Dies scheint jedoch nicht immer zu funktionieren und der „Nasenfaktor" eine zu wichtige Rolle zu spielen: „[...] Ein Personaler wechselt und auf einmal passt der eine Coach nicht mehr, der vorher jahrelang super akzeptiert war und tolle Arbeit geleistet hat, und das kann es nicht sein. Da ist auch bei dem ein oder anderen die Neutralität in Frage zu stellen.[747]" Es bleibt abzuwarten, inwieweit die Professionalisierung zu einer Kanalisierung auf der Anbieterseite führen kann, ob diese Kanäle verschmelzen und welche Auswirkungen dies auf die Autonomie von Coachs, Klienten und Auftraggeber hat.[748]

Neue Professionen entstehen aus Segmenten bereits etablierter Professionen im Sinne einer parasitären Verbindung, in der sich der Schmarotzer (neue Profession) schrittweise von ihrem Wirt (alte Profession) löst.[749] Unter Professionsbildungsgesichtspunkten sind die Wurzeln von Coaching deutlich heterogener als bei anderen Professionen wie z.B. Psychotherapie oder Supervision: als Coachs tätig sind Psychotherapeuten und -analytiker mit langjähriger Unternehmenserfahrung, (ehemalige) Führungskräfte mit einem Coaching-Crashkurs, Trainer (z.B. Sporttrainer, die Führungskräfte überdies in psychischer Fitness betreuen wollen oder etablierte Trainer, die ihr Beratungsangebot von eins zu n auf eins zu eins ausweiten wollen) und akade-

---

[743] Vgl. Schwertfeger (1998)
[744] Vgl. Kühl (2006)
[745] Vgl. Abbildung 19 in Abschnitt 5.1.2
[746] Darüber hinaus sind viele von ihnen auch als interne Coachs tätig und haben womöglich kein Interesse an Transparenz durch Evaluation, der sie sich dann ebenso stellen müssten.
[747] I6, 305-345
[748] Vgl. Kühl (2006)
[749] Vgl. Mieg/Pfadenhauer (2003)

misch ausgebildete Personen, die mit ihrem Beratungsangebot an Organisationen herantreten.[750] Diese Heterogenität hat dazu geführt, dass sich im Coaching neben Berufsverbänden auch unterschiedliche Zertifizierungs- und Auditierungsstellen etablieren können. So lassen sich Berufsverbände wie der dvct durch die „Forschungsstelle Coaching" wissenschaftlich auditieren, die wiederum nur die Ergebnisqualität von Coachs prüft, nicht etwa die Qualität der Ausbildung als wichtiges Professionalisierungsmerkmal. Des Weiteren bilden sich so genannte „Zertifizierungszirkel" aus, d.h. Organisationen auditieren sich gegenseitig, was letztlich zu Tautologie anstatt zur dringend benötigten Qualitätssicherung führt.[751]

Aufgrund der Personenbezogenheit von Coaching wird es immer eine zumindest teilweise professionelle Selbststeuerung der Tätigen geben. Dieses Korrektiv hat sich in der Gesellschaft etabliert. Selbst wenn es nicht gelingen sollte, Coaching „ex cathedra" zu professionalisieren, werden die moderne Gesellschaft, Organisationen, Coachs und Klienten „überleben".[752] Um eine solche Sicherheit selbst im schlimmsten Fall zu wissen, führt sichtlich nicht zu Aktionismus an der Professionalisierungsfront. Wenn allerdings an den identifizierten Defiziten bzw. an einer Verbesserung der Situation gearbeitet werden soll, muss ein gemeinsam getragener Professionalisierungsprozess initiiert werden.

Dabei können die Forschungsfelder einen wichtigen Beitrag leisten, um den bereits thematisierten Zielkonflikt „Individuum – Organisation" aufzulösen, indem die jeweiligen Forscher nicht in Silos denken, sondern den Dialog suchen. Die Forschungsfelder sind nicht überscheidungsfrei und im Besonderen die „großen Drei" – angewandte Sozialwissenschaften, Wirkfaktoren und Wirksamkeit sowie Qualitätssicherung – eng miteinander verwoben, insofern man sie in einer Art „Wertschöpfungskette" für Forschung begreifen kann: Grundlagen und Epistemologie durch Coaching als angewandte Sozialwissenschaft, Leistungsparameter und Evaluation durch Wirkfaktoren und Wirksamkeit sowie Nachhaltigkeit und Weiterentwicklungsansätze durch Qualitätssicherung, wobei die Grenzen fließend verlaufen.

Der Zielkonflikt kulminiert auf der vierten Stufe des Kirkpatrick'schen Modells, auf der aus Organisationssicht nur noch die tangiblen Ergebnisse relevant sind, während auf den Stufen eins bis drei noch die individuelle Sicht im Vordergrund steht. Durch Schaffung entsprechender Transparenz hinsichtlich der Messbarkeitsgrenzen jedes evidenzbasierten Ansatzes und dem Aufzeigen von probaten Alternativen kann dieser Konflikt aufgelöst werden. Dies zeigt die Notwendigkeit eines Merkmals, auf das in der Coaching-Professionalisierung nicht verzichtet werden kann: eine profunde Vertrauensbasis zwischen allen Beteiligten.

---

[750] Vgl. Kühl (2006)
[751] Vgl. z.B. Geißler (2004), Jumpertz (2005)
[752] Vgl. Kühl (2006)

Mit beinhaltet ist auch ein Vertrauensvorschuss für Coaching-Forschung, weil selbst im schlimmsten Fall „etwas" Wissen in der Hinterhand zu haben immer noch besser ist als gar keine Evidenz zu haben.[753]

Kornbeck, der betont, dass Akademisierung als nur ein Aspekt von Professionalisierung überbewertet ist, macht die Schwierigkeiten der Professionsbildung – gerade bei weniger regulierten Disziplinen wie Coaching – an den drei aufeinander folgenden Hürden „Vereinigung", „Lizenzierung" und „Monopolisierung" fest.[754] Vereinigung beschreibt den Zusammenhang von Berufsverband und Politik, d.h. die institutionelle Zuordnung eines Trägers, was im Coaching nicht gegeben ist. So gibt es in der Psychotherapie bspw. in Deutschland seit 1999 das Psychotherapeutengesetz, welches die Berufsbezeichnung und die Approbation regelt. Im deutschen Sozialgesetzbuch sind u.a. krankenversicherungsrechtliche Fragen im Zusammenhang mit Therapie geregelt.

> „[...] Wenn wir jetzt die Frage von Seiten der Krankenkasse beantworten, was die anerkennen, dann bleiben wir bei der Verhaltenstherapie und bei der Psychoanalyse. Und bei der Psychoanalyse muss man ja auch mal ganz klar schauen, inwieweit denn das psychoanalytische Modell dem wissenschaftlichen Denken folgt. Die Psychoanalyse ist sehr viel in der Lage zu erklären, vor allen Dingen aber im Nachhinein. Das spricht nicht unbedingt für eine gute wissenschaftliche Theorie an der Stelle. Die Psychoanalyse ist sicherlich eine sehr interessante Hypothese, möchte ich so fast sagen, aber sie ist im wissenschaftlichen Sinne keine Theorie.[755]"

Darüber hinaus können sich Psychotherapieklienten bei Verdacht auf einen Behandlungsfehler an die Patientenberatung einer Verbraucherzentrale wenden. Sie erhalten dort eine Einschätzung aus juristischer Sicht sowie Hinweise, wie sie mit den Folgen einer aus ihrer Sicht erfolglosen Therapie umgehen können. Lizenzierung meint Anerkennung und Schutz des Berufstitels „Coach" oder „Executive Coach", was ebenfalls nicht in greifbarer Nähe ist. Die Monopolisierungsinitiativen im Coaching sind gerade in Deutschland äußerst heterogen, d.h. es gibt keine übergreifende Institution, keinen einzelnen Berufsverband, dem sich alle oder zumindest ein Großteil der Akteure anschließen würden. Erst wenn alle drei Hürden erfolgreich überwunden sind, gilt der Institutionalisierungsprozess der Professionsbildung als abgeschlossen. Mit Blick auf die drei Prozesse „Institutionalisierung", „Kommodifizierung" und „Verwissenschaftlichung/Akademisierung" hat die Befragung ergeben, dass Institutionalisierung und Akademisie-

---

[753] Vgl. Kirkpatrick/Kirkpatrick (2006); die Autoren unterscheiden zwischen „überlegener Evidenz" und „über jeden Zweifel erhabene Evidenz", wobei die zweite Form aufgrund der Vielzahl und Komplexität der Einflussfaktoren kaum vorkommt. Die erste Form reicht in den meisten Fällen völlig aus, um die Effekte von Coaching-Maßnahmen in der Organisation zu erklären. Zu diesem Ergebnis kommt auch Künzli, der in einer vergleichenden Zusammenfassung von 22 empirischen Forschungsarbeiten festhält, dass Coaching unabhängig von der Untersuchungsebene, der gewählten Methodik und der Abstraktionsebene Wirkungen erzielt, die von emotionaler Entlastung über erhöhte Selbstreflexionsfähigkeit bis hin zu verbesserter Führungskompetenz und effektiverem Handeln reichen (vgl. Künzli (2005)).
[754] Vgl. Kornbeck (2000); s.a. Abschnitt 2.1.3
[755] I3, 41-41

rung in der Professionsbildung von Coaching Hand in Hand gehen müssen – und gerade bei diesen beiden Prozessen hat Coaching noch einen weiten Weg vor sich.[756]

Damit ist die Forschungsfrage 2a. „Warum gibt es Coaching-Forschung und welche Funktionen erfüllt sie für wen?" im Prinzip beantwortet. Eine zusammenfassende Betrachtung erfolgt im nächsten Kapitel.

5.3 Forschungsszenarien

Der Professionalisierungsprozess im Coaching findet statt, ist allerdings nicht in dem Maße fortgeschritten, um Coaching im soziologischen Sinne bereits als Profession bezeichnen zu können. Autoren – überwiegend aus dem angloamerikanischen Raum – und Probanden versuchen, dies zu umschiffen, indem sie von einer „jungen Profession" sprechen.[757] Dies ist insofern nicht tragisch, da dessen ungeachtet schätzungsweise mehr als 70 Prozent aller Unternehmen, die Führungskräfteentwicklung betreiben, Coaching als wichtige Beimischung einsetzen – Tendenz steigend.[758] Coaching funktioniert demnach oder hat zumindest einen großen Vertrauensvorschuss.

Auf Dauer allein darauf zu setzen, wäre ob der globalen gesellschaftlichen und organisationalen Herausforderungen fahrlässig: immer mehr Coachs sind grenzüberschreitend aktiv, die englische Sprache hat längst auch im Coaching-Umfeld Deutschlands Einzug erhalten und der globale Wettbewerb ist spürbar, so z.B. auch durch international tätige Coachs, Coaching-Netzwerke bzw. -Organisationen. In Unternehmen – insbesondere mittleren und großen – ist er schon angekommen, und dem Vertrauen in die Funktionsweise und Wirksamkeit von Coaching werden zunehmend Fragen oder gar Forderungen nach mehr Evidenz anheim gestellt, was angesichts des steigenden Kostendrucks und der Transparenzoffensiven in Richtung der Investoren nicht ungewöhnlich erscheint.

Im folgenden Abschnitt 5.3.1 werden die Kontroversen der Professionalisierungsdebatte, die im Vorfeld aus der Sicht der Professionssoziologie gewürdigt worden sind, aufgefächert und daraus drei generische Szenarien abgeleitet. In den Kapiteln 5.3.2 bis 5.3.4 werden diese Szenarien aufgestellt und diskutiert, bevor in 5.3.5 eine zusammenfassende Darstellung erfolgt.

5.3.1 Hinführung und Ableitung möglicher Szenarien

Bei allem Wissen um die Grenzen von Evidenz sind diese jedoch noch nicht ausgereizt. So gibt es auf der einen Seite vielerlei dokumentierte und nichtdokumentierte Informationen über Coaching-Einheiten in Organisationen, die gar nicht oder nur wenig genutzt werden. Auf der anderen Seite werden Evaluationsinstrumente nicht in dem Maße eingesetzt, wie es möglich wäre, um praktisches Wissen über Coaching anzureichern. Dabei wird auch der Coach als „Überset-

---

[756] Für Näheres zu den drei Prozessen vgl. Müller (1993); s.a. Abschnitt 2.1.3
[757] Vgl. z.B. Salter (2008), Zitat I4, 24-30; in Deutschland wird kaum davon gesprochen, dass Coaching bereits eine Profession ist. Der DBVC attestiert Coaching (mit Kühl (2006)), bislang lediglich die weiten Kriterien zu erfüllen und weist darauf hin, dass für eine langfristige Perspektive „Coaching als Profession" an den engen Kriterien gearbeitet werden muss (vgl. DBVC (2010)).
[758] Vgl. Zenger/Stinnett (2006)

zer" oder gar „Hebel" zwischen praktischem Wissen und wissenschaftlichen Grundlagen zu wenig genutzt. Wissenschaftliches Wissen gibt es in Ansätzen, doch haben Coaching-Forscher bislang kaum überzeugende Arbeiten abgeliefert – sei es, dass sie methodisch unsauber sind und statistischen Gütekriterien wie Validität, Objektivität oder Reliabilität nicht genügen, oder dass sie den Mehrwert ihrer Forschungsergebnisse schlicht nicht vermitteln können.

> "Research [...] has little value if it does not serve to inform (and possibly educate) the buying public. Positioned in that conflicted nexus between human development and organisational performance pragmatism, executive coaching can only flourish in the longer term in an environment of informed and critical purchasers.[759]"

Speziell aufgrund der fehlenden Handlungsautonomie ist es gar nicht möglich und auch nicht nötig, dass sich Coaching als Profession in den Reigen der klassischen Professionen einreiht. Allerdings sollte sich diese Beratungsform auf seiner Professionalisierungsreise durchaus an den Merkmalen professioneller Handlungsstrukturen der „old established professions" orientieren. Danach beinhaltet eine Profession Qualifikationen basierend auf theoretischem Wissen, wofür Ausbildung und laufende Weiterbildung erforderlich sind. Der Professionsausübende muss seine Kompetenzen in Testverfahren unter Beweis stellen, seine Integrität wird durch einen Ethik-Kodex sichergestellt. Wichtig ist zudem, dass die Profession organisiert ist und dem Gemeinwohl dient.[760]

Momentan „lahmt" die Makroprofessionalisierung, weil diese Rahmenbedingungen fehlen und es zudem kaum Anreize für Marktteilnehmer gibt, sich an der Professionalisierung von Coaching zu beteiligen. Insbesondere die Anbieterseite – bestehend aus Coachs bzw. Verbänden und Beratern anderer Beratungsformen, die im Coaching tätig sind bzw. sein wollen – sieht keine gesteigerte Notwendigkeit, etwas zu verändern.[761] Der Professionalisierungsdruck kommt unlängst von der Nachfragerseite, sprich: Klienten oder potenzielle Klienten, meist vertreten durch Organisationen, die wiederum die Personalabteilungen als Vermittler bzw. Auftraggeber einschalten. Letztgenannte sind es auch, die im Auftrag der Organisationen Marktverwerfungen und Intransparenzen ausgleichen sollen. Was die Nachfragerseite mehr interessiert, ist Mikroprofessionalisierung, da sie unmittelbare Auswirkungen auf den Ergebnisbeitrag hat. Bei Klienten macht diesen Beitrag in erster Linie die individuelle Weiterentwicklung aus, während es bei Organisationen um die Erfüllung geschäftlicher Vorgaben geht; Personalabteilungen und Coachs stehen häufig zwischen der Individual- und Organisationssicht, was im von Hawkins beschriebenen „drama triangle" kulminieren kann (siehe Abschnitt 5.1.2).

Die Mikroprofessionalisierung „hakt" an der dünnen Nahtstelle von wissenschaftlichem und praktischem Wissen – die Wissensbasis ist bei beiden zu schmal und der gegenseitige Nutzen zu gering. Die Forscher wissenschaftlicher und praxeologischer Provenienz arbeiten wenig zusammen: es gibt kein gemeinsames Coaching-Verständnis und dementsprechend keine verbindliche Forschungsagenda, auch wenn der Versuch 2008 im Rahmen des ICRF gestartet worden

---

[759] Dagley (2010), S. 77
[760] Vgl. Millerson (1964) in Nittel (2000)
[761] Vgl. auch Abb. 19 in Abschnitt 5.1.2

ist.[762] So kann per heute niemand wirklich von den Forschungsergebnissen profitieren. Davon besonders betroffen ist die Aus- und Weiterbildung, welche die Grundlagen für professionelles Arbeiten legen bzw. festigen soll. So sind weder die überzeugende Darstellung des gesamten Coaching-Lebenszyklus – von der Ausbildung über die Berufsausübung inkl. Evaluation – noch eine klare Abgrenzung gegenüber anderen Beratungsformen sowie die genaue Vermittlung, wie Praxisprobleme stellvertretend wissenschaftlich reflektiert werden können, möglich.

Wichtig für den Professionalisierungsprozess im Coaching ist die Klärung der Rolle so genannter regulatorischer Funktionen. Ausgehend von der Fragestellung, wie viel staatliche bzw. gesellschaftspolitische Beteiligung oder Einmischung nötig bzw. erforderlich ist, muss auf dem Hintergrund der bisherigen Professionalisierungsbestrebungen kontrovers diskutiert werden, welche Rolle der Staat bzw. Politik und Gesellschaft diesbezüglich einnehmen sollen oder müssen. Eine erste Erkenntnis ist wie im vorigen Abschnitt dargestellt, dass Institutionalisierung und Akademisierung im Gleichschritt marschieren müssen, damit Coaching eine Profession werden kann.

Neben dem inhaltlichen Diskurs über Coaching-Forschung muss zudem klar sein, um welchen Ausschnitt es geht: national, multinational, international. Die Ausgangslage ist unterschiedlich: Coaching-Philosophie und -ideologien, Arten von Coaching, Marktstruktur und Grad der Professionsbildung. Letztere verläuft in den größten Coaching-Märkten UK, Australien, USA und Deutschland sehr ähnlich, was auch für die Forschung gilt: die meisten Forschungsstudien kommen aus dem UK, USA und Australien, wobei auch in Skandinavien mittlerweile recht viel geforscht wird, während Forschung in Deutschland ausbaufähig ist. Aufgrund seiner fachlichen Breite wird Coaching in Deutschland wenn dann interdisziplinär erforscht.

„[...] Einiges aus der psychologischen Forschung oder auch aus der soziologischen Forschung ist sicher übertragbar und anwendbar auf den Coachingkontext. Wenn ich etwas suche, suche ich in anderen Disziplinen, da finde ich unter Coaching nichts. Und dann übertrage ich das und bastle das so zurecht, wie ich es anwenden kann. Das kommt alles aus der Psychologie, Psychotherapie, Soziologie, Pädagogik, Sport; im Leistungssport zum Beispiel, da wird viel geforscht, was man anwenden kann, es geht ja auch um Leistungsfähigkeit in den Bereichen, in denen ich tätig bin. Da habe ich sehr, sehr viel im Leistungssport gefunden, aber wirklich für Coaching kenne ich einiges aus Skandinavien, Schweden vor allem. England hat viele Unis, die sich im Moment damit befassen, also viele ‚applied universities' vor allem, die mehr so eine berufspraktische Ausbildung machen, das gibt es auch in den USA. In Deutschland, könnte ich ihnen jetzt gar nichts viel sagen, da weiß ich ehrlich gesagt gar nichts, könnte auch keine aktuelle Studien nennen.[763]"

In diesen so genannten „reifen" Märkten existieren zudem nach wie vor keine nennenswerten Maßnahmen zur Institutionalisierung.[764] Zwar steht der Beruf „Psychologe" im UK seit gut einem Jahr unter der Aufsicht der Regulierungsbehörde HPC, d.h. es gelten definierte Standards

---

[762] Vgl. Kauffman/Russell/Bush (2008); s.a. Abschnitt 5.1.1
[763] I2, 36-36
[764] Vgl. z.B. Passmore/Gibbes (2007)

und es gibt Beschwerde- und Schlichtungsstellen – wie auch für Coaching in Deutschland –, doch sind die entsprechenden Berufsbezeichnungen (z.b. „Coaching Psychologist") dadurch rechtlich nicht geschützt.[765] In vielen anderen Märkten und „Coaching-Entwicklungsländern" gibt es dagegen noch nicht einmal Berufsverbände, geschweige denn Coach-Datenbanken oder Informationen zum Coaching-Angebot. Solche Rahmenbedingungen verschärfen das Scharlatanerieproblem im Coaching-Markt.

Neben dem grundlegendsten, umfassendsten und strukturfunktionalistisch relevantesten Forschungsfeld „angewandte Sozialwissenschaften" interessieren sich alle Stakeholder für die Wirksamkeit im Coaching; die dahinter liegenden Wirkfaktoren sind eher „Mittel zum Zweck". Organisationen „lechzen" sozusagen nach Evidenz und liebäugeln stark mit dem RoI-Ansatz von Coaching-Investitionen, der zielgenau ausweisen kann, wie viele Leistungen den Kosten gegenüberstehen. Es mag unbefriedigend anmuten, wenn Kirkpatrick und Kirkpatrick, die über jahrzehntelange Erfahrung in der Evaluation von Weiterbildung verfügen, von "preponderance of evidence" sprechen und "evidence beyond a reasonable doubt" aufgrund der Menge an Einflussfaktoren kritisch sehen.[766] Warum sollte dann überhaupt in diese Richtung geforscht werden?

In diesem Abschnitt und in den vorigen Kapiteln dieser Arbeit sind viele verschiedene Ansätze und Sichtweisen zu Professionalisierung und Forschung aufgenommen und diskutiert worden. Für die Aufstellung möglicher Forschungsszenarien sind aus der Sicht des Autors vier Einflussfaktoren besonders relevant, die sich aus diesen Diskussionen herausschälen lassen und die maßgebliche Stellhebel für die Professionalisierung im Coaching sind:

- **Markt:** dazu zählen die Praxisexperten – die Anbieterseite (Coachs, Verbände, andere Berater) sowie die Nachfragerseite (Klienten, Organisationen, Auftraggeber).
- **Staat und Gesellschaft:** dazu zählen die politischen Organe (insbesondere Gesetzgeber, Verbraucherschützer) und die Gesellschaft als Ganzes.
- **Professionalisierer:** dazu zählen Wissenschafts- und Praxisexperten – wissenschaftliche und praxeologische Forscher, Institute sowie die Ausbilder, die auch die Weiterbildung verantworten und zudem häufig auch als Coachs tätig und in Verbänden organisiert sind.
- **Internationales Umfeld:** dahinter verbergen sich alle transnationalen Ein- und Auswirkungen von und auf die oben stehenden Einflussfaktoren.

Zu dieser im Vergleich zu Abbildung 19 modifizierten Aufteilung der Beteiligten am Professionalisierungsprozess haben sowohl die Aufstellung des Beziehungsdreiecks (Abbildung 20) als auch die professionssoziologische Debatte in Kapitel 5.2 geführt. Je nach Geltendmachung des Einflusses und verschiedenartigen Wechselwirkungen zwischen den Einflussfaktoren ergeben sich folgende generische Szenarien:

---

[765] Vgl. Allan/Law (2009)
[766] Kirkpatrick/Kirkpatrick (2006), S. 68 (Hervorhebungen im Original); vgl. Zitat I7, 28-30; s.a. Abschnitt 5.2.2

- **Szenario 1 („Professionalisierung auf Basis des Ist-Zustandes")**: Die Professionalisierungsbestrebungen werden auf der bisherigen Basis weitergeführt.
- **Szenario 2 („Beschleunigte Professionalisierung")**: Die Professionalisierungsbestrebungen werden im Rahmen einer konzertierten Professionalisierungs-Aktion deutlicht verstärkt und ausgebaut. Dabei werden die beiden Initiativen „Markt" sowie „Staat und Gesellschaft" unterschieden.
- **Szenario 3 („Ohne Professionalisierung")**: Bisherige Professionalisierungsbestrebungen werden eingestellt und auch keine weiteren gestartet.

Diese Szenarien werden nun genauer analysiert und deren Auswirkungen auf die einzelnen Stakeholder in Bezug auf Professionalisierungsbedürftigkeit und Forschungsinhalte bzw. -felder untersucht. Dabei liegen, wie im vorigen Abschnitt dargestellt, strukturfunktionalistische – akademische und institutionelle – Professionalisierungsmerkmale zugrunde.[767] Die Abbildungen in den folgenden Abschnitten speisen sich aus den Ergebnissen und Erkenntnissen dieser Arbeit (siehe die vorangegangenen Kapitel) und versuchen, diese anhand der wichtigsten Kategorien und Inhalte möglichst kompakt darzustellen. Um inhaltliche Redundanzen zu vermeiden, greifen die angrenzenden Ausführungen lediglich die besonders relevanten Aspekte und Charakteristika der Forschungsszenarien auf.

5.3.2   Szenario 1: Professionalisierung auf Basis des Ist-Zustandes

Das Szenario „Professionalisierung auf Basis des Ist-Zustandes" beschreibt die Fortsetzung eines langsamen und heterogenen Professionalisierungsprozesses, ausgehend von den heutigen Professionalisierungsbestrebungen. Die Heterogenität drückt sich – analog den in Abschnitt 5.1.2 (s.a. Abb. 19) angedeuteten Professionalisierungsinteressen – insbesondere in unterschiedlichen Grundauffassungen von Einzelnen sowie Organisationen im In- und Ausland bzgl. Coaching und Coaching-Professionalisierung aus. Die zersplitterte Meinungslandschaft hat Aus-

---

[767] **1.)** *Akademische Merkmale* (vgl. die in Abschnitt 2.3.1 hergeleiteten Merkmale des Handlungsstrukturmodells): **Professionalisierung ist ein Prozess**, der sich über den gesamten Zeitraum der Berufsausbildung und -ausübung erstreckt. Für die Professionalisierung des Coaching bedeutet dies, dass neben einer theoretischen Fundierung der Ausbildung auch eine laufende Evaluation der Berufsausübung (Qualitätsmanagement) notwendig ist. **Professionalisierung zielt auf die Praxis**, d.h. die Bearbeitung, Bewältigung und Lösung von alltagsweltlichen Aufgaben. Für die Professionalisierung des Coaching bedeutet dies, dass im Coaching als klar abgrenzbarer Beratungsform definierbare Leistungen erbracht und messbare Ergebnisse erzielt werden. **Professionalisierung bedeutet stellvertretendes Handeln für Andere**, d.h. die zeitweise Übernahme einer bestimmten Haltung, Rolle, Verantwortung und/oder Leistung. Für die Professionalisierung des Coaching bedeutet dies, dass der Coach über eine entsprechende persönliche Disposition, Ausbildung sowie Berufs- und Lebenserfahrung verfügen muss, die ihn zu einem solchen Handeln befähigt. **Professionalisierung basiert auf wissenschaftlicher Reflexion**, d.h. einem Höchstmaß an Angemessenheit und Effizienz, wobei die einzelnen Maßnahmen jeweils rational nachvollzogen und begründet werden können. Für die Professionalisierung des Coaching bedeutet dies, dass die bestimmbaren und relevanten Elemente, Einflussfaktoren und Methoden von Coaching als Beratungsform definiert, (weiter-)entwickelt und kritisch hinterfragt werden müssen. **2.)** *Institutionelle Merkmale* (wie in den Abschnitten 2.1.3.1 und 5.2.2 dargestellt): **Vereinigung** beschreibt den Zusammenhang von Berufsverband und Politik, d.h. die institutionelle Zuordnung eines Trägers; **Lizenzierung** meint Anerkennung und Schutz des Berufstitels „Coach" oder „Executive Coach"; **Monopolisierung** bedeutet eine übergreifende Institution, einen einzelnen Berufsverband, dem sich alle oder zumindest ein Großteil der Akteure anschließen würden. Erst wenn alle drei Hürden erfolgreich überwunden sind, gilt der Institutionalisierungsprozess der Professionsbildung als abgeschlossen.

wirkungen auf akademische und institutionelle Professionalisierungsmerkmale: eine Professionalisierungsfähigkeit wird nicht in Abrede gestellt, die Professionalisierungsbedürftigkeit von Coaching wird jedoch nicht, noch nicht oder nur vereinzelt gesehen.

Die folgende Abbildung zeigt die Einflüsse und Auswirkungen dieses Szenarios auf die vier Stellhebel „Markt", „Staat und Gesellschaft", „Professionalisierer" und „internationales Umfeld". Die maßgebliche Bewertungsbasis besteht aus den strukturfunktionalistischen Professionalisierungsmerkmalen (siehe Fußnote auf der vorherigen Seite).

Szenario 1 (Ziel „Professionalisierung auf Basis des Ist-Zustandes"):		
Einflüsse und Auswirkungen	Markt	– **Anbieter:** Angebot steigt, da immer mehr Coachs (v.a. Quereinsteiger) in den Markt drängen, d.h. Verbände wachsen; Empfehlungsgeschäft steigt, d.h. Verbände profitieren von Vermarktung; Verbände sehen sich eher als Konkurrenten, daher kaum verbandsübergreifende Kooperation; Zahl der Verbände bleibt in etwa gleich, d.h. es wird nicht an gemeinsamen Standards für z.B. Aus- und Weiterbildung, Ethik etc. gearbeitet – **Nachfrager:** Nachfrage ist volatil und abhängig von Coaching-Budgets der Auftraggeber/Organisationen; Klienten und Auftraggeber werden kritischer und hinterfragen die Ergebnisse von Coachings, ohne dass dies zu einer signifikanten Ausbreitung von Struktur- und Prozessevaluation oder Verbraucherschutzmaßnahmen führt; Organisationen fordern Wirksamkeitsnachweis, was zu weiteren Studien mit scheinbar quantifizierbaren Ergebnissen führt – **Fazit:** nach wie vor wenig Transparenz vorhanden; Marktein- und -austritt von Coachs wird im Wesentlichen über die Verbände gesteuert; in „guten" Zeiten gibt es viele Vollzeit-Coachs, in „schlechten" Zeiten Teilzeit-Coachs, d.h. keine Entschärfung des Scharlatanerieproblems; nach wie vor episodenhafte, anekdotische Evidenz in der Forschung; kein Schutz der Berufsbezeichnung; Professionalisierungsbedürftigkeit wird vom Markt kaum gesehen
	Staat & Gesellschaft	– **Staat:** keine Umsetzung institutioneller Merkmale, d.h. keine regulatorische Funktion der Politik erforderlich; kein aktiver Verbraucherschutz; keine staatlichen Investitionen; kaum Forschungsaufträge – **Gesellschaft:** Bedeutung von Coaching-Professionalisierung (v.a. akademische Merkmale) ist hoch, da nach wie vor nicht klar ist, was Coaching ist und ob bzw. wie es auf einzelne und die Gesellschaftsstrukturen wirkt – **Fazit:** Professionalisierungsbedürftigkeit wird seitens Politik (noch) nicht gesehen und seitens Gesellschaft nicht vehement (genug) geäußert, daher wird kein großer Druck ausgeübt (Coaching funktioniert irgendwie); keine neuen Arbeitsplätze, sondern lediglich Verschiebungen (abhängig Beschäftigte bzw. andere Berater drängen als Selbstständige auf den Coaching-Markt); wahrgenommene Qualität steigt nicht
	Professionalisierer	– **Forschung:** Wirksamkeit und Interventionsmethoden auf Basis anekdotischer Evidenz spielen Haupt-, Innovationen wie Neurowissenschaften kaum eine Rolle; Studien (v.a. Wirksamkeit) für Organisationen zum „RoI-Ansatz"; insgesamt zu wenig Grundlagenforschung; keine Forschungsagenda nach dem Vorbild des ICRF – **Aus- und Weiterbildung:** bleibt ein schulenspezifisches, heterogenes Feld, von einzelnen Verbänden zertifiziert – **Fazit:** Forschungslandschaft verändert sich im Großen und Ganzen nicht: aufgrund bekannter methodischer Schwächen und mangelnder Evaluationsstandards eher harmlos (hilft nicht, schadet nicht); Ausbilder sind an Professionalisierung interessiert, aber zu sehr über die vielen Verbände verteilt und uneins in ihrer Coaching-Auffassung

	Internationales Umfeld	– **Markt:** deutscher Coaching-Markt bleibt einer der umsatzstärksten; Nachholbedarf in der Evaluation von Coaching-Prozessen und Konsolidierung bzw. Monopolisierung im Verbandswesen; immer mehr Coachs arbeiten grenzüberschreitend und sind in internationalen Verbänden organisiert sind; Qualität ist keine Eintrittsbarriere für ausländische Marktteilnehmer in Deutschland – **Professionalisierer:** Nachholbedarf in Grundlagen-, Evaluations- und Innovationsforschung und gemeinsamen Ausbildungsstandards – **Fazit:** in der Professionsbildung nimmt Deutschland keine Vorreiterrolle ein; Kooperation zwischen nationalen und internationalen Professionalisierungsinitiativen kommt nicht auf breiter Front zustande; größte internationale Herausforderung bleibt die Einigung auf globale Standards im Sinne akademischer Merkmale

Abb. 22: Szenario 1 („Professionalisierung auf Basis des Ist-Zustandes")[768]

Dieses Szenario steht unter dem Siegel eines funktionierenden Marktes, woraufhin seitens der Marktteilnehmer zunächst einmal keine Notwendigkeit für eine beschleunigte Professionalisierung gesehen wird. Professionalisierung auf Basis des Status quo ist weder besonders hilfreich noch schadhaft: sie strebt eine Weiterentwicklung in kleinen Schritten an, ohne dass die dafür notwendigen konzeptionellen Voraussetzungen geschaffen sind (wissenschaftliches Wissen) und ohne dass eine nachvollzieh- und abgrenzbare Beratungsleistung (Praxiswissen) erbracht wird. Coaching funktioniert irgendwie, ohne sein in Professionalisierung steckendes Potenzial sehen und entfalten zu können. Getrieben von Moden, Mythen und Anekdoten wird Professionalisierungsanforderungen mit Minimalaufwand oder Alibi-Maßnahmen begegnet, z.B. Evaluation und Wirksamkeit mit Happy Sheets oder organisationalen RoI-Messungen, Aus- und Weiterbildung und Lizenzierung mit Zertifizierung durch einzelne Verbände, wissenschaftliche Reflexion durch Preisvergabe für akademische Leistungen oder Verweis auf einzelne Forschungsstudien. Aus der Marktperspektive befindet sich Coaching in einer „Storming-Phase" (s. 4.1.2.3), die in Sachen Professionalisierung aufgrund heterogener Interessen zu einem „lauen Lüftchen" abgeflaut ist. Was die Entwicklungen dieses Szenarios für die Stakeholder in Bezug auf ihre eigene Professionalisierungsbedürftigkeit und der beigemessenen Relevanz der Forschungsfelder bedeuten, versucht die folgende Abbildung zu zeigen. Die Reihenfolge der Forschungsfelder bestimmt deren Priorität für die jeweiligen Stakeholder.

Szenario 1: Ziel „Professionalisierung auf Basis des Ist-Zustandes"

Stakeholder	Professionalisierungsbedürftigkeit	Forschungsfelder
Coachs	**Gering**; kein Beitrag zu Transparenz; kein Interesse an Standards für Berufsausübung, Aus- und Weiterbildung sowie Evaluation; einzig Interesse an wirksamen Methoden im Rahmen von Qualifizierung; Senkung der Markteintrittsbarrieren durch fehlende Professionalität („jeder kann coachen")	Wirkfaktoren & Wirksamkeit; Methoden & Interventionen
Klienten	**Mittel**; Messbarkeitsanforderungen von Auftraggeber und Organisation erzeugen nachhaltigen (Selbst-) Wirksamkeitsdruck (Coaching „muss" sich lohnen), daher kritischere Haltung erforderlich	Wirkfaktoren & Wirksamkeit; Coaching-Kultur; Qualitätssicherung

---

[768] Eigene Darstellung

Potenzielle Klienten	**Gering**; können zu Transparenz im Markt und Qualitätsstandards nicht selbst beitragen, sondern müssen im Coaching-Fall den Qualitäts- und Wirksamkeitsnachweis einfordern	Qualitätssicherung; Wirkfaktoren & Wirksamkeit
Berater anderer Beratungsformen	**Gering**, sowohl wenn sie Coaching-Professionalisierung rein als Abgrenzung betrachten als auch, wenn sie als Coachs oder Coach-Supervisoren tätig sein wollen (siehe „Coachs")	Angewandte Sozialwissenschaften; Wirkfaktoren & Wirksamkeit; Methoden & Interventionen
Forscher	**Gering**; Forscher bleiben intransparent und forschen meist nach eigenem Gutdünken; sie verstecken sich häufig hinter Erfolgsgeschichten v.a. im „Modethema" Wirksamkeit und arbeiten diese anekdotisch auf; da es sich bei Forschern häufig um Coachs handelt, sind auch Methoden und Interventionen ein Forschungsthema; insgesamt bleibt der Erkenntnisgewinn überschaubar	Wirkfaktoren & Wirksamkeit; Methoden & Interventionen
Auftraggeber	**Mittel**; stehen unter Wirksamkeitsdruck (durch die Organisation); müssen aus eigenem Interesse noch mehr Engagement in der Forschung und Entwicklung von Standards fordern, auch wenn sie durch Standards ihr eklektisches und intuitives Vorgehen selber auszuhebeln drohen	Qualitätssicherung; Wirkfaktoren & Wirksamkeit; Coaching-Kultur
Organisationen	**Gering**; delegieren Verantwortung an Auftraggeber und müssen sich in Sachen Wirksamkeit mit „überlegener Evidenz" abfinden	Wirkfaktoren & Wirksamkeit
Verbände	**Gering**; bremsen institutionelle Bestrebungen (z.B. Monopolisierung) aus und atomisieren akademische Bestrebungen durch ihr ideologisches Vorgehen; steuern den Marktzugang und sehen ob ihrer Machtposition keinen Änderungsbedarf: sie sind in erster Linie Coach-Verbände	Wirkfaktoren & Wirksamkeit; Methoden & Interventionen
Verbraucherschützer	**Gering**; werden (noch) nicht benötigt, da aufgrund des Funktionierens von Coaching kein genereller Bedarf besteht; die wenigen Angebote am Markt (z.B. DBVC, dvct) decken die Nachfrage an Einzelfallunterstützungen	Qualitätssicherung; Wirkfaktoren & Wirksamkeit
Forschungsinstitute	**Mittel**; Institute werden von Organisationen beauftragt, v.a. im „Modethema" Wirksamkeit; da die Forscher häufig auch als Coachs tätig sind, sind Methoden und Interventionen ein Forschungsthema; trotz des Erfolgsdrucks, neue praktisch verwendbare Erkenntnisse präsentieren zu wollen bzw. müssen, bleibt der Erkenntnisgewinn überschaubar	Wirkfaktoren & Wirksamkeit; Coaching-Kultur; Methoden & Interventionen
Ausbilder	**Mittel**; Aus- und Weiterbildung einziger Qualitätssicherungsbaustein, d.h. Ausbilder müssen auf dem neuesten Stand von Wissenschaft und Praxis sein; Aus- und Weiterbildung bleibt aufgrund Zertifizierung verbandsnah, baut nicht auf kollektiv getragenen Standards auf	Angewandte Sozialwissenschaften; Wirkfaktoren & Wirksamkeit; Qualitätssicherung; Methoden & Interventionen; Neurowissenschaften
Gesellschaft	**Mittel**; muss Gemeinwohldienlichkeit (Transparenz, Nutzen, Fortschritt) der Dienstleistung „Coaching" stets kritisch hinterfragen und sich für Wissenschaft und Praxis gleichermaßen interessieren; beteiligt sich nicht aktiv am Professionalisierungsprozess, solange Coaching funktioniert	Angewandte Sozialwissenschaften; Wirkfaktoren & Wirksamkeit; Coaching-Kultur; Qualitätssicherung; Methoden & Interventionen; Neurowissenschaften

Abb. 23: Szenario 1 (Stakeholder, Professionalisierungsbedürftigkeit, Forschungsfelder)[769]

---

[769] Eigene Darstellung

Die Professionalisierungsbedürftigkeit bzw. der Druck, sich zu professionalisieren, ist in diesem Szenario gering bis mittel ausgeprägt, da die strukturfunktionalistisch relevanten Professionalisierungsbestrebungen im nationalen Umfeld überschaubar sind. Auf der Markseite sind es lediglich die Klienten und die Auftraggeber, die aufgrund des Wirksamkeitsdrucks zum einen mehr Transparenz im Coaching-Prozess benötigen und zum anderen eine Übersetzung des Lerntransfers in Klienten- bzw. Organisationserfolg anstreben – nur dann rechtfertigen sich die Coaching-Investitionen. Daneben haben die Forschungsfelder „Qualitätssicherung" sowie „Coaching-Kultur" zur bedarfsgerechten und qualitativ hochwertigen Steuerung von Coaching in der Organisation Priorität. Die anderen Marktteilnehmer, insbesondere Coachs und Verbände, spüren geringen Professionalisierungsdruck und nutzen die Entwicklung zu ihren Gunsten; nur wenige sind tatsächlich bestrebt, Coaching zu professionalisieren – so z.B. der DBVC, dessen Professionsstandards jedoch schwierig zu operationalisieren sein dürften.[770]

Die Professionalisierer „Forschungsinstitute" und „Ausbilder" weisen eine mittlere Professionalisierungsbedürftigkeit auf: Forschungsaktivitäten nehmen weiterhin zu, doch bleiben die Bestrebungen von Forschungsinstituten aufgrund einer fehlenden Strategie und methodischer Schwächen hinter den Qualitätserwartungen zurück des Marktes zurück, weswegen Forschung mehr oder weniger ernst genommen wird. Ausbilder sind die Qualitätshüter an der Nahtstelle von wissenschaftlichem und praktischem Wissen, daher sind sie von wenig überzeugenden Forschungsergebnissen sowie fehlenden übergreifenden Standards gleichermaßen betroffen; Zertifizierung findet zudem meist nur schulenbasiert statt. Gesellschaftlich existiert kein hoher Professionalisierungsdruck, solange Coaching funktioniert. Es ist großes Interesse an Coaching vorhanden, auch an Forschungsinnovationen wie Neurowissenschaften, was lediglich für diese Interessengruppe und für die Ausbilder gilt. Alle anderen Stakeholder kaprizieren ihr Forschungsinteresse meist in erster Linie auf Wirksamkeit. Die Gesellschaft tut gut daran, die Professionalisierung im Lichte der Gemeinwohldienlichkeit weiterhin kritisch zu begleiten.

Professionalisierung auf Basis des Status quo ist keine konzertierte Aktion: in Summe vermag sie weder eine verpflichtende, laufende Evaluation einzusetzen, klar abgrenzbare Leistungen zu definieren, eine Definition bestimmbarer, relevanter Elemente, Einflussfaktoren und Methoden für Coaching als Beratungsform vorzugeben, Forschung als „condicio sine qua non" für Weiterentwicklung zu begreifen noch institutionelle Merkmale als objektive Qualitätskontrolle für den Coaching-Markt zu installieren. Nicht zuletzt durch fehlende Lizenzierung, nicht eindeutig definiertem Grenzbereich zu anderen Beratungsformen sowie Überstrahlung von Marktmacht auf Mikroprofessionalisierung zeigt dieses Szenario Deprofessionalisierungstendenzen auf, von denen es nur vereinzelte Ausnahmen gibt. Zusammengefasst führt dies zu folgender Proposition:

---

[770] Die Professionsstandards des DBVC haben zum Ziel, „fachliche und ethische Orientierungsvorgaben für Ausbildung, Anwendung und Erfolgsmessung des Coaching zu formulieren, auf die sich die Mitglieder des DBVC verpflichten, einen Beitrag zu mehr Transparenz und Aufklärung im Coaching-Markt insgesamt zu leisten, proaktiv an der Herausbildung und Entwicklung von Coaching als Profession mitzuwirken sowie Maßstäbe und Routinen für die Qualitätssicherung und Qualitätskontrolle zu setzen" (DBVC (2010), S. 8).

Proposition 1: Je heterogener die Professionalisierungsbestrebungen im Coaching sind, desto unwahrscheinlicher ist eine Professionsbildung im strukturfunktionalistischen Sinne.

5.3.3   Szenario 2: Beschleunigte Professionalisierung

Das Szenario „Beschleunigte Professionalisierung" setzt voraus, dass künftig deutlich mehr für die Professionalisierung von Coaching getan wird als heute bzw. in Szenario 1. Dies beinhaltet ein konstruktives Zusammenwirken der Beteiligten trotz augenscheinlicher Interessenunterschiede, was sich unter eine konzertierte Professionalisierungs-Aktion fassen lässt. Im professionssoziologischen Kontext bedeutet mehr Professionalisierung auch mehr Forschung, jedoch benötigen Wissenschaftler immer einen Abnehmer bzw. Auftraggeber, denn Wissenschaft ohne Adressaten führt in eine Sackgasse.[771] Ausbilder sind als Scharnier zwischen Wissenschaft und Praxis gar in einer Art „Sandwich-Position": sie sind sowohl abhängig von Forschungsergebnissen als auch von Auftraggebern bzw. Adressaten für Aus- und Weiterbildung.

Insofern können die Einflussfaktoren „Markt" sowie „Staat und Gesellschaft" als Initiatoren oder „Treiber" dieser Professionalisierung gesehen werden, was bedeutet, dass das Szenario 2 nochmals unterteilt wird: **Szenario 2a** betrachtet die beschleunigte Professionalisierung aus einer **Marktperspektive**, während bei **Szenario 2b** die **Initiative von Staat und Gesellschaft** ausgeht. Das internationale Umfeld ist angesichts der zunehmenden Globalisierung von Coaching als Dienstleistung ein wichtiger Einflussfaktor, der die Auswirkungen in deren Tragweite begleitet. Es folgen nun die Darstellungen der beiden Teilszenarien in 5.3.3.1 und 5.3.3.2. Mit Blick auf die Erfüllung akademischer und institutioneller Anforderungen wird zwischen eher reaktiven und aktiven Professionalisierungsbestrebungen unterschieden. Die reaktiven Bestrebungen zielen auf die Bildung eines produktiven Rahmens für Professionalisierung, während die aktiven zusätzlich gestalterische – in Teilen gar radikale – Komponenten beinhalten. Im Anschluss daran lenkt Abschnitt 5.3.3.3 nach einer Bewertung des professionalisierungsanalytisch günstigeren und wahrscheinlicheren Szenarios die Aufmerksamkeit noch einmal auf die Stakeholder aus Abbildung 19 im Hinblick auf den entstehenden Professionalisierungsdruck und die sich daraus ergebenden inhaltlichen Implikationen für Forschung, sprich: Forschungsfelder.

5.3.3.1   Initiative „Markt"

Initiative „Markt" bedeutet, dass Marktteilnehmer und Interessenten die maßgebliche Triebfeder für Professionalisierung sind. Die folgende Abbildung stellt die Ergebnisse des Teilszenarios dar; dabei enthält diese Initiative durchaus Wertungen, die reflexive – d.h. auf sich selbst bezogene – Auswirkungen zeigen.

---

[771] Vgl. Schlutz (1988)

Szenario 2a (Ziel „Beschleunigte Professionalisierung", Initiative „Markt"):			
Strategie		„Reaktive" Professionalisierungsbestrebungen	„Aktive" Professionalisierungsbestrebungen
Initiative von...	Markt	– **Anbieter:** Unterstützung einer übergreifenden Verbandskooperation (Annäherung im Coaching-Verständnis, gemeinsame Projekte wie z.B. Entwicklung von Standards für Evaluation, Aus- und Weiterbildung, Berufsausübung, Ethik-Kodex; regelmäßiger Austausch zwischen den Stakeholdern über Professionalisierung, Evaluationsergebnisse, Probleme und „best practice"; gemeinsame Schaffung von Forschungs- und Bildungsanreizen (z.B. über Preise, Bildungsgutscheine, Hospitationen)) – **Nachfrager:** Forderung höherer Qualität – <u>Fazit:</u> Förderung der Feedback- und Transparenzkultur; kleine Anhebung der Markteintrittsbarrieren (leichte Entschärfung des Scharlatanerieproblems)	– **Anbieter:** Lizenzierung von Berufstiteln (z.B. Executive Coach); Ausbau von Verbraucherschutz; berufliche Selbstverpflichtung aller Stakeholder; Initiierung einer Verbandskonsolidierung (möglichst ein Berufsverband, Standards für Aus- und Weiterbildung sowie Berufsausübung (inkl. Zertifizierung, Supervision), gemeinsame Forschungsagenda; Verpflichtung zu Evaluation inkl. Standards und Qualitätssicherungsmaßnahmen (z.B. durch Arge bestehend aus Anbieter- und Nachfragerseite); deutlich mehr Investitionen in Forschung (v.a. Grundlagen-, Auftrags- und Evaluationsforschung)) – **Nachfrager:** Forderung nachweisbar höherer Qualität – <u>Fazit:</u> deutliche Anhebung der Transparenz, Markteintrittsbarrieren und der Austrittsbarrieren (Lösung Scharlatanerieproblem)
Auswirkungen auf...	Staat & Gesellschaft	– **Staat:** keine politische Rolle; keine Investitionen; nicht unmittelbar mehr Verbraucherschutz – **Gesellschaft:** mehr Qualität in Coaching-Struktur und -Prozess durch Beziehungsdreieck – <u>Fazit:</u> Mehr Transparenz; mittelfristig funktionierende Kooperationen zwischen einzelnen Verbänden, aber keine übergreifende Zusammenarbeit und Konsolidierung; ein wenig Auftragsforschung durch Anreizsystem, aber keine Grundlagenforschung; keine neuen Arbeitsplätze	– **Staat:** staatlicher Schutz von Berufstiteln im Coaching (Investitionen relativ gering); deutlich mehr Verbraucherschutz durch privatwirtschaftliche Stellen – **Gesellschaft:** Selbstverpflichtung ,Transparenz und Qualität dienen gesellschaftlichem Wohl – <u>Fazit:</u> Verbandsfusionen, Zertifizierung, Standards und Forschungsinitiativen (von der Privatwirtschaft getragen) heben die Qualität insgesamt deutlich an; kurzfristige Konsolidierung durch Verknappung des Angebots; neue Arbeitsplätze durch privatwirtschaftliche Investitionen
	Professionalisierer	– **Forschung:** v.a. Auftragsforschung, kaum Grundlagen- und Innovationsforschung – **Aus- und Weiterbildung:** nur indirekt durch Verbandskooperationen und Anreize wirksam – <u>Fazit:</u> Anreize für Forschungsaktivitäten wirken positiv; Aus- und Weiterbildung kaum spürbar	– **Forschung:** Grundlagen-, Auftrags-, Evaluationsforschung; Innovationsforschung ist weniger im Fokus – **Aus- und Weiterbildung:** Ausbau erfolgt auf Basis definierter Standards – <u>Fazit:</u> Zielgerichteter, qualitätsgesicherter Ausbau von Aktivitäten; Entstehung neuer Arbeitsplätze in Forschung und Ausbildung v.a. durch Privatinvestoren
	Internationales Umfeld	– **Markt:** Qualität ist keine Eintrittsbarriere für ausländische Marktteilnehmer; nationale Verbandskonsolidierung ist erforderlich – **Professionalisierer:** in der Forschung keine bzw. kaum Verkürzung des Rückstandes Deutschlands – <u>Fazit:</u> Kooperation zwischen nationalen und internationalen Professionalisierungsinitiativen ist erstrebenswert, inhaltlich aber recht weit entfernt	– **Markt:** Engagement der Marktteilnehmer ist positiv trotz Aufbau von Eintrittsbarrieren für ausländische Teilnehmer; Verbandsrückgang wird positiv bewertet – **Professionalisierer:** qualitativ übernimmt Deutschland führende Rolle und verkürzt Rückstand in der Forschung deutlich – <u>Fazit:</u> Kooperation zwischen nationalen und internationalen Professionalisierungsinitiativen anzustreben, inhaltliche Nähe ist gegeben

Abb. 24: Szenario 2a („Beschleunigte Professionalisierung", Initiative „Markt")[772]

---

[772] Eigene Darstellung

Die reaktiven Professionalisierungsbestrebungen sind ein erster Schritt zur Annäherung und eine leichte Verbesserung des Status quo, reichen jedoch nicht aus, um eine nachhaltige und vor allem zeitnah beschleunigend wirkende Professionalisierung anzuheizen. Mit geringen Investitionen verbunden, fehlt zudem die Verbindlichkeit in der Umsetzung der Maßnahmen. So wären Verbandsfusionen zweckhaft, um die Steuerung des Professionalisierungsprozesses aus einer Hand zu übernehmen – mit reinen Kooperationen ist es nicht getan. Für die Forschung sind Anreize positiv, doch wird ohne stringente, gemeinsame Standards „mehr vom selben" produziert, d.h. die Forschungsinitiativen werden dadurch nicht automatisch strukturierter, zielführender und qualitativ besser als bislang. Der geringe Verbindlichkeitsgrad wirkt überdies hemmend auf wichtige internationale Kooperationen im Bereich Forschung, „best practice"-Transfer und grenzüberschreitende Coaching-Einsätze.

Die aktiven Maßnahmen setzen an den Problemfeldern von Coaching-Professionalisierung an: kein Berufsschutz, keine Standards, zu wenig Qualitätskontrollen, keine zielgerichtete Forschung, zu geringe Investitionen in die Rahmenbedingungen, zu viele Scharlatane am Markt. Fraglich ist, wer das Zepter in die Hand nimmt, um die durchaus lobens- und lohnenswerten Initiativen umzusetzen. Die Verbände in ihrer heutigen Konstellation werden eine solche Rolle weder annehmen wollen noch können, da der überwiegende Teil kein authentisches Professionalisierungsinteresse hat. Daher sollte die Hoffnung darauf gesetzt werden, dass im Rahmen der Konsolidierung der Berufsverbände diejenigen die Oberhand behalten, die eine Professionalisierung im Coaching anstreben und zudem bereit sind, Investitionen in Forschung für Coaching als Beratungsform zu tätigen. Eine Schlüsselrolle nehmen dabei die Ausbilder ein, die das Professionalisierungserfordernis sehen, meist auch verbandlich organisiert sind und somit institutionelle Verantwortung für Coaching tragen[773]; sie können als „Prozesstreiber" dienen. In diesem Zusammenhang ist wichtig, dass generell eine Trennung von Amt und Mandat erfolgt, d.h. „Zertifizierungszirkel" aufgelöst werden.[774] Alternative „Treiber" wie z.B. Klienten oder Organisationen (vertreten durch Auftraggeber) kommen auf den ersten Blick nicht in Frage, da sie am Markt als Nachfrager auftreten und dort ihre Rechte einfordern, jedoch kein originäres Interesse an einer institutionellen Weiterentwicklung von Coaching haben.

5.3.3.2 Initiative „Staat und Gesellschaft"

Initiative „Staat und Gesellschaft" bedeutet, dass sich der Staat als Anbieter und Nachfrager von Coaching involviert und Rahmenbedingungen empfiehlt oder vorgibt. Darüber hinaus muss sich Coaching an seiner Gemeinwohldienlichkeit messen lassen, d.h. wird im gesellschaftspolitischen Kontext betrachtet und bewertet.

Reaktive Professionalisierungsbestrebungen führen bereits einen Paradigmenwechsel mit sich, sind doch (gesellschafts-)politische Empfehlungen oder Fördermaßnahmen im Coaching bislang eher ungewöhnlich. Ihre Wirkung stellt sich erst mittel- bis langfristig ein und ist mit Qua-

---

[773] Ein rein aus Ausbildern bestehender Berufsverband erscheint allerdings aus den dann nicht nutzbaren Vorteilen von Verschiedenartigkeit in Verbindung mit Konsolidierungserfordernissen nicht sinnvoll.
[774] Vgl. z.B. Geißler (2004), Jumpertz (2005); s.a. Abschnitt 5.2.2

litätsverbesserungen verbunden. Allerdings fehlt ähnlich dem Marktszenario auch hier die Verbindlichkeit, und man ist angewiesen auf Marktteilnehmer, die den ersten Schritt tun. Diese „First Mover" müssen von der Attraktivität der gesellschaftspolitischen Rahmenbedingungen überzeugt werden und ziehen dann wiederum andere mit. Das finanzielle Engagement der Politik hält sich zwar in Grenzen, doch ist eine profunde Überzeugungsarbeit hinsichtlich der Verausgabung von Steuergeldern zu leisten. Die Forschung profitiert von den Investitionen, läuft jedoch wie bei Szenario 2a Gefahr, am nicht konkret definierten Ziel vorbei zu forschen. International wird der Rückgang der Verbände begrüßt, gleichzeitig aber eine gewisse Abschottung durch die Anhebung der Eintrittsbarrieren beobachtet. Insofern sind grenzüberschreitende Kooperationen erstrebenswert.

Die folgende Abbildung stellt die Ergebnisse des Teilszenarios dar; dabei enthält diese Initiative durchaus Wertungen, die reflexive – d.h. auf sich selbst bezogene – Auswirkungen zeigen.

Szenario 2b (Ziel „Beschleunigte Professionalisierung", Initiative „Staat & Gesellschaft"):		
Stra-tegie	„Reaktive" Professionalisierungsbestrebungen	„Aktive" Professionalisierungsbestrebungen
Initiative von... Staat & Gesellschaft	– **Staat:** Anerkennung von Berufstiteln (z.B. „Executive Coach"); Förderung von Verbraucherschutzmaßnahmen; Empfehlung und ggf. Förderung von Verbandskonsolidierungen; Empfehlung von Standards für die Aus- und Weiterbildung (inkl. Zertifizierung, Supervision) und staatlichen Ethik-Kodex; finanzielle Unterstützung für Forschungs- sowie Aus- und Weiterbildungseinrichtungen; Stipendien für Wissenschaftler; Förderung von Evaluationsmaßnahmen – **Gesellschaft:** Forderung staatlich kontrollierter Qualität – **Fazit:** Förderung der Feedback-, Transparenz- und Qualitätskultur; kaum staatliche Investitionen	– **Staat:** Einführung und Schutz von Berufstiteln; Einrichtung einer Verbraucherzentrale; Einführung krankenkassenrechtlicher Abrechnungsmöglichkeiten und Prüfung einer Approbation für Coachs; Prüfung der Konsolidierung von Verbänden; Festlegung von Standards für die Aus- und Weiterbildung (inkl. Zertifizierung, Supervision); Einrichtung von Forschungs- sowie Aus- und Weiterbildungseinrichtungen; Prüfung der Einführung von gesetzlichen Mindeststandards für Evaluation – **Gesellschaft:** Forderung staatlich kontrollierter, messbarer Qualität (für Individuum, Organisation, Gesellschaft) – **Fazit:** deutliche Förderung der Feedback-, Transparenz- und Qualitätskultur; hohe staatliche Investitionen und viele Kontrollmechanismen schaffen viele Arbeitsplätze
Auswirkungen auf... Markt	– **Anbieter:** „First Mover"-Effekt führt zu erhöhten Eintrittsbarrieren; langfristiger Rückgang der Anzahl an Verbänden – **Nachfrager:** höhere wahrgenommene Qualität – **Fazit:** Angebot und Nachfrage nehmen langfristig qualitätsgesichert zu; Transparenz und Verbindlichkeit in der Umsetzung fehlen, aber Evaluation wird ausgebaut; Reduzierung des Scharlatanerie-problems (weniger Markteintritte, höhere Qualität)	– **Anbieter:** Marktkonsolidierung (Angebot geht kurzfristig zurück, Nachfrage nimmt erst mittelfristig zu); mittelfristiger Rückgang der Anzahl an Verbänden – **Nachfrager:** deutlich höher wahrgenommene Qualität – **Fazit:** langfristig angelegtes Marktwachstum (z.B. auch durch Abrechnungsmöglichkeiten); höhere Transparenz und Qualität; Konkurrenzsituation zwischen staatlichen und privaten Einrichtungen; Scharlatanerieproblem wird verschoben; Gefahr der „Überregulierung" steigt

Professionalisierer	– **Forschung:** Ausbau von Grundlagen-, Auftrags-, Evaluations- und Innovationsforschung – **Aus- und Weiterbildung:** Ausbau der Aktivitäten – **Fazit:** Ausbau erfolgt aufgrund fehlender Standards und Forschungsagenda nicht zielgenau; dennoch höhere wahrgenommene Qualität, Arbeitsplätze sind v.a. steuerfinanziert	– **Forschung:** Zielgerichteter Ausbau von Grundlagen-, Auftrags-, Evaluations- und Innovationsforschung – **Aus- und Weiterbildung:** Ausbau der Aktivitäten basierend auf einheitlichen Standards – **Fazit:** Ausbau erfolgt zielgenau und qualitätsgesichert; Gefahr der „Therapienähe" in Ausbildung und Berufsausübung; Arbeitsplätze sind v.a. steuerfinanziert
Internationales Umfeld	– **Markt:** höhere Qualität ist Eintrittsbarriere für ausländische Marktteilnehmer; Verbandsrückgang wird positiv bewertet – **Professionalisierer:** kaum Verkürzung des Rückstandes Deutschlands in der Forschung – **Fazit:** Kooperation zwischen nationalen und internationalen Professionalisierungsinitiativen ist anzustreben, inhaltlich noch recht weit entfernt	– **Markt:** staatliche Beschränkungen sind Eintrittsbarrieren für neue Coachs; Verbandsrückgang gilt als positiv – **Professionalisierer:** Qualität in Deutschland steigt, aber auch Beratungslastigkeit – **Fazit:** Initiativen werden als „Zwangsprofessionalisierung" ohne Berücksichtigung des globalen Marktes gesehen; internationale Kooperation birgt Konfliktpotenzial und Isolationsgefahr für Deutschland

Abb. 25: Szenario 2b („Beschleunigte Professionalisierung", Initiative „Staat und Gesellschaft")[775]

Die aktiven Maßnahmen setzen zwar wie im Marktszenario auch an den Problemfeldern von Coaching-Professionalisierung – Berufsschutz, Standards, Qualität, Forschung und Markt – an, sind jedoch sehr regulativ oder gar radikal und bewirken keine deutliche Abgrenzung zu anderen Beratungsformen. Transparenz- und Qualitätssteigerungen werden erreicht, jedoch wird die Professionalisierung teuer erkauft. So müssen zahlreiche Arbeitsplätze geschaffen werden, um Verbraucherzentrale, Krankenkassenorgane, Aus- und Weiterbildungs- sowie Zertifizierungsstellen, Forschungszentren und Kontrollinstanzen zu betreiben. Coaching wird überreguliert und zudem pathologisiert, was die Gesellschaft spaltet: die Beteiligten werden stigmatisiert, aus einer funktionierenden Beratungsform mit Freiheitsgraden wird eine dysfunktionale, therapieähnliche Dienstleistung gemacht, die aufgrund gesetzlicher Beschränkungen kaum Bewegungsfreiheit hat und der dahinter liegende Verwaltungsapparat verschlingt massenweise Steuergelder. Die Nähe zur Therapie ist eine Einladung für Therapeuten, im Coaching tätig zu werden, was das Scharlatanerieproblem auf die Abgrenzungsproblematik verschiebt[776]: durch die aktive Rolle schaffen Politik und Gesellschaft ein Stück weit Deprofessionalisierung und schießen über das eigentliche Ziel hinaus. Im Ausland wird es als „Zwangsprofessionalisierung" wahrgenommen, die zu einer Isolation Deutschlands in der globalen Coaching-Welt führen kann.[777] Einzig die damit einhergehende Verbandskonsolidierung wird positiv bewertet.

---

[775] Eigene Darstellung

[776] Vgl. Zitat I3, 45-47

[777] Vgl. Zitat I4, 16-16; der Proband beschreibt zudem, dass die internationale Community Coaching in Deutschland ohnehin sehr beratungslastig, d.h. therapienah bewertet, während es in anderen Ländern (z.B. USA) mehr transformative Ansätze gibt.

5.3.3.3   Auswirkungen auf Stakeholder und Forschungsfelder

Bei näherer Betrachtung der Szenarien 2a und 2b im Hinblick auf Umsetzbarkeit und Eintritts-
wahrscheinlichkeit, liegt der Schluss nahe, dass die aktive Professionalisierung durch Staat und
Gesellschaft unrealistisch erscheint. Zum einen ist die Professionalisierungsbedürftigkeit nicht
so groß, dass solch tiefschürfende gesellschaftspolitische Initiativen erforderlich sind, zum anderen werden die damit verbundenen Investitionen politisch nicht durchsetzbar sein. Genauso
sind die reaktiven Professionalisierungsbestrebungen des Marktes zu weich und unverbindlich,
um die Professionalisierung zu beschleunigen. Die Selbstheilungskräfte des Marktes verdienen
das Vertrauen, den Professionalisierungsprozess mit aktiven Maßnahmen in Gang zu setzen.

Dabei sollten Staat und Gesellschaft durch Initiativen wie Berufs- und Verbraucherschutz unterstützen und vor allem dazu beitragen, die Verbandskonsolidierung herbeizuführen: ein star-
ker Berufsverband (oder zumindest deutlich weniger als heute), der die Ausbilder einschließt,
hat nicht zuletzt aufgrund seiner institutionellen Verantwortung ein Professionalisierungsinteresse, das auch von der Gesellschaft aktiv eingefordert und für dessen Umsetzung der Dialog mit
dem globalen Coaching-Netzwerk gesucht werden sollte. Es müssen alle einen Beitrag leisten,
aber nur eine Instanz kann den Prozess steuern – insofern wird es schwierig, sich auf ein gemeinsames Verständnis als Ausgangspunkt für die Umsetzung der Professionsmerkmale zu einigen, wenn die Konsolidierung nicht gelingt. Dies ist zudem ein Petitum für weitere Forschungsinitiativen, damit weder am Thema vorbei geforscht wird noch dieselben Studien stets
wiederholt werden.[778] Je weniger der Markt in der Lage sein wird, den Professionalisierungsprozess zum Erfolg zu führen, desto eher werden sich Staat und Gesellschaft aktiv einschalten
müssen.

Dieser Ansatz birgt viele Herausforderungen. Insbesondere die „Monopolisierung" – als geeigneter Ausgangspunkt für Lizenzierung und die akademischen Professionalisierungsmerkmale –
dürfte aufgrund der unterschiedlichen Interessenlagen schwierig werden und ist ohne breite gesellschaftspolitische Unterstützung kaum zu erreichen. Auf Basis der Ergebnisse und der Meinung des Autors ist die aktive marktliche Professionalisierung, idealiter gesteuert durch einen
Berufsverband, dennoch das sinnvollere und auch wahrscheinlichere Szenario auf der Ebene der
beschleunigten Professionalisierung. Die Auswirkungen auf die eigene Professionalisierungsbedürftigkeit und Relevanz der Forschungsfelder aus der Sicht der Stakeholder versucht die
folgende Abbildung zu zeigen.

---

[778] Vg. Zitat I3, 27-27

Szenario 2: Ziel „Beschleunigte Professionalisierung", „Markt" (Treiber), „Staat & Gesellschaft" (Unterstützer)		
Stake-holder	Professionalisierungsbedürftigkeit	Relevante For-schungsfelder
Coachs	**Hoch**; deutlich mehr Transparenz durch Selbstverpflichtung und Evaluation; höhere Qualitätsanforderungen durch Zertifizierung, Standards für Berufsaus-übung und Verpflichtung zu Aus- und Weiterbildung; Senkung der Markaus-trittsbarrieren	Wirkfaktoren & Wirksamkeit; Quali-tätssicherung; Me-thoden & Interven-tionen; Coaching-Kultur
Klienten	**Mittel**; Transparenz und Evaluation erfordern aktive Beteiligung; Messbar-keit erzeugt (Selbst-)Wirksamkeitsdruck (Coaching „muss" sich lohnen); wichtige Rolle bei der Bewertung der Marktbarrieren	Wirkfaktoren & Wirksamkeit; Coa-ching-Kultur; Quali-tätssicherung
Poten-zielle Klienten	**Gering**; nicht unmittelbar beteiligt; profitieren von Transparenz im Markt und Qualitätsstandards als Vertragsbestandteil; wissen, dass sie sich im Coaching-Fall aktiv beteiligen und evaluieren lassen müssen	Qualitätssicherung; Wirkfaktoren & Wirksamkeit
Andere Berater	**Gering**, wenn sie Coaching-Professionalisierung rein als Abgrenzung be-trachten; **Hoch**, wenn sie als Coachs oder Coach-Supervisoren tätig sein wol-len (siehe „Coachs")	Gering: angewandte Sozialwissenschaften; Hoch: siehe Coachs
For-scher	**Hoch**; Forschung bekommt viel aktivere Rolle durch benötigte Grundlagen, Evaluation und Innovationen; auch Forscher werden transparenter und mess-barer; müssen Qualität liefern und Kompromisse eingehen; tragen Verantwor-tung für den gesamten Professionalisierungsprozess	Alle
Auf-tragge-ber	**Hoch**; haben wichtige Rolle im Rahmen Evaluation, Qualitätssicherung, ei-gene Aus- und Weiterbildung und die interner Coachs; stehen unter Wirk-samkeitsdruck (durch die Organisation); müssen auf die beschleunigte Profes-sionalisierung vertrauen und „loslassen" können	Qualitätssicherung; Wirkfaktoren & Wirksamkeit; Coa-ching-Kultur
Organi-satio-nen	**Mittel**; delegieren Verantwortung zwar an Auftraggeber, sind aber wichtige Wegbereiter organisationaler Professionalisierung; fragen Forschung nach; müssen sich mit „überlegener Evidenz" abfinden	Coaching-Kultur; Wirkfaktoren & Wirksamkeit
Ver-bände	**Hoch**; Umsetzung der Vorhaben (Lizenzierung von Berufstiteln, Ausbau von Verbraucherschutz; Verbandskonsolidierung, Investition in Forschung); wich-tige Rolle bei der Behebung des Scharlatanerieproblems; müssen Dialog mit allen Beteiligten suchen und Kompromisse eingehen	Angewandte Sozial-wissenschaften; Qua-litätssicherung; Wirk-faktoren & Wirksam-keit; Methoden & Interventionen
Verbrau-cher-schüt-zer	**Mittel**; Unterstützung der Verbände bei ihren Vorhaben, v.a. Anerkennung von Berufstiteln; wichtige Rolle bei der Forderung nach Transparenz und der Höhergewichtung der Klientenmeinung in Coaching-Prozess; keine darüber hinaus gehende Rolle als Gesetzgeber	Angewandte Sozial-wissenschaften; Qua-litätssicherung; Wirk-faktoren & Wirksam-keit
Forsch-ungsin-stitute	**Hoch**; Forschung bekommt deutlich aktive Rolle durch benötigte Grundlagen, Evaluation, Innovationen und Aufträge vom Markt; auch Institute werden transparenter und messbarer; müssen Qualität liefern und Kompromisse ein-gehen; repräsentieren Verantwortung im gesamten Prozess	Alle
Ausbil-der	**Hoch**; Aus- und Weiterbildung hat hohen Stellenwert bei beschleunigter Pro-fessionalisierung; tragende Rolle im gesamten Prozess als Bindeglied zwi-schen Wissenschaft, Praxis und Professionalisierungsprozess	
Gesell-schaft	**Hoch**; muss Gemeinwohldienlichkeit (Transparenz, Nutzen, Fortschritt) aktiv einfordern und sich am Prozess z.B. durch Mitgestaltung von Verbraucher-schutzinitiativen, ideeller und finanzieller Unterstützung von Forschung sowie einem offenen Dialog beteiligen	

Abb. 26: Szenario 2 (Stakeholder, Professionalisierungsbedürftigkeit, Forschungsfelder)[779]

---

[779] Eigene Darstellung

Auf der Marktseite ist die Professionalisierungsbedürftigkeit bzw. der Professionalisierungs-druck bei Coachs, potenziellen Coachs, Verbänden und Auftraggebern hoch. Sie haben zum einen Nachholbedarf, zum anderen tragen sie große Verantwortung im Professionalisierungs-prozess. Zur Wissensanreicherung spielen insbesondere die Forschungsfelder „Wirkfaktoren & Wirksamkeit", „Qualitätssicherung" und „Coaching-Kultur" eine Rolle. Bei Coachs und Ver-bänden gehören zudem „Methoden & Interventionen" zum Handwerkszeug, bei letztgenannten stehen aufgrund ihrer gesellschaftspolitischen Verantwortung die „angewandten Sozialwissen-schaften" im Vordergrund. Von Verbänden wird erwartet, dass sie ihre Haltung ändern und sich im Rahmen der Konsolidierung als Berufsverband für die Profession „Coaching" positionieren, der es in erster Linie um die Nachhaltigkeit der Beratungsform geht, nicht um die Vermarktung der Coachs in Verbindung mit der Gewinnung von Markt- und Umsatzanteilen.

Auch auf Seiten der Professionalisierer ist die Professionalisierungsbedürftigkeit hoch: bei der Forschungsgemeinschaft insofern, dass sie sich auch als solche versteht und gemeinsam mit den anderen Coaching-Beteiligten eine Forschungsagenda entwirft und umsetzt; bei den Ausbildern ist sie aufgrund deren Verantwortung im Beziehungsdreieck, einhergehend mit der Rolle als wichtiger Weichensteller für künftige Coachs (durch Ausbildung) und „state-of-the-art" Be-rufsausübung (durch ständige Weiterbildung), ebenfalls hoch. Wichtigster Adressat von Coa-ching-Professionalisierung ist die Gesellschaft als Ganzes, die sich ihrer Mitverantwortung be-wusst werden muss, d.h. sich an einem transparenten, nutzenbringenden und nachhaltigen Pro-fessionalisierungsprozess zu beteiligen. Die Verbraucherschützer haben in diesem Szenario au-ßerhalb der Anerkennung und dem Schutz von Berufstiteln keine aktive Rolle als Gesetzgeber, sondern vielmehr als Unterstützer und Ideengeber für eine marktgetriebene Professionalisie-rung. Daher haben sie auch im Gegensatz zu Professionalisierern und Gesellschaft kein Interes-se an allen Forschungsfeldern, sondern aufgrund ihrer Metaperspektive insbesondere an den „angewandten Sozialwissenschaften", „Qualitätssicherung" sowie „Wirkfaktoren & Wirksam-keit".

Wie in Abschnitt 4.2.1.5 beschrieben, ist das Feld „Wirkfaktoren & Wirksamkeit" aus der Sicht aller Stakeholder generell und auch in diesem Szenario das relevanteste Forschungsfeld für Coaching. Dabei gibt es sicherlich feinere Unterschiede bzw. Abstufungen. Neben der disku-tierten, augenscheinlichsten Differenzierung klientenindividueller Weiterentwicklung und orga-nisationalem RoI sind viele weitere Themen bzgl. der Kirkpatrick'schen Ebenen untersuchungs-relevant: Ausbilder interessieren sich z.B. für das Zustandekommen von Lernerfolg und dessen Übergang zu Transfererfolg, Organisationen eher für den nächsten Übergang zum Unterneh-menserfolg und Forscher setzen ganz vorne an, indem sie bspw. fragen, ob Zufriedenheit mit dem Coaching ein Indikator für Erfolg ist, ob bzw. wie man diese Ebenen angesichts der Kom-plexität ihrer Einflussfaktoren überhaupt differenziert messen kann und welche sozioökonomi-schen Auswirkungen Coaching als Beratungsform letztlich hat.[780]

---

[780] Vgl. Kirkpatrick/Kirkpatrick (2006); s.a. Kapitel 2.3 und 4.2 dieser Arbeit

Zusammengefasst führt das Szenario 2 „Beschleunigte Professionalisierung" zu folgenden Propositionen:

Proposition 2: Je stärker sich die Stakeholder im Professionalisierungsprozess engagieren, desto wahrscheinlicher erscheint eine erfolgreiche Beschleunigung der strukturfunktionalistisch relevanten Professionsbildung unter Vermeidung von Deprofessionalisierung.

- **Proposition 2.1:** Je stärker die Steuerung durch einen Berufsverband – getrieben durch darin organisierte Coaching-Ausbilder – ist, desto leichter fällt die Koordination des Professionalisierungsprozesses.
- **Proposition 2.2:** Je höher das marktliche Professionalisierungsengagement ist, desto geringer ist die Notwendigkeit gesellschaftspolitischer Aktivitäten im Professionalisierungsprozess.
- **Proposition 2.3:** Je besser die Umsetzung der institutionellen und akademischen Professionalisierungsmerkmale gelingt, desto unwahrscheinlicher sind Deprofessionalisierungstendenzen.
- **Proposition 2.4:** Je höher das gemeinsame Verständnis über Coaching als Beratungsform ist, desto einfacher ist eine Strukturierung und Koordination der Forschungsaktivitäten.

5.3.4 Szenario 3: Ohne Professionalisierung

Das Szenario „Ohne Professionalisierung" zielt auf eine Entwicklung im Coaching ab, in der Professionalisierungsfähigkeit und Professionalisierungsbedürftigkeit keine Rolle spielen. Eine Professionsbildung ist nicht nur ungeplant, sondern mit Blick auf die unbegrenzten Freiheitsgrade einer „barrierefreien" Welt gar unerwünscht. Insofern werden Maßnahmen ergriffen, die den Professionsbildungsprozess behindern, mithin konterkarieren, was ihn schnell in das Gegenteil verkehrt und einen Deprofessionalisierungsprozess einleitet: keine Lizenzierung, Überstrahlung von Marktmacht auf Mikroprofessionalisierung, kein Grenzbereich zwischen Coaching und anderen Beratungsformen, Abschaffung bisheriger – überwiegend verbandsspezifischer – Reglementierungen und Empfehlungen wie Minimumanforderungen an Coachs im Zusammenhang mit lizenzierter Aus- und Weiterbildung, Ethik-Kodizes oder Beschwerde- und Schlichtungsstellen.

In diesem Szenario werden Verbände zu reinen Vermarktungsplattformen und Coach-Netzwerken. Die fehlende Transparenz soll marktseitig durch Coach-Datenbanken, organisationsseitig durch Auftraggeber mit weitreichenden Verantwortlichkeiten ausgeglichen werden. Gerade bei Coach-Datenbanken fällt es wie in Kapitel 4.2.2.4 beschrieben schwer, die Qualität zu bewerten, d.h. „gute" von „schlechten" Coachs zu unterscheiden, wobei diese Differenzierung auch bei den Auftraggebern nicht gewährleistet werden kann.[781] In den großen Qualitätsunterschieden als solche sowie in der Schwierigkeit, diese mangels Kriterien zu erkennen und zu bewerten, steckt eine große Gefahr für den Auswahl- bzw. Matching-Prozess. Institutionelle

---

[781] Vgl. z.B. Zitat I6, 305-345

Professionalisierungsmerkmale werden gar nicht, akademische wenn dann nur vereinzelt umgesetzt, bspw. wenn Organisationen einen eigenen Evaluationsprozess haben oder ihre hausinterne Coaching-Ausbildung zertifizieren. Die Gesellschaft interessiert sich nicht als Ganzes für Coaching, sondern v.a. die (potenziellen) Klienten suchen den Austausch – entweder auf der Suche nach Transparenz oder bei entstandenen Problemen, z.B. im Coaching-Prozess. Forschung spielt eine untergeordnete Rolle, da es weder eine gemeinsame Linie der Beteiligten noch ein diesbezügliches Interesse gibt. Einzig Wirksamkeit und Methoden stehen im Fokus. Gleiches gilt für die Aus- und Weiterbildung, die aufgrund mangelnder, „formal" nachzuweisender Qualitätsansprüche an Bedeutung verliert und wenn, dann nur von Verbänden zu Marketingzwecken genutzt wird. Die sinkende Qualität, einhergehend mit niedrigen Eintritts- und hohen Austrittsbarrieren, bedeutet zudem eine Marktdiffusion von deutschen Coachs ins Ausland und umgekehrt.

Die folgende Abbildung zeigt die Ein- und Auswirkungen dieses Szenarios auf die vier Stellhebel, deren maßgebliche Bewertungsbasis – bestehend aus den strukturfunktionalistischen Professionalisierungsmerkmalen – der Logik der vorherigen Szenarien entnommen werden kann.

Szenario 3 (Ziel „Ohne Professionalisierung"):		
Einflüsse und Auswirkungen	**Markt**	– **Anbieter:** Basisangebot an Coachs steigt stark, da aufgrund fehlender Anforderungen immer mehr in den Markt drängen, die Coaching als Haupt- oder Nebentätigkeit betreiben, d.h. Verbände wachsen; Verbände stehen als Vermarktungsplattformen und Netzwerke für Coachs in großer Konkurrenz im Kampf um Mitglieder und Mandate; Empfehlungsgeschäft wird ausgebaut bzw. es kommt zum verstärkten Einsatz von Coach-Datenbanken – **Nachfrager:** Organisationen stärken die Personalabteilungen bzgl. ihrer Verantwortung als Auftraggeber im Auswahlprozess und für den Wirksamkeitsnachweis, was neben einem festen externen Coaching-Pool auch zum Auf- und Ausbau interner Coaching-Pools führt; Klienten verlassen sich voll auf die Auftraggeber, die Qualitätssicherungs- und (in Streitfällen) Verbraucherschutzfunktionen wahrnehmen, häufig ohne eigenen Qualitätsnachweis – **Fazit:** Transparenz ist im Prinzip nicht vorhanden, was zu hohen Transaktionskosten führt; aufgrund der volatilen Nachfrage „reinigt" der Markt sich selbst: in „guten" Zeiten sind sehr viele Coachs am Markt, in „schlechten" Zeiten verschiebt sich das hin zu anderen Tätigkeiten; anekdotische Evidenz zählt mehr als nicht vorhandene institutionelle oder akademische Standards; Verschärfung des Scharlanerieproblems aufgrund fehlender Barrieren
	Staat & Gesellschaft	– **Staat:** keinerlei Umsetzung institutioneller Merkmale, Einführung bzw. Verstärkung von Berufs- und Verbraucherschutz einhergehend mit akademischen Merkmalen als Signal für Professionalisierungsbedürftigkeit; keine staatlichen Investitionen; keine Forschungsaufträge – **Gesellschaft:** nur (potenzielle) Nachfrager interessieren sich für Coaching; müssen über Empfehlungsgeschäft oder Coach-Datenbanken gehen (professionelle CRS gibt es nicht); Communities bilden sich zwecks Erfahrungsaustausch (z.B. zu „gutem" und „schlechtem" Coaching), gegenseitiger Hilfestellung und Empfehlungen – **Fazit:** Staat und Gesellschaft überlassen Coaching den Marktmechanismen, ohne selber einzugreifen; keine neuen Arbeitsplätze, sondern lediglich Verschiebungen: abhängig Beschäftigte machen sich als Coachs selbstständig bzw. Berater anderer Beratungsformen drängen auf den Coaching-Markt; wahrgenommene Qualität steigt nicht

Professionalisierer	– **Forschung:** wenn überhaupt, dann im Bereich von Wirksamkeit und Interventionsmethoden, nachgefragt von Organisationen bzw. Auftraggebern; andere Felder und Innovationen spielen keine Rolle; es gibt keine (gemeinsame) Forschungsagenda – **Aus- und Weiterbildung:** bleibt ein verbands- bzw. schulenspezifisches, heterogenes Feld – **Fazit:** Forschungslandschaft wird kleiner, da Forschung wenig bis gar nicht nachgefragt wird; bekannte methodische Schwächen und mangelnde Evaluationsstandards runden harmlose Forschung ab; aufgrund nicht nachzuweisender Qualität im Rahmen von Zertifizierungen am Markt schrumpft der Bereich Aus- und Weiterbildung; Ausbilder sind nur insofern an Professionalisierung interessiert, dass ihre subjektiven Theorien mit neuen Erkenntnissen unterfüttert werden; große Uneinigkeit unter Ausbildern, Verbänden und Forschern, was Coaching eigentlich ist
Internationales Umfeld	– **Markt:** international bleibt der deutsche Coaching-Markt einer der umsatzstärksten; Marktdiffusion (deutsche Coachs organisieren sich im Ausland und sind auch dort am Markt tätig, zertifizierte ausländische Coachs (insbesondere zertifizierte) werden in Deutschland nachgefragt; andere ausländische Coachs drängen aufgrund nicht vorhandener Qualitätskriterien bzw. Marktbarrieren auf den deutschen Markt) – **Professionalisierer:** deutsche Forschungs- und Ausbildungsaktivitäten diffundieren zunehmend ins Ausland – **Fazit:** Kooperationen zwischen nationalen und internationalen Verbänden bzw. Coaching-Organisationen kommen nicht zustande, d.h. Austausch im Wesentlichen auf Marktebene; Deprofessionalisierungstendenzen in Deutschland

Abb. 27: Szenario 3 („Ohne Professionalisierung")[782]

In einem solchen Umfeld regelt sich der Markt selbst und niemand verspürt wirklichen Professionalisierungsdruck, zu dessen Bewältigung spezifische Forschung hilfreich wäre.[783] Analog der Organisationsentwicklung, deren Professionsbildung bereits in den 80er Jahren gescheitert ist, setzt sich letztendlich der Markt durch, der gemäß vieler Ideologen schon vor 30 Jahren zurecht einziges Regulativ gewesen ist, das über Erfolg und Misserfolg eines Beraters bzw. Coachs entscheidet.[784] Coaching kann demnach erfolgreich sein, **auch wenn** es nicht zur Profession wird oder – in der Philosophie dieses Szenarios – **gerade weil** es keine Profession wird. Der Zwischenschritt über die Bildung einer Semi-Profession wäre keine ernsthafte Alternative.[785]

Eine vertiefende Auseinandersetzung mit diesem Szenario lässt dessen Eintritt als unrealistisch einstufen. So erscheint es nicht sinnvoll, die bisherigen Professionalisierungsbestrebungen zu desavouieren und bewusst zu konterkarieren. Die Vermarktung der Dienstleistung „Coaching" baut auf Qualität oder zumindest einem Qualitätsversprechen auf, d.h. Verbände, Coachs und Coaching-Organisationen wären gut beraten, das Siegel „Coaching als Profession" marketingwirksam zu nutzen. Des Weiteren kann die Inkaufnahme eines inflationären Angebotes an Coachs aus dem Inland (v.a. Berater anderer Beratungsformen) und Ausland (zertifizierte und nicht-zertifizierte Coachs) nicht gewollt sein. Hingegen vorteilhaft ist die Intransparenz überwiegend für Coachs, Verbände und Auftraggeber. Bei Coachs und (Coach-)Verbänden schlagen

---

[782] Eigene Darstellung

[783] Aus diesem Grund hat der Autor auf die Darstellung von Forschungsfeldern in Verbindung mit der Professionalisierungsbedürftigkeit der Stakeholder verzichtet: ohne Professionalisierungsdruck käme als Forschungsfeld allenfalls „Wirkfaktoren & Wirksamkeit" in Frage.

[784] Vgl. Kühl (2001); s.a. Abschnitt 5.2.1

[785] Ein Großteil der Kriterien für Semi-Professionen (überwiegend weibliche Mitglieder, bürokratische Organisationsformen, kürzere Ausbildungszeiten, geringerer Status, weniger spezialisiertes Wissen) passt nicht zu den Charakteristika dieses Coaching-Szenarios. Lediglich die Punkte „kürzere Ausbildungszeiten" sowie „weniger spezialisiertes Wissen" wären übertragbar; für Näheres zum Konzept der Semi-Professionen vgl. Abschnitt 2.1.3.1

sich fehlende technische und ethische Standards im Sinne Willkes nieder: „Den Beratern [Coachs, Anm. d. Autors] bleibt nur die Hoffnung, daß die Klienten nicht wissen, was sie wissen und/oder mit dem Wissen nicht optimal umgehen, das sie selbst generieren – und in diesen Lücken genügend Raum für Beratung [Coaching, Anm. d. Autors] bleibt.[786]" Auftraggeber nehmen die ihnen übertragene Verantwortung gerne zum Ausbau der eigenen Machtposition, Weiterentwicklung und/oder Karriere an.[787]

5.3.5　Zusammenfassende Darstellung

Coaching-Forschung ist ein elementarer Bestandteil von Professionalisierung: ohne Anreicherung von wissenschaftlichem Wissen und der Gewinnung von Erkenntnissen für die Coaching-Praxis wird es keine oder weiterhin schwammige Antworten auf die vielen offenen Fragen geben, die – angefangen mit den Forschungsfragen – zum Teil auch in dieser Arbeit gestellt worden sind. Im Umkehrschluss bedeutet dies, dass es ohne (weitergehende) Professionalisierung auch keine (kaum) Forschung gibt. Eine Zerreißprobe wird sicherlich die Einigung auf eine gemeinsame Basis sein: was ist (gutes) Coaching? Dabei ist die Pluralität in der heutigen Ausbildung kontraproduktiv – es sei denn, die Coaching-Ausbilder erreichen einen Konsens. Wichtig wäre zudem, Qualität eindeutig zu definieren, denn nur dann ist es möglich, Qualität in unterschiedlichen Ausprägungen zu bestimmen.[788] Darüber hinaus herrscht zwischen den Verbänden Uneinigkeit bzgl. des Wesens von Coaching, speziell am Beispiel der Abgrenzung von Executive-, Business- und Life-Coaching.[789]

In Abschnitt 5.3 ist daher der Versuch unternommen worden, möglichst generische Forschungsszenarien auf dem Hintergrund unterschiedlich gearteter Professionalisierungsbestrebungen aufzustellen und deren Auswirkungen auf den Markt, Staat und Gesellschaft, Professionalisierer sowie das internationale Umfeld differenziert zu betrachten. In diesem Zusammenhang ist die erste wichtige Erkenntnis, dass Coaching selbst ohne abschließende Professionsbildung eine Zukunft hat, d.h. weder die Fortführung bisheriger (Szenario 1) noch die Auflösung jeglicher Professionalisierungsbestrebungen (Szenario 3) würden dazu führen, dass Coaching als Beratungsform dem Tode geweiht ist. Einige der Probanden sind jedoch der Meinung, dass im Falle der Nichtumsetzung einzelner Merkmale, wie z.B. ethische Standards, Coaching zumindest enorm an Reputation verlieren könnte.[790] Ziel dieser Szenarien ist es obendrein nicht, eine Luxus- oder Phantomdebatte anzuheizen, sondern die – letzten Endes gesellschaftlichen – Vorteile einer strukturfunktionalistischen Professionalisierung für Coaching aufzuzeigen, durch deren Nutzung das Potenzial entfaltet werden kann, das in einem solchen Professionsbildungsprozess für alle Beteiligten steckt.

---

[786] Willke (1998), S. 161 f.
[787] Vgl. Abschnitt 5.1.2
[788] Vgl. Zitat I3, 92-106, vgl. Zitat I6, 107-121
[789] Vgl. I6, 36-39
[790] Vgl. z.B. I6, 107-121

Eine zweite wichtige Erkenntnis ist, dass sich Coaching – auch im Vergleich zu anderen Beratungsformen – in einem normalen Entwicklungsprozess der Professionsbildung bewegt, der sich momentan in einer „Storming-Phase" befindet.

> „[...] Die Storming-Phase ist nicht substituierbar oder überspringbar. Und deswegen halte ich es für ganz normal, in welcher Phase wir momentan sind. Wir sollten jedoch nicht einfach den Kopf in den Sand stecken und warten, bis es vorbei ist, sondern auch diese Phase muss ja wie die Storming-Phase im Team wirklich aktiv gestaltet werden. Also, das macht die Zeit nicht von alleine, da muss man etwas dafür tun.[791]"

Insofern liegt das Erkenntnisinteresse dieser Arbeit mitunter darin, einen strukturierten Weg in die darauffolgende „Norming-Phase" zu ebnen, um die Professionsbildung von Coaching voranzutreiben. Diesen Aspekt hat Szenario 2 aufgegriffen und die Auswirkungen einer beschleunigten Professionalisierung kontrovertiert.

Die dritte Erkenntnis ist, dass Makro- und Mikroprofessionalisierung, genauso wie primäre und sekundäre Professionalisierung, im Professionsbildungsprozess eng miteinander verwoben sind und sich wechselseitig beeinflussen. Letztlich leisten alle Stakeholder einen Beitrag und sind mehr oder weniger verantwortlich für die Entwicklung von Coaching als Beratungsform sowie den Coaching-Markt. So werden die Grundlagen zwar in der Mikroprofessionalisierung gelegt (v.a. durch Forschung), doch müssen diese zum einen von den Marktteilnehmern akzeptiert, zum anderen auch entsprechend angewendet werden. Primäre und sekundäre Professionalisierung hängen über die „Wissen ist Macht"-Formel zusammen: die machttheoretische Schaffung von Privilegien und Erhöhung von Markchancen, z.B. durch innovative Methoden, ist für eine Marktregulierung unabdingbar.

Macht ist erst dann als negativ einzustufen, wenn sie missbraucht bzw. zweckentfremdet wird, bspw. um den Markt abzuschotten und damit einen fairen Wettbewerb zu verhindern, oder Mikroprofessionalisierung in Besitz nimmt, anstatt sie zu unterstützen.[792] Solche Deprofessionalisierungsaspekte und andere, wie fehlende Lizenzierung oder Grenzbereiche zwischen Coaching und anderen Beratungsformen, treten in allen drei Szenarien auf, insbesondere im letzten, und können nur durch die konsequente Umsetzung strukturfunktionalistischer Professionalisierungsmerkmale verhindert werden: reiner Aktionismus schützt nicht vor Deprofessionalisierung. Dabei bedeutet Professionalisierung im Sinne Oevermanns nicht die Standardisierung der Dienstleistung „Coaching", sondern die Schaffung von Standards zur Vergleichbarkeit von Leistungen im gesamten Coaching-Lebenszyklus, um Qualität zu erkennen, transparent zu machen und zu sichern bzw. zu optimieren.[793]

---

[791] I3, 37-39

[792] Vgl. Nittel (2000); s.a. Abschnitt 2.3.4: Macht wird hier definiert als die Verfügung über Ressourcen, die soziale Akteure nutzen können, um andere Akteure zu gezielten Aktivitäten oder Zugeständnissen zu bewegen.

[793] Vgl. Oevermann (2001); er kommt zum Ergebnis, dass die Supervision als professionalisierungsbedürftige Dienstleistung nicht standardisierbar ist, d.h. jede Supervision ist eine Einzelbehandlung, in der nur thematisiert werden sollte, was innerhalb der Behandlung verändert werden kann (s.a. Abschnitt 2.1.3.2).

Mit Blick auf adressatengerechte Forschung im Sinne Schlutz' ist die Differenzierung von Forschungsperspektiven eine vierte wichtige Erkenntnis. Die sich aus diesen Perspektiven jeweils ergebende, eigene Art von Evidenz zielt auf die Interessenlagen einzelner Stakeholder ab[794]: für die meisten Organisationen und Auftraggeber ist nur sensorisch-empirische Forschung relevant, die konkret messbare Ergebnisse hervorbringt, während für andere Stakeholder durchaus auch geistig-phänomenologische Forschung zählt, die in erster Linie „soft facts" (Bilder, Gedanken und Gefühle) produziert. Gerade Organisationen und Auftraggebern sollte der Kirkpatrick'sche Gedanke der „überlegenen" Evidenz auch für die Coaching-Forschung nähergebracht werden. Diese Erkenntnis leitet direkt auf die fünfte über: Vertrauen. Am Beispiel der Finanzkrise ist deutlich geworden, dass das Ende der Vorhersagbarkeit in einer globalisierten Welt Vertrauen erfordert, aufgrund dessen Mangel immer wieder von einer „Vertrauenskrise" gesprochen wird, die jedoch nicht nur von den Banken selbst verursacht worden ist, sondern nicht zuletzt aufgrund des Konsumentenverhaltens gleichwohl eine „gesellschaftliche Fehlentwicklung"[795] aufzeigt. Gerade Szenario 2 erfordert ein enges Zusammenwirken der Stakeholder, wofür eine profunde Vertrauensbasis in der gesamten Gesellschaft wichtig ist, die sich im Falle einer Realisierung unter Beweis stellen müsste. Ein diskutierter Ansatzpunkt ist die Schaffung von Transparenz und Aufbau von Kompetenz im Markt – insbesondere zur Erhöhung der Klientenautonomie und Verbesserung der Wissensgrundlagen über Coaching in den Organisationen.[796]

Diese Erkenntnisse sind auf der Basis der theoretischen und empirischen Ergebnisse dieser Arbeit gereift. Der Strukturfunktionalismus bildet dabei die Klammer um die Professionalisierungs- und Beratungstheorien einerseits sowie die Forschungsfelder, Beziehungsdreiecke und Szenarien andererseits. Nach dem strukturfunktionalistischen Professionalisierungskonzept sind alle beratenden Berufe professionalisierungsbedürftig, die als strukturgebende Kontroll- und Ordnungsinstanzen mit gesellschaftlicher Funktion dienen. Dieses Konzept unterscheidet eine strukturfunktionalistische Form der Profession (Gesellschaft) von professionellem Handeln (Individuum), was beides in der Praxis erfüllt sein muss. Professionalisierungsfähig sind beratende Berufe wie Coaching nur, wenn die Krisenbewältigung der Klienten mit Hilfe der Professionellen stellvertretend für die Gesellschaft und auf der Basis wissenschaftlicher Erkenntnisse gelingt.[797]

Daraus ergeben sich ferner die folgenden Propositionen:

Proposition 3: Coaching ist eine im strukturfunktionalistischen Sinne professionalisierungsfähige und professionalisierungsbedürftige Beratungsform.

> – **Proposition 3.1:** Durch die Forschungsfelder „angewandte Sozialwissenschaften"
> (konstituierender Faktor) sowie „Wirkfaktoren & Wirksamkeit" und „Qualitätssicherung" (Leistungs-/Erfolgsfaktoren) wird das professionalisierungsrelevante Wissen
> abgedeckt.

---

[794] Vgl. Bachkirova/Kauffman (2008); s.a. Abschnitt 2.2.3
[795] I3, 57-58
[796] Vgl. I7, 57-77
[797] Vgl. z.B. Parsons (1968/1985), Oevermann (1996/2002); s.a. Abschnitt 2.1.2.1

- **Proposition 3.2:** Im Beziehungsdreieck „Wissenschaft – Praxis – Profession" können die Stakeholder „Gesellschaft" (Ziel: Gemeinwohldienlichkeit) und „Ausbilder" (Ziel: professionelles Handeln) den größten Beitrag im Professionsbildungsprozess von Coaching leisten.
- **Proposition 3.3:** Je stärker die Formalisierung der Professionsbildung ist, desto eher findet eine Erfüllung der Professionalisierungsmerkmale statt.
- **Proposition 3.4:** Je stärker diese (strukturfunktionalistischen) Merkmale erfüllt sind, desto mehr kann die Branche als professionalisiert gelten.

6 Zusammenfassung, Würdigung und Ausblick

Die vorliegende Arbeit hat sich zum Ziel gesetzt, die anfänglich aufgeworfene Forschungsfrage **„Wie müsste Coaching beforscht werden – sprich: die Anreicherung akademischen Wissens aussehen –, um einen nachhaltigen Beitrag für Wissenschaft, Praxis und damit die Professionalisierung von Coaching zu leisten?"** zu beantworten. Um die Komplexität handhabbarer zu machen, ist die Forschungsfrage in weitere spezifische Teilfragen zu Forschungsfeldern und Forschungsszenarien aufgefächert worden:

1. **Forschungsfelder: Inhalte zur Erforschung von Coaching als Beratungsform**
   a. „Was muss erfüllt sein, um die Funktionsweise von Coaching erklären zu können?"
   b. „Woran kann diese Funktionsweise festgemacht werden – sprich: was kann Coaching leisten, was kann es nicht leisten und wie ist dieses erkenn- bzw. messbar?"
2. **Forschungsszenarien: interessengeleitete Übereinstimmung von Coaching-Forschung mit identifizierten Forschungsfeldern**
   a. „Warum gibt es Coaching-Forschung und welche Funktion erfüllt sie für wen?"
   b. „Was wird erforscht und welche Forschung(sinhalte) wird (werden) bei welchen Interessenlagen benötigt?"

Die ersten spezifischen Teilfragen (1a und 1b) sollen helfen, eine Art „Forschungsprogrammatik" aufzustellen, die Coaching als Beratungsform durch gezielte, systematische Beforschung und damit einhergehendem Erkenntnisreichtum weiterentwickelt. Die zweiten spezifischen Teilfragen (2a und 2b) bauen darauf auf, indem sie darüber hinaus untersuchen, inwieweit interessengeleitete Coaching-Forschung zur Professionalisierung dieser Beratungsform beiträgt, also auch ob es für bestimmte Coaching-Stakeholder überhaupt wichtig und notwendig ist zu forschen bzw. in welchen Feldern, woraus sich dann verschiedene generische Forschungsszenarien ergeben.

Durch die Aufarbeitung des aktuellen Stands der konzeptionellen und empirischen Forschung zur Professionalisierung beratender Berufe – im Besonderen Coaching – in Kapitel 2 ist es möglich geworden, die Forschungsfragen weiter zu spezifizieren und in Kapitel 3 erste Leitfragen für die Untersuchung zu abstrahieren, um so die angestrebten Mechanismen und Kausalzusammenhänge identifizieren zu können. Im Rahmen der empirischen Untersuchung sind in sieben problemzentrierten Interviews insgesamt acht Experten befragt worden, die in der Coaching-Ausbildung tätig sind und somit institutionelle Verantwortung für die Verbesserung der Handlungsstrukturen im Coaching tragen, was in erster Linie dem mikroprofessionellen Professionalisierungsansatz entspricht.

Der allgemeine Teil der Befragung mit dem Ziel einer einheitlichen Ausgangsbasis bzgl. zentraler Begrifflichkeiten (Coaching, Professionalisierung, Forschung) hat gezeigt, dass unterschiedliche Auffassungen existieren, was Coaching ist, wie es wirkt und in welchem Professionalisierungsstadium es sich befindet. Bei der Frage, wie viel Psychologie im Coach(ing) stecken sollte, sind unterschiedliche Auffassungen vertreten worden. Einhellig ist die Meinung jedoch bei der höheren Bedeutung der Feldkompetenz und des geschäftlichen Zusammenhangs, da sich

Coaching im Lichte dieser Arbeit auf die Verbesserung von (Führungs-)Verhalten und (Selbst-)Wirksamkeit im organisationalen Kontext bezieht. Nicht zuletzt aufgrund von wichtigen Beiträgen zu ethischen Standards oder Abgrenzung zu Therapie ist Coaching-Psychologie ein wichtiges Thema für die Coaching-Forschung. Bezüglich des Professionalisierungsstadiums messen die schwerpunktmäßig in Deutschland tätigen Experten Coaching (noch) keinen Professionsstatus bei, während die international tätigen eher von einer „jungen" Profession sprechen. Nichtsdestotrotz besteht Einigkeit bei der Ansicht, dass weitere Professionalisierungsbestrebungen erfolgen müssen und Forschung dabei eine wichtige Rolle spielt. Insofern haben sich die sechs Forschungsfelder „angewandte Sozialwissenschaften", „Coaching-Kultur", „Wirkfaktoren & Wirksamkeit", „Neurowissenschaften", „Qualitätssicherung" sowie „Methoden & Interventionen" herauskristallisiert, von denen die ersten beiden schwerpunktmäßig an konstituierenden Faktoren im Coaching ansetzen, während die anderen v.a. Leistungs- bzw. Erfolgsfaktoren untersuchen.

Im spezifischen Befragungsteil sind vier exemplarische Studien aus der aktuellen Coaching-Literatur diskutiert worden, die mit verschiedenen Untersuchungsdesigns vier Themenbereiche – „Kurzzeit-Coaching", „Messbarkeit", „Wirksamkeit" und „Matching" – mit hoher praktischer Relevanz beleuchten. Im Ergebnis kann gezeigt werden, dass alle Themengebiete weiterer Forschungsaktivitäten unterzogen werden sollten, jedoch unbedingt an den Forschungsdesigns und -methoden gefeilt werden muss, die weder (erkenntnis-)theoretischen noch statistischen Gütekriterien genügen. Dieser Mangel an Qualität mag mitunter daran liegen, dass die Autoren vieler Coaching-Studien in erster Linie Coachs, keine Forscher, sind, was jenseits des Marktes auch unter Professionalisierern ein gewisses Scharlatanerieproblem offenbart. Daneben existiert aufgrund quasi nicht vorhandener Ein- und Austrittsbarrieren, Standards und Qualitätssicherungsinstrumente ein marktliches Scharlatanerieproblem, das in abgeschwächter Form auch bei Auftraggebern – v.a. Personalentwicklern – vorliegt: mangelnde Eignung zur Auswahl und Vermittlung von Coachs sowie eine starke Aspiration zur Sicherung der eigenen Pfründe. Am Scharlatanerieproblem wird besonders auffällig, dass wichtige Grundlagen und Standards im Coaching fehlen und es keine gemeinsam getragene Basis sowie ethische Selbstverpflichtung gibt, was das Hauptproblem soziologischer Professionalisierung verbunden mit interessengeleiteter Forschung deutlich macht.

Angesichts methodischer Schwächen vieler Coaching-Studien, die im Rahmen dieser Arbeit durchleuchtet worden sind, muss man kritisch hinterfragen, inwieweit die eigene empirische Untersuchung mit der relativ geringen Anzahl von sieben Interviews nicht auf dieselben Schwächen zurückfällt. Aufgrund der strikten Orientierung an den Gütekriterien „Konstruktvalidität", „Interne Validität", „Reliabilität" und „Generalisierbarkeit" in Verbindung mit einer zielgerichteten Interviewführung ist der Autor der Meinung, den mit der vorliegenden Arbeit zu erwartenden Erkenntnisfortschritt und damit auch die theoretische Sättigung erreicht zu haben.

Der Beitrag dieser Arbeit liegt zunächst allgemein darin, dass sie einen differenzierteren Blick auf Coaching-Forschung wirft als viele Beiträge der derzeitigen Literatur zu Coaching und Coaching-Professionalisierung. Der differenziertere Blick bezieht sich vor allem auf soziologisch relevante Professionalisierung von Coaching und die Extrahierung makro- und mikroprofessioneller Forschungsfelder aus der Literatur als Basis für die empirische Untersuchung. Dies trägt dazu bei, die derzeitigen Professionalisierungsbestrebungen im Coaching ganzheitlich zu erfassen. Durch ihr Untersuchungsdesign leistet die Arbeit zudem einen Beitrag zur Identifikation relevanter Forschungsfelder. Zwar gibt es auf diesem Feld viele konzeptionelle Beiträge, die immer wieder einzelne Felder oder scheinbar professionalisierungsbedürftige Teilbereiche herausgreifen, jedoch lassen sich kaum empirische Untersuchungen finden, die professionalisierungsrelevante Forschungsfelder in einen Gesamtkontext bringen, eine stakeholderbezogene Sicht auf Professionalisierung und Forschung geben und bisherige Forschungsbemühungen unter Professionsbildungsaspekten kritisch würdigen.

Die Ergebnisse dieser Arbeit deuten darauf hin, dass die identifizierten Forschungsfelder einen unterschiedlichen Professionalisierungsbeitrag leisten und nicht zuletzt deshalb auch von den Stakeholdern differenziert betrachtet werden. So stehen insbesondere die „angewandten Sozialwissenschaften", „Wirkfaktoren & Wirksamkeit" sowie „Qualitätssicherung" im Fokus, die durch konsequente Beforschung von Coaching in der Lage wären zu erklären, was Coaching ist und wie es wirkt. Darüber hinaus können diese Forschungsfelder den strukturfunktionalistisch relevanten Erklärungsbeitrag zu Professionalisierungsfähigkeit und -bedürftigkeit abdecken und sind damit für die Gesellschaft mit dem Ziel einer Gemeinwohldienlichkeit von Professionen und die Ausbilder zur Vermittlung einer professionellen Handlungskompetenz von besonderer Bedeutung. Die anderen Forschungsfelder lassen sich darunter subsumieren.

Die Befragung hat gezeigt, dass die Forschungsfelder „Coaching-Kultur" aufgrund ihrer organisationalen Bedeutung und „Neurowissenschaften" als Innovation bei den Ausbildern eher im Vordergrund stehen als in der Literatur, die sich schwerpunktmäßig mit Wirkfaktoren und Wirksamkeit sowie Methoden auseinandersetzt. Während bei Wirksamkeit nach wie ein Zugang zur Messung und Steuerung gesucht wird, veranschaulichen die zahlreichen Artikel über Methoden und Interventionen die heterogene, oft „schulenspezifische" Coaching-Landschaft. Dabei ist die Differenzierung zwischen Wirkfaktoren und Wirksamkeit wichtig, wird jedoch häufig vernachlässigt. Gerade bei der vielfach geforderten Übertragung von Wirkfaktoren aus anderen Beratungsformen – v.a. Therapie – auf Coaching stellt sich außerdem die Frage der Inkommensurabilität. Die Messbarkeit von Coaching-Wirkungen hängt von einer Vielzahl an Wirk- bzw. Einflussfaktoren ab, aufgrund deren Komplexität arithmetische und statistische Methoden an ihre Grenzen stoßen. Insofern wird von Scheinquantifizierungen ab- und stattdessen angeraten, als ersten Schritt den Zusammenhang von Zufriedenheit mit dem Coach(ing) und Coaching-Erfolg und als zweiten Schritt den insbesondere für Ausbilder wichtigen Kontext von Zufriedenheit und Transfererfolg zu untersuchen.

Die Grundvoraussetzung für Erkenntnisreichtum und praxeologisch orientierte Forschung im Coaching ist Evaluation. Dies bedeutet eine unbedingte Beibehaltung des vertraulichen Umfeldes, ohne Coaching „gläsern" zu machen, und gleichzeitig – im Sinne des evidenzbasierten Coaching-Ansatzes – eine Anreicherung praktischen Wissens über Coaching-Struktur und -Prozess. Die Erkenntnisse werden dann, aufbauend auf theoretischen Grundlagen, mit vergleichenden Studien und Studien zu Eigenschaften von Coachs und Klienten zu einer evidenzbasierten Wissensbasis vermengt, die ergänzt um gesellschaftlich relevante Aspekte den strukturfunktionalistischen Anforderungen für wissenschaftliches Problemlösen in der Praxis entspricht. Bestehend aus akademischen und institutionellen Professionalisierungsmerkmalen, setzt der Strukturfunktionalismus „Wissenschaft", „Praxis" und „Profession" in ein Beziehungsdreieck, in dessen Mittelpunkt die Wissenserweiterung durch Akademisierung, sprich: Forschung, steht.

Akademische Merkmale in der Coaching-Professionalisierung bedeuten, dass neben einer theoretischen Fundierung der Ausbildung auch eine laufende Evaluation der Berufsausübung (Qualitätsmanagement) notwendig ist, Coaching eine klar abgrenzbare Beratungsform ist, die definierbare Leistungen erbringt und messbare Ergebnisse erzielt, Coachs über eine entsprechende persönliche Disposition, Ausbildung sowie Berufs- und Lebenserfahrung verfügen müssen, die sie zu stellvertretendem Handeln befähigen und dass die bestimmbaren und relevanten Elemente, Einflussfaktoren und Methoden von Coaching als Beratungsform definiert, (weiter-)entwickelt und kritisch hinterfragt werden müssen. Institutionelle Merkmale beschreiben den Zusammenhang von Berufsverband und Politik, d.h. die institutionelle Zuordnung eines Trägers (Vereinigung), Anerkennung und Schutz des Berufstitels „Coach" oder „Executive Coach" (Lizenzierung) sowie eine übergreifende Institution, einen einzelnen Berufsverband, dem sich alle oder zumindest ein Großteil der Akteure anschließen würden (Monopolisierung). Erst wenn alle drei Hürden erfolgreich überwunden sind, gilt der Institutionalisierungsprozess der Professionsbildung als abgeschlossen. Aufgrund der gegebenen Möglichkeiten, alle Kriterien zu erfüllen, ist Coaching eine professionalisierungsfähige Beratungsleistung. Doch ist sie auch professionalisierungsbedürftig?

Angesichts des funktionierenden Coaching-Marktes und des Aufwands, der in der Umsetzung der strukturfunktionalistischen Professionalisierung steckt, wird die Frage aufgeworfen, weshalb es überhaupt Professionalisierungsbestrebungen im Coaching gibt. Von der Intensität dieser Bestrebungen abhängig ist die Forschung: wenn sich niemand für Professionalisierung interessiert, wird es auch keine Forschung geben. Indessen ist Coaching eine Art interdisziplinäres „Patchwork", weswegen systematische Coaching-Forschung auch für den Professionalisierungsprozess eine ordnende, strukturierende und gestalterische Aufgabe übernehmen kann. Im Ergebnis sind in der vorliegenden Arbeit drei generische Zukunftsszenarien für Coaching-Professionalisierung mit Schwerpunkt Deutschland aufgestellt worden, deren maßgebliche Einflussfaktoren „Markt", „Staat und Gesellschaft", „Professionalisierer" und „internationales Umfeld" sind: 1.) Professionalisierung auf Basis des Status quo, d.h. die Fortsetzung einer langsamen, heterogenen Professionalisierung; 2.) beschleunigte Professionalisierung, d.h. eine konzertierte Professionalisierungsaktion aller Stakeholder, einmal ausgehend vom Markt, einmal durch die Initiative von Staat und Gesellschaft; 3.) ohne Professionalisierung, d.h. Einstellung bisheriger und keine Einleitung neuer Bestrebungen.

Szenario 1 hätte zur Folge, dass immer wieder vereinzelte Professionalisierungsbestrebungen initiiert werden, die jedoch weder eine einheitliche Basis haben noch gemeinsam umgesetzt werden. Die Initiative geht – wenn dann – eher von der Nachfragerseite aus oder wird von Ausbildern bzw. einzelnen Verbänden gefordert. Von internationalen Coaching-Initiativen geht mehr Aktivität aus, auch im Bereich der Forschung, wobei die Forschungslandschaft nach wie vor sehr heterogen ist. Szenario 2 kommt zum Ergebnis, dass eine beschleunigte Professionsbildung nur durch eine konzertierte Professionalisierungsaktion aller Stakeholder möglich sei und gibt der „Initiative Markt" den Vorzug vor „Staat und Gesellschaft". Als psychosoziale Dienstleistung sollte es im Sinne einer nachhaltig erfolgreichen Entwicklung von Coaching möglich sein, dass die Interessenten an Professionalisierung an einem Strang ziehen, ohne staatliche Überregulierung oder Pathologisierung von Coaching dadurch, dass es etwa gesetzlich der Therapie gleichgestellt wird. Die Steuerung des Prozesses durch Coaching-Ausbilder in einem verbandlich organisierten Rahmen erscheint sinnvoll, jedoch aus zweierlei Hinsicht schwierig in der Umsetzung: zum einen setzt dieses Szenario auf Monopolisierung, d.h. die Fusion bzw. Konsolidierung von heute über 20 Berufsverbänden auf idealerweise nur noch einen, zum anderen benötigen die Ausbilder in jedem Fall verbindliche Standards, um sich auf einen gemeinsamen Weg zu einigen und den Prozess zu lancieren.

Naheliegend wäre, dass hier gesellschaftspolitische Anreize geschaffen oder andere Hilfestellungen wie z.B. gemeinsame Projekte gegeben werden. Ohne diese Unterstützung bzw. durch den Aufbau von Druck, der im Übrigen auch aus dem Ausland kommt, werden die Professionalisierungsbestrebungen wahrscheinlich nicht von Erfolg gekrönt sein. Entscheidend für Erfolg ist ein Umdenken v.a. bei Coachs und Verbänden, da es bei Professionalisierung mitnichten nur um kurzfristige Marktanteile, Umsätze und Gewinne geht, sondern gleichwohl langfristig um Berufsethos, Integrität und Vertrauen. Szenario 3 kommt angesichts der bereits getätigten Investitionen und Anstrengungen in Professionalisierung, verbunden mit Marketingaspekten, kaum in Frage – zumal die Umsetzung das Scharlatanerieproblem verstärken würde, mit negativen Konsequenzen, die letztlich nicht im Interesse der Stakeholder sind.

Ohne konzertierte Professionalisierungsaktion ist der Eintritt bzw. die Fortführung von Szenario 1 am wahrscheinlichsten. Je heterogener allerdings die Professionalisierungsbestrebungen sind, desto unwahrscheinlicher ist eine Professionsbildung im strukturfunktionalistischen Sinne. Indes brennt durch eine langsame Professionalisierung oder Aussetzung des Professionalisierungsprozesses erstmal nichts an: Coaching wird es weiterhin geben, jedoch ohne sein Potenzial umfänglich entfalten zu können. Gerade mit Blick auf Szenario 3 könnten mit fehlenden Barrieren und (ethischen) Standards große Reputationsschäden einhergehen, insbesondere dann, wenn die ersten misslungenen Fälle öffentlich würden. Nicht zuletzt aufgrund der damit verbundenen Gefahren für die ganze Gesellschaft ist Coaching im Sinne der vorliegenden Arbeit auch eine professionalisierungsbedürftige Dienstleistung. Im Gegensatz dazu würde eine Homogenisierung der Bestrebungen die Professionsbildung im Coaching erfolgreich beschleunigen und die Aufstellung einer gemeinsamen Forschungsagenda ermöglichen. Die damit einhergehende Schaffung eines Berufsverbands ist Chance und Risiko zugleich: so sehr er das Sprechen mit einer Stimme fördert, könnte er den Professionsbildungsprozess durch zuviel Marktmacht und zuwenig Meinungspluralität überstrahlen und dadurch zu Deprofessionalisierung führen.

Aus den vorangegangenen Ausführungen lassen sich einige theoretische und praktische Implikationen dieser Arbeit ableiten. Auf Basis eines soziologischen Hintergrunds sollten künftige Studien andere Theorieperspektiven einnehmen und sich Coaching-Professionalisierung bspw. aus einer macht- oder interaktionstheoretischen Richtung nähern. Machttheoretisch liegt Professionalisierung im Spannungsfeld zwischen der Ausbildung individueller Handlungsstrukturen und kollektiver Standardisierung, d.h. die Professionalisierbarkeit von Coaching beantwortet sich vielmehr über eine mögliche Monopolisierung von Macht, Einkommen und Einfluss beratender Berufe, indem ein Interesse am Gemeinwohl nur vorgeschoben wird. Der interaktionstheoretische Ansatz kann herangezogen werden, um die Auftraggeber bzw. Organisationen mehr in den Mittelpunkt von Professionalisierung zu stellen: mit Blick auf Professionalisierungsbedürftigkeit geht es um die Bewältigung des Spagats zwischen formalisierten Ablaufmustern in Organisationen und den Anforderungen an professionelle Handlungsschemata im Coaching, d.h. das Zusammenspiel von strukturell-institutionellen und personal-sozialen Aspekten. In diesem Zusammenhang wäre sicherlich auch die Fragestellung interessant, inwieweit Coaching tatsächlich „Hilfe zur Selbsthilfe" oder auch „Hilfe zur Selbstausbeutung" in einer Leistungsgesellschaft mit Zwang zur ständigen Selbstoptimierung ist.

Auf einem eher organisationssoziologischen Hintergrund wäre die theoretische und empirische Erforschung institutioneller Stakeholder (Organisationen, Verbände, Forschungseinrichtungen) interessant, v.a. in Bezug auf die Fragestellung, inwieweit Gemeinsamkeiten und Unterschiede in deren Strukturen und internen Prozessen Auswirkungen auf den Professionsbildungsprozess haben. Eingedenk der Unterschiede im Coaching-Angebot könnte ferner das Zusammenspiel verschiedener Coaching-Formen (z.B. Life-, Experten-, Executive-, Team-Coaching) und deren Einfluss auf die Organisationskultur untersucht werden. Die daraus gewonnenen Erkenntnisse könnten neben der Professionalisierung durch Beforschung von Coaching in zahlreichen Feldern (z.B. Coaching-Kultur) auch für die Organisationsentwicklung als Domäne der Soziologie von Interesse sein.

Eine große Schwierigkeit liegt in der Vorhersagbarkeit künftiger Entwicklungen im Coaching bzw. in der Umsetzbarkeit einer beschleunigten Professionalisierung. Daher erscheint eine nähere Auseinandersetzung mit den Szenarien angebracht, die sich z.B. folgenden Fragen widmet: Wie kann der erste Schritt zu einer beschleunigten Professionalisierung eingeleitet werden? Wie kann eine institutionelle Professionalisierung erreicht werden und welche Rollen spielen dabei insbesondere Markt, Politik und Gesellschaft? Welche Voraussetzungen müssen für eine akademische Professionalisierung erfüllt werden und welches sind die erforderlichen Schritte, z.B. der Professionalisierer? Neben den inhaltlichen Fragestellungen spielen auch die zeitliche Komponente und die (globale) Sicht des internationalen Marktes eine Rolle. Damit einhergehend wären Fragen zu internationalen Professionalisierungsbestrebungen sowie deren Voraussetzungen und Auswirkungen interessant. Nicht zuletzt in diesem Zusammenhang sollten auch andere Stakeholder – z.B. Forscher anderer Disziplinen (Neurowissenschaftler etc.), Organisationen, Politiker, (potenzielle) Klienten – hinsichtlich deren (globalen) Professionalisierungsinteressen und Einschätzungen zu künftigen Entwicklungen befragt werden. Darüber hinaus bietet sich an, innovative Ideen aus der Professionalisierung anderer Branchen, wie z.B. Intermediäre zur Vermittlung von Marktteilnehmern oder Rating-Agenturen zur Messung, Bewertung und Sicherung von Qualität, auf Übertragbarkeit im Coaching-Kontext zu überprüfen. Im Lichte des soziologischen Hintergrunds dieser Arbeit sollte zudem die Bedeutung der Ergebnisse für die soziologische Beratungsforschung und für Soziologie als Beruf reflektiert werden.

Zwischen der Zukunft der Coaching-Professionalisierung und dem aus der Philosophie bekannten Henne-Ei-Problem gibt es Parallelen – nicht im Sinne der Frage, was zuerst da gewesen ist, sondern was zuerst benötigt wird: Sind es die Grundlagen – die Standards –, auf denen Forschung aufbauen kann? Oder ist es zunächst die Erforschung dieser Grundlagen? Keines von beiden. Was zuerst benötigt wird, ist das Bekenntnis aller Beteiligten zu einer konzertierten Professionalisierungsaktion. Erst dann ist die Grundlage für eine Wissensanreicherung im strukturfunktionalistischen Sinne geschaffen.

7 Anhang

Der Anhang besteht aus den Befragungsunterlagen (7.1), der Liste der geführten Interviews (7.2) sowie dem Literaturverzeichnis.

7.1 Befragungsunterlagen

Die Befragungsunterlagen beinhalten die Projektvorstellung (7.1.1), den Befragungsablauf (7.1.2) und die jeweilige Kurzbeschreibung der vier exemplarischen Studien (7.1.3). Mit diesen Unterlagen sind die Befragungsteilnehmer akquiriert worden.

7.1.1   Vorstellung des Projekts

„Coaching-Profession"   –   Teil   des   Forschungsprojektes   „Coaching-Performance"

Das *Projekt „Coaching-Performance"* ist ein langfristiges interdisziplinäres Projekt zur Erforschung von Führungskräfte-Coaching (Coaching) mit dem Ziel einer Professionalisierung dieser Beratungsform. Es besteht aus mehreren Teilprojekten, von denen zwei bereits gestartet sind: 1.) das Forschungsprojekt „Coaching-Evaluation", für welches eigens das Tool „Coaching Compass" zur prozessbegleitenden Evaluation von Coaching entwickelt wurde, und 2.) das hier beschriebene *Dissertationsprojekt „Coaching-Profession"*, das sich – angelehnt an verwandte Beratungsformen – der Untersuchung von Professionalisierungsmerkmalen im Coaching widmet. Beide Teilprojekte sind durch einen evidenzbasierten Forschungsansatz miteinander verbunden.

Ausgehend von der Annahme, dass Professionalisierung eine Verbesserung der Wissensbasis mittels Akademisierung zugrunde liegt, stellt sich die *Frage, wie Coaching beforscht werden müsste*, sprich wie die Anreicherung von Wissen über Coaching aussähe, um einen nachhaltigen Beitrag für Wissenschaft, Praxis und damit die Profession zu leisten. Der Schwerpunkt liegt dabei auf der *Untersuchung von Handlungsstrukturen und deren Erfolgsfaktoren im Coaching* (Mikroprofessionalisierung) auf dem Hintergrund von Rahmenbedingungen wie z.B. marktlichen Gegebenheiten (Makroprofessionalisierung). Neben einer Analyse des derzeitigen Forschungsstandes findet eine *Expertenbefragung* statt.

„Coaching-Profession" – Ablauf und Ziel der Expertenbefragung

Insbesondere *Coaching-Ausbilder* sind an aktuellen Forschungsständen und fundierten Praxiserfahrungen zur Weiterentwicklung von Coaching gleichermaßen interessiert und bilden sozusagen ein Scharnier zwischen Wissenschaft und Praxis. Daher ist diese Zielgruppe prädestiniert für eine Teilnahme an der *zweistufigen Befragung*, die *insgesamt max. zwei Stunden* in Anspruch nimmt. In der ersten Stufe geht es um *Coaching-Forschung* und deren (praktischer) Relevanz *allgemein*, während die zweite Stufe die *Bewertung aktueller exemplarischer Studien* aus der Coaching-Forschung beinhaltet. Die *vier Studien* zu Coaching-Ansätzen, Nachfragetrends, Wirkfaktoren und Beziehungsgestaltung werden den Befragungsteilnehmern rechtzeitig *vor dem Interviewtermin* in komprimierter Form zur Verfügung gestellt.

Ziel von Coaching-Forschung sollte Erkenntnisreichtum durch Akademisierung von Wissen über Coaching sein. Dadurch wird es möglich Praxisprobleme im Coaching stellvertretend wissenschaftlich reflektiert zu bearbeiten und mit Hilfe der Befragungsergebnisse künftige Forschungsschwerpunkte festzulegen. Die Teilnehmer können diesen Weg maßgeblich mit beeinflussen und damit zu einer Professionalisierung von Coaching beitragen. Selbstverständlich erhalten sie die *Ergebnisse dieser Forschungsstudie exklusiv vorab*.

„Coaching-Profession" – Projektbeteiligte und Kontakt

Träger des *Dissertationsprojektes „Coaching-Profession"* ist die *Goethe-Universität Frankfurt am Main*, Fachbereich Gesellschaftswissenschaften. *Teilprojektleiter und Doktorand ist Daniel Berndt* mit seinen Arbeits- und Interessenschwerpunkten interpersonale Beratung, Professionalisierung sowie evidenzbasierte Ansätze in Coaching und Management. Diese interdisziplinäre Ausrichtung ist Garant für praxisnahe Ergebnisse auf Basis wissenschaftlicher Fundierung.

Bei Interesse an der Expertenbefragung, für Rückfragen oder Feedback können Sie sich jederzeit gerne per E-Mail an Daniel Berndt wenden. Vielen Dank!

7.1.2   Ablauf der Befragung

Sehr geehrte(r) Frau/ Herr [Name],

vielen Dank für Ihre Teilnahme an der Expertenbefragung im Rahmen des Dissertationsprojektes „Coaching-Profession". Die Expertenbefragung dauert insgesamt maximal zwei Stunden und besteht aus zwei aufeinander aufbauenden, zeitchronologischen Teilen. Im ersten Teil (ca. 60 Minuten) geht es um Ihre allgemeine Einschätzung von Coaching-Forschung (Zielsetzung, aktueller Stand, neue Ansätze und deren Bedeutung) inklusive begrifflicher Klärungen. Im direkt darauf folgenden zweiten Teil (ca. 60 Minuten) werden spezifische Inhalte aus insgesamt vier exemplarischen Forschungsstudien diskutiert:

· Coaching-Ansätze

· Coaching-Nachfragetrends

· Wirkfaktoren im Coaching

· Beziehungsgestaltung im Coaching

Die exemplarischen Studien entstammen allesamt Forschungslinien, die eine internationale Professionalisierung im Coaching anstreben. In diesem Punkt stimmen sie mit meinem Professionalisierungsverständnis überein, indem auch sie für die Anreicherung einer gleichermaßen breiten wie tiefen Wissensbasis über Coaching plädieren. Mit Blick auf die Ziele dieses Projektes und dessen inhaltliche Diskussion habe ich versucht die Studien so abstrakt und neutral wie möglich zu halten und daher auf weitergehende Angaben zur Publikation (Quelle, Autor etc.) verzichtet.

Basierend auf Ihrem Verständnis von Coaching-Forschung und -Professionalisierung bitte ich Sie diese vier Studien nach folgenden Kategorien zu bewerten, die wir dann im Rahmen der Befragung vertiefen:

- Inhalte
- Ergebnisse
- Nutzen für Wissenschaft und Praxis
- Beitrag zur Professionalisierung

Dadurch verspricht sich der Autor einen „Praxistest" bislang identifizierter Forschungsfelder, eine Konkretisierung der Ergebnisse aus dem allgemeinen ersten Befragungsteil, eine Weiterentwicklung der Basis für ein professionelles Forschungsmodell sowie die Darstellung und kritische Würdigung der Heterogenität bzw. Homogenität der Expertenmeinungen.

Auf den folgenden Seiten erhalten Sie eine prägnante Zusammenfassung der exemplarischen Studien zur Vorbereitung auf je max. einer DIN A4-Seite. Die Befragung wird elektronisch aufgezeichnet, ausschließlich zu Zwecken der Auswertung und Ergebnispräsentation im Rahmen der Dissertation verwertet und ansonsten vertraulich behandelt. Selbstverständlich erhalten Sie sämtliche Ergebnisse der Expertenbefragung exklusiv vorab. Für Rückfragen stehe ich Ihnen jederzeit gerne unter zur Verfügung.

Frankfurt am Main, im Jahre 2009

7.1.3   Kurzbeschreibung der exemplarischen Studien

Es folgen die Beschreibungen der vier Studien „Coaching-Ansätze", „Coaching-Nachfragetrends", „Wirkfaktoren im Coaching" und „Beziehungsgestaltung im Coaching".

7.1.3.1   Coaching-Ansätze

Abstract: Es handelt sich um eine Coaching-Studie mit kleinem Sample, die in einem dreimonatigen Coaching Veränderungen von Kognition und Verhalten der Coachees untersucht. Daraus ergeben sich zwei Fragen: Erstens, kann eine solche Kurzzeit-Intervention auf der Basis qualitativer Auswertungsmethoden persönlichen bzw. berufsbezogenen Mehrwert für die Coachees schaffen bzw. wenn dem so ist, können – zweitens – daraus signifikante Veränderungen in der Selbstwahrnehmung der Coachees abgeleitet werden?

Design: Auf Basis der vereinbarten Ziele im Coaching werden insgesamt vier einstündige Coaching-Sitzungen am Telefon durchgeführt. Die Sitzungen liegen über einen Gesamtzeitraum von drei Monaten jeweils einen Monat auseinander (erste Sitzung zu Beginn von Monat eins, letzte Sitzung am Ende von Monat drei). Zu Beginn des Monats eins sowie am Ende des Monats drei wird zudem in einem Test-Retest-Design jeweils ein psychometrisches Verfahren für die Coachees angewendet.

Methoden: Acht zufällig ausgewählte Führungskräfte nehmen als Coachees an der Studie teil. Die Teilnehmer füllen zunächst den Fragebogen für das psychometrische Verfahren aus und erhalten daraufhin eine individuelle Auswertung. Diese wird als Rahmen für die Kurzzeit-Intervention verwendet und mit weiteren Fragen zu Zielfindung und -bewertung angereichert.

Nach Abschluss der letzten Sitzung wird das psychometrische Verfahren nochmals durchgeführt und ausgewertet.

Ergebnisse: Die erste Frage (s.o.) kann klar bejaht werden, während die zweite Frage anhand des statistischen Materials nur zum Teil mit „ja" beantwortet werden kann. Bei Teilnehmern, die den Coaching-Schwerpunkt auf der Basis ihrer psychometrischen Auswertung auswählen, ist eine Veränderung bzw. Verbesserung im Sinne von Test-Retest auszumachen – auch wenn diese teilweise in einer Reduktion ihrer negativen Präferenzen und weniger in einer Erhöhung ihrer positiven Präferenzen liegt. Alle Teilnehmer geben an, durch die Kurzzeit-Intervention eine höhere metakognitive Aufmerksamkeit sowie mehr Vertrauen in ihre eigenen Entscheidungsprozesse zu haben und sich authentischer zu fühlen bzw. mehr „sie selbst" zu sein. Diese Ergebnisse sind jedoch nicht in jedem Fall statistisch signifikant.

Fazit: Diese Studie zeigt auf, dass Kurzzeit-Interventionen im Coaching durchaus effektiv sein und in persönlicher und berufsbezogener Hinsicht signifikanten Mehrwert für die Coachees schaffen können. Daher sind länger andauernde Coaching-Prozesse (z.B. mehr als drei Monate) keineswegs der einzige zielführende Ansatz für Coachs und Coachees im Führungskräfteumfeld.

7.1.3.2   Coaching-Nachfragetrends

Abstract: Diese Studie befasst sich basierend auf den Forschungsbemühungen der letzen fünfzig Jahre und den Forderungen von Coaching-Nachfragern bzw. -Stakeholdern (Organisationen, Coaching-Praktiker) mit drei neuen Forschungsansätzen im Führungskräfte-Coaching: Untersuchung des Impacts von Coaching auf Leistung, Verbesserung der Coaching-Praktiken bzw. -Praxis und Identifikation der Schlüsselfaktoren für effektive Coaching-Qualifizierung.

Design: Es werden sieben Studien zu Coaching-Forschung bzgl. Impact von Coaching bis zum Jahr 2000 untersucht, die letztendlich nur schwer vergleichbar sind. Seit Anfang dieses Jahrtausends gibt es verstärkte Forschungsbemühungen, so dass zwischen 2001 und 2007 weitere 15 Studien zu Coaching-Forschung mit Schwerpunkt Impactanalyse und Verbesserung der Coaching-Praxis folgen. Alle diese Studien werden kurz zusammengefasst und Implikationen daraus abgeleitet.

Methoden: Alle empirischen Studien zu Coaching-Forschung werden diskursiv auf Gemeinsamkeiten untersucht. Aufgrund geringer Vergleichbarkeit und niedriger Fallzahlen ohne qualitative Evidenz, werden artverwandte Konzepte (Life Coaching, Coaching Case Studies) herangezogen. Erst mit der Übertragung von Aspekten der Beratungs-Forschung – der eine Vielzahl an (Meta-)Studien und damit statistische Signifikanz zugrunde liegt – auf Coaching, kann der Anspruch an einen evidenzbasierten Ansatz erfüllt werden. Beratung weist nicht zuletzt aufgrund ihrer Verwurzelung in der Psychologie viele Gemeinsamkeiten mit Coaching auf.

Ergebnisse: Um Coaching zu beforschen, sind definitiv größere Anstrengungen als bislang notwendig. Bzgl. des Impacts von Coaching auf Leistung müssten die Begriffe (Impact, Leistung) zunächst definiert werden, um daraufhin mögliche Interventionen zu beschreiben und deren Ergebnisse (z.B. RoI) messen zu können. Die Evidenz kann dabei nur über große Fallzahlen, d.h. quantitativ-empirische Metastudien, erreicht werden. Des Weiteren müsste auf die Erforschung von Coaching-Praktiken (v.a. Methodologien, Methoden, Interventionen) ein stärkerer Fokus gelegt werden, um herauszufinden, in welcher Situation bzw. zu welchem Anlass welche Art von Intervention am wirksamsten ist. Darüber hinaus sollten die Verhaltensweisen von Coachs Forschungsgegenstand sein, wenn es um die Frage geht, was im Coaching den Unterschied macht. Hierbei geht es um die Explizierbarkeit von implizitem (unbewusstem) Wissen und Erfahrungen von Coachs – nicht zuletzt auch auf dem Hintergrund von Coach(ing)-Qualifizierung.

Fazit: Coaching-Forschung befindet sich noch in einem Anfangsstadium. Psychologische Grundlagen spielen dabei eine wichtige Rolle, da sie quasi die Konvergenzlinie zwischen Beratungs-Forschung im Allgemeinen und Coaching-Forschung im Speziellen bilden. Die Nachfragetrends sind vielschichtig: das Erkenntnisinteresse von Organisationen dreht sich letztlich um die Frage, ob Coaching ein lohnenswertes Investment darstellt. Coaching-Praktiker stellen die Frage der Wirksamkeit von Interventionen. Und im Sinne der Weiterentwicklung von Coaching geht es um die Frage der Qualität, die es zu definieren, zu evaluieren und zu optimieren gilt. Die Beantwortung dieser drei Fragen im Zusammenhang kann letztlich nur durch einen evidenzbasierten Forschungsansatz erfolgen.

7.1.3.3   Wirkfaktoren im Coaching

Abstract: Randomised controlled trials (RCT) zur Überprüfung der Wirksamkeit von Coaching sind in der Coaching-Praxis noch recht wenig verbreitet. Gründe hierfür liegen zum einen im aufwändigen Design dieser Methode. Zum anderen unterliegt Coaching vielen Einflüssen, so dass ein erfolgreiches Coaching nicht zwingend auf einen bestimmten Wirkfaktor zurückzuführen ist. In dieser Studie werden Führungskräfte auf eine weiterführende Aufgabe vorbereitet: ein Teil davon im Rahmen von Coaching, der andere Teil zunächst ohne. Daraus resultieren zwei Fragen: Welche Probleme ergeben sich für die Beforschung der Wirksamkeit von Führungskräfte-Coaching am Beispiel RCT und warum?

Design: Von insgesamt 100 Führungskräften werden 41 im Rahmen eines Transition Coachings gecoacht, 59 zunächst nicht (Wartelisten-Kontrollgruppe). Zu definierten Zeitpunkten werden mittels Fragebögen jeweils die Überzeugungen und Verhaltensweisen der Coachees erhoben. Der Ablauf des RCT ist wie folgt:

Gruppe	Zeitpunkt 1 (t1)	Zeitpunkt 2 (t2) (t1 + 6 Monate)	Zeitpunkt 3 (t3) (t2 + 6 Monate)
Coaching-Gruppe	Fragebögen ausfüllen Coaching starten	Coaching beenden Fragebögen ausfüllen	Keine Aktivität
Wartelisten-Kontrollgruppe	Fragebögen ausfüllen Kein Coaching	Fragebögen ausfüllen Coaching starten	Coaching beenden Fragebögen ausfüllen

Methoden: Die Auswahl der Teilnehmer erfolgt durch einen Assessment Center-Prozess. Nach dem Prä-Post-Prinzip werden sowohl die Überzeugungen mittels standardisierter Fragebögen erfasst als auch das Verhalten mit einem 360-Grad-Feeback-Tool ermittelt. Dabei ist die Teilnahmequote sehr hoch (alle 41 Manager haben die Fragebögen ausgefüllt), so dass keine Incentivierung benötigt wird. Die Prä-Post-Betrachtung wird durch die Angaben der Coachs zu den angewandten Techniken angereichert, um relevante Unterschiede zu erklären.

Ergebnisse: Der Einsatz von RCT kann in vielerlei Hinsicht problematisch sein, wie generell und am Beispiel dieser Studie gezeigt werden kann. So haben Forscher bspw. oft nicht die Freiheiten, eine Experimentalgruppe nach Zufallsauswahl zusammenzustellen (s.a. Auswahl durch Assessment Center in dieser Studie; gilt auch für die Auswahl der Kontroll- oder Vergleichsgruppen). Eine weitere Schwierigkeit stellen Ausfallquoten dar, bspw. wenn die Teilnahme aufgrund von Zeitmangel nicht lückenlos erfolgen kann – ein häufiges Problem bei Führungskräften. Hinsichtlich ethischer Vertretbarkeit der Auswahl könnte man in der Studie annehmen, dass die High Potentials in der Coaching-Gruppe sind, während die „Zweitbesten" auf die Warteliste kommen und aufgrund des Time-Lags eigentlich keine Chance haben – kein echtes RCT-Setting. Der Erfolg von RCT hängt in hohem Maße vom Commitment der Coachs ab. Schlecht gebriefte Coachs, die dazu noch befürchten einzeln evaluiert zu werden, sind kritisch für die Umsetzung – genauso Coachs, die nicht in der Lage sind, ihre Interventionstechniken zu erläutern und man keine Rückschlüsse auf Verhaltensänderungen (Wirkfaktoren) beim Coachee bspw. aus einer kognitiven Technik versus einer rein lösungsfokussierten Technik ziehen kann. V.a. Ressourcenmangel (Zeit, Budget, Arbeitskraft) für eine elaborierte Prä-Post-Betrachtung lässt RCT damit zu einer stumpfen Waffe werden.

Fazit: Erfolgskritisch für RCT als eine Möglichkeit der Wirkfaktorenanalyse ist das Untersuchungsdesign mit einer entsprechend guten Vorbereitung inkl. Briefing der Beteiligten. Als schwierig einzustufen sind die Möglichkeiten mit RCT individuelle Coaching-Settings und deren spezifische Wirkfaktoren zu beforschen.

7.1.3.4   Beziehungsgestaltung im Coaching

Abstract: Ein aktueller Trend im Coaching ist das passgenaue Matching von Coachs und Coachees als Grundvoraussetzung für eine funktionierende Beziehungsgestaltung. Deren Vermittlung übernehmen immer häufiger sog. Coach Referral Services (CRS), woraus ein eigener Industriezweig entstanden ist. Aus dem Matching-Grad durch CRS stellt sich jedoch die Frage nach deren eigentlichen Absichten bzw. dem tatsächlichen Mehrwert für Coachs und Coachees sowie deren Beziehung – zumal nur zwei der hier untersuchten CRS sowohl Interviews mit Coachees führen, um Ansätze und Anlässe für Coaching zu eruieren als auch Coachs auf deren Kompetenzen zu durchleuchten; die restlichen CRS sind mehr oder weniger „Coach-Warenhäuser" bzw. computergestützte Datenbanken.

Design: Die Studie fußt auf einer CRS-Analyse im angloamerikanischen Raum sowie einer Befragung von insgesamt 200 Coachs. Die Analyse umfasst insgesamt 14 CRS (davon nur noch 11 am Markt), die mittels der Kriterien Typus, Angaben der Coachs, Interaktions- und Suchmöglichkeiten für Coachees, Kosten für CRS-Nutzung, Serviceleistungen und Größe der Datenbanken, Erstangebot für Coaching, geschätzte Coaching-Kosten für den Klienten, weitere

Features und Kontaktdaten gegenübergestellt werden. Die Befragung der Coachs bezieht sich auf ihr Listing bei einem CRS.

Methoden: Die CRS-Analyse erfolgt via Internet-Recherche, Sekundäranalyse und telefonischen Nachfragen. Die Befragung der Coachs wird auf Basis eines konkreten CRS-Angebots eines weltweit tätigen Coaching-Verbandes durchgeführt. Dabei erfolgt die Teilnehmerauswahl aus den Reihen des Coaching-Verbandes zufällig und bis zum Erreichen der gewünschten Teilnehmerzahl von 200. Dies entspricht ca. 60% bis 80% aller dort gelisteten Coachs. Den Teilnehmern werden per Email drei Fragen gestellt: 1. Bietet unser CRS ein angemessenes Anreizsystem für andere Anbieter, sich dem anzuschließen? 2. Ist die Betonung, die unser Verband auf den Nutzen des CRS für unsere Mitglieder legt, gerechtfertigt? 3. Welcher Mehrwert – wenn überhaupt – ergibt sich für die Verbandsmitglieder? Binnen ca. 30 Tagen haben 60% der Teilnehmer geantwortet.

Ergebnisse: Der Begriff CRS suggeriert, dass es sich hierbei wirklich um einen Matching-Service handelt, auf dessen Basis eine den Vorstellungen von Coachs und Coachees entsprechende Beziehungsgestaltung möglich ist. Bei genauerem Hinsehen können nur zwei der untersuchten CRS dies leisten, indem sie mittels eines Coach Referral Consultants Interviews führen und Coachees bspw. zu ihren Zielen, Präferenzen und anderen Voraussetzungen befragen, um dies mit Coach-Eigenschaften und -qualitäten zu matchen – inklusive Geld-zurück-Garantie. Alle anderen CRS entpuppen sich doch eher als Coach-Listing-Services, Coach Directories oder Coach-Warehouses. Auch die Befragung der Coachs zeigt, dass kein wirklicher Mehrwert in der Funktionsweise heutiger CRS gesehen wird und durch einen eigenen CRS nicht zwangsläufig ein Wettbewerbsvorteil entsteht. So sei das Listing weder umsatzfördernd noch sonderlich hilfreich für die Vermittlung passender Coachees. Einzig die Kostenfreiheit für das Listing als Verbandsmitglied sei von Vorteil.

Fazit: Grundsätzlich geht der Ansatz von CRS in ihrer eigentlichen Bedeutung in die richtige Richtung. Doch auch hier zeigt sich das Fehlen von Industriestandards, was letztlich aufgrund fehlender Transparenz auf dem Rücken der Coachees ausgetragen wird. Matching ist der erste Schritt zu einer erfolgreichen Beziehungsgestaltung im Coaching, insofern sind die vertiefenden Interviews sicherlich der richtige Weg. Ohne industrielle Standards und eine Weiterentwicklung der CRS wird die Vermittlung des richtigen Coachees zum richtigen Coach wohl weiterhin wie ein Wunder anmuten.

7.2   Liste der geführten Interviews

Methode	Interview-nummer	Interviewpartner	Zeitpunkt
Problemzentriertes Interview (Prätest)	1	Zwei Mitarbeiter der Personal-entwicklung eines großen Konzerns (verantwortlich für den deutschen Coaching-Pool und Ausbildung von Führungskräften zu Coachs)	April 2009
Problemzentriertes Experteninterview	2	Ausbilder und freiberuflicher Coach im internationalen Umfeld	September 2009
Problemzentriertes Experteninterview	3	Ausbilder und freiberuflicher Coach im nationalen Umfeld	September 2009
Problemzentriertes Experteninterview	4	Ausbilder und freiberuflicher Coach im internationalen Umfeld	Oktober 2009
Problemzentriertes Experteninterview	5	Interner Ausbilder und Coach in einem großen Konzern (Schwerpunkt: nationales Umfeld)	Januar 2010
Problemzentriertes Experteninterview	6	Ausbilder und freiberuflicher Coach im internationalen Umfeld	Januar 2010
Problemzentriertes Experteninterview	7	Ausbilder und freiberuflicher Coach im nationalen Umfeld	Oktober 2009

Literaturverzeichnis

Abbott, A. (1988): The System of Professions: An Essay on the Division of Expert Labour. Chicago: Univ. of Chicago Press.

Abbott, G./ Rosinski, P. (2007): Global coaching and evidence-based coaching: Multiple perspectives operating in a process of pragmatic humanism. In: International Journal of Evidence Based Coaching and Mentoring, 5 (1), 58-77.

Adorno, T. W. (1973): Zur Dialektik des Engagements. Frankfurt: Suhrkamp.

Alisch, L. M. (1990): Einleitung 'Professionalisierung und Professionswissen'. In: Alisch, L. M./ Baumert, J./ Beck, K. (Hrsg.,1990): Professionalisierung und Professionswissen, S. 9-79. Braunschweig: Seminar für Soziologie. TU Braunschweig: ohne Verlagsangabe.

Allan, J./ Law, H. (2009): Ethical navigation in coaching psychology – a Socratic workshop. In: The Coaching Psychologist, 5 (2), 110-114.

Angermeyer, H. C. (1997): Coaching – eine spezielle Form der Beratung. In: Zeitschrift für Führung und Organisation, 66 (2), S. 105-109.

Argyris, C. (1970): Intervention Theory and Method. A Behavioral Science View. Reading (MA, USA): Addison-Wesley.

Askeland, M. K. (2009): A reflexive inquiry into the ideologies and theoretical assumptions of coaching. In: Coaching: An International Journal of Theory, Research and Practice, 2 (1), 65-75.

Atteslander, P. (2006): Methoden der empirischen Sozialforschung, 11. Auflage. Berlin: de Gruyter.

Bachkirova, T./ Cox, E. (2005): A bridge over troubled water – bringing together coaching and counselling. Counselling at Work, 48 (1), 2-9.

Bachkirova, T./ Kauffman, C. (2008): Many ways of knowing: how to make sense of different research perspectives in studies of coaching. In: Coaching: An International Journal of Theory, Research and Practice, 1 (2), 107-113.

Bachkirova, T./ Kauffman, C. (2009): The blind men and the elephant: using criteria of universality and uniqueness in evaluating our attempts to define coaching. In: Coaching: An International Journal of Theory, Research and Practice, 2 (2), 95-105.

Badura, B. (1978): Nutzung sozialwissenschaftlicher Information in Verwaltung und Wirtschaft. In: Soziologie, 8 (2), 5-17.

Badura, B./ Gross, P. (1976): Sozialpolitische Perspektiven. Eine Einführung in Grundlagen und Probleme sozialer Dienstleistungen. München: Piper.

Baethge, M./ Rock, R./ Ochel, W./ Reichwald, R./ Schulz, E. (1999): Dienstleistungen als Chance: Entwicklungspfade für die Beschäftigung. Abschlußbericht im Rahmen der BMBF-Initiative "Dienstleistungen für das 21. Jahrhundert". Göttingen: SOFI.

Bandler, R./ Grinder, J. (1987): Metasprache und Psychotherapie. Die Struktur der Magie, 4. Auflage. Paderborn: Junfermann.

Bandura, A. (1977): Social Learning Theory. Englewood Cliffs: Prentice-Hall.

Bandura, A. (1995): Exercise of personal and collective efficacy in changing societies. In: Bandura, A. (Ed., 1995): Self-efficacy in changing societies, pp. 1-45. Cambridge: Cambridge University Press.

Bandura, A. (2000): Self-efficacy: The exercise of control, 4th edition. New York: Freeman.

Bassler, M. (Hrsg., 2000): Wirkfaktoren von stationärer Psychotherapie. Mainzer Werkstatt über empirische Forschung von stationärer Psychotherapie 1998. Gießen: Psychosozial-Verlag.

Bauer, F. (2001): Professionalisierungstheoretische Überlegungen zum Verhältnis von Forschung und Beratung. In: Heinz, W. R./ Kotthoff, H./ Peter, G. (Hrsg., 2001): Beratung ohne Forschung – Forschung ohne Beratung? S. 57-70. Münster: Lit.

Bayer, H. (1995): Coaching-Kompetenz: Persönlichkeit und Führungspsychologie. München: Reinhardt.

Beck, U. (1986): Risikogesellschaft. Auf dem Weg in eine andere Moderne. Frankfurt: Suhrkamp.

Beck, U. (1996): Das Zeitalter der Nebenfolgen und die Politisierung der Moderne. In: Beck, U./ Giddens, A./ Lash, S. (Hrsg., 1996): Reflexive Modernisierung. Eine Kontroverse, S. 19-112. Frankfurt: VS.

Beck, U./ Brater, M./ Daheim, H. (1980): Soziologie der Arbeit und der Berufe. Grundlagen, Problemfelder, Forschungsergebnisse. Reinbek: Rowohlt.

Beckman, S. (1990): Professionalization: Borderline Authority and Autonomy. In: Burrage, M./ Torstendahl, R. (Eds., 1990): Professions in Theory and History, pp. 115-138. London: Sage.

Beddoes-Jones, F./ Miller, J. (2007): Short-term cognitive coaching interventions: Worth the effort or a waste of time? In: The Coaching Psychologist, 3 (2), 60-69.

Behrend, O./ Wienke, I. (2001): Zum Konzept der klinischen Soziologie als Basis einer fallorientierten Beratung. Exemplarische Explikation anhand eines Projekts bei einer Personalberatung. In: Degele, N./ Münch, T./ Pongratz, H. J. (Hrsg. 2001): Soziologische Beratungsforschung. Perspektiven für Theorie und Praxis der Organisationsberatung, S. 177-198. Opladen: Leske + Budrich.

Bennett, J. L. (2006): An agenda for coaching-related research: A challenge for researchers. In: Coaching Psychology Journal: Practice and Research, 58 (4), 240-249.

Berg, B. L. (1989): Qualitative Research Methods for the Social Sciences. Boston: Allyn and Bacon.

Berglas, S. (2002): The very real dangers of executive coaching. In: Harvard Business Review, 80 (6), 87-92.

Berker, P./ Buer, F. (Hrsg., 1998): Praxisnahe Supervisionsforschung. Felder – Designs – Ergebnisse. Münster: Votum.

Berlant, J. L. (1975): Professions and Monopoly. Berkeley: Univ. of California Press.

Berndt, D./ Hülsbeck, M. (2009): Untersuchung professioneller Wirkung. Zur Erforschung von Wirkfaktoren supervisorischer Beratung. In: Haubl, R./ Hausinger, B. (Hrsg., 2009): Supervisionsforschung: Einblicke und Ausblicke. Interdisziplinäre Beratungsforschung, S. 110-123. Göttingen: Vandenhoeck & Ruprecht.

Berne, E. (2001): Die Transaktionsanalyse in der Psychotherapie: eine systematische Individual- und Sozial-Psychiatrie. Paderborn: Junfermann.

Best, K. C. (2010): Assessing leadership readiness using developmental personality style: A tool for leadership coaching. In: International Journal of Evidence Based Coaching and Mentoring, 8 (1), 22-33.

Blättel-Mink, B./ Briken, K./ Drinkuth, A./ Wassermann, P. (Hrsg., 2008): Beratung als Reflexion. Perspektiven einer kritischen Berufspraxis für Soziolog/inn/en. Berlin: edition sigma.

Blättel-Mink, B./ Katz, I. (2004): Soziologie als Beruf? Soziologische Beratung zwischen Wissenschaft und Praxis. Wiesbaden: VS.

Blumer, H. (1954): "What Is Wrong with Social Theory?" In: American Sociological Review, 19 (1), 3-10.

Böhm, A. (2007): Theoretisches Codieren: Textanalyse in der Grounded Theory. In: Flick, U./ v. Kardorff, E./ Steinke, I. (Hrsg., 2007): Qualitative Forschung – Ein Handbuch, 5. Auflage, S. 475-485. Reinbek: Rowohlt.

Bollinger, H. (1998): Die Arbeitssituation in den Mittelpunkt stellen. Soziologische Organisationsberatung in der Praxis. In: Howaldt, J./ Kopp, R. (Hrsg., 1998): Sozialwissenschaftliche Organisationsberatung. Auf der Suche nach einem spezifischen Beratungsverständnis, S. 41-52. Berlin: edition sigma.

Böning, U. (2005): Coaching: Der Siegeszug eines Personalentwicklungs-Instruments – Eine 15-Jahres-Bilanz. In: Rauen, C. (Hrsg., 2005): Handbuch Coaching, 3. Auflage, S. 21-54. Göttingen: Hogrefe.

Borchert, J. (2003): Die professionelle Leistung und ihr Preis. In: Mieg, H./ Pfadenhauer, M. (Hrsg., 2003): Professionelle Leistung - Professional Performance. Positionen der Professionssoziologie, S. 267-312. Konstanz: UVK.

Bortz, J./ Döring, N. (2006): Forschungsmethoden und Evaluation für Human- und Sozialwissenschaftler, 4. Auflage, Heidelberg: Springer.

Bourdieu, P. (1991): Zur Soziologie der symbolischen Formen, 4. Auflage. Frankfurt: Suhrkamp.

Bozok, B. (1986): Wirkfaktoren der Psychotherapie. Spezifische und unspezifische Einflüsse. Dissertation an der Universität Würzburg: ohne Verlagsangabe.

Brennan, D. (2008): Coaching in the US: trends and challenges. In: Coaching: An International Journal of Theory, Research and Practice, 1 (2), 186-191.

Breuer, F. (1996): Theoretische und methodologische Grundlagen unseres Forschungsstils. In: Breuer, F. (Hrsg., 1996): Qualitative Psychologie – Grundlagen, Methoden und Anwendungen eines Forschungsstils, S. 14-40. Opladen: Westdeutscher Verlag.

Britton, K. (2008): Coaching with evidence-based interventions. In: Coaching: An International Journal of Theory, Research and Practice, 1 (2), 176-185.

Brockbank, A. (2008): Is the coaching fit for purpose? A typology of coaching and learning approaches. In: Coaching: An International Journal of Theory, Research and Practice, 1 (2), 132-144.

Brockhoff, K. (1999): Forschung und Entwicklung: Planung und Kontrolle, 5. Auflage. München: Oldenbourg.

Büchter, K./ Hendrich, W. (1996): Professionalisierung in der betrieblichen Weiterbildung: Anspruch und Realität. Theoretische Ansätze und empirische Ergebnisse. München: Hampp.

Buckley, A. (2007): The mental health boundary in relationship to coaching and other activities. In: International Journal of Evidence Based Coaching and Mentoring, Special Issue, 17-23.

Burell, G./ Morgan, G. (1979): Sociological Paradigms and Organisational Analysis. London: Heinemann.

Bush, M. W. (2005): Client perception of effectiveness in coaching. Dissertation Abstract International Section A: Humanities & Social Science, Vol. 66 (4-A). 1417. Ann Arbor, MI: Proquest, International Microfilms International.

Carr, R. (2008): Coach Referral Services: Do They Work? In: International Journal of Evidence Based Coaching and Mentoring, 6 (2), 114-119.

Charmaz, K. (2006): Constructing Grounded Theory: A Practical Guide to Research Methods. London: Sage.

Clutterbuck, D. (2010): Coaching reflection: the liberated coach. In: Coaching: An International Journal of Theory, Research and Practice, 3 (1), 73-81.

Cohn, R. (2000): Von der Psychoanalyse zur themenzentrierten Interaktion. Von der Behandlung einzelner zu einer Pädagogik für alle, 14. Auflage. Stuttgart: Klett-Cotta.

Cox, E./ Ledgerwood, G. (2003): Editorial: the new profession. In: International Journal of Evidence Based Coaching and Mentoring, 1 (1), 4-5.

Creswell, J./ Plano Clark, V. (2007): Designing and Conducting Mixed Methods Research. London: Sage.

Crotty, M. (1998): The Foundation of Social Research: Meaning and Perspectives in the Research Process: London: Sage.

Cushion, C./ Armour, K./ Jones, R. (2006): Locating the coaching process in practice: models 'for' and 'of' coaching. In: Physical Education and Sport Pedagogy, 11 (1), 83-99.

Dagley, G. (2010): Exceptional executive coaches: Practices and attributes. In: International Coaching Psychology Review, 5 (1), 63-80.

Daheim, H.-J. (1992): Zum Stand der Professionssoziologie, Rekonstruktion machttheoretischer Modelle der Profession. In: Dewe, B./ Ferchhoff, W./ Radtke, F. O. (Hrsg., 1992): Erziehen als Profession. Zur Logik professionellen Handelns in pädagogischen Feldern, S. 21-35. Opladen: Leske + Budrich.

Damasio, A. R. (2006): Descartes' error: Emotion, reason and the human brain. London: Vintage Books.

Dawdy, G. N. (2004): Executive coaching: A comparative design exploring the perceived effectiveness of coaching and methods. Dissertation Abstract International Section B: The Sciences & Engineering, Vol. 65 (5-B) 2674. Ann Arbor, MI: Proquest, International Microfilms International.

DBVC e.V. (Hrsg., 2010): Leitlinien und Empfehlungen für die Entwicklung von Coaching als Profession. Kompendium mit den Professionsstandards des DBVC, 3. Auflage. Osnabrück: DBVC Geschäftsstelle.

Dellori, C. (2002): Was wissen Personalentwickler über das pädagogische Verfahren „Supervision"? In: Dewe, B./ Wiesner, G./ Wittpoth, J. (Hrsg., 2002): Professionswissen und erwachsenenpädagogisches Handeln, S. 33-42. Bielefeld: Bertelsmann.

De Meuse, K. P./ Dai, G./ Lee, R. J. (2009): Evaluating the effectiveness of executive coaching: beyond ROI? In: Coaching: An International Journal of Theory, Research and Practice, 2 (2), 117-134.

Denzin, N. K./ Lincoln, Y. S. (2000): Introduction: The Discipline and Practice of Qualitative Research. In: Denzin, N. K./ Lincoln, Y. S. (Eds., 2000): Handbook of Qualitative Research, 2nd edition, pp. 1-30. Thousand Oaks: Sage.

Derrida, J. (1972): Die Schrift und die Differenz. Frankfurt: Suhrkamp.

Dewe, B. (1988): Wissensverwendung in der Fort- und Weiterbildung. Zur Transformation wissenschaftlicher Informationen in Praxisdeutungen. Baden-Baden: Nomos.

Dewe, B./ Ferchhoff, W./ Radtke, F. O. (1990): Die opake Wissensbasis pädagogischen Handelns. Einsichten aus der Verschränkung von Wissensverwertungsforschung und Professionalisierung. In: Alisch, L. M./ Baumert, J./ Beck, K. (Hrsg., 1990): Professionswissen und Professionalisierung, S. 291-320. Braunschweig: Seminar für Soziologie. TU Braunschweig.

Dewe, B./ Ferchhoff, W./ Radtke, F. O. (1992): Das „Professionswissen" von Pädagogen. Eine wissenstheoretische Rekonstruktion. In: Dewe, B./ Ferchhoff, W./ Radtke, F. O. (Hrsg., 1992): Erziehen als Profession. Zur Logik professionellen Handelns in pädagogischen Feldern, S. 70-91. Opladen: Leske + Budrich.

Dewe, B./ Ferchhoff, W./ Scherr, A. (2001): Professionelles soziales Handeln: soziale Arbeit im Spannungsfeld zwischen Theorie und Praxis, 3. Auflage. Weinheim: Juventa.

Dittmar, N. (2004): Transkription. Wiesbaden: VS.

Drake, D. B. (2008): Finding our way home: coaching's search for identity in a new era. In: Coaching: An International Journal of Theory, Research and Practice, 1 (1), 16-27.

Echter, D. (2005): Coaching im Top-Management. In: Rauen, C. (Hrsg., 2005): Handbuch Coaching, 3. Auflage, S. 485-506. Göttingen: Hogrefe.

Effinger, H. (2004): Brücken zwischen Alltagswissen und Wissenschaft. Thesen zur Lehre von der Sozialarbeitswissenschaft. In: Sozialmagazin, 29 (3), 40-43.

Elias, N. (2007): Involvement and detachment. Dublin: University College Dublin Press.

Ellam, V./ Palmer, S. (2006): To achieve, or not to achieve the goal – that is the question: Does frustration tolerance influence goal achievement in coaching clients? In: The Coaching Psychologist, 2 (2), 27-32.

Ellam-Dyson, V./ Palmer, S. (2008): The challenges of researching executive coaching. In: The Coaching Psychologist, 4 (2), 79-84.

Ellis, A. (1993): Die rational-emotive Therapie: das innere Selbstgespräch bei seelischen Problemen und seine Veränderung, 5. Auflage. München: Pfeiffer.

Englert-Seel, E. (2001): Psychotherapie aus Klientenperspektive. Eine qualitative Studie zur Erfassung subjektiver Sichtweisen von Veränderungen und Wirkfaktoren bei ehemaligen stationären Psychotherapiepatientinnen und -patienten. Diplomarbeit Universtität Eichstätt: ohne Verlagsangabe.

English, M. (2006): Business print media coverage of executive coaching: A content analysis. Doctoral Dissertation, Capella University.

Ennis, S./ Goodman, R./ Otto, J./ Stern, L. R. (Eds., 2008): Executive Coaching Handbook: Principles and guidelines for a successful coaching partnership. Developed by the Executive Coaching Forum, 4th edition (http://www.instituteofcoaching.org/images/pdfs/ ExecutiveCoachingHandbook.pdf, Zugriff am 13.05.2010).

Evers, W. J. G./ Brouwers, A./ Tomic, W. (2006): A quasi-experimental study of management coaching effectiveness. In: Consulting Psychology Journal: Practice and Research, 58 (3), 174-182.

Fairhurst, P. (2007): Measuring the success of coaching. In: Training Journal, 3 (7), 52-55.

Faust, M./ Jauch, P./ Notz, P. (2000): Befreit und entwurzelt: Führungskräfte auf dem Weg zum "internen Unternehmer". München: Hampp.

Fillery-Travis, A./ Lane, D. (2006): Does coaching work or are we asking the wrong questions? In: International Coaching Psychology Review, 1 (1), 23-36.

Fillery-Travis, A./ Lane, D. (2008): Research: does coaching work? In: Palmer, S./ Whybrow, A. (Eds., 2008): Handbook of Coaching Psychology: A guide for practitioners, pp. 57-70. London: Routledge.

Fisher, D./ Rooke, D./ Torbert, W. R. (2000): Personal and organisational transformations: Through action inquiry. Boston: Harthill.

Flick, U. (1995): Stationen des qualitativen Forschungsprozesses. In: Flick, U./ v. Kardorff, E./ Keupp, H./ v. Rosenstiel, L./ Wolff, S. (Hrsg., 1995): Handbuch qualitative Sozialforschung, 2. Auflage, S. 147-173. Weinheim: Beltz.

Flick, U. (2007): Design und Prozess qualitativer Forschung. In: Flick, U./ v. Kardorff, E./ Steinke, I. (Hrsg., 2007): Qualitative Forschung – Ein Handbuch, 5. Auflage, S. 252-265. Reinbek: Rowohlt.

Fonagy, P./ Target, M./ Cottrell, D./ Phillips, J./ Kurtz, Z. (2002): What works for whom: A critical review of treatments for children and adolescents. New York: Guilford Press.

Foucault, M. (1986): Sexualität und Wahrheit: Die Sorge um sich. Band 3. Frankfurt: Suhrkamp.

Freidson, E. (1979): Der Ärztestand: berufs- und wissenschaftssoziologische Durchleuchtung einer Profession. Stuttgart: Enke.

Freidson, E. (1986): Professional Powers. A Study of the Institutionalization of Formal Knowledge. London: Univ. of Chicago Press.

Frey, D. H. (1972): Conceptualizing counseling theories: A content analysis of process and goal statements. In: Counselor Education and Supervision, 11 (11), 243-250.

Fricke, W. (1997): Aktionsforschung und industrielle Demokratie. Bonn: Verlag der Friedrich-Ebert-Stiftung.

Froschauer, U./ Lueger, M. (1992): Das qualitative Interview zur Analyse sozialer Systeme. Wien: WUV Universitätsverlag.

Fuchs, V. R. (1968): The Service Economy. New York: Columbia University Press.

Garfinkel, H. (1962): Common sense knowledge of social structures: The documentary method of interpretation in lay and professional fact finding. In Scher, J. M. (Ed., 1962): Theories of the mind, pp. 689-712. New York: The Free Press of Glencoe.

Gartner, A./ Riessmann, F. (1978): Der aktive Konsument in der Dienstleistungsgesellschaft. Zur politischen Ökonomie des tertiären Sektors. Frankfurt: Suhrkamp.

Geertz, C. (1973): The Interpretations of Cultures. New York: Basic Books.

Geißler, H. (2004): Rahmenkonzept für den Überblick über Coaching-Ansätze und Coaching-Ausbildungen. Hamburg: Unveröffentlichtes Manuskript.

Gerhardt, U. (1986): Verstehende Strukturanalyse: Die Konstruktion von Idealtypen als Analyseschritt bei der Auswertung qualitativer Forschungsmaterialien. In: Soeffner, H.-G. (Hrsg., 1986): Sozialstruktur und Soziale Typik, S. 31-83. Frankfurt: Campus.

Geßner, A. (2000): Coaching – Modelle zur Diffusion einer sozialen Innovation in der Personalentwicklung. Frankfurt: Lang.

Giddens, A. (1984): Interpretative Soziologie. Eine kritische Einführung. Frankfurt: Campus.

Gieseke, W. (1997): Professionalität in der Erwachsenenbildung – Bedingungen einer Gestaltungsoption. In: Brödel, R. (Hrsg., 1997): Erwachsenenbildung in der Moderne, S. 273-284. Opladen: Leske + Budrich.

Gildemeister, R. (1983): Als Helfer überleben: Beruf und Identität in der Sozialarbeit/Sozialpädagogik. Neuwied: Luchterhand.

Gildemeister, R./ Wetterer, A. (1992): Wie Geschlechter gemacht werden. Die soziale Konstruktion der Zweigeschlechtlichkeit und ihre Reifizierung in der Frauenforschung. In: Knapp, G.-A./ Wetterer, A. (Hrsg., 1992): Traditionen Brüche. Entwicklungen feministischer Theorie, S. 201-254. Freiburg: Kore.

Gist, M. E./ Mitchell, T. R. (1992): Self-efficacy: A theoretical analysis of its determinants and malleability. In: The Academy of Management Review, 17 (2), 183-211.

Glaser, B. G./ Strauss, A. L. (2005): Grounded Theory – Strategien qualitativer Forschung, 2. Auflage. Bern: Huber.

Gläser, J./ Laudel, G. (2006): Experteninterviews und qualitative Inhaltsanalyse als Instrumente rekonstruierender Untersuchungen, 2. Auflage. Wiesbaden: VS.

Global Coaching Community (GCC, 2008): Dublin declaration on coaching: Including appendices. Global Convention on Coaching, Version 1.4 Final, Dublin, September 2008 (http://api.ning.com/files/gsPro9W4O3t8PSolgzYJJa6MkR6luWTqAZHDGMeyJJQBZI2a0Jlg3 pM32-QX4SVDnsKIMg4QMbe1zfdmglTnb3KPnzkSOmU8/ DublinDeclarationandAppendicesFINALEnglish.pdf, Zugriff am 04.08.2010).

Gonzalez, A. L. (2004): Transforming conversations: Executive coaches and business leaders in dialogical collaboration for growth. Dissertation Abstract International Section A: Humanities and

Social Science, Vol. 65 (3-A) 1023. Ann Arbor, MI: Proquest, International Microfilms International.

Goode, W. (1957): Community Within the Community: The Professions. In: American Sociological Review, 22 (2), 194-200.

Gottschall, K. (1995): Geschlechterverhältnisse und Arbeitsmarktsegregation. In: Becker-Schmidt, R./ Knapp, G.-A. (Hrsg., 1995): Das Geschlechterverhältnis als Gegenstand der Sozialwissenschaften, S. 125-162. Frankfurt: Campus.

Goulding, C. (2002): Grounded Theory – A Practical Guide for Management, Business and Market Researchers. London: Sage.

Grant, A. M. (2001): Towards a Psychology of Coaching: The Impact of Coaching on Metacognition, Mental Health and Goal Attainment. Unpublished paper, Coaching Psychology Unit, University of Sydney.

Grant, A. M. (2006): An integrative goal-focused approach to executive coaching. In: Stober, D. R./ Grant, A. M. (Eds., 2006): Evidence based coaching handbook: Putting best practices to work for your clients, pp. 153-192. New York: John Wiley & Sons.

Grant, A. M. (2009): Workplace, executive and life coaching: An annotated bibliography from the Behavioural Science literature. Unpublished paper, Coaching Psychology Unit, University of Sydney.

Grant, A. M./ Cavanagh, M. J. (2004): Toward a profession of coaching: Sixty-five years of progress and challenges for the future. In: International Journal of Evidence Based Coaching and Mentoring, 2 (1), 1-16.

Grant, A. M./ Zackon, R. (2004): Executive, Workplace and Life Coaching: Findings from a Large-Scale Survey of International Coach Federation Members. In: International Journal of Evidence Based Coaching and Mentoring, 2 (2), 1-15.

Grant, A. M./ Stober, D. R. (2006): Introduction. In: Stober, D. R./ Grant, A. M. (Eds.; 2006): Evidence Based Coaching: Putting best practices to work for your clients, pp. 1-14. New Jersey: Wiley & Sons.

Grawe, K./ Donati, R./ Bernauer, F. (2001): Psychotherapie im Wandel. Von der Konfession zur Profession, 5. Auflage. Göttingen: Hogrefe.

Gray, D. (2004): Doing Research in the Real World. London: Sage.

Greenwood, E. (1957): Attributes of a profession. In: Social Work, 2 (1), 45-55.

Greif, S. (2007): Advances in research on coaching outcomes. In: International Coaching Psychology Review, 2 (3), 222-249.

Greif, S. (2008): Coaching und ergebnisorientierte Selbstreflexion. Theorie, Forschung und Praxis des Einzel- und Gruppencoachings. Göttingen: Hogrefe.

Greif, S. (2009): Grundlagentheorien und praktische Beobachtungen zum Coachingprozess. In: Birgmeier, B. (Hrsg., 2009): Coachingwissen. Denn Sie wissen nicht, was sie tun? S. 129-144. Wiesbaden: VS.

Griffiths, K. (2008): Regulating the regulators: Paving the way for international, evidence- based coaching standards. In: International Journal of Evidence Based Coaching and Mentoring, 6 (1), 19-31.

Großmaß, R. (2001): Psychosoziale Beratung. In: Keupp, H./ Weber, K. (Hrsg., 2001): Psychologie. Ein Grundkurs, S. 339-349. Reinbek: Rowohlt.

Gross, P. (1983): Die Verheißungen der Dienstleistungsgesellschaft. Soziale Befreiung oder Sozialherrschaft? Opladen: Westdeutscher Verlag.

Guba, E. G./ Lincoln, Y. S. (1994): Competing Paradigms in Qualitative Research. In: Denzin, N. K./ Lincoln, Y. S. (Hrsg., 1994): Handbook of Qualitative Research, pp. 105-117. Thousand Oaks: Sage.

Gyllensten, K./ Palmer, S. (2005): Can coaching reduce workplace stress: A quasi-experimental study. In: International Journal of Evidence Based Coaching and Mentoring, 3 (2) 75-87.

Gyllensten, K./ Palmer, S. (2007): The coaching relationship: An interpretative phenomenological analysis. In: International Coaching Psychology Review, 2 (2), 168-177.

Habermas, J. (1981): Theorie des kommunikativen Handelns. Band 1. Frankfurt: Suhrkamp.

Habermas, J. (1984): Vorstudien und Ergänzungen zur Theorie des kommunikativen Handelns, 2. Auflage. Frankfurt: Suhrkamp.

Hain, P. (2000): Psychotherapie – Die Gestaltung therapeutischer Wirkung. Bedeutende Persönlichkeiten der wissenschaftlichen Psychotherapie im Gespräch über Wirkfaktoren. Dissertation an der Universität Zürich: ohne Verlagsangabe.

Hall, L. M./ Duval, M. (2004): Meta-Coaching: Coaching Change. Clifton, CO: Neuro-Semantics Publications.

Halmos, P. (1970): The Personal Service Society. London: Constable.

Hamlin, R. G./ Ellinger, A. D./ Beattie, R. S. (2009): Toward a profession of coaching? A definitional examination of 'Coaching,' 'Organization Development,' and 'Human Resource Development'. In: International Journal of Evidence Based Coaching and Mentoring, 7 (1), 13-38.

Hansen, J. C./ Stevic, R. R./ Warner, R. W. (1979): Counseling. Theory and process. Boston: Allyn and Bacon.

Hansen, J. C./ L'Abate, L. (1982): Approaches to family therapy. New York: Macmillan.

Harding, C. (2009): Researcher as Goldilocks: searching for a methodology that is 'just right' for a coaching and mentoring study. In: International Journal of Evidence Based Coaching and Mentoring, Special Issue No. 3, 11-21.

Harris, J. (1998): Scientific management, bureau professionalism, new managerialism. In: British Journal of Social Work, 28 (6), 839-862.

Harris, T. (1989): Ich bin o.k., du bist o.k.: wie wir uns selbst besser verstehen und unsere Einstellung zu anderen verändern können; eine Einführung in die Transaktionsanalyse. Reinbek: Rowohlt.

Hartfiel, G./ Hillmann, K.-H. (1982): Wörterbuch der Soziologie, 3. Auflage. Stuttgart: Kröner.

Hartmann, H. (1972): Arbeit, Beruf, Profession. In: Luckmann, T./ Sprondel, W. M. (Hrsg., 1972): Berufssoziologie, S. 36-52. Köln: Kiepenheuer & Witsch.

Haubl, R. (2009): Unter welchen Bedingungen nützt die Supervisionsforschung der Professionalisierung supervisorischen Handelns? In: Haubl, R./ Hausinger, B. (Hrsg., 2009): Supervisionsforschung: Einblicke und Ausblicke. Interdisziplinäre Beratungsforschung, S. 179-207. Göttingen: Vandenhoeck & Ruprecht.

Haubl, R./ Daser, B. (2008): Leitungscoaching: Fit machen für die Selbstausbeutung? In: Blättel-Mink, B./ Briken, K./ Drinkuth, A./ Wassermann, P. (Hrsg., 2008): Beratung als Reflexion. Perspektiven einer kritischen Berufspraxis für Soziolog/inn/en, S. 137-157. Berlin: edition sigma.

Hawkins, P. (2008): The coaching profession: some of the key challenges. In: Coaching: An International Journal of Theory, Practice and Research, 1 (1), 28-38.

Hawkins, P./ Schwenk, G. (2006): Coaching supervision. London: CIPD Change Agenda.

Hawkins, P./ Smith, N. (2006): Coaching, mentoring and organizational consultancy: Supervision and development. Maidenhead: McGraw-Hill/Open University Press.

Heigl, F. S./ Triebel, A. (1977): Lernvorgänge in psychoanalytischer Therapie. Die Technik der Bestätigung – eine empirische Untersuchung. Bern: Huber.

Heinz, W. R./ Witzel, A. (1995). Das Verantwortungsdilemma in der beruflichen Sozialisation. In: Hoff, E. H./ Lappe, L. (Hrsg., 1995): Verantwortung im Arbeitsleben, S. 99-113. Weinheim: Beltz.

Helsper, W./ Krüger, H-.H./ Rabe-Kleberg, U. (2000): Professionstheorie, Professions- und Biographieforschung – Einführung in den Themenschwerpunkt. In: ZBBS Zeitschrift für qualitative Bildungs-, Beratungs- und Sozialforschung, 1 (1), 5-19.

Heß, T./ Roth, W. L. (2001): Professionelles Coaching. Heidelberg: Asanger.

Hesse, H. (1972): Berufe im Wandel. Ein Beitrag zur Soziologie des Berufs, der Berufspolitik und des Berufsrechts, 2. Auflage. Stuttgart: Enke.

Hiebert, B. A./ Martin, J./ Marx, R. W. (1981): Instructional counselling: The counsellor as teacher. In: Canadian Counsellor, 15 (1), 107-114.

Hochschild, A. R. (1998): Der Arbeitsplatz wird zum Zuhause, das Zuhause zum Arbeitsplatz. In: Harvard Business Manager, 20 (3), 29-41.

Hodder, I. (2000): The interpretation of documents and material culture. In: Denzin, N. K./ Lincoln, Y. S. (Eds., 2000): Handbook of Qualitative Research, 2nd edition, pp. 703-715. Thousand Oaks: Sage.

Hodgetts, W. (2002): Using executive coaching in organisations. In: Fitzgerald, C./ Berger, J. G. (Eds., 2002): Executive Coaching, pp. 203-224. Mountain View, CA: Davies-Black.

Holm, R. (2008): Beratung als Scharnier zwischen Wissenschaft und Praxis. Eine reflexive Momentaufnahme. In: Blättel-Mink, B./ Briken, K./ Drinkuth, A./ Wassermann, P. (Hrsg., 2008): Beratung als Reflexion. Perspektiven einer kritischen Berufspraxis für Soziolog/inn/en, S. 132-135. Berlin: edition sigma.

Hopf, C. (2007): Qualitative Interviews – ein Überblick. In: Flick, U./ v. Kardorff, E./ Steinke, I. (Hrsg., 2007): Qualitative Forschung – Ein Handbuch, 5. Auflage, S. 349-360. Reinbek: Rowohlt.

Howaldt, J./ Kopp, R. (1998): Sozialwissenschaftliche Organisationsberatung. Auf der Suche nach einem spezifischen Beratungsverständnis. Berlin: edition sigma.

Hoyle, E./ Wallace, M. (2005): Educational Leadership: Ambiguity, Professionals and Managerialism. London: Sage.

Hruschka, E. (1969): Versuch einer theoretischen Grundlegung des Beratungsprozesses. Meisenheim: Anton Hain.

Huber, G. L. (1990): Beratung als Lehren und Lernen. In: Schönig, W./ Brunner, E. J. (Hrsg., 1990): Theorie und Praxis von Beratung. Pädagogische und psychologische Konzepte, S. 41-61. Freiburg: Lambertus.

Huber, G. L. (1995): Computerunterstütze Auswertung qualitativer Daten. In: Flick, U./ v. Kardorff, E./ Keupp, H./ v. Rosenstiel, L./ Wolff, S. (Hrsg., 1995): Handbuch qualitative Sozialforschung, 2. Auflage, S. 243-248. Weinheim: Beltz.

Huf, A. (1992): Psychotheraputische Wirkfaktoren. Weinheim: Beltz.

Hughes, E. C. (1971): The Sociological Eye. Selected Papers. Chicago: Aldine, Atherton.

Hugo-Becker, A./ Becker, H. (2000): Psychologisches Konfliktmanagement. Menschenkenntnis – Konfliktfähigkeit – Kooperation, 5. Auflage. München: Deutscher Taschenbuch Verlag.

Iding, H. (2000): Hinter den Kulissen der Organisationsberatung. Qualitative Fallstudien von Beratungsprozessen im Krankenhaus. Opladen: Leske + Budrich.

Inglehart, R. (1989): Kultureller Umbruch. Wertewandel in der westlichen Welt. Frankfurt: Campus.

Ives, Y. (2008): What is 'Coaching'? An exploration of conflicting paradigms. In: International Journal of Evidence Based Coaching and Mentoring, 6 (2), 100-113.

Jackson, P. (2005): How do we describe coaching? An exploratory development of a typology of coaching based on the accounts of UK-based practitioners. In: International Journal of Evidence Based Coaching and Mentoring, 3 (2), 45-60.

Jamous, H. (1973): Professions ou systèmes autoperpétués. Changements dans le système hospitalo-universitaire français. In: Ders. (éd., 1973): Rationalisation, mobilisation sociale et pouvoir. Idées et travaux de recherche sur la santé, l'aménagement urbain et les transports, pp. 9-51. Paris: Centre de sociologie de l'innovation.

Jansen, A./ Mäthner, E./ Bachmann, T. (2003): Evaluation von Coaching. In: OSC Organisationsberatung, Supervision, Coaching, 10 (3), 245-254.

Jarvis, J. (2004): Coaching and buying coaching services? London: CIPD.

Johnson, T. (1972): Professions and power. London: Macmillan.

Jones, G./ Spooner, K. (2006): Coaching high achievers. In: Consulting Psychology Journal: Practice and Research, 58 (1), 40-50.

Joseph, S. (2006): Person-centred coaching psychology: A meta-theoretical perspective. In: International Coaching Psychology Review, 1 (1), 47-54.

Jumpertz, S. (2005): Das Profil der Profis. In: managerSeminare, 16 (2), Heft 83, 40-45.

Jüngst, S. (2002): Zur Bestimmung und empirischen Überprüfung ausgewählter Wirkfaktoren psychotherapeutischen Interagierens. Berlin: Logos.

Jüster, M./ Hildenbrand, C.-D./ Petzold, H. G. (2005): Coaching in der Sicht von Führungskräften – eine empirische Untersuchung. In: Rauen, C. (Hrsg., 2005): Handbuch Coaching, 3. Auflage, S. 77-98. Göttingen: Hogrefe.

Kaminski, M. (1998): Hunger nach Beziehung. Wirkfaktoren in der Analyse Frühgestörter. München: Pfeiffer.

Kampa-Kokesch, S. (2001): Executive coaching as an individually tailored consultation intervention: Does it increase leadership? Dissertation Abstracts International: Section B: The Sciences & Engineering, Vol. 62 (7-B). 3408. Ann Arbor, MI: Proquest, International Microfilms International.

Karsten, M. (1999): Entwicklung des Qualifikations- und Arbeitskräftebedarfs in den personenbezogenen Dienstleistungsberufen. Berlin: BBJ.

Kauffman, C./ Bachkirova, T. (2008a): An International Journal of Theory, Research & Practice: why does it matter? In: Coaching: An International Journal of Theory, Research and Practice, 1 (1), 1-7.

Kauffman, C./ Bachkirova, T. (2008b): The evolution of coaching: an interview with Sir John Whitmore. In: Coaching: An International Journal of Theory, Research and Practice, 1 (1), 11-15.

Kauffman, C./ Bachkirova, T. (2009): Spinning order from chaos: how do we know what to study in coaching research and use it for self-reflection practice? In: Coaching: An International Journal of Theory, Research and Practice, 2 (1), 1-9.

Kauffman, C./ Russell, S. G./ Bush, M. W. (Eds., 2008): 100 coaching research proposal abstracts. International Coaching Research Forum, Cambridge, MA: The Coaching & Positive Psychology Initiative, McLean Hospital, Harvard Medical School and The Foundation of Coaching (http://www.instituteofcoaching.org/images/pdfs/100ResearchIdeas-ICRF.pdf,   Zugriff   am 04.08.2010).

Kearns, P. (2006): Does coaching work? In: Training Journal, 2 (6), 41-44.

Kelle, U. (1997): Empirisch begründete Theoriebildung – Zur Logik und Methodologie interpretativer Sozialforschung, 2. Auflage. Weinheim: Deutscher Studien Verlag.

Kelle, U./ Erzberger, C. (2007): Qualitative und quantitative Methoden: kein Gegensatz. In: Flick, U./ v. Kardorff, E./ Steinke, I. (Hrsg., 2007): Qualitative Forschung – Ein Handbuch, 5. Auflage, S. 299-309. Reinbek: Rowohlt.

Kemp, T. (2008): Self-management and the coaching relationship: Exploring coaching impact beyond models and methods. In: International Coaching Psychology Review, 3 (1), 32-42.

Kemp, T. (2009): Is coaching an evolved form of leadership? Building a transdisciplinary framework for exploring the coaching alliance. In: International Coaching Psychology Review, 4 (1), 105-110.

Kessler, S./ McKenna, W. (1978): Gender. An ethnomethodolical approach. New York: Wiley.

Keupp, H./ Weber, K. (Hrsg., 2001): Psychologie. Ein Grundkurs. Reinbek: Rowohlt.

Khurana, R. (2003): The curse of the superstar CEO. In: Harvard Business Review (Ed., 2003): Leadership at the Top, pp. 1-18. Boston: Harvard Business School Press.

Kieser, A. (1996): Moden und Mythen des Organisierens. In: Die Betriebswirtschaft, 56 (1), 21-39.

Kieser, A. (2002): Wissenschaft und Beratung. Heidelberg: Universitätsverlag C. Winter.

Kieserling, A. (1998): Zur Lage der Professionen zwischen Interaktion, Organisation und Gesellschaft. In: Brosziewski, A./ Maeder, C. (Hrsg., 1998): Organisation und Profession. Dokumentation des 2. Workshops des Arbeitskreises 'Professionelles Handeln' am 24. und 25. Oktober 1997, S. 63-72. Rorschach, St. Gallen: Uni-Druck.

Kilburg, D. (2000): Executive coaching: Developing managerial wisdom in a world of chaos. Washington, DC: American Psychological Association.

King, G. (2004): The meaning of life experiences: application of a meta-model to rehabilitation sciences and services. In: American Journal of Orthopsychiatry, 74 (1), 72-88.

Kirkpatrick, D./ Kirkpatrick, J. (2006): Evaluating training programs: The four levels, 3rd edition. New York: McGraw-Hill.

Kleining, G. (1982): Umriss zu einer Methodologie qualitativer Sozialforschung, In: Kölner Zeitschrift für Soziologie und Sozialpsychologie, 34 (2), 224-253.

Kleining, G. (1995): Von der Hermeneutik zur qualitativen Heuristik. Weinheim: Beltz.

Koch, M. (2003): Behandlungserfolge und Wirkfaktoren in der stationären Gruppenpsychotherapie. Dissertation an der Med. Hochschule Hannover: ohne Verlagsangabe.

Koch, J./ Petran, W. (2002): Sektion Beratung, Organisationsentwicklung, Personalentwicklung. Vorstellung und Vorstellungen des Sprechers der Sektion „Soziologische Beratung, Personal- und Organisationsentwicklung" (http://www.bds-soz.de/Beratung.pdf, Zugriff am 20.05.2009).

Kornbeck, K. J. (2000): Professionalisierung ist mehr als Verwissenschaftlichung. In: Soziale Arbeit, 49 (5), 170-175.

Kowal, S./ O'Conell, D. C. (2007): Zur Transkription von Gesprächen. In: Flick, U./ v. Kardorff, E./ Steinke, I. (Hrsg., 2007): Qualitative Forschung – Ein Handbuch, 5. Auflage, S. 437-447. Reinbek: Rowohlt.

Kuckartz, U. (2006): Computerunterstützte Analyse qualitativer Daten. In: Diekmann, A. (Hrsg., 2006): Methoden der Sozialforschung, S. 453-478. Wiesbaden: VS.

Kühl, S. (2000): Das Regenmacher-Phänomen. Widersprüche und Aberglaube im Konzept der lernenden Organisation. Frankfurt: Campus.

Kühl, S. (2001): Professionalität ohne Profession. Das Ende des Traums von der Organisationsentwicklung als eigenständiger Profession und die Konsequenzen für die soziologische Beratungsdiskussion. In: Degele, N./ Münch, T./ Pongratz, H. J. (Hrsg., 2001): Soziologische Beratungsforschung. Perspektiven für Theorie und Praxis der Organisationsberatung, S. 209-238. Opladen: Leske + Budrich.

Kühl, S. (2006): Die Professionalisierung der Professionalisierer? Das Scharlatanerieproblem im Coaching und der Supervision und die Konflikte um die Professionsbildung. Working Paper 04/2006.

Kühl, S./ Tacke, V. (2004): Organisationssoziologie für die Praxis? Zur Produktion und Lehre eines Wissens, das sich gegen seine Verwendung sträubt. In: Blättel-Mink, B./ Katz, I. (Hrsg., 2004): Soziologie als Beruf? Soziologische Beratung zwischen Wissenschaft und Praxis, S. 67-82. Wiesbaden: VS.

Kühn, T./ Witzel, A. (1999): Computergestützte Auswertung biographischer Interviews mittels einer qualitativen Datenbank. Arbeitspapiere des Sonderforschungsbereichs 186 der Universität Bremen: ohne Verlagsangabe.

Künzli, H. (2005): Wirksamkeitsforschung im Führungskräfte-Coaching. In: OSC Organisationsberatung, Supervision, Coaching, 12 (3), 231-244.

Künzli, H./ Stulz, N. (2009): Individuumsorientierte Coaching-Forschung. In: Birgmeier, B. (Hrsg., 2009): Coachingwissen. Denn Sie wissen nicht, was sie tun? S. 159-169. Wiesbaden: VS.

Kurtz, T. (2003): Gesellschaft, Funktionssystem, Person: Überlegungen zum Bedeutungswandel professioneller Leistung. In: Mieg, H./ Pfadenhauer, M. (Hrsg., 2003): Professionelle Leistung - Professional Performance. Positionen der Professionssoziologie, S. 89-107. Konstanz: UVK.

Kvale, S. (1995): Validierung: Von der Beobachtung zur Kommunikation und Handeln. In: Flick, U./ v. Kardorff, E./ Keupp, H./ v. Rosenstiel, L./ Wolff, S. (Hrsg., 1995): Handbuch qualitative Sozialforschung, 2. Auflage, S. 427-431. Weinheim: Beltz.

Lamnek, S. (2005): Qualitative Sozialforschung, 4. Auflage. Weinheim: Beltz.

Lane, D. A./ Corrie, S. (2006): The Modern Scientist-Practitioner. A guide to practice in psychology. London: Routledge.

Lane, D. A./ Corrie, S. (2009): The scientist-practitioner model as a framework for coaching psychology. In: The Coaching Psychologist, 5 (2), 61-67.

Lang, H. (Hrsg., 1990): Wirkfaktoren der Psychotherapie. Berlin: Springer.

Lange, H. (1997): Sozialwissenschaften zwischen akademischer Etablierung und außerakademischer Herausforderung. In: Lange, H./ Senghaas-Knobloch, E. (Hrsg., 1997): Konstruktive Sozialwissenschaft, S. 49-78. Münster: Lit.

Langley, A. (1999): Strategies for theorizing from process data. In: Academy of Management Review, 24 (4), 691-710.

Larson, M. S. (1977): The rise of professionalism: A sociological analysis. Berkeley: University of California Press.

Larsson, R./ Løwendahl, B. R. (2006): The Qualitative Side of Management Research: A meta-analysis of espoused and used case study methodologies. In: Lines, R./ Stensaker, I. G./ Langley, A. (Eds., 2006): New perspective on organizational change and learning, pp. 390-412. Bergen: Fagbokforlaget.

Laske, O. E. (1999): Transformative effects of coaching on executive's professional agenda. Ann Harbor: University of Michigan Press.

Latham, G. P./ Locke, E. A. (1991): Self-regulation through goal setting. In: Organizational Behavior and Human Decision Processes, 50 (2), 212-247.

Lawton-Smith, C./ Cox, E. (2007): Coaching: Is it just a new name for training? In: International Journal of Evidence Based Coaching and Mentoring, Special Issue, 1-9.

Leber, M./ Oevermann, U. (1994): Möglichkeiten der Therapieverlaufs-Analyse in der objektiven Hermeneutik. Eine exemplarische Analyse der ersten Minuten einer Fokaltherapie. In: Garz, D./ Kraimer, K. (Hrsg., 1994): Die Welt als Text. Theorie, Kritik und Praxis der objektiven Hermeneutik, S. 383-438. Frankfurt: Suhrkamp.

Leedham, M. (2005): The coaching scorecard: A holistic approach to evaluating the benefits of business coaching. In: International Journal of Evidence Based Coaching and Mentoring, 3 (2), 30-44.

Leonard-Cross, E. (2010): Developmental coaching: Business benefit – fact or fad? An evaluative study to explore the impact of coaching in the workplace. In: International Coaching Psychology Review, 5 (1), 36-47.

Libri, V./ Kemp, T. (2006): Assessing the efficacy of a cognitive behavioural executive coaching programme. In: International Coaching Psychology Review, 1 (2), 9-20.

Liljenstrand, A. M. (2004): A comparison of practices and approaches to coaching based on academic background. Dissertation Abstracts International: Section B: The Sciences & Engineering 64 (10-B) 5261. Ann Arbor, MI: Proquest, International Microfilms International.

Lincoln, Y. S./ Guba, E. G. (2000): Paradigmatic Controversies, Contradictions and Emerging Influences. In: Denzin, N. K./ Lincoln, Y. S. (Eds., 2000): Handbook of Qualitative Research, 2nd edition, pp. 163-188. Thousand Oaks: Sage.

Linder-Pelz, S./ Hall, M. (2008): Meta-coaching: a methodology grounded in psychological theory. In: International Journal of Evidence Based Coaching and Mentoring, 6 (1), 43-56.

Linley, A. (2006): Coaching research: Who? What? Where? When? Why? In: International Journal of Evidence Based Coaching and Mentoring, 4 (2), 1-7.

Littek, W./ Heisig, U./ Lane, C. (2005): Die Organisation professioneller Arbeit in Deutschland. Ein Vergleich mit England. In: Klatetzki, T./ Tacke, V. (Hrsg., 2005): Organisation und Profession, S. 73-118. Wiesbaden: VS.

Looss, W. (1997): Unter vier Augen. Coaching für Manager, 4. Auflage. Landsberg: Moderne Industrie.

Looss, W./ Rauen, C. (2005): Einzel-Coaching – Das Konzept einer komplexen Beratungsbeziehung. In: Rauen, C. (Hrsg., 2005): Handbuch Coaching, 3. Auflage, S. 155-182. Göttingen: Hogrefe.

Luebbe, D. M (2005): The three-way mirror of executive coaching. Dissertation Abstracts International: Section B: The Sciences & Engineering 66 (3-B) 1771. Ann Arbor, MI: Proquest, International Microfilms International.

Luhmann, N. (1970): Soziologie als Theorie sozialer Systeme. In: Ders. (Hrsg., 1970): Soziologische Aufklärung. I. Aufsätze zur Theorie sozialer Systeme, S. 113-136. Opladen: Westdeutscher Verlag.

Luhmann, N. (1975): Interaktion, Organisation, Gesellschaft. In: Gerhardt, M. (Hrsg., 1975): Die Zukunft der Philosophie, S. 85-107. München: List.

Luhmann, N. (1993): Soziale Systeme. Grundriß einer allgemeinen Theorie, 4. Auflage. Frankfurt: Suhrkamp Taschenbuch Verlag.

Luhmann, N. (2000): Vertrauen - ein Mechanismus der Reduktion sozialer Komplexität, 4. Auflage. Stuttgart: Lucius und Lucius.

Lymbery, M. (1998): Care management and professional autonomy. In: British Journal of Social

Work, 28 (6), 863-878.

Maccoby, M. (2003): Narcissistic Leaders. The Incredible Pros, the Inevitable Cons. In: Harvard Business Review (Ed., 2003): Leadership at the Top, pp. 73-98. Boston: Harvard Business School Press.

Maethner, E./ Jansen, A./ Bachmann, T. (2005): Wirksamkeit und Wirkung von Coaching. In: Rauen, C. (Hrsg., 2005): Handbuch Coaching, 3. Auflage, S. 55-76. Göttingen: Hogrefe.

managerSeminare (o.V., 2004a): Der geDINte Coach. Standardisierung, 15 (4), Heft 75, 16-18.

managerSeminare (o.V., 2004b): Die Coaching-Bande. Verbände und Netzwerke, 15 (4), Heft 75, 20-23.

Matthes, J. (1981): Einführung in das Studium der Soziologie, 3. Auflage. Reinbek: Rowohlt.

Maxwell, J. A. (2005): Qualitative Research Design – An Interactive Approach, 2nd edition. Thousand Oaks: Sage.

Maxwell, A. (2009): How do business coaches experience the boundary between coaching and therapy/counselling? In: Coaching: An International Journal of Theory, Research and Practice, 2 (2), 149-162.

Mayring, P. (1996): Einführung in die qualitative Sozialforschung, 3. Auflage. Weinheim: Beltz.

Mayring, P. (2003): Qualitative Inhaltsanalyse – Grundlagen und Techniken, 8. Auflage. Weinheim: Beltz.

McClintock, C. C./ Brannon, D./ Maynard-Moody, S. (1979): Applying the Logic of Sample Surveys to Qualitative Case Studies: The Case Cluster Method. In: Administrative Science Quarterly, 24 (4), 612-629.

McDowall, A./ Kurz, R. (2007): Making the most of psychometric profiles – effective integration into the coaching process. In: International Coaching Psychology Review, 2 (3), 299-309.

McDowall, A./ Kurz, R. (2008): Effective integration of 360 degree feedback into the coaching process. In: The Coaching Psychologist, 4 (1), 7-19.

McGovern, J./ Lindemann, M./ Vergara, M./ Murphy, S./ Barker, L./ Warrenfeltz, R. (2001): Maximizing the impact of executive coaching: Behavioral Change, Organizational Outcomes, and Return on Investment. In: The Manchester Review, 6 (1), 3-11.

Mead, G. H. (2008): Geist, Identität und Gesellschaft aus der Sicht des Sozialbehaviorismus, 15. Auflage. Frankfurt: Suhrkamp.

Merten, R./ Olk, T. (1999): Soziale Dienstleistungsberufe und Professionalisierung. In: Albrecht, G./ Groenemeyer, A./ Stallberg, F.W. (Hrsg., 1999): Handbuch soziale Probleme, S. 955-982. Wiesbaden: Opladen.

Merten, R. (2004): Professionelles Beratungshandeln im Spannungsfeld mikro- und makrosoziologischer Professionstheorien - Kommentar zum Beitrag von Sandra Tiefel. In: Fabel, M./ Tiefel, S. (Hrsg., 2004): Biographische Risiken und neue professionelle Herausforderungen, S. 129-137. Wiesbaden: VS.

Merton, R. K./ Kendall, P. L. (1993): Das fokussierte Interview. In: Hopf, C./ Weingarten, E. (Hrsg., 1993): Qualitative Sozialforschung, 3. Auflage, S. 11-37. Stuttgart: Klett-Cotta.

Mey, G. (1999): Adoleszenz, Identität, Erzählung. Theoretische, methodische und empirische Erkundungen. Berlin: Köster.

Mieg, H. (2003): Problematik und Probleme der Professionssoziologie. In: Mieg, H./ Pfadenhauer, M. (Hrsg., 2003): Professionelle Leistung - Professional Performance. Positionen der Professionssoziologie, S. 11-46. Konstanz: UVK.

Mieg, H./ Pfadenhauer, M. (Hrsg., 2003): Professionelle Leistung – Professional Performance. Positionen der Professionssoziologie. Konstanz: UVK.

Miles, M. B. (1979): Qualitative Data as an Attractive Nuisance: The Problem of Analysis. In: Administrative Science Quarterly, 24 (4), 590-601.

Miles, M. B./ Huberman, A. M. (1994): Qualitative Data Analysis, 2nd edition. London: Sage.

Mingers, S. (1996): Systemische Organisationsberatung. Eine Konfrontation von Theorie und Praxis. Frankfurt: Campus.

Moen, F./ Skaalvik, E. (2009): The Effect from Executive Coaching on Performance Psychology. In: International Journal of Evidence Based Coaching and Mentoring, 7 (2), 31-49.

Moldaschl, M. (2001): Reflexive Beratung. Eine Alternative zu strategischen und systemischen Ansätzen. In: Degele, N./ Münch, T./ Pongratz, H. J. (Hrsg., 2001): Soziologische Beratungsforschung. Perspektiven für Theorie und Praxis der Organisationsberatung, S. 133-157. Opladen: Leske + Budrich.

Mollenhauer, K./ Uhlendorff, U. (1992): Sozialpädagogische Diagnosen. Über Jugendliche in schwierigen Lebenslagen. Weinheim: Juventa.

Morgan, G. (1983): Research as Engagement – A personal view. In: Morgan, G. (Ed., 1983): Beyond Method – Strategies for Social Research, pp. 11-42. London: Sage.

Morgan, G./ Smircich, L. (1980): The Case for Qualitative Research. In: Academy of Management Review, 5 (4), 491-500.

Müller, W. R. (1981): Funktionen der Organisationsberatung. In: Die Unternehmung, 35 (1), 41-50.

Müller, C. W. (1993): Anmerkungen zur Geschichte sozialer Berufe. In: Pfaffenberger, H./ Schenk, M. (Hrsg., 1993): Sozialarbeit zwischen Berufung und Beruf: Professionalisierungs- und Verwissenschaftlichungsprobleme der Sozialarbeit, S. 11-22. Münster: Lit.

Murgatroyd, S. (1994): Beratung als Hilfe: eine Einführung für helfende Berufe. Weinheim: Beltz.

Nagel, U. (1997): Engagierte Rollendistanz. Professionalität in biografischer Perspektive. Opladen: Leske + Budrich.

Nagel, U. (2000): Professionalität als biografisches Projekt. In: Kraimer, K. (Hrsg., 2000): Die Fallrekonstruktion. Sinnverstehen in der sozialwissenschaftlichen Forschung, S. 360-378. Frankfurt: Suhrkamp.

Neal, L. (2009): Researching Coaching: some dilemmas of a novice grounded theorist. In: International Journal of Evidence Based Coaching and Mentoring, Special Issue No. 3, 1-10.

Nelson-Jones, R. (2006): Relationship skills coaching. In: The Coaching Psychologist, 2 (3), 25-28.

Nestmann, F. (1999): Beratung. In: Asanger, R./ Wenninger, G. (Hrsg., 1999): Handwörterbuch Psychologie, S. 78-84. Weinheim: Beltz.

Neuberger, O. (1997): Rate mal! Phantome, Philosophien und Phasen der Beratung. Augsburger Beiträge zu Organisationspsychologie und Personalwesen 19. Augsburg: Lehrstuhl für Psychologie I, Inst. für Sozioökonomie.

Neuberger, O. (2007): Ach wie gut das niemand weiß, was man so systemisch heißt. Oder: Was ist die wahre Gestalt des Proteus? In: Tomaschek, Nino (Hrsg., 2007): Perspektiven systemischer Entwicklung und Beratung von Organisationen. Ein Sammelband, S. 11-36. Heidelberg: Carl Auer.

Neuberger, O. (2009): Systemische Beratung als mikropolitisches Projekt. In: Tomaschek, N. (Hrsg., 2009): Systemische Organisationsentwicklung und Beratung bei Veränderungsprozessen in Organisationen. Ein Handbuch, 2. Auflage, S. 34-73. Heidelberg: Carl Auer.

Netz, T. (1998): Erzieherinnen auf dem Weg zur Professionalität: Studien zur Genese der beruflichen

Identität. Frankfurt: Lang.

Nittel, D. (2000): Von der Mission zur Profession? Stand und Perspektiven der Verberuflichung in der Erwachsenenbildung. Bielefeld: Bertelsmann.

O'Broin, A./ Palmer, S. (2006): The coach-client relationship and contributions made by the coach in improving coaching outcome. In: The Coaching Psychologist, 2 (2), 16-20.

O'Connell, B./ Palmer, S. (2007): Solution-focused coaching. In: Palmer, S./ Whybrow, A. (Eds., 2007): Handbook of Coaching Psychology: A guide for practitioners, pp. 278-292. London: Routledge.

Oevermann, U. (1979): Hermeneutische Sinnrekonstruktion: Als Therapie und Pädagogik missverstanden, oder: Das notorische strukturtheoretische Defizit pädagogischer Wissenschaft. In: Soeffner, H.-G. (Hrsg., 1979): Interpretative Verfahren in den Sozial- und Textwissenschaften, S. 352-434. Stuttgart: Metzler.

Oevermann, U. (1981a): Soziologie: Wissenschaft ohne Beruf. In: betrifft:erziehung, 14 (4), 78-85.

Oevermann, U. (1981b): Professionalisierung der Pädagogik – Professionalisierbarkeit pädagogischen Handelns. Berlin: FU (Vortragsmanuskript).

Oevermann, U. (1996): Theoretische Skizze einer revidierten Theorie professionalisierten Handelns. In: Combe, A./ Helsper, W. (Hrsg., 1996): Pädagogische Professionalität. Untersuchungen zum Typus pädagogischen Handelns, S. 70-182. Frankfurt: Suhrkamp.

Oevermann, U. (1997): Die Architektonik einer revidierten Professionalisierungstheorie und die Professionalisierung rechtspflegerischen Handelns. Vorwort zu Andreas Wernet. In: Wernet, A. (Hrsg., 1997): Professioneller Habitus im Recht: Untersuchungen zur Professionalisierungsbedürftigkeit der Strafrechtspflege und zum Professionshabitus von Strafverteidigern, S. 9-19. Berlin: edition sigma.

Oevermann, U. (2000): Das grundlegende Handlungsproblem des Personals in sozialen Ämtern. Die Interaktionsproblematik im Umgang mit den Klienten. In: von Harrach, E.-M./ Loer, T./ Schmidtke, O. (Hrsg., 2000): Verwaltung des Sozialen: Formen der subjektiven Bewältigung eines Strukturkonflikts, S. 79-92. Konstanz: UVK.

Oevermann, U. (2001): Strukturprobleme supervisorischer Praxis. Eine objektiv-hermeneutische Sequenzanalyse zur Überprüfung der Professionalisierungstheorie. Frankfurt: Humanities Online.

Oevermann, U. (2002): Professionalisierungsbedürftigkeit und Professionalisiertheit pädagogischen Handelns. In: Kraul, M./ Marotzki, W./ Schweppe, C. (Hrsg., 2002): Biographie und Profession, S. 19-63. Bad Heilbrunn: Julius Klinkhardt.

Oevermann, U./ Allert, T./ Konau, E./ Krambeck, J. (1983): Die Methodologie einer „objektiven Hermeneutik" und ihre allgemeine forschungslogische Bedeutung in den Sozialwissenschaften. In: Garz, D./ Kraimer, K. (Hrsg., 1983): Brauchen wir andere Forschungsmethoden? Beiträge zur Diskussion interpretativer Verfahren, S. 113-155. Frankfurt: Scriptor.

Olson, P. (2008): A review of assumptions in executive coaching. In: The Coaching Psychologist, 4 (3), 151-159.

Orenstein, R. (2006): Measuring executive coaching efficacy? The answer was right here all the time. In: Consulting Psychology Journal: Practice and Research, 58 (2), 106-116.

Pajares, F. (1997): Current directions in self-efficacy research. In: Maehr, M. L./ Pintrich, P. R. (Eds., 1997): Advances in motivation and achievement, Vol. 10, pp. 1-49. Greenwich, CT: JAI Press.

Palmer, S. (2007): Putting the psychology into coaching. Stephen Palmer interviews the Keynote Speakers from the 3rd BPS SGCP National Coaching Psychology Conference. In: The Coaching

Psychologist, 3 (3), 115-129.

Palmer, S./ Whybrow, A. (2007): Coaching psychology: An introduction. In: Palmer, S./ Whybrow, A. (Eds., 2007): Handbook of Coaching Psychology: A guide for practitioners, pp. 1-20. London: Routledge.

Parker-Wilkins, V. (2006): Business impact of executive coaching: demonstrating monetary value. In: Industrial and Commercial Training, 38 (3), 122-127.

Parsons, T. (1939): The Professions and Social Structure. In: Social Forces, 17 (4), 457-467.

Parsons, T. (1968): Professions. In: Sills, D. S. (Ed., 1968): International Encyclopedia of the Social Sciences, Vol. 12, pp. 536-547. New York: MacMillan Free Press.

Parsons, T. (1985): Das System moderner Gesellschaften. München: Juventa.

Passmore, J./ Gibbes, C. (2007): The state of executive coaching research: What does the current literature tell us and what's next for coaching research? In: International Coaching Psychology Review, 2 (2), 116-128.

Passmore, J. (2008): The psychology of coaching. Paper presented at the West Midlands Coaching Conference, WMLGA, Wolverhampton.

Paul, G. L. (1967): Strategy of outcome research in psychotherapy. In: Journal of Consulting Psychology, 31 (2), 109-118.

Peel, D. (2005): The significance of behavioural learning theory to the development of effective coaching practice. In: International Journal of Evidence Based Coaching and Mentoring, 3 (1), 18-28.

Perls, F. (1995): Grundlagen der Gestalt-Therapie: Einführung und Sitzungsprotokolle, 9. Auflage. München: Pfeiffer.

Perrez, M. (2005): Wissenschaftstheoretische Grundlagen der klinisch-psychologischen Intervention. In: Perrez, M./ Baumann, U. (Hrsg., 2005): Lehrbuch Klinische Psychologie. Psychotherapie. Klassifikation, Diagnostik, Ätiologie, Intervention, Band 3, S. 46-62. Bern: Hans Huber.

Pichler, M. (2005): Vom guten zum besseren Coach. In: wirtschaft + weiterbildung, Ausgabe 07/08, 44-45.

Pongratz, H. J. (1998): Beratung als gemeinsames Anliegen von Praxissoziologen und Sozialforschern. In: Sozialwissenschaften und Berufspraxis, 21 (3), 253-266.

Pongratz, H. J. (2003): Soziologie als Herausforderung für die Beratung von Organisationen. In: Sozialwissenschaften und Berufspraxis, 26 (3), 79-93.

Popper, K. R. (1989): Logik der Forschung, 9. Auflage. Tübingen: Mohr.

Pritchard, J. (2009): Tools for supporting intuition. In: Coaching: An International Journal of Theory, Research and Practice, 1 (1), 37-43.

Ragin, C. C. (1994): Constructing Social Research. London: Pine Forge.

Raimy, V. (Ed., 1950): Training in Clinical Psychology. Englewood Cliffs, N.J.: Prentice-Hall.

Rauen, C. (2001): Coaching, 2. Auflage. Göttingen: Verlag für angewandte Psychologie.

Rauen, C. (2003): Unterschiede zwischen Coaching und Psychotherapie. In: OSC Organisationsberatung, Supervision, Coaching, 10 (3), 289-292.

Rauen, C. (2004): Implementierung von organisationsinternen Coaching-Programmen. In: OSC Organisationsberatung, Supervision, Coaching, 11 (3), 209-220.

Reiners, F. (2004): Spannungsfelder im Coaching – Strukturelle Konflikte bewältigen. Düsseldorf: VDM.

Riedel, J. (2003): Coaching für Führungskräfte – Erklärungsmodell und Fallstudien. Wiesbaden: Deutscher Universitäts-Verlag.

Rink, J. (1993): Teacher education: A focus on action. In: Quest, 45 (3), 308-320.

Rist, R. (1977): On the relations among educational research paradigms: disdain to détente. In: Anthropology and Education, 8 (2), 42-49.

Rogers, C. (1959): A Theory of Therapy, Personality and Interpersonal Relationship, as Developed in the Client-Centered Framework. In: Koch, S. (Ed., 1959): Psychology. A Study of a Science, pp. 184-256. New York: Mc Graw-Hill.

Rostron, S. S. (2009): The global initiatives in the coaching field. In: Coaching: An International Journal of Theory, Research and Practice, 2 (1), 76-85.

Roth, A./ Fonagy, P. (2005): What works for whom? A critical review of psychotherapy research, 2nd edition. New York: Guilford Press.

Rüschemeyer, D. (1973): Professions. Historisch und kulturell vergleichende Überlegungen. In: Albrecht, G./ Daheim, H./ Sack, F. (Hrsg., 1973): Soziologie – Sprache – Bezug zur Praxis – Verhältnis zu anderen Wissenschaften, S. 250-260. Opladen: Westdeutscher Verlag.

Sackett, D. L./ Haynes, R. B./ Guyatt, G. H./ Tugwell, P. (1996): Evidence based medicine: What it is and what it isn't. In: British Medical Journal, 13 (1), 71-72.

Salter, T. (2008): Exploring current thinking within the field of coaching on the role of supervision. In: International Journal of Evidence Based Coaching and Mentoring, Special Issue No. 2, 27-39.

Sampson, J. P./ Lenz, J. G./ Reardon, R. C./ Peterson, G. W. (1999): 'A cognitive information processing approach to employment problem solving and decision making'. In: The Career Development Quarterly, 48, 3-18.

Sander, K. (1999): Personzentrierte Beratung. Ein Arbeitsbuch für Ausbildung und Praxis. Köln: GwG-Verlag.

Saury, J./ Durand, M. (1998): Practical knowledge in expert coaches: On-site study of coaching in sailing. In: Research Quarterly for Exercise and Sport, 69 (3), 254-266.

Scheff, T. J. (1994): Microsociology: discourse, emotion, and social structure. Chicago: University of Chicago Press.

Schein, E. (1987): Process consultation: its role in organizational development. Reading, MA: Addison-Wesley.

Schlutz, E. (1988): Wissenschaft ohne Adressaten? Einleitende Überlegungen zum Zusammenhang von Professionalisierung und Wissensproduktion. In: Schlutz, E./ Siebert, H. (Hrsg., 1988): Ende der Professionalisierung? Die Arbeitssituation in der Erwachsenenbildung als Herausforderung für Studium, Fortbildung und Forschung, S. 7-24. Bremen: Zentraldruckerei der Universität Bremen.

Schmidbauer, W. (2007): Coaching in der Psychotherapie – Psychotherapie im Coaching. In: OSC Organisationsberatung, Supervision, Coaching, 14 (1), 7-16.

Schmidt, T./ Keil, J.-G. (2004): Erfolgsfaktoren im Einzel-Coaching. Ein Screening der Coachinglandschaft aus der Sicht von Coachingnehmern. In: OSC Organisationsberatung, Supervision, Coaching, 11 (3), 239-252.

Schmidt-Lellek, C. J. (2003): Coaching und Psychotherapie – Differenz und Konvergenz. In: OSC Organisationsberatung, Supervision, Coaching, 10 (3), 227-234.

Schmitt, N./ Cortina, J. M./ Ingerick, M. J./ Wiechmann, D. (2003): Personnel selection and employee performance. In: Borman, W. C./ Ilgen, D. R./ Klimoski, R. J. (Eds., 2003): Handbook of Psychology: Industrial and Organizational Psychology, Vol. 12, pp. 77-105. New Jersey: Wiley

& Sons.

Schneider, J. (2003): Professionalisierung und Ethik. In: Soziale Arbeit, 52 (11/12), 416-422.

Schnell, R./ Hill, P./ Esser, E. (1993): Methoden der empirischen Sozialforschung, 4. Auflage. München: Oldenburg.

Schomburg, H. (2000): Geistes- und Sozialwissenschaften. In: Burkhardt, A./ Schomburg, H./ Teichler, U. (Hrsg., 2000): Hochschulstudium und Beruf – Ergebnisse von Absolventenstudien, S. 64-84. Bonn: Bundesministerium für Bildung und Forschung, Referat Öffentlichkeitsarbeit.

Schönig, W./ Brunner, E. J. (1990): Beratung in pädagogischen, sozialpädagogischen und psychologischen Praxisfeldern - Rahmenbedingungen und Probleme. In: Brunner, E. J./ Schönig, W. (Hrsg., 1990): Theorie und Praxis von Beratung. Pädagogische und psychologische Konzepte, S. 7-27. Freiburg: Lambertus.

Schrödter, W. (1997): Beratungspraxis, Institution und Evaluation. In: System Familie, 10 (2), 92-103.

Schütze, F. (1978): Was ist „kommunikative Sozialforschung"? In: Gaertner, A./ Hering, S. (Hrsg., 1978): Regionale Sozialforschung, Modellversuch „Soziale Studiengänge" an der Gesamthochschule Kassel, Materialien 12, S. 117-131. Kassel: Gesamthochschulbibliothek.

Schütze, F. (1983): Biografieforschung und narratives Interview. In: Neue Praxis, 13 (3), 283-293.

Schütze, F. (1994): Ethnografie und sozialwissenschaftliche Methoden der Feldforschung. Eine mögliche methodische Orientierung in der Ausbildung und der Praxis der Sozialen Arbeit. In: Groddeck, N./ Schumann, M. (Hrsg., 1994): Modernisierung sozialer Arbeit durch Methodenentwicklung und -reflexion, S. 189-297. Freiburg: Lambertus.

Schütze, F. (1996): Organisationszwänge und hoheitsstaatliche Rahmenbedingungen im Sozialwesen. In: Combe, A./ Helsper, W. (Hrsg., 1996): Pädagogische Professionalität. Untersuchungen zum Typus pädagogischen Handelns, S. 183-275. Frankfurt: Suhrkamp.

Schütze, F. (2000): Schwierigkeiten bei der Arbeit und Paradoxien des professionellen Handelns. Ein grundlagentheoretischer Aufriß. In: Zeitschrift für qualitative Bildungs-, Beratungs- und Sozialforschung, 1 (1), 49-96.

Schütze, F./ Matthes, J. (1981): Alltagswissen, Interaktion und gesellschaftliche Wirklichkeit (1: Symbolischer Interaktionismus und Ethnomethodologie; 2: Ethnotheorie und Ethnographie des Sprechens), 5. Auflage. Opladen: Westdeutscher Verlag.

Schwendenwein, D. (1990): Profession – Professionalisierung – Professionelles Handeln. In: Alisch, L. M./ Baumert, J./ Beck, K. (Hrsg., 1990): Professionalisierung und Professionswissen, S. 359-381. Braunschweig: Seminar für Soziologie. TU Braunschweig.

Schwertfeger, B. (1998): Der Griff nach der Psyche. Frankfurt: Campus.

Schwertfeger, B. (2005): Sinn und Unsinn von Gütesiegeln für Coaches. In: wirtschaft + weiterbildung, Ausgabe 07/08, 43-43.

Scoular, A./ Linley, P. A. (2006): Coaching, goal-setting and personality type: What matters? In: The Coaching Psychologist, 2 (1), 9-11.

Senge, P. M. (1996): Die fünfte Disziplin. Kunst und Praxis der lernenden Organisation. Stuttgart: Klett-Cotta.

Sherman, S./ Freas, A. (2004): The wild west of executive coaching. In: Harvard Business Review, 82 (11), 82-90.

Sieber, S. D. (1973): The integration of field work and survey methods. In: American Journal of Sociology, 78 (6), 1335-1359.

Siebert, H. (1990): Von der Professionalisierung zur Professionalität? In: Hessische Blätter für

Volksbildung, Heft 4, 283-288.

Siegrist, H. (1985): Gebremste Professionalisierung – Das Beispiel der Schweizer Rechtsanwaltschaft im Vergleich zu Frankreich und Deutschland im 19. und frühen 20. Jahrhundert. In: Conze, W./ Kocka, J. (Hrsg., 1985): Bildungsbürgertum im 19. Jahrhundert. Teil 1: Bildungssystem und Professionalisierung in internationalen Vergleichen, S. 301-331. Stuttgart: Klett-Cotta.

Silberman, J. (2007): Positive intervention self-selection: Developing models of what works for whom. In: International Coaching Psychology Review, 2 (1), 70-77.

Skinner, B. F. (1963): Science and human behavior, 10th edition. New York: Macmillan.

Smither, J./ London, M./ Flautt, R./ Vargas, Y./ Kucine, I. (2003): Can working with an executive coach improve multi-source feed- back ratings over time? A quasi-experimental field study. In: Personnel Psychology, 56 (1), 23-44.

Spence, G. B. (2007): GAS powered coaching: Goal Attainment Scaling and its use in coaching research and practice. In: International Coaching Psychology Review, 2 (2), 155-167.

Sperry, L. (2008): Executive coaching: An intervention, role function, or profession? In: Consulting Psychology Journal: Practice and Research, 60 (1), 33-37.

Spinelli, E./ Horner, C. (2007): An existential approach to coaching psychology. In: Palmer, S./ Whybrow, A. (Eds., 2007): Handbook of Coaching Psychology: A guide for practitioners, pp. 118-132. London: Routledge.

Spöhring, W. (1989): Qualitative Sozialforschung. Stuttgart: Teubner Studienskripten.

Stacey, R. D. (2007): Strategic management and organisational dynamics, 5th edition. London: Pearson Education.

Staehle, W. H. (1999): Management, 8. Auflage. München: Vahlen.

Stahl, G. K./ Marlinghaus, R. (2000): Coaching von Führungskräften: Anlässe, Methoden, Erfolg - Ergebnisse einer Befragung von Coaches und Personalverantwortlichen. In: Zeitschrift für Führung und Organisation, 69 (4), 199-207.

Stalinski, S. (2004): Leadership Coaching as Design Conversation. In: International Journal of Evidence Based Coaching and Mentoring, 2 (1), 68-86.

Starr, J. (2003): The coaching manual. London: Prentice Hall.

Stehr, N. (1994): Arbeit, Eigentum und Wissen. Zur Theorie von Wissensgesellschaften. Frankfurt: Suhrkamp.

Steinke, I. (2007): Gütekriterien qualitativer Forschung. In: Flick, U./ v. Kardorff, E./ Steinke, I. (Hrsg., 2007): Qualitative Forschung – Ein Handbuch, 5. Auflage, S. 319-331. Reinbek: Rowohlt.

Stelter, R. (2007): Coaching: A process of personal and social meaning making. In: International Coaching Psychology Review, 2 (2), 191-201.

Stern, L. R. (2004): Executive Coaching: A Working Defintion. In: Consulting Psychology Journal: Practice and Research, 56 (3), 154-162.

Stewart, L. J./ O'Riordan, S./ Palmer, S. (2008): Before we know how we've done, we need to know what we're doing: Operationalising coaching to provide a foundation for coaching evaluation. In: The Coaching Psychologist, 4 (3), 127-133.

Stewart, L. J./ Palmer, S./ Wilkin, H./ Kerrin, M. (2008): The influence of character: Does personality impact coaching success? In: International Journal of Evidence Based Coaching and Mentoring, 6 (1), 32-42.

Steyrer, J. (1991): „Unternehmensberatung" – Stand der deutschsprachigen Theorienbildung und empirischen Forschung. In: Hofmann, M./ Carqueville, P. (Hrsg., 1991): Theorie und Praxis der

Unternehmensberatung – Bestandsaufnahme und Entwicklungsperspektiven, S. 1-44. Heidelberg: Physika.

Stichweh, R. (1987): Professionen und Disziplinen. Formen der Differenzierung zweier Systeme beruflichen Handelns in modernen Gesellschaften. In: Harney, K./ Jütting, D./ Koring, B. (Hrsg., 1987): Professionalisierung der Erwachsenenbildung. Fallstudien – Materialien – Forschungsstrategien, S. 210-275. Frankfurt: Lang.

Stichweh, R. (1992): Professionalisierung, Ausdifferenzierung von Funktionssystemen, Inklusion. Betrachtungen aus systemtheoretischer Sicht. In: Dewe, B./ Ferchhoff, W./ Radtke, F.-O. (Hrsg., 1992): Erziehen als Profession. Zur Logik professionellen Handelns in pädagogischen Feldern, S. 36-48. Opladen: Leske + Budrich.

Stichweh, R. (1996): Professionen in einer funktional differenzierten Gesellschaft. In: Combe, A./ Helsper, W. (Hrsg., 1996): Pädagogische Professionalität. Untersuchungen zum Typus pädagogischen Handelns, S. 49-69. Frankfurt: Suhrkamp.

Stichweh, R. (2005): Wissen und die Professionen in einer Organisationsgesellschaft. In: Klatetzki, T./ Tacke, V. (Hrsg., 2005): Organisation und Profession, S. 31-44. Wiesbaden: VS.

Stober, D. R. (2008): Making it stick: coaching as a tool for organizational change. In: Coaching: An International Journal of Theory, Research and Practice, 1 (1), 71-80.

Stober, D. R./ Grant, A. M. (2006): Toward a contextual approach to coaching models. In: Stober, D. R./ Grant, A. M. (Eds., 2006): Evidence Based Coaching Handbook: Putting best practices to work for your clients, pp. 355-365. New Jersey: Wiley & Sons.

Stober, D. R./ Parry, C. (2005): Current Challenges and Future Directions in Coaching Research. In: Cavanagh, M./ Grant, A. M./ Kemp, T. (Eds., 2005): Evidence-Based Coaching. Volume 1: Theory, research and practice from the behavioural sciences, pp. 13-19. Bowen Hills: Australian Academic Press.

Straumann, U. (2001): Professionelle Beratung. Bausteine zur Qualitätsentwicklung und Qualitätssicherung, 2. Auflage. Heidelberg: Asanger.

Straumann, U./ Zimmermann-Lotz, C. (2006): Personzentriertes Coaching und Supervision im Balancemodell: differenziell und multidimensional, interdisziplinär und integrativ. In: Straumann, U./ Zimmermann-Lotz, C. (Hrsg., 2006): Personzentriertes Coaching und Supervision – ein interdisziplinärer Balanceakt, S. 27-59. Kröning: Asanger.

Strauss, A./ Corbin, J. M. (1990): Basics of qualitative research, grounded theory, procedures and techniques. Newbury Park: Sage.

Strauss, A./ Corbin, J. M. (1996): Grounded theory – Grundlagen qualitativer Sozialforschung. Weinheim: Beltz.

Strübing, J. (2004): Grounded Theory – Zur sozialtheoretischen und epistemologischen Fundierung des Verfahrens der empirisch begründeten Theoriebildung. Wiesbaden: VS.

Stumpp, T./ Maier, G. W./ Hülsheger, U. R. (2005): Wie kann der Zusammenhang der Zentralen Selbstbewertungen mit affektiven Einstellungen erklärt werden? [How can the relationship between core self evaluations and affective job attitudes be explained?]. Vortrag auf der 4. Fachtagung der Fachgruppe Arbeits- und Organisationspsychologie der Deutschen Gesellschaft für Psychologie, Bonn, Germany, 19.-21.09.2005.

Sue-Chan, C./ Latham, G. P. (2004): The relative effectiveness of expert, peer and self coaches. In: Applied Psychology, 53 (2), 260-278.

Sutherland, V. J. (2005): Nurse leadership development: Innovations in mentoring and coaching – the way forward. London: NHS Leadership Centre.

Terhart, E. (1992): Lehrerberuf und Professionalität. In: Dewe, B./ Ferchhoff, W./ Radtke, F. O.

(Hrsg., 1992): Erziehen als Profession. Zur Logik des professionellen Handelns in pädagogischen Feldern, S. 103-131. Opladen: Leske + Budrich.

Thinnes, P. (1999): Soziologische Organisationsberatung. Neue Wissenschafts-Praxis-Synergien? In: Bosch, A./ Fehr, H./ Kraetsch, C./ Schmidt, G. (Hrsg., 1999): Sozialwissenschaftliche Forschung und Praxis. Interdisziplinäre Sichtweisen, S. 31-51. Wiesbaden: Deutscher Universitäts-Verlag.

Thorndike, E. L. (1964): Animal Intelligence. (Nachdruck der Ausgabe von 1911). New York: Macmillan.

Tiefel, S. (2004): Auf dem Weg zu einer pädagogischen Beratungstheorie? Ein empirisch generiertes Modell zu professioneller Reflexion in der Beratungspraxis. In: Fabel, M./ Tiefel, S. (Hrsg., 2004): Biographische Risiken und neue professionelle Herausforderungen, S. 107-128. Wiesbaden: VS.

Torres, D. L. (1991): What, if anything, is professionalism? Institutions and the problem of change. In: Tolbert, P. A./ Barley, S. R. (Eds., 1991): Research in the Sociology of Organizations, Vol. 8, pp. 43-68. Greenwich Conn.: Jai.

Truax, C. B. (1966): Reinforcement and nonreinforcement in Rogerian psychotherapy. In: Journal of Abnormal Psychology, 71 (1), 1-9.

Tschuschke, V. (1993): Wirkfaktoren stationärer Gruppenpsychotherapie. Prozeß – Ergebnis – Relationen. Göttingen: Vandenhoek & Ruprecht.

Turner, C. A. (2004): Executive coaching: The perception of executive coaching from the executive's perspective. Dissertation Abstracts International: Section A: Humanities & Social Science 65 (1-A) 48. Ann Arbor, MI: Proquest, International Microfilms International.

Waddington, I. (2003): Professions. In: Kuper, A./ Kuper, J. (Eds., 2003): The Social Science Encyclopedia, 2nd edition, pp. 677-678. London: Routledge.

Wagner, H.-J. (1998): Eine Theorie pädagogischer Professionalität. Weinheim: Beltz.

Walker, S. (2004): The Evolution of Coaching; patterns, icons and freedom. In: International Journal of Evidence Based Coaching and Mentoring, 2 (2), 16-28.

Waring, P. (2008): Coaching the brain. In: The Coaching Psychologist, 4 (2), 63-70.

Wasylyshyn, K. M. (2003): Executive coaching: An outcome study. In: Consulting Psychology Journal: Practice and Research, 55 (2), 94-106.

Weber, M. (1973): Vom inneren Beruf zur Wissenschaft. In: Winckelmann, J. (Hrsg., 1973): Soziologie. Universalgeschichtliche Analysen. Politik, 5. Auflage, S. 311-339. Stuttgart: Kröner.

Weber, M. (1976): Wirtschaft und Gesellschaft: Grundriß der verstehenden Soziologie, 5. Auflage. Tübingen: Mohr.

Weingart, P. (2003): Wissenschaftssoziologie. Bielefeld: Transcript.

Wenzel, H. (2005): Profession und Organisation. Dimensionen der Wissensgesellschaft bei Talcott Parsons. In: Klatetzki, T./ Tacke, V. (Hrsg., 2005): Organisation und Profession, S. 45-71. Wiesbaden: VS.

Whitworth, L./ Kimsey-House, H./ Sandahl, P. (1998): Co-Active Coaching. New Skills for Coaching People Toward Sucess in Work and Life. Palo Alto: Davies-Black.

Whybrow, A./ Short, E. (2008): What is research to the profession of Coaching Psychology and what is the SGCP doing to promote it? In: The Coaching Psychologist, 4 (3), 169-170.

Wiedemann, P. (1995): Gegenstandsnahe Theoriebildung. In: Flick, U./ v. Kardorff, E./ Keupp, H./ v. Rosenstiel, L./ Wolff, S. (Hrsg., 1995): Handbuch qualitative Sozialforschung, 2. Auflage, S. 440-445. Weinheim: Beltz.

Willi, J. (2003): Die Zweierbeziehung. Spannungsursachen, Störungsmuster, Klärungsprozesse, Lösungsmodelle. Analyse des unbewussten Zusammenspiels in Partnerwahl und Paarkonflikt: das Kollusionskonzept, 15. Auflage. Reinbek: Rowohlt.

Williams, D. I./ Irving, J. A. (2001). Coaching: An unregulated, unstructured and (potentially) unethical process. In: The Occupational Psychologist, 42 (2), 3-7.

Willke, H. (1998): Organisierte Wissensarbeit. In: Zeitschrift für Soziologie, 27 (3), 161-177.

Wilson, V. (1981). An introduction to the theory and conduct of meta-analysis. In: The Personnel and Guidance Journal, 59 (9), 582-585.

Windeler, J./ Antes, G./ Behrens, J./ Donner-Banzhoff, N./ Lelgemann, M. (2008): Randomisierte kontrollierte Studien: Kritische Evaluation ist ein Wesensmerkmal ärztlichen Handelns. In: Deutsches Ärzteblatt, 105 (11), A-56.

Witzel, A. (1982): Verfahren der qualitativen Sozialforschung. Frankfurt: Campus.

Witzel, A. (1989): Das problemzentrierte Interview. In: Jüttemann, G. (Hrsg., 1989): Qualitative Forschung in der Psychologie. Grundfragen, Verfahrensweisen, Anwendungsfelder, S. 227-256. Heidelberg: Asanger.

Witzel, A. (1996): Auswertung problemzentrierter Interviews. Grundlagen und Erfahrungen. In: Strobl, R./ Böttger, A. (Hrsg., 1996): Wahre Geschichten? Zur Theorie und Praxis qualitativer Interviews, S. 49-76. Baden Baden: Nomos.

Witzel, A. (2000): Das problemzentrierte Interview. In: Forum qualitative Sozialforschung, Online-Journal, 1 (1), Artikel 22 (http://www.qualitative-research.net/index.php/fqs/article/view/1132/2519, Zugriff am 20.05.2009).

Wohlgemuth, A. C. (1991): Das Beratungskonzept der Organisationsentwicklung: neue Form der Unternehmungsberatung auf Grundlage des sozio-technischen Systemansatzes. Stuttgart: Haupt.

Wycherley, I. M./ Cox, E. (2008): Factors in the selection and matching of executive coaches in organisations. In: Coaching: An International Journal of Theory, Research and Practice, 1 (1), 39-53.

Zenger, J. H./ Stinnett, K. (2006): Leadership coaching: Developing effective executives. In: Chief Learning Officer, 5 (7), 44-47.

Zeitschriften / Journals

Download www.Hampp-Verlag.de

Industrielle Beziehungen

Zeitschrift
für Arbeit, Organisation und Management
herausgegeben von
Dorothea Alewell, Ingrid Artus,
Martin Behrens, Berndt Keller,
David Marsden, Jörg Sydow

ISSN 0934-2779,
seit 1994, erscheint jeweils zur Quartalsmitte.
Jahres-Abonnement € 80.-.
Die jährlichen Versandkosten pro Lieferanschrift im
Ausland betragen € 12.-. Einzelheft € 24.80.

Zeitschrift für Personalforschung

herausgegeben von
Marion Festing, Christian Grund,
Michael Müller-Camen, Werner Nienhüser,
Hans-Gerd Ridder, Christian Scholz,
Thomas Spengler, Jürgen Weibler

ISSN 0179-6437,
seit 1987, erscheint jeweils zur Quartalsmitte.
Jahres-Abonnement € 80.-.
Die jährlichen Versandkosten pro Lieferanschrift im
Ausland betragen € 12.-. Einzelheft € 24.80.

Zeitschrift für Wirtschafts- und Unternehmensethik

herausgegeben von
Thomas Beschorner, Markus Breuer, Alexander
Brink, Bettina Hollstein, Olaf J. Schumann

ISSN 1439-880X,
seit 2000, erscheint 3 x im Jahr.
Jahres-Abonnement € 60.-.
Die jährlichen Versandkosten pro Lieferanschrift im
Ausland betragen € 9.-. Einzelheft € 24.80.

Journal for East European Management Studies

Editor-in Chief: Rainhart Lang

ISSN 0949-6181, four times a year.
Institutional rate, print + online-access: € 150.-
Privat, only print: € 80.-
For delivery outside Germany an additional
€ 12.- are added. Single issue: € 24.80.

International Journal of Action Research

Editors: Richard Ennals, *Kingston University,*
Øyvind Pålshaugen, *Work Research Inst. Oslo,*
Danilo Streck, Editor-in-chief, *Universidade do*
Vale do Rio dos Sinos
ISSN 1861-1303, three times a year.
Institutional rate, print + online-access: € 150.-
Privat, only print: € 60.-
For delivery outside Germany an additional
€ 12.- are added. Single issue: € 24.80.

management revue

The International Review of
Management Studies
Editors-in-chief:
Ruediger Kabst, Wenzel Matiaske

ISSN 0935-9915, four times a year.
Institutional rate, print + online-access: € 150.-
Privat, only print: € 80.-
For delivery outside Germany an additional
€ 12.- are added. Single issue: € 24.80.

Database Research Pool: www.hampp-verlag.de

Six journals – one search engine: Our new online-
archive allows for searching in full-text databases
covering six journals:

- IJAR, beginning in 2005
- IndBez, beginning in 1998
- JEEMS, beginning in 1998
- mrev, beginning in 2004
- ZfP, beginning in 1998
- zfwu, beginning in 1998

Free research: Research is free. You have free access
to all hits for your search. The hit list shows the relevant
articles relevant to your search. In addition, the list
references the articles found in detail (journal, volume etc.).

Browse or download articles via GENIOS: If you want to
have access to the full-text article, our online-partner
GENIOS will raise a fee of € 10.-. If you are registered as a
"GENIOS-Professional Customer" you may pay via credit
card or invoice.